前田育徳会尊経閣文庫編

尊経閣善本影印集成 88

尊経閣古文書纂

編年雑纂文書 五

付宸翰文書類

八木書店

例言

一、『尊経閣善本影印集成』は、加賀・前田家に伝来した蔵書中、善本を選んで影印出版し、広く学術調査・研究に資せんとするものである。

一、本集成第十輯は、古文書を採りあげ、『武家手鑑』『旧武家手鑑』『尊経閣古文書纂』『宸翰文書類』の四点を十二冊に編成、収載する。

一、藤井譲治（京都大学名誉教授）・尾上陽介（東京大学史料編纂所教授）の両氏が、本集成第十輯の編集委員を担当した。

一、本冊は、本集成第十輯の第十二冊として、『尊経閣古文書纂』のうち「未定文書　止・知・利・後鑑類」「宗教関係文書」「記録断片」として編成された古文書及び「宸翰文書類」の計一六六点を収め、カラーで製版、印刷した。

一、図版は、原則として、本紙及び本紙と同時代の礼紙・懸紙等を掲載した。

一、後代に記載・作製された墨書・包紙等の図版は省略し、その内容を本冊尾「書誌一覧」に記載した。

一、本紙は、各図版の上欄に、番号・名称・年月日・法量を記載した。なお、名称・年月日・法量の記載基準については、本冊尾「書誌一覧」の「凡例」を参照されたい。

一、礼紙・懸紙等は、各図版の下欄等に、番号・名称・法量等を記載した。

一、継紙等で、本紙の図版が複数に及ぶ場合は、名称の次にアラビア数字を丸で囲んで、①、②のごとく付記し、本紙各料紙の右端、図版の下欄にアラビア数字を括弧で囲んで、⑴、⑵のごとく標示した。

一、本冊尾に、『尊経閣古文書纂　編年雑纂文書五　付宸翰文書類』の「解説」「書誌一覧」、ならびに本集成第十輯の「附録―武家手鑑・尊経閣古文書纂・宸翰文書類　押印一覧―」「附論―近代における前田家所蔵古文書の編成―」を前田育徳会尊経閣文庫執筆により掲載した。

令和六年九月

前田育徳会尊経閣文庫

目次

記録断片

宸翰文書類 ……111

未定文書

止

1 季量書状 （年未詳）9月7日 〔31.8 × 50.8〕

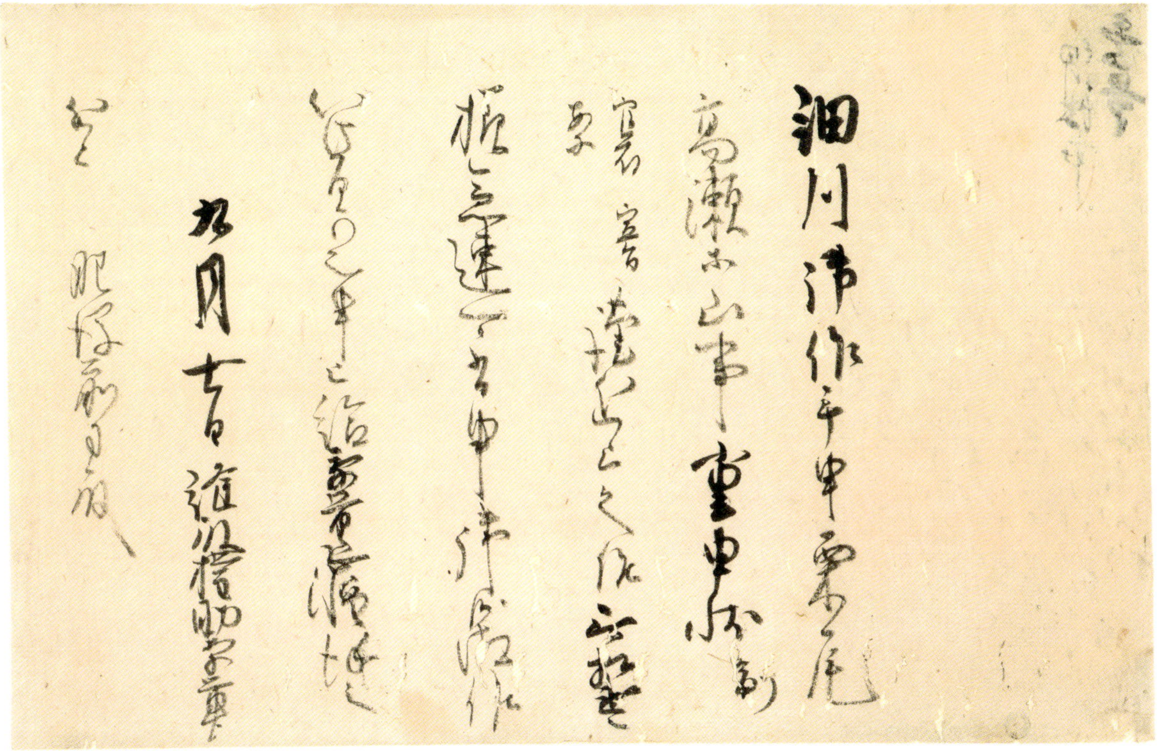

2 尾景書状 （年未詳）卯月10日 〔11.9 × 41.5〕

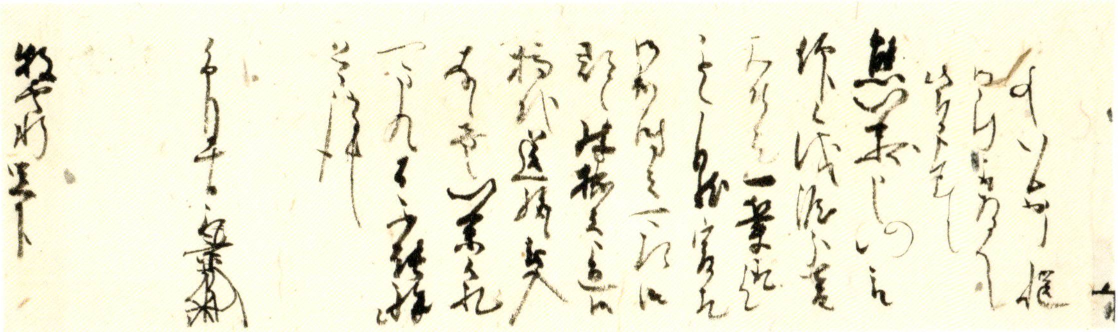

2 端裏（切封墨引）

3 歓喜院寿仙書状 （年未詳）11 月 19 日 〔27.0 × 44.1〕

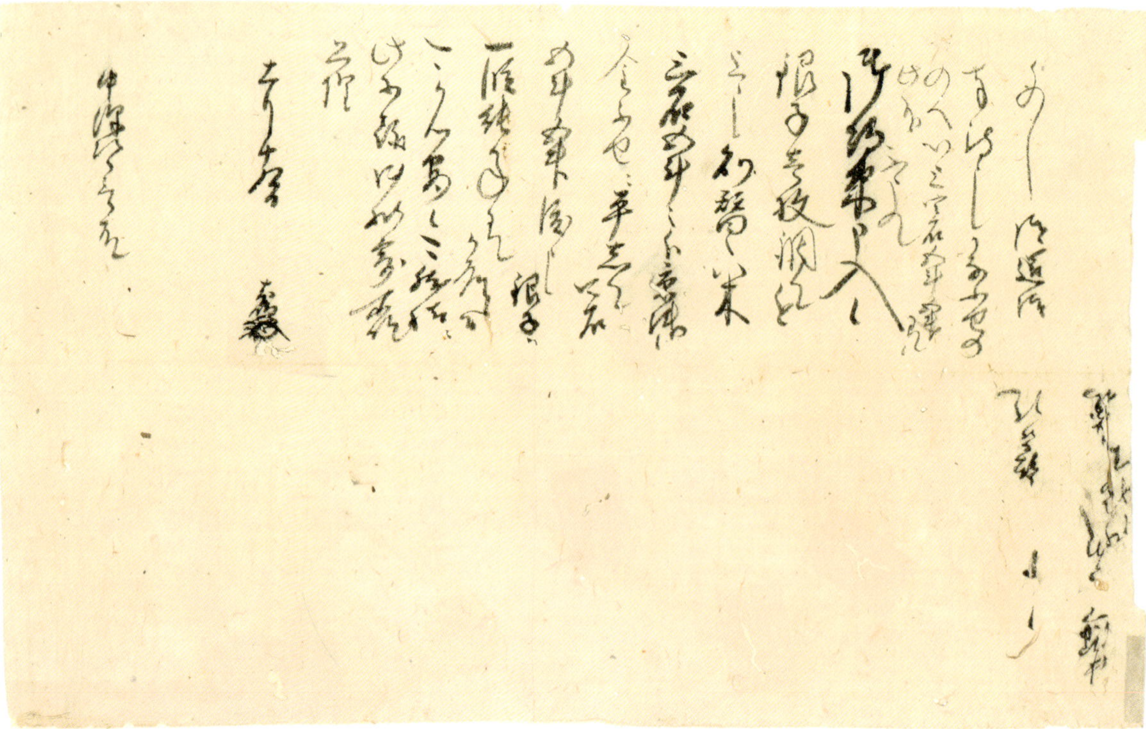

4 速水興綱書状 （年未詳）2 月 4 日 〔24.9 × 43.3〕

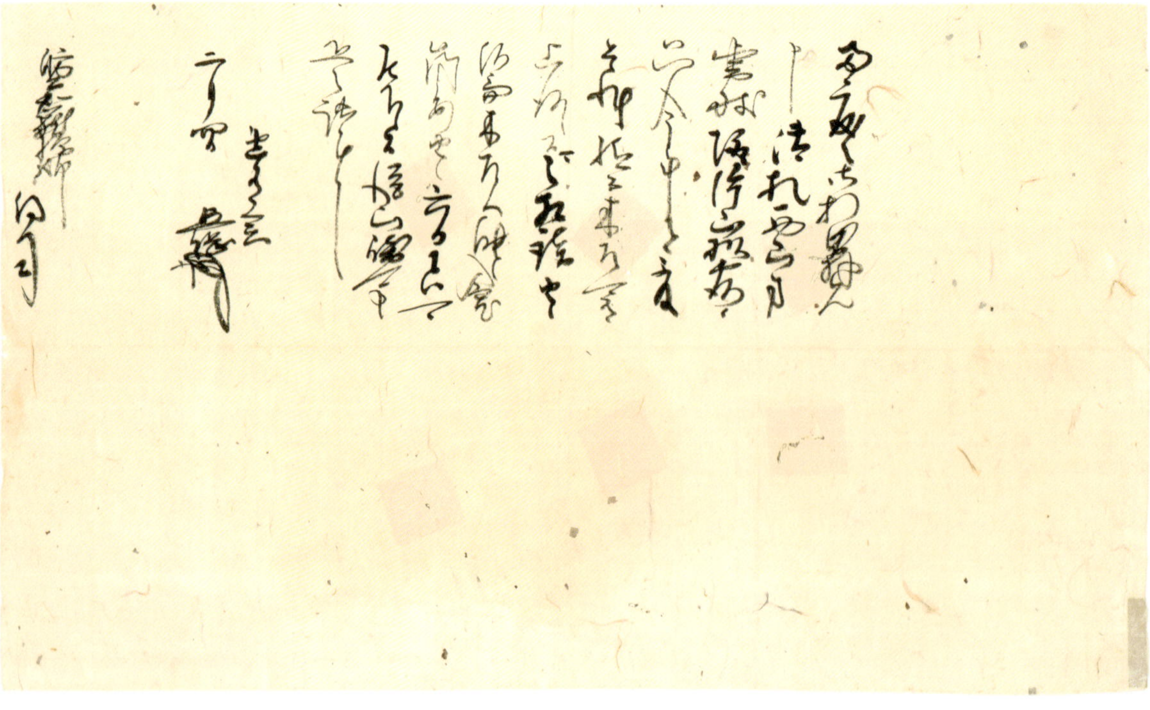

5 竹内吉兵衛書状 （年未詳）6 月 15 日 〔30.1 × 45.9〕

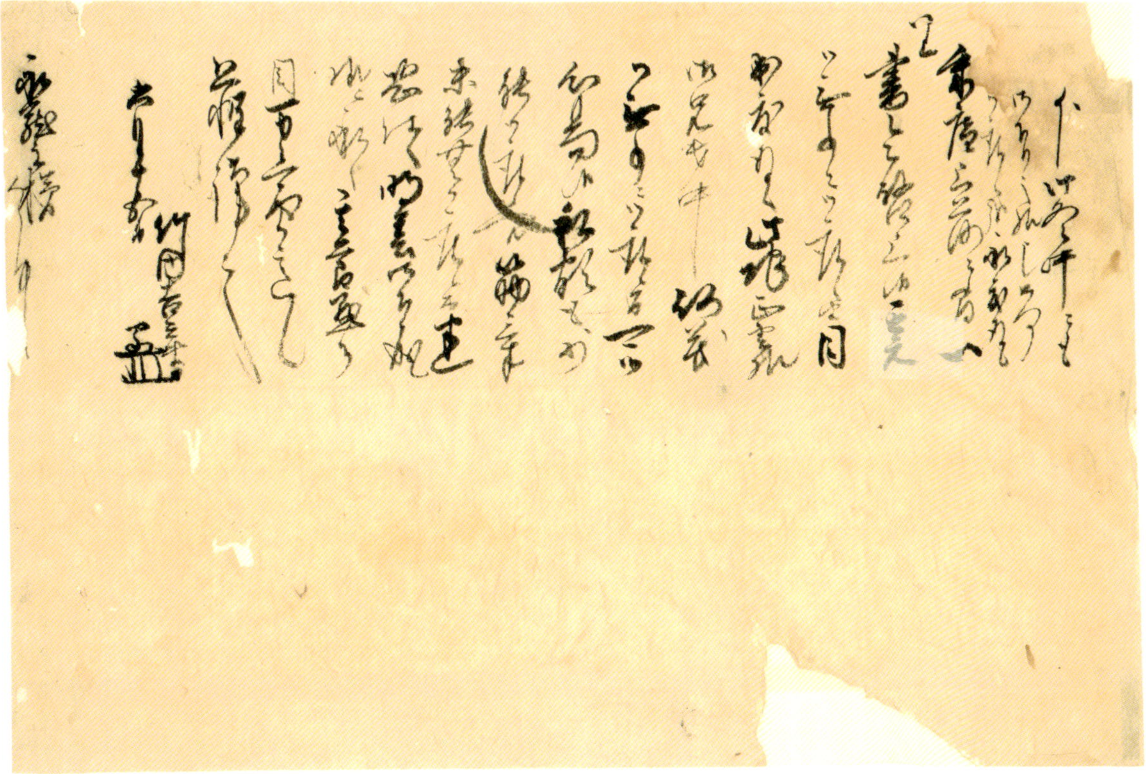

6 弓取多摂津守書状 （年未詳）9月19日 〔34.8 × 51.6〕

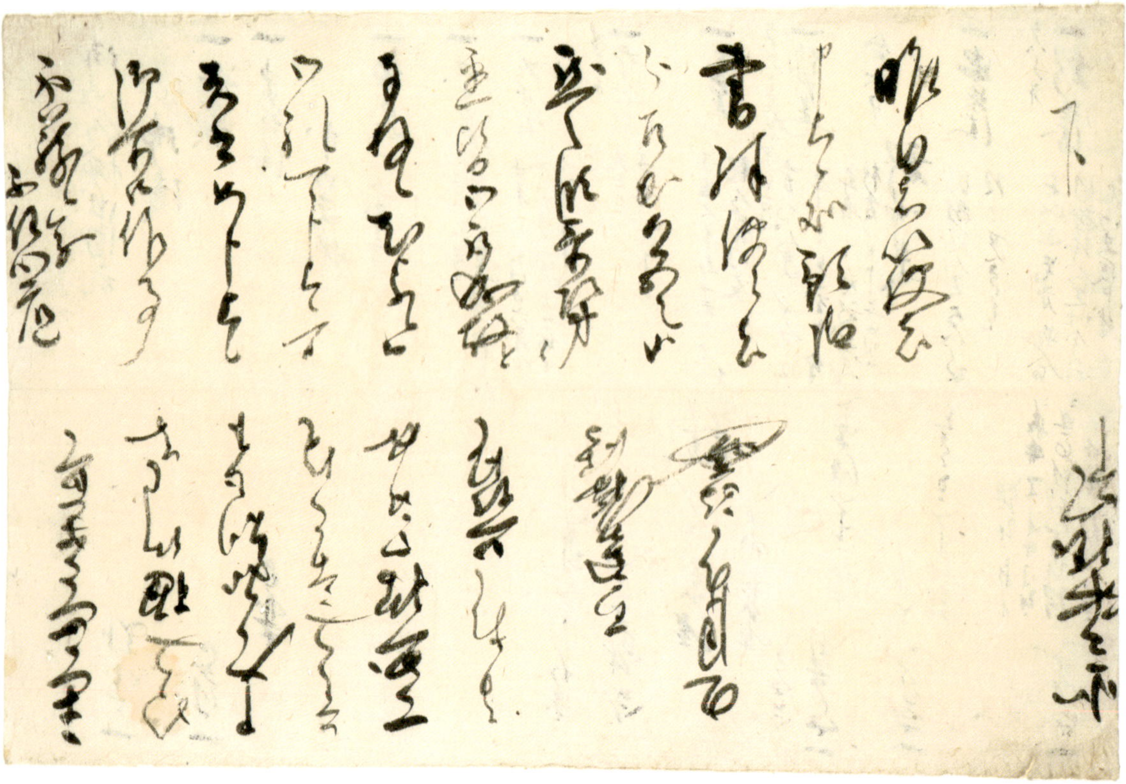

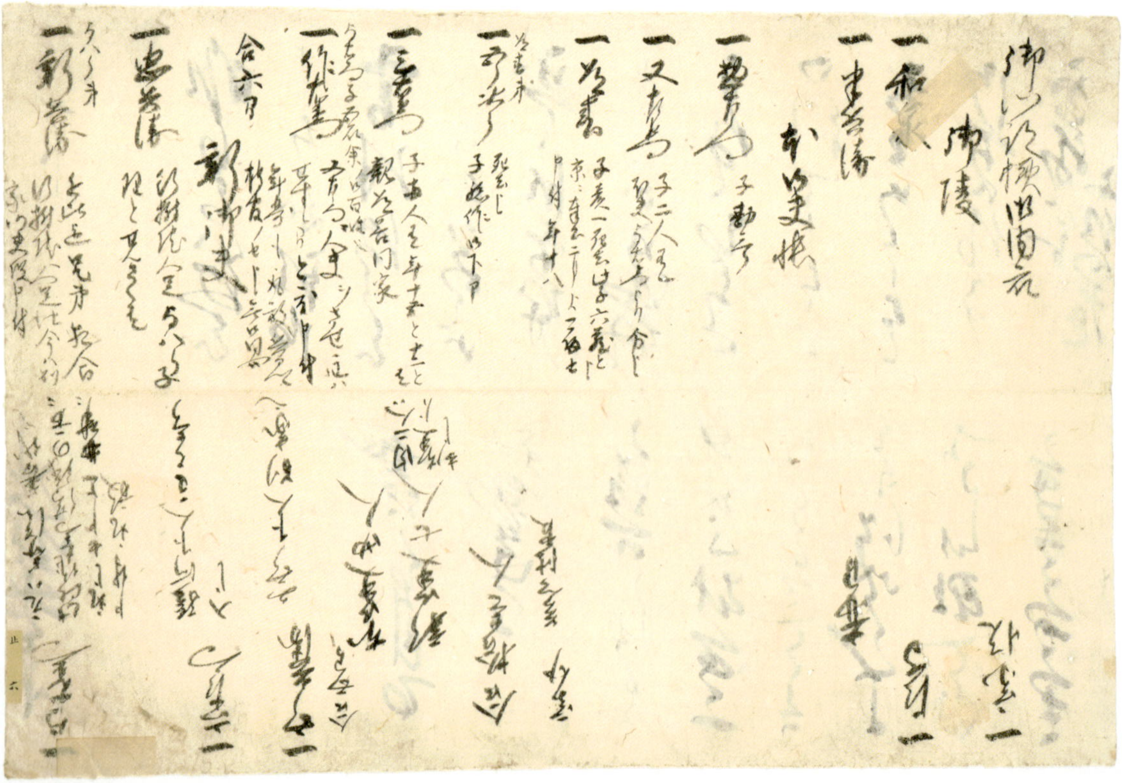

6 紙背

7 藤兵衛・宗久連署書状 （年未詳）霜月 26 日 〔34.1 × 48.6〕

7 紙背

8 玄昭書状 （年未詳）2月10日 〔32.6 × 45.6〕

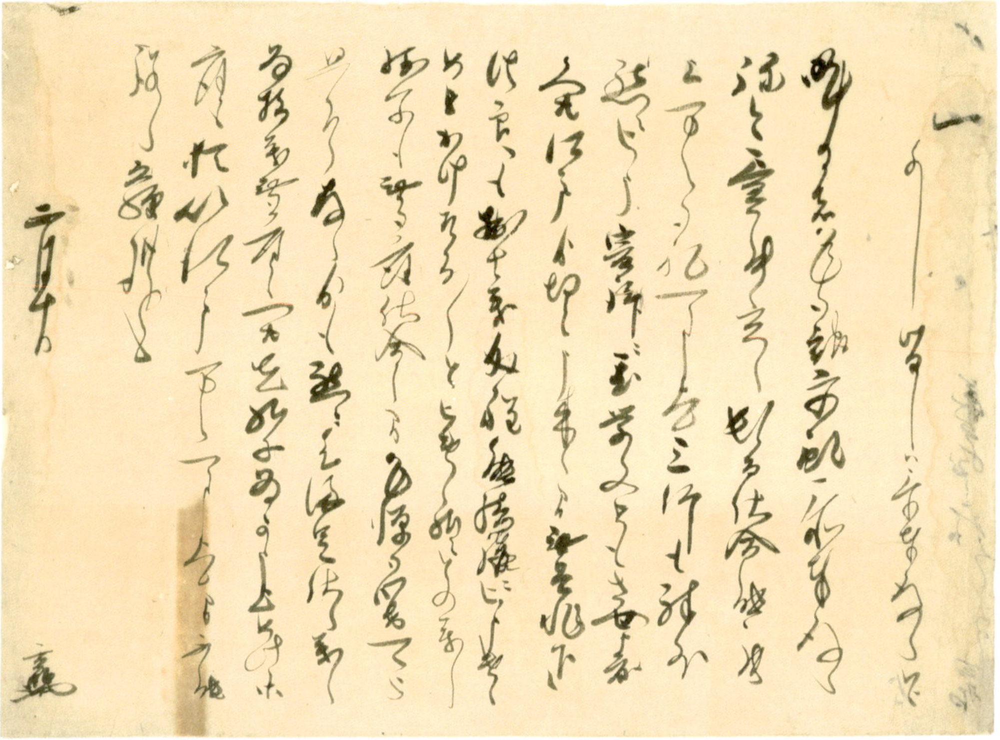

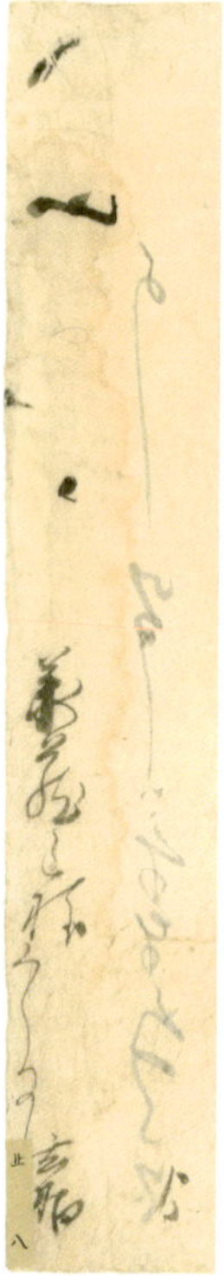

8 端裏
（捻封墨引）

9 信房書状 （年月未詳）5日 〔33.9 × 51.0〕

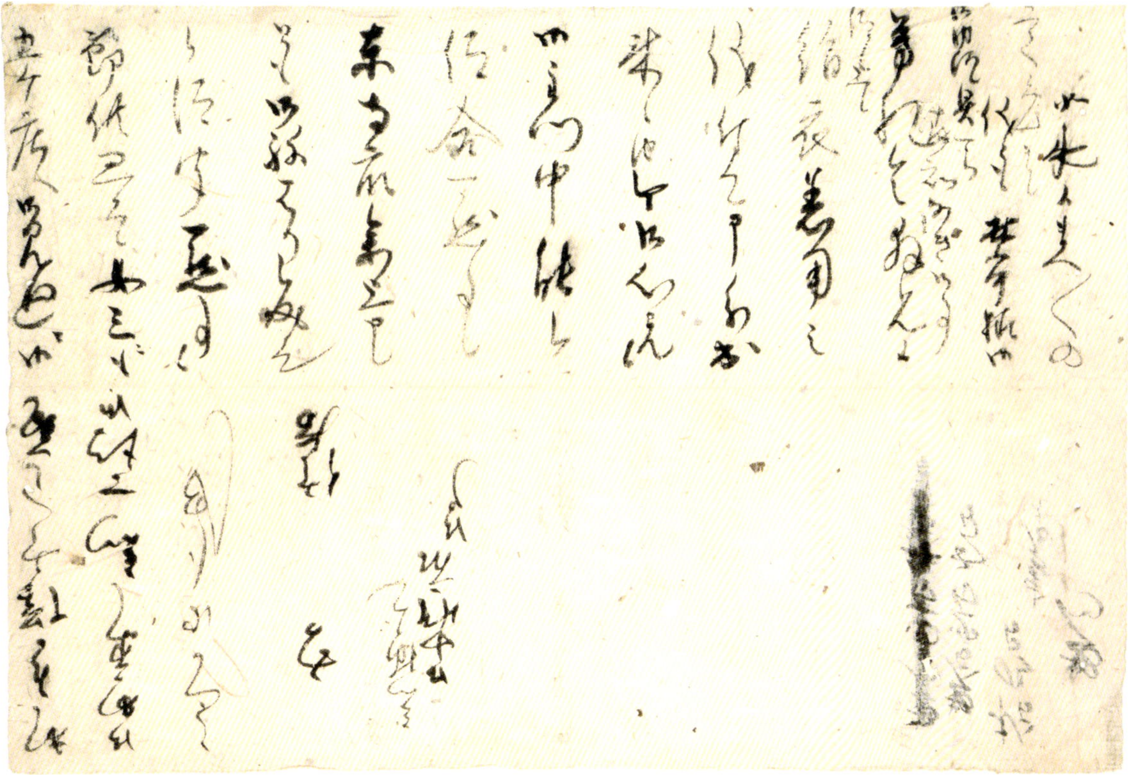

9 紙背

未定文書 知

1 弥鶴尼義絶状（断簡）① （年月日未詳）〔33.4 × 105.5／第 1 紙 33.4 × 52.9〕

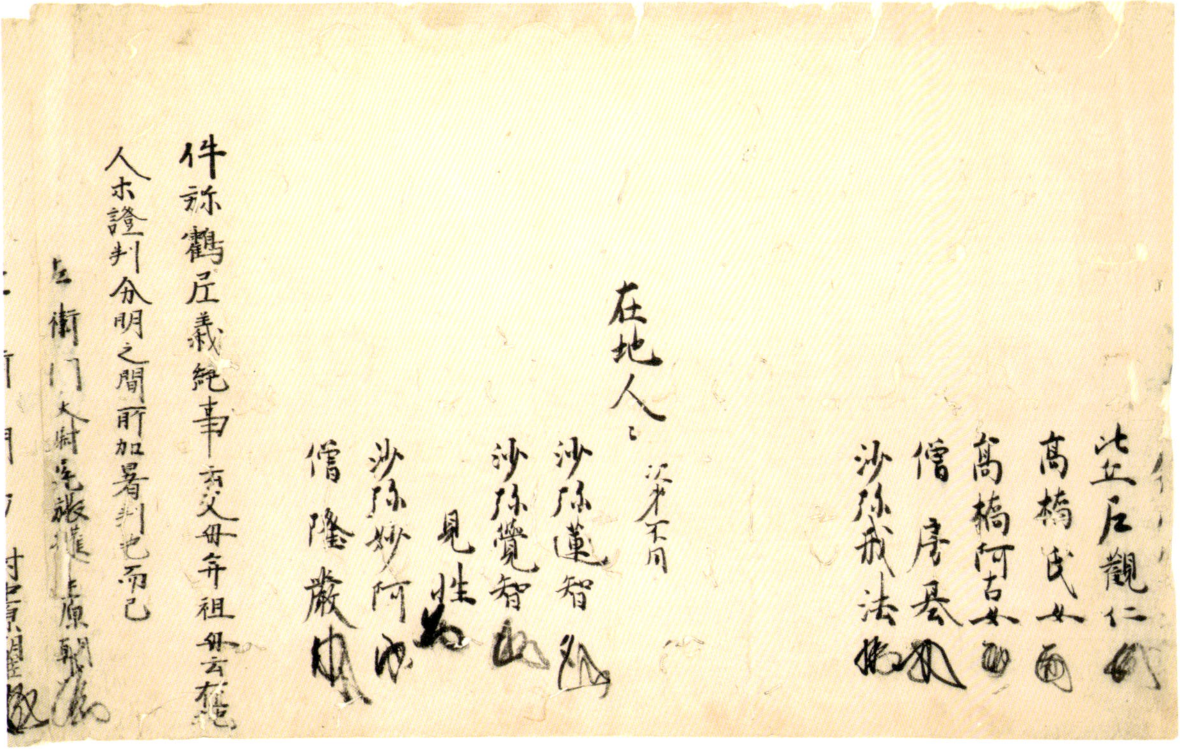

(2) (1)

1 弥鶴尼義絶状（断簡）② 〔第 2 紙 33.1 × 52.6〕

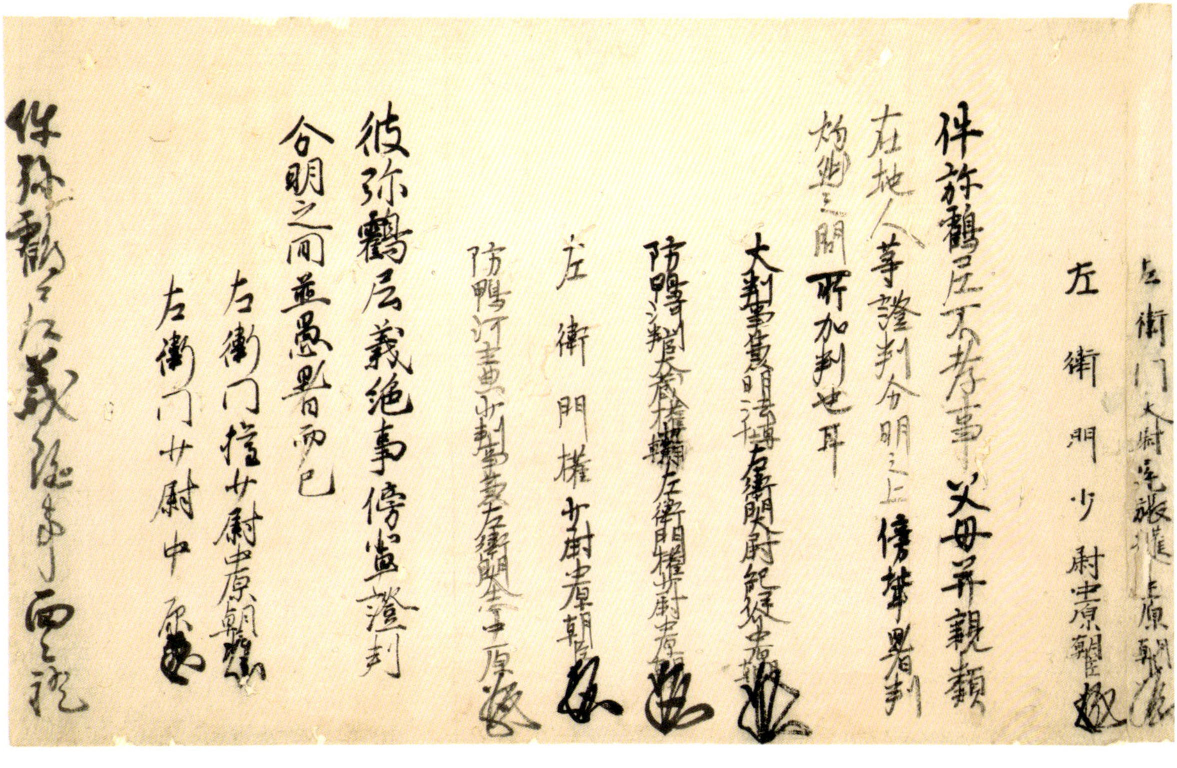

(2)

1 紙継目裏花押（第1・2紙継目）

2 寛真書状（前闕）（年未詳）5月23日 〔31.3 × 50.8〕

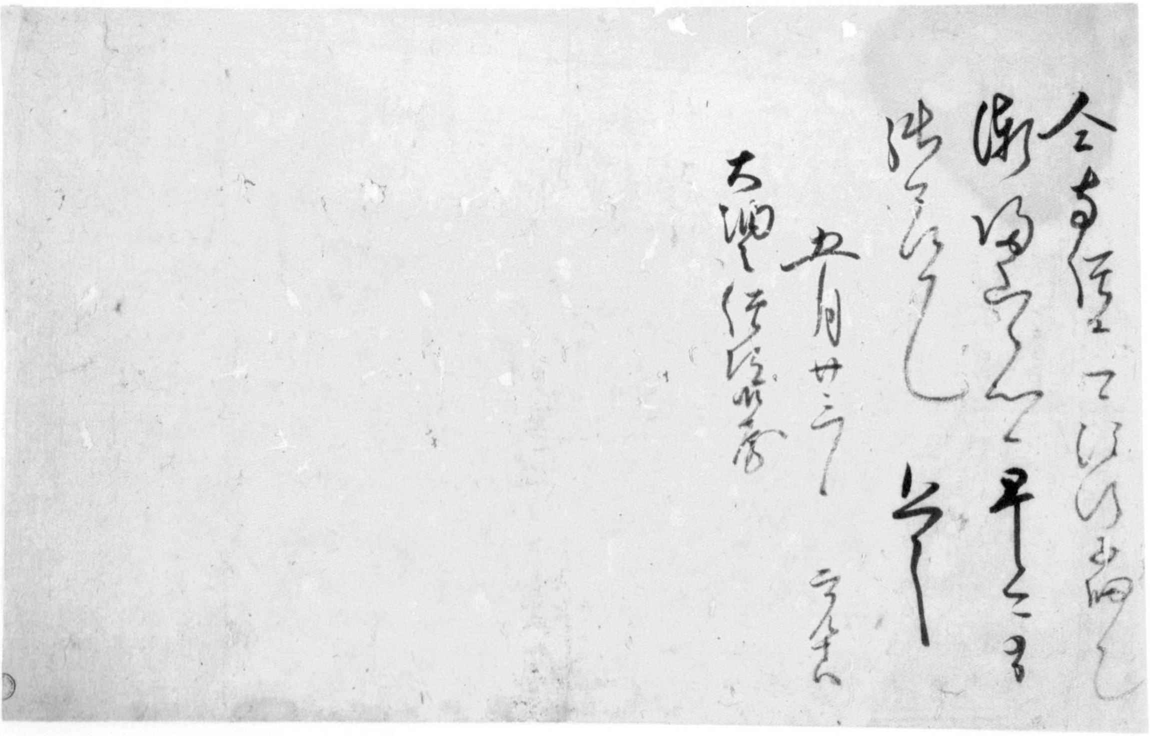

3 資兼書状（前闕）（年未詳）6 月 11 日〔29.0 × 52.0〕

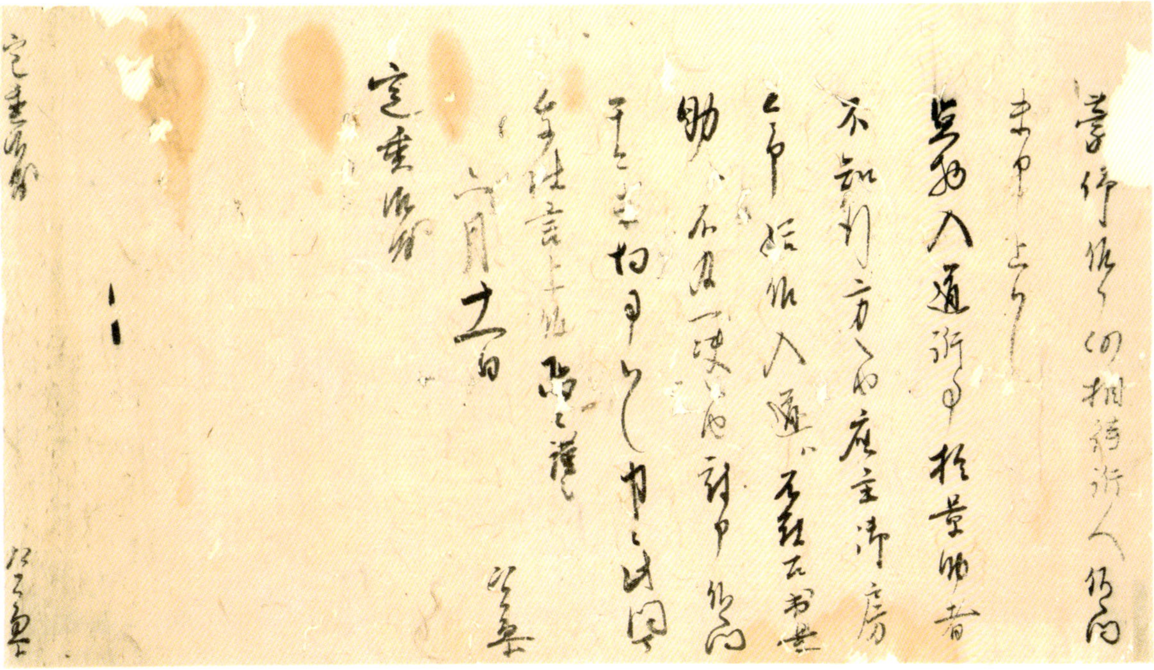

4 俊忠書状（前闕）（年未詳）12 月 3 日〔26.1 × 39.2〕

5 宗可書状（前闕）（年未詳）霜月 13 日 〔26.8 × 43.7〕

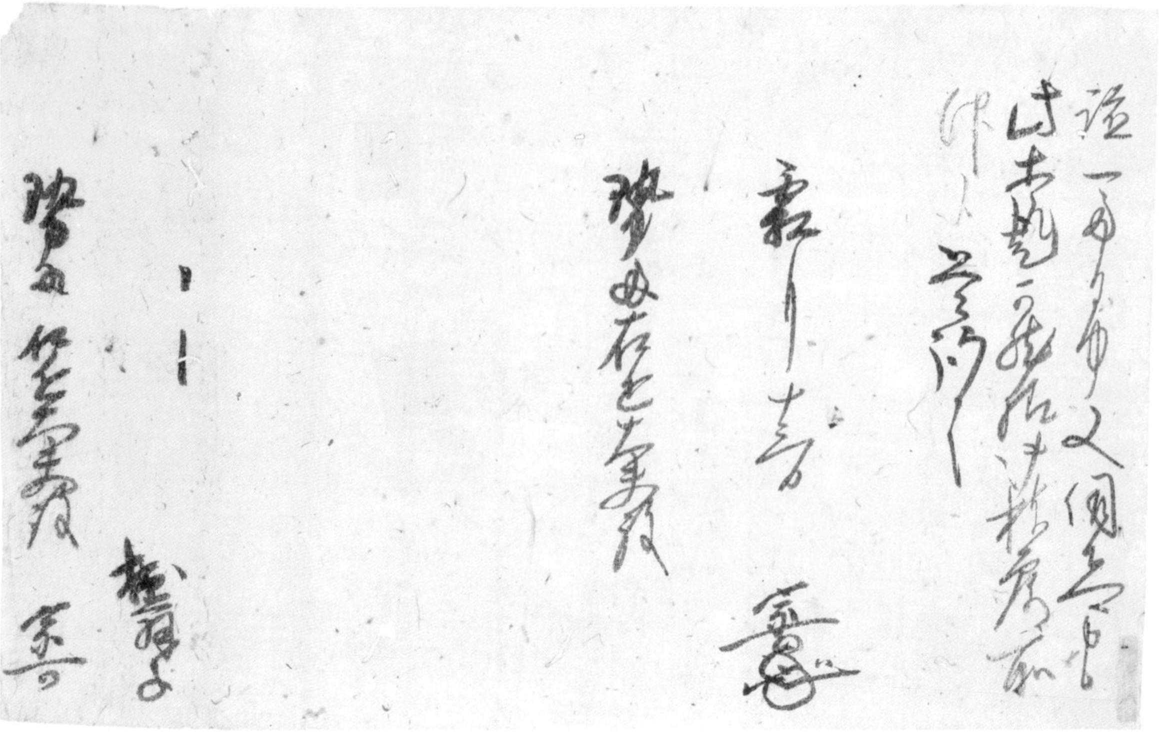

6 某書状（後闕）（年月日未詳）〔24.9 × 39.1〕

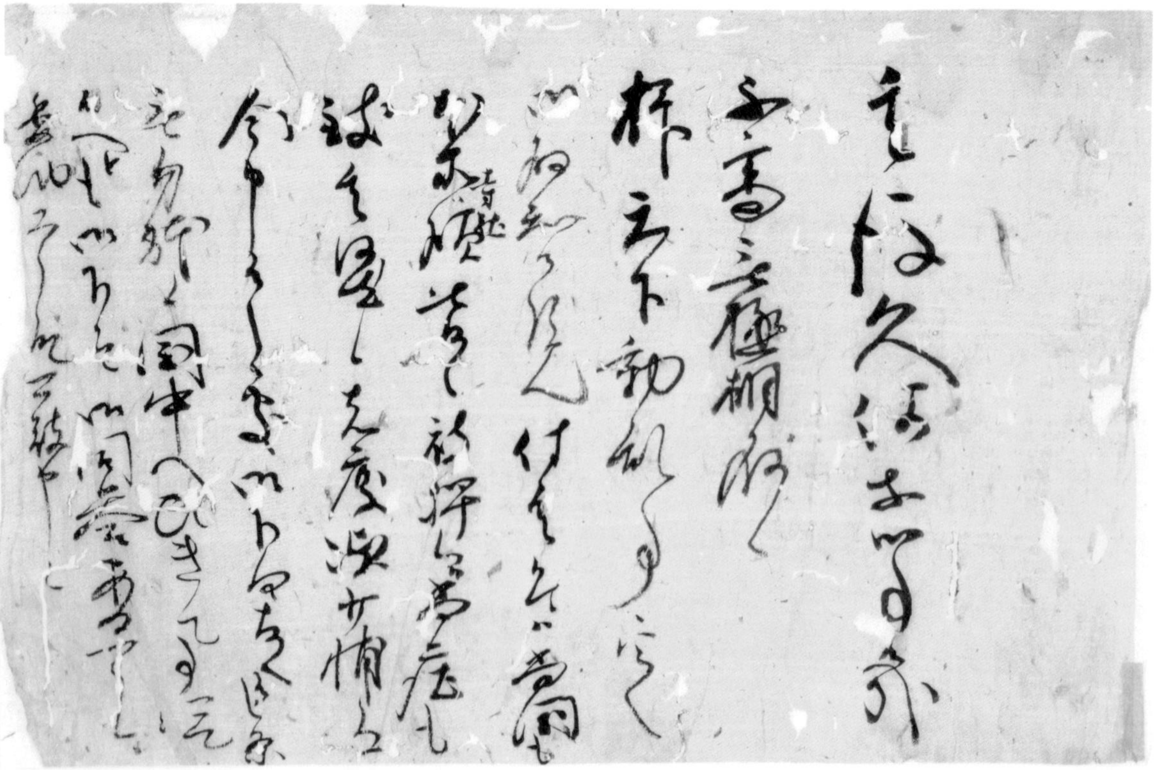

7 某書状（後闕）（年月日未詳）〔26.8 × 42.7〕

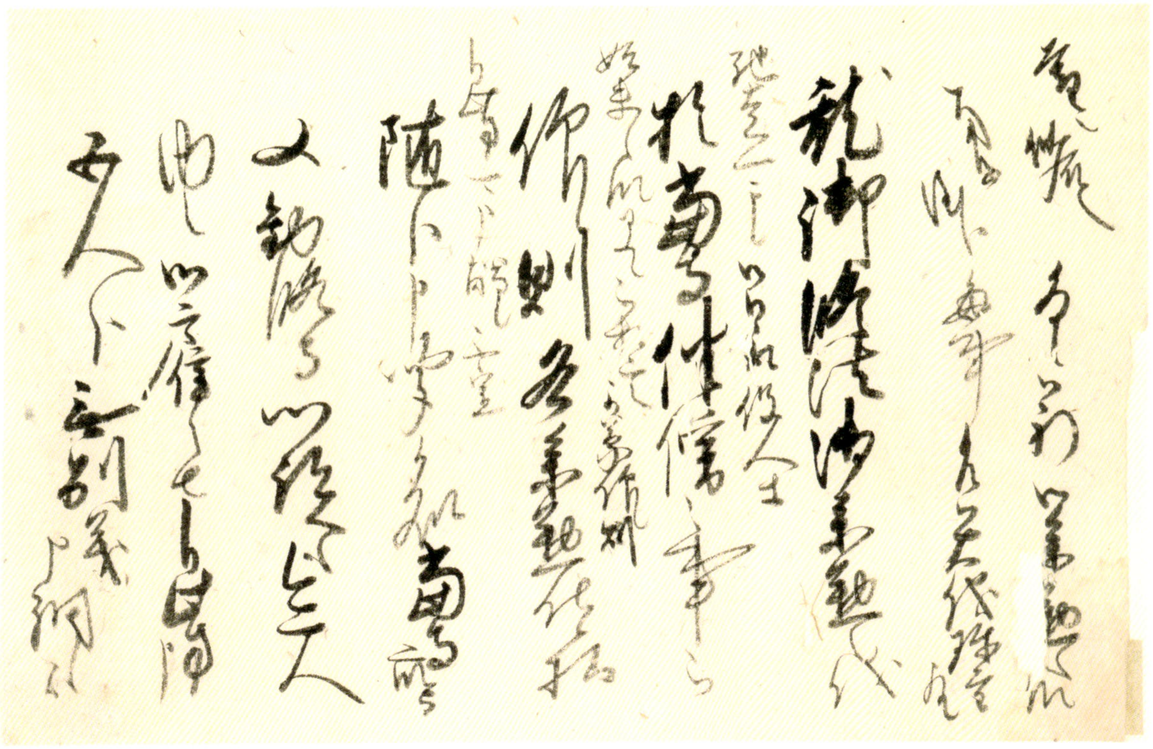

8 某荘雑掌申状（後闕）（年月日未詳）〔32.6 × 52.2〕

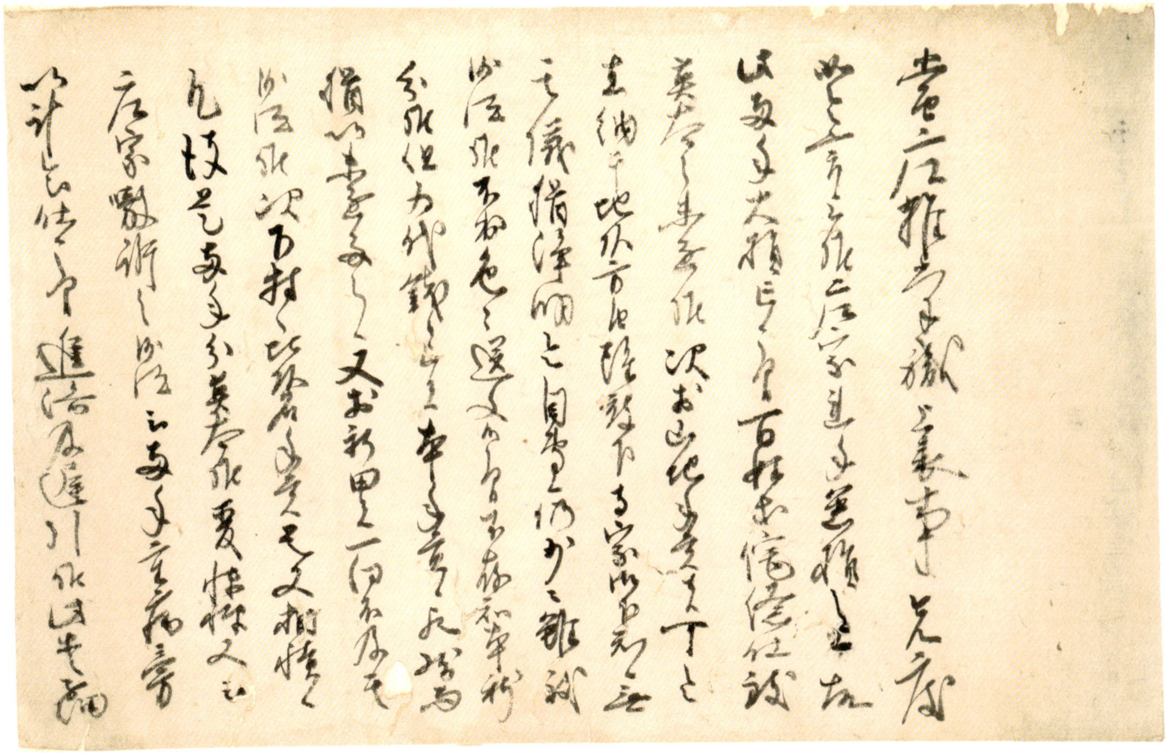

9 某裁許状ヵ（後闕）（年月日未詳）〔33.5 × 53.8〕

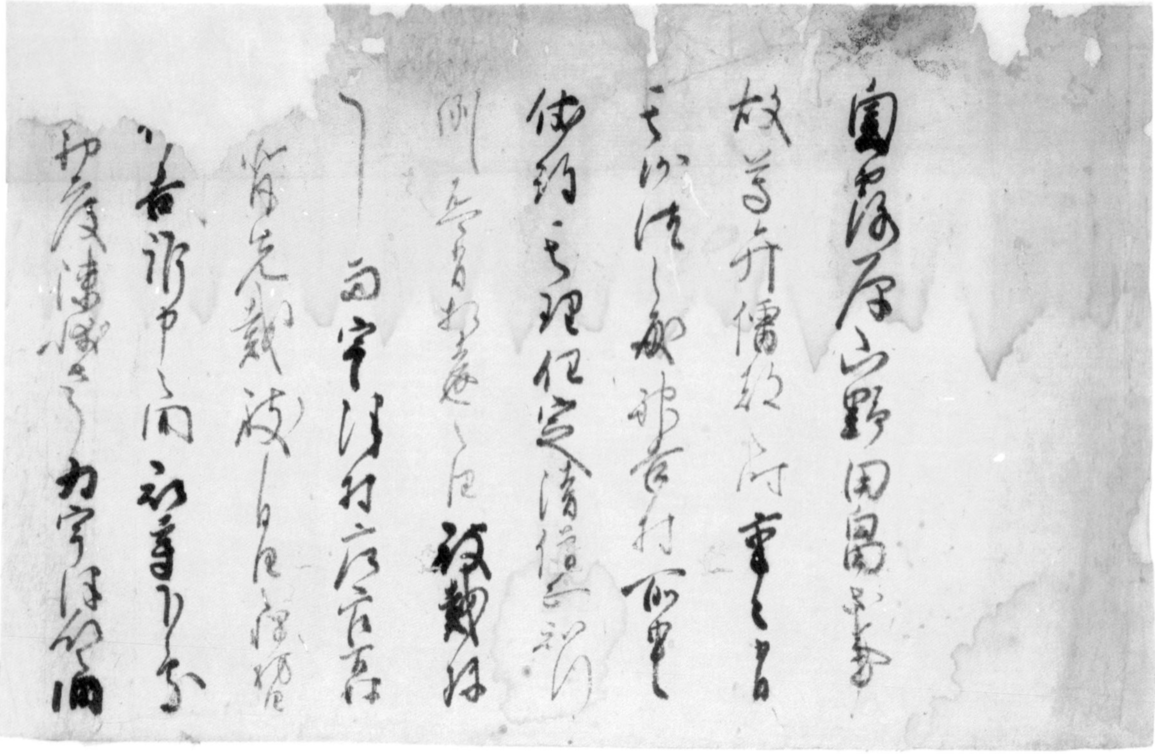

10 某荘家衆議事書案（前闕）（年月日未詳）〔28.9 × 41.4〕

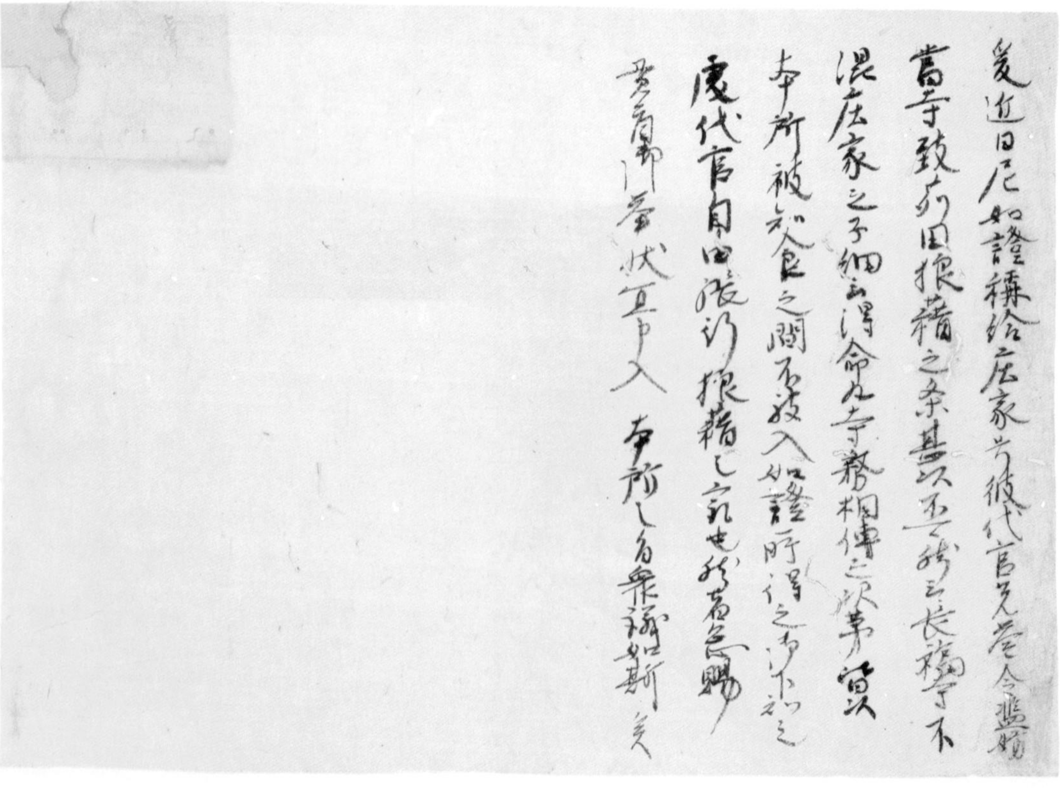

11　某裁許状ヵ（後闕）（年月日未詳）〔31.6 × 49.6〕

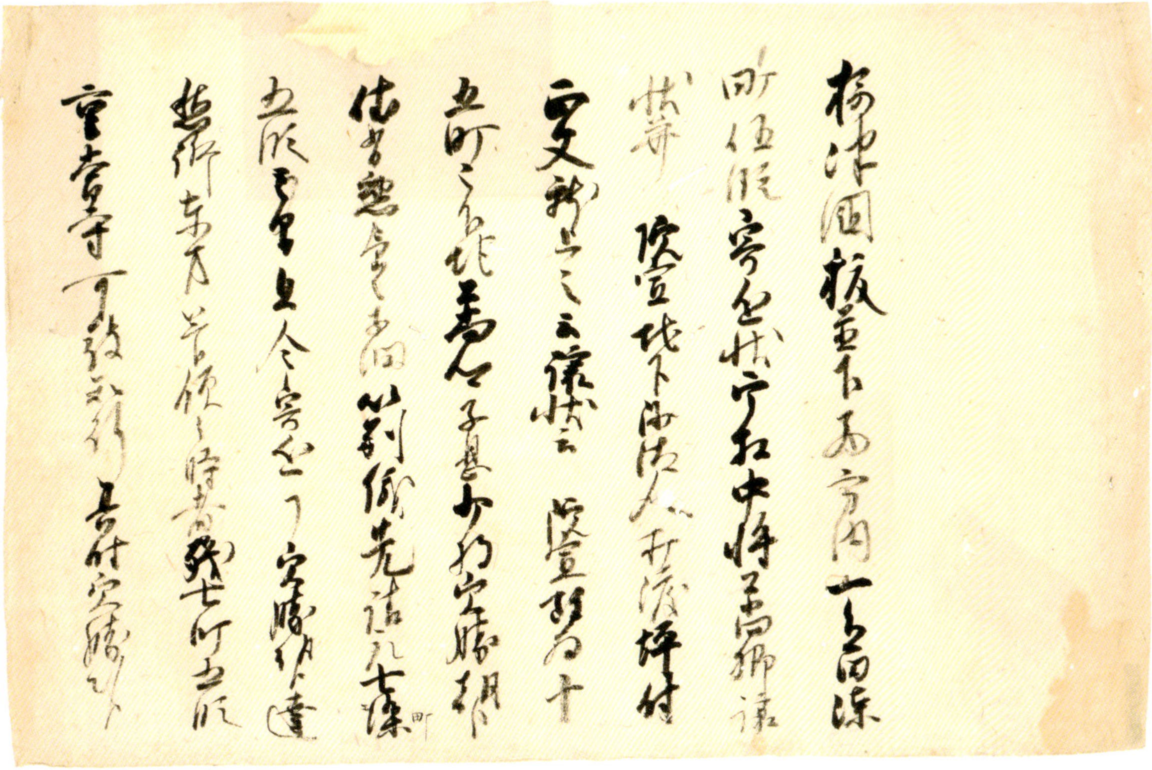

12-1 某覚書（断簡）（年月日未詳）〔24.1 × 24.3〕
12-2 某覚書（断簡）（年月日未詳）〔23.9 × 28.5〕

(2)　(1)

12 紙背

13-1 木具注文 （年月日未詳）〔27.9 × 35.8／第 1 紙 27.9 × 15.5／第 2 紙 27.7 × 20.3〕

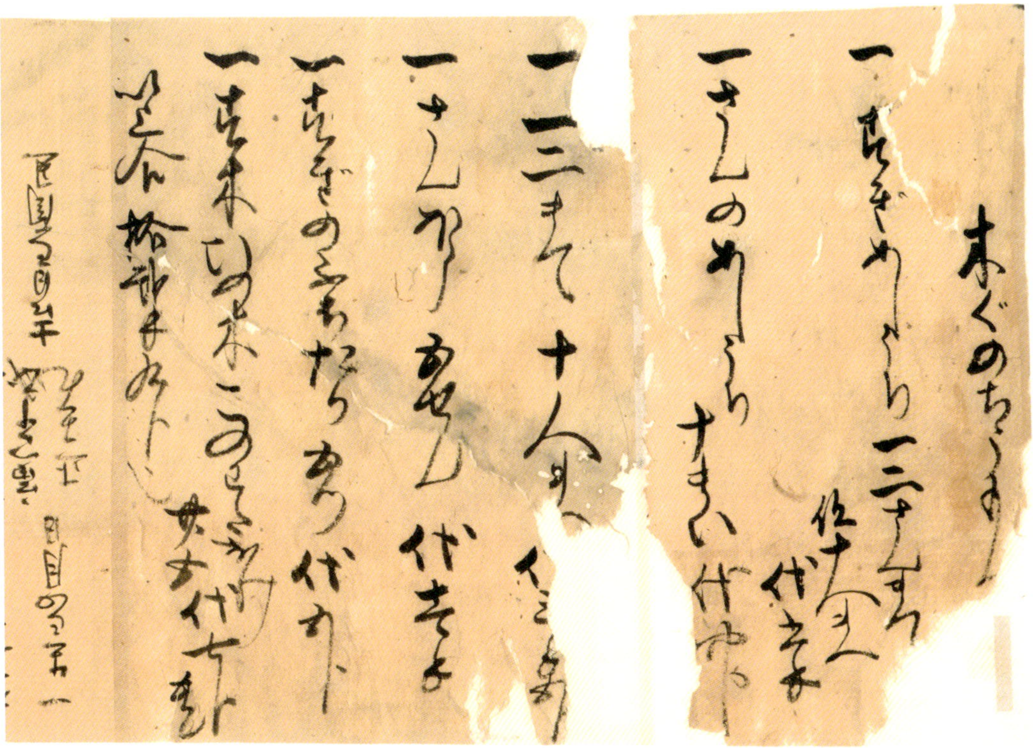

（2）　（1）

13-2 某箋書 （年月日未詳）〔27.4 × 38.6〕

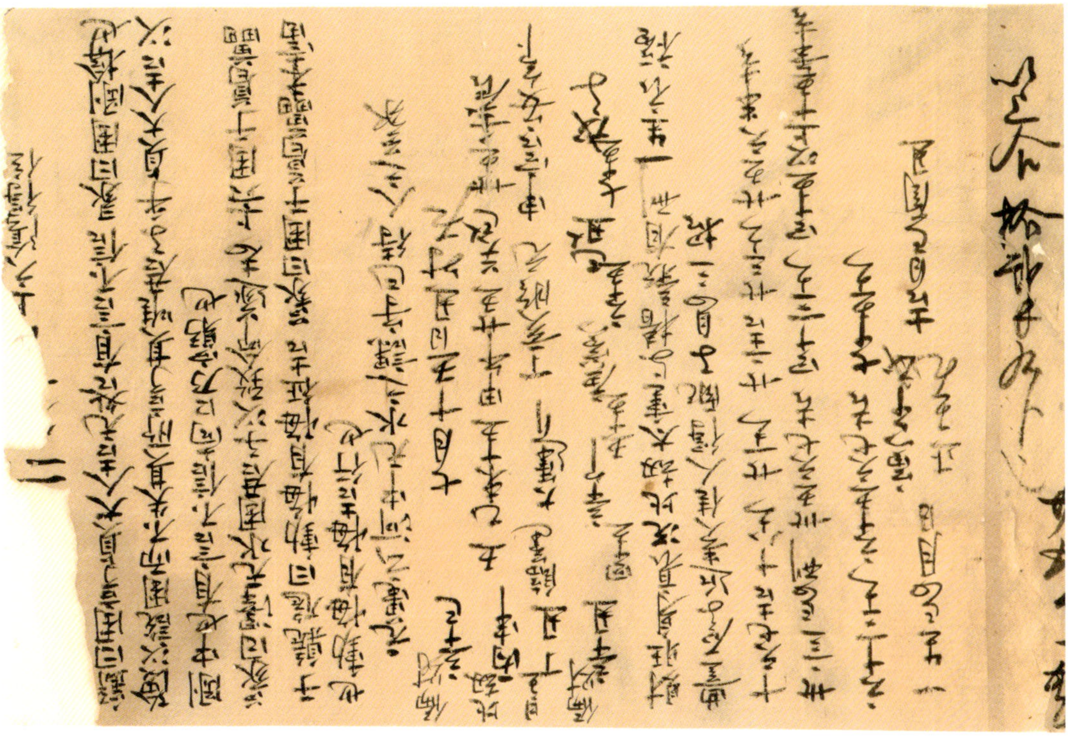

14　美濃国船木荘西方内十八条郷北方領家職相承事書案 ①　（年月日未詳）〔25.0 × 81.9 ／第 1 紙 25.0 × 40.6〕

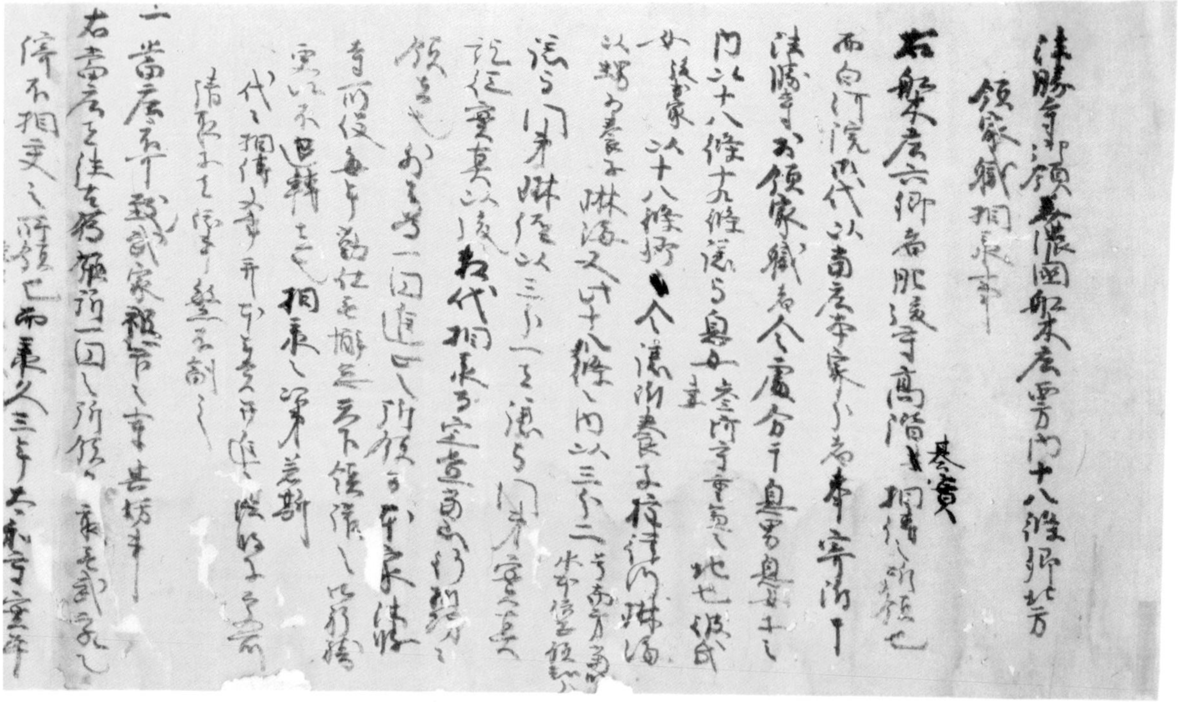

(2)　　　　　　　　　　　　　　　　　　　　　　　　　　　　(1)

14　美濃国船木荘西方内十八条郷北方領家職相承事書案 ②　〔第 2 紙 24.5 × 41.3〕

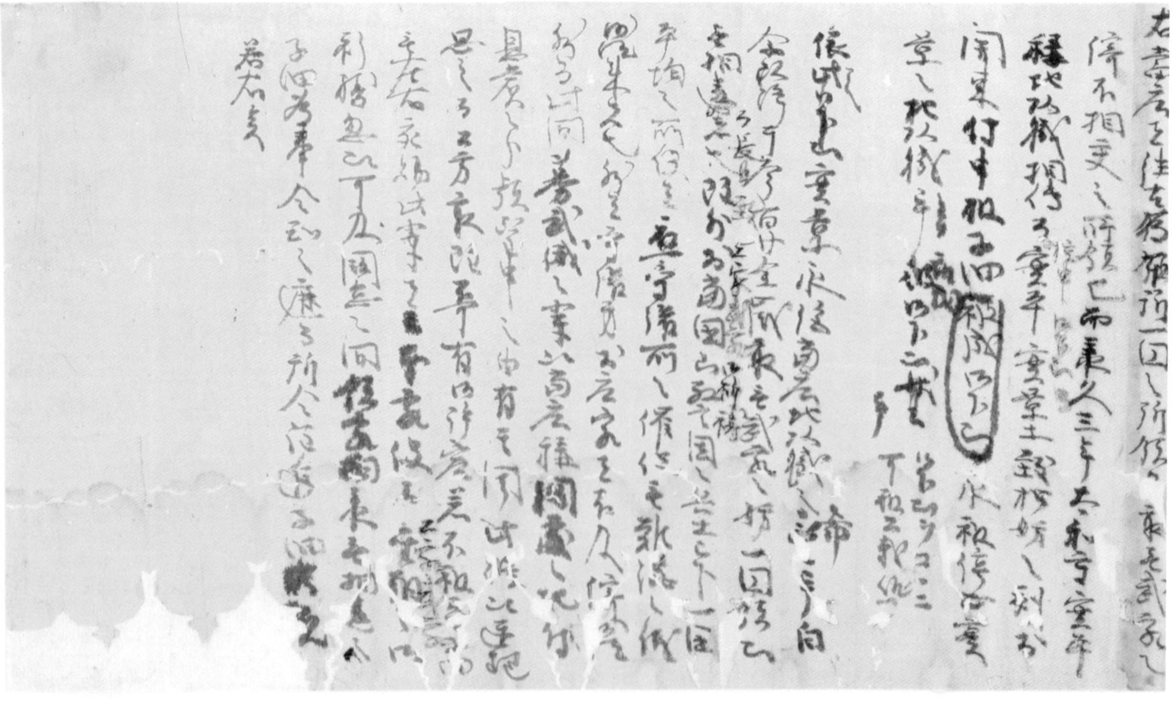

(2)

未定文書

利

1 小野守経申状（前闕）（年未詳）12月23日〔27.5 × 47.5〕

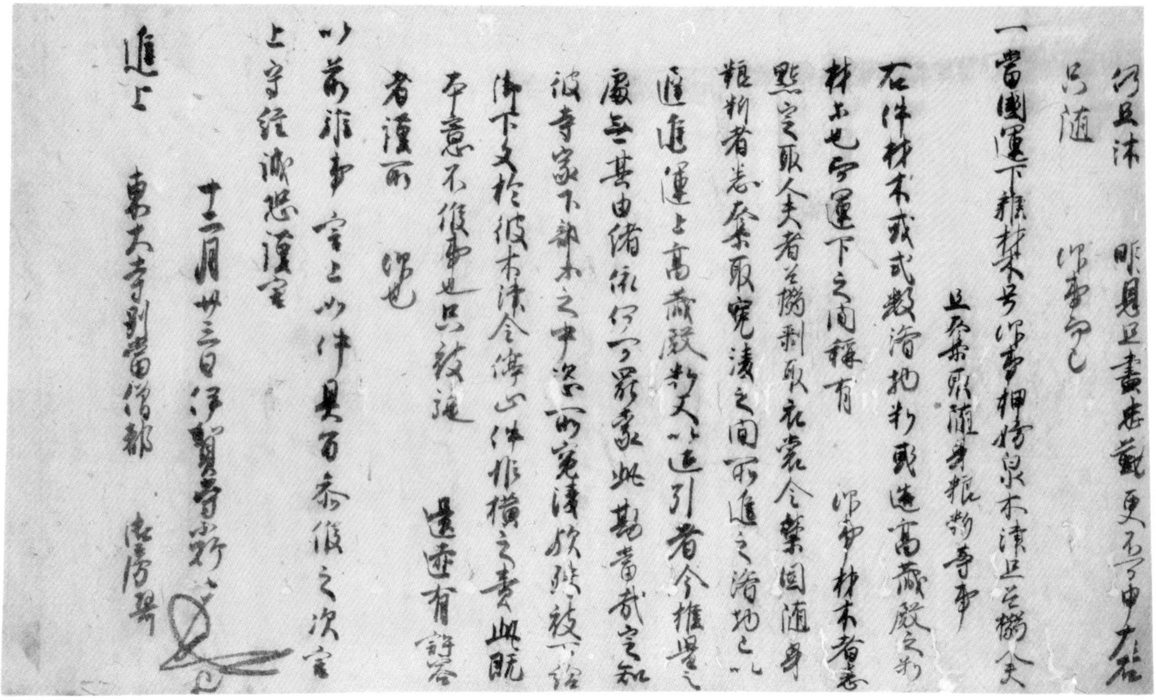

2 某申状（後闕）（年月日未詳）〔25.4 × 36.5〕

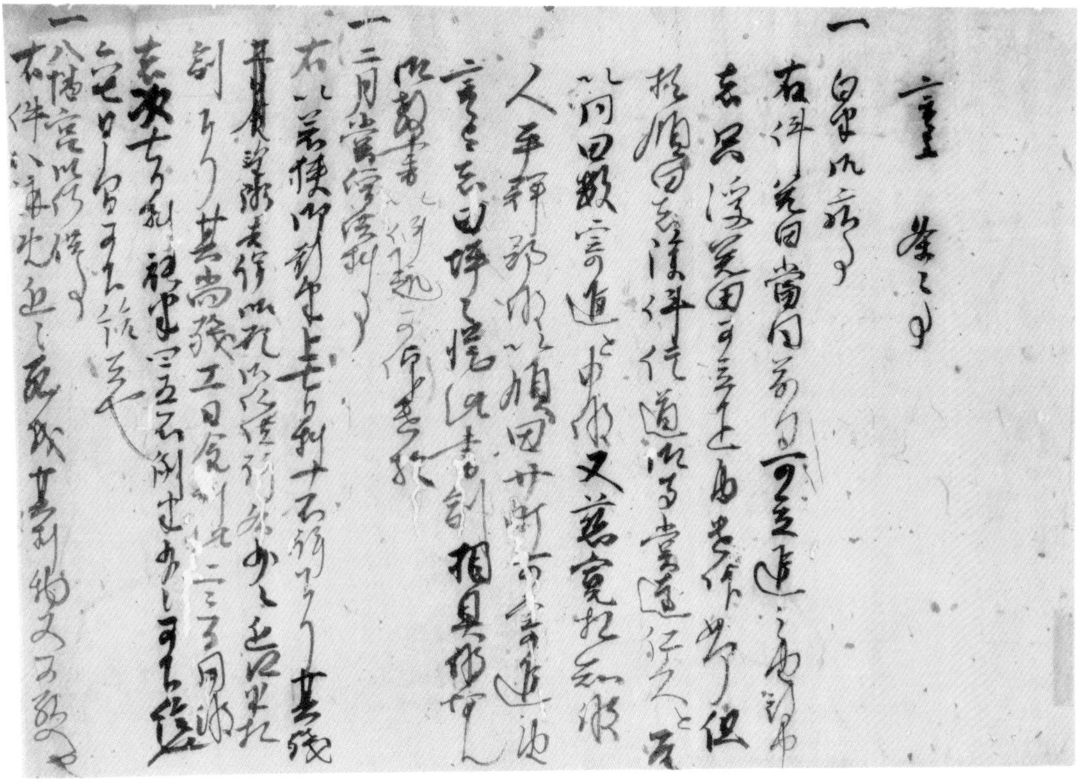

3 東大寺修二会壇供注文（断簡）（年月日未詳）〔29.9 × 46.1〕

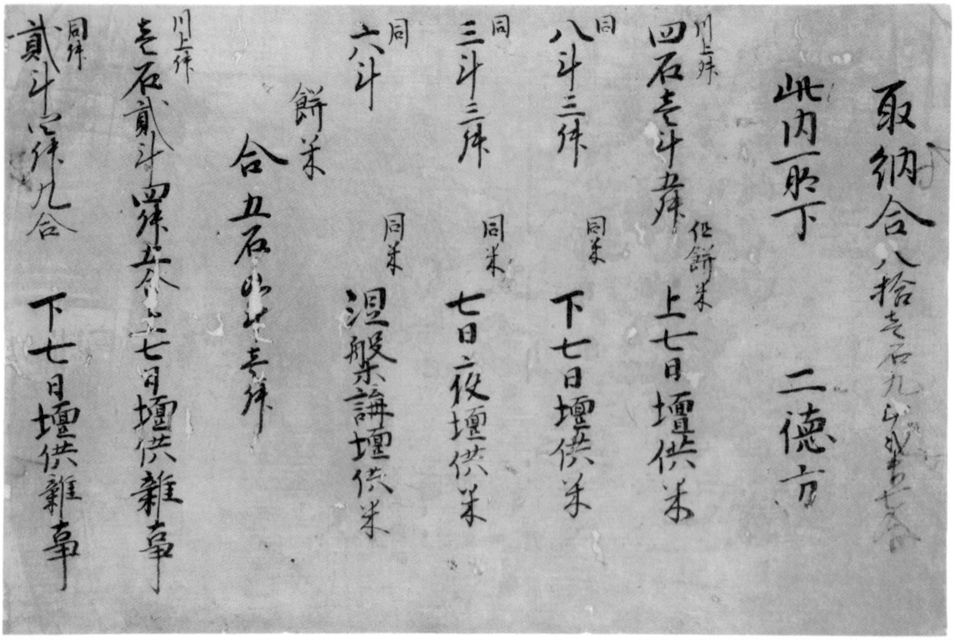

取納合

此内取下 二徳方

川上床 四石壱斗五升 佛餅米 上七日壇供米

同 八斗三升 同米 下七日壇供米

同 三斗三升 同米 七日夜壇供米

同 六斗 同米 涅槃講壇供米

餅米

合 五石四斗壱升

川上床 壱石貳斗四升五合 上七日壇供雜事

同床 貳斗六升九合 下七日壇供雜事

3 奥裏

3 端裏

4 東大寺領諸荘注文（断簡）（年月日未詳）〔27.8 × 48.0〕

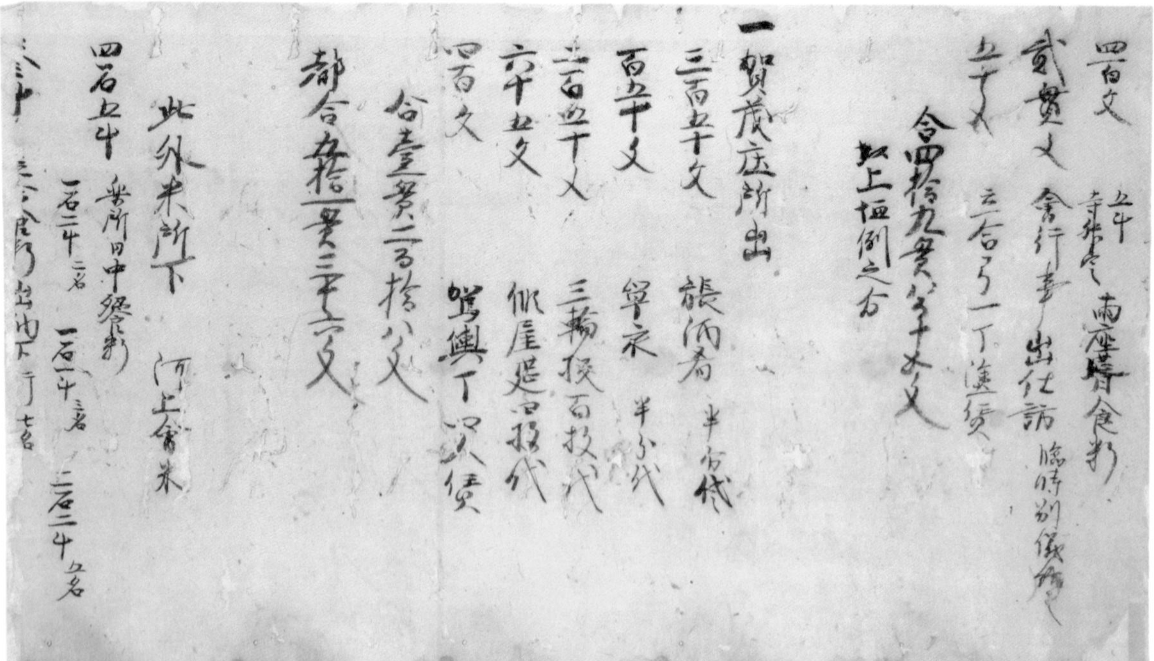

5 東大寺領諸荘注文（断簡）（年月日未詳）〔27.9 × 46.8〕

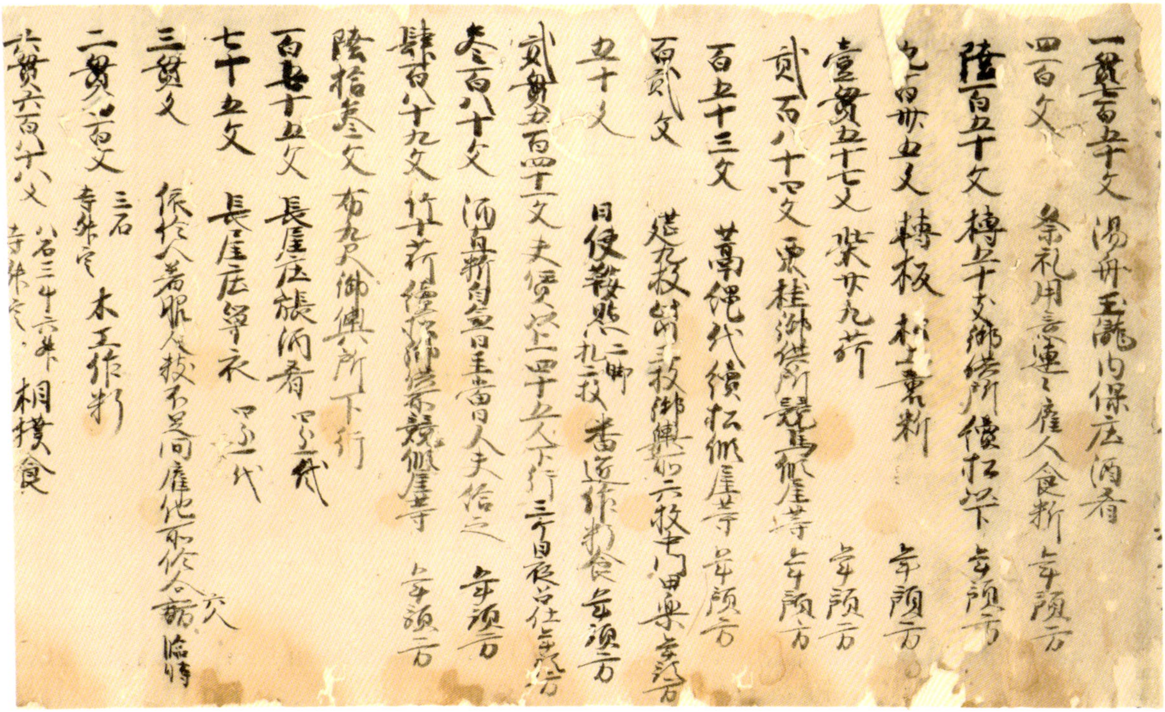

6 後小松天皇女房奉書案 （応永 19 年 7 月 10 日）〔25.6 × 41.5〕

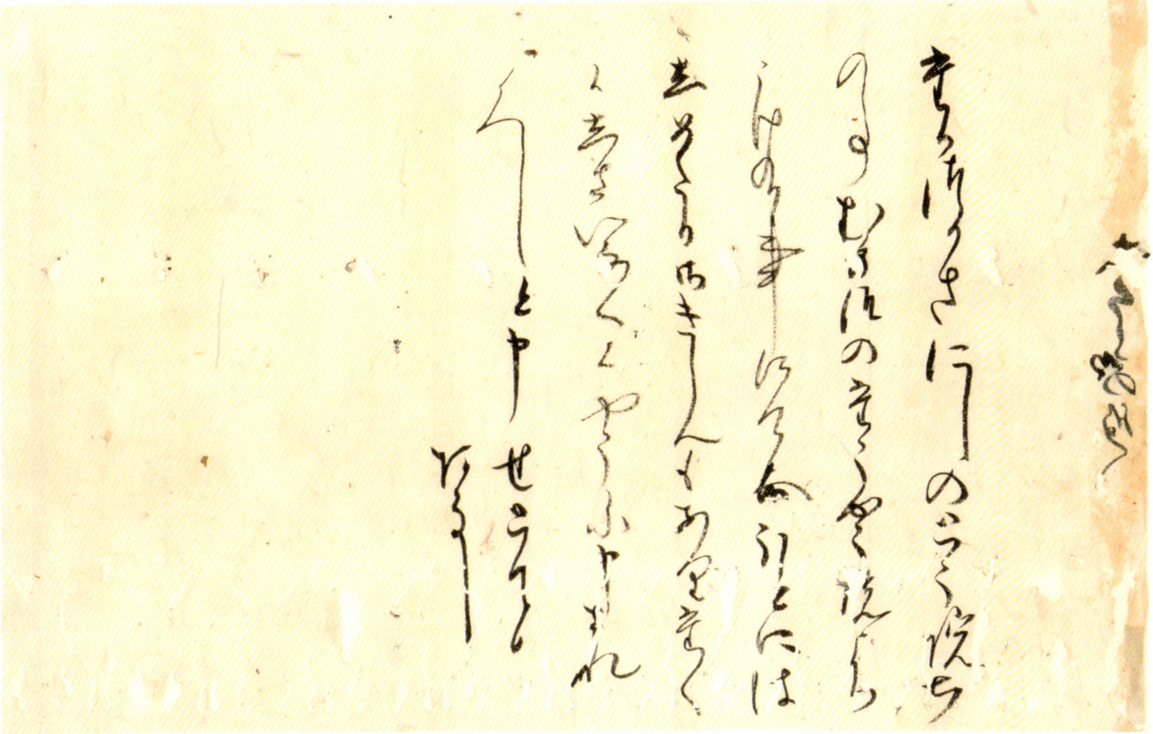

7 広橋兼勝書状ヵ（後闕）（慶長3年10月5日ヵ）〔31.5 × 48.8〕

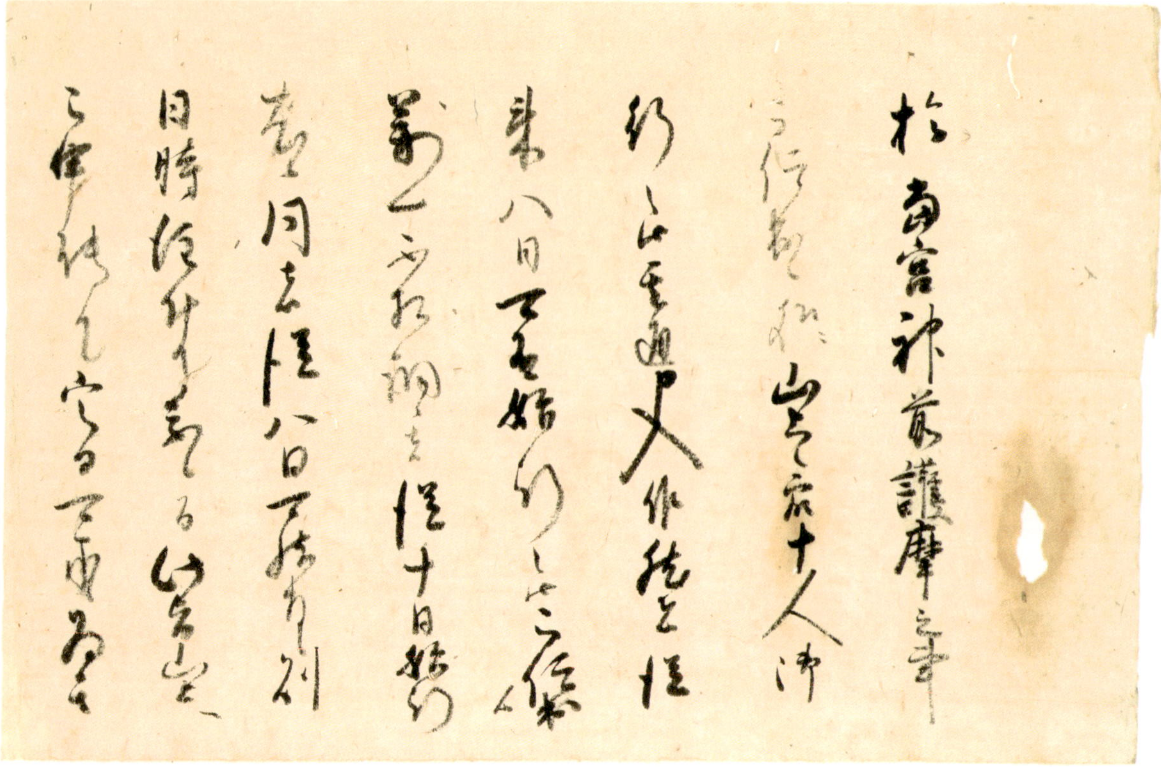

8 八月十五夜詠草 （慶安元年8月15日）〔34.5 × 45.1〕

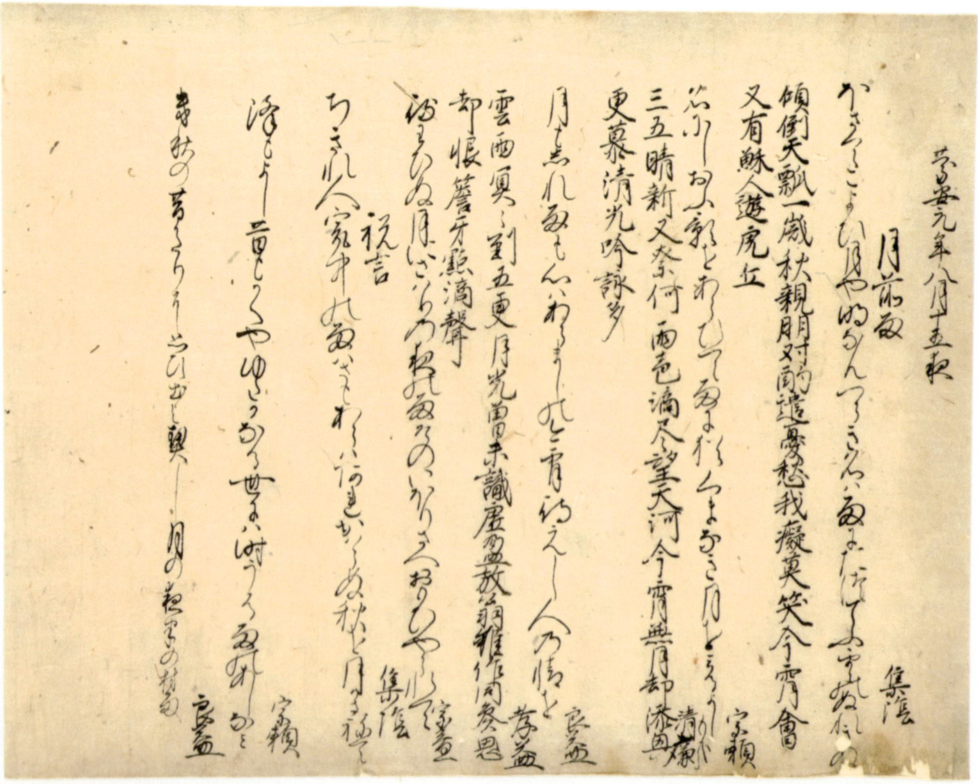

未定文書

後鑑類

1 西園寺公衡書状 ① (年未詳) 3 月 10 日 〔33.8 × 103.1 ／第 1 紙 33.8 × 51.1〕

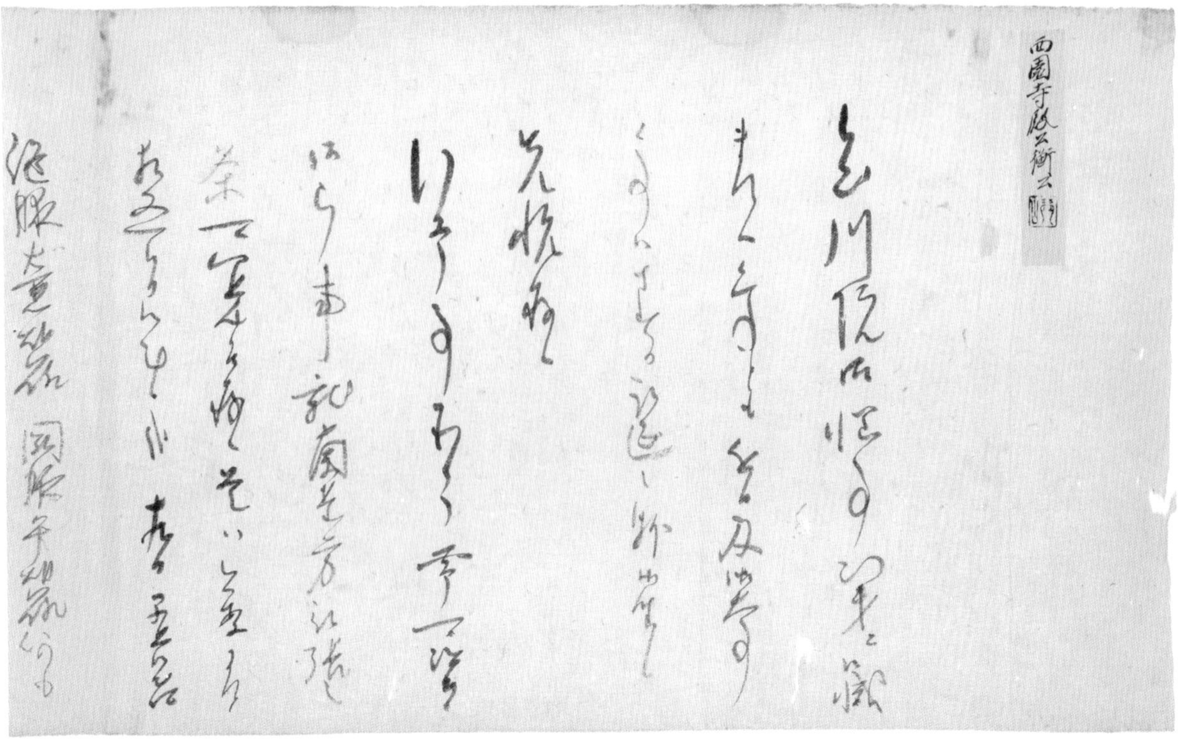

(2) (1)

1 西園寺公衡書状 ② 〔第 2 紙 33.7 × 52.0〕

(2)

3 祐通書状 （年未詳）7 月 11 日 〔26.2 × 44.3〕

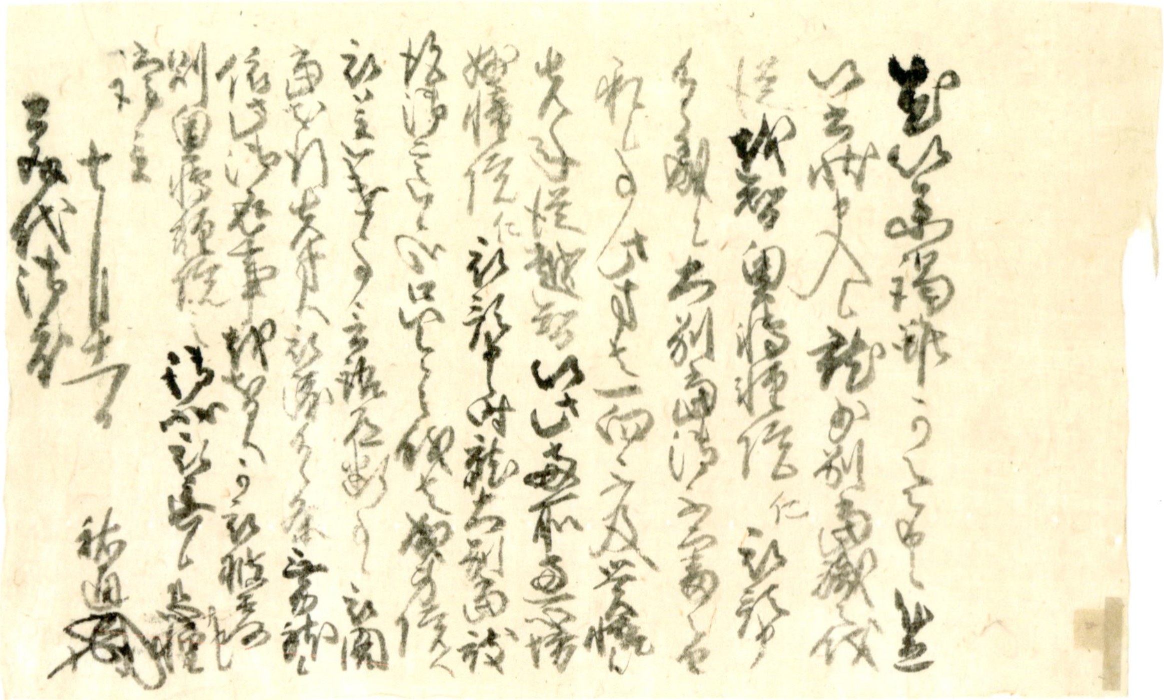

4 上野介某書状 （年未詳）10 月 12 日 〔13.9 × 44.6〕

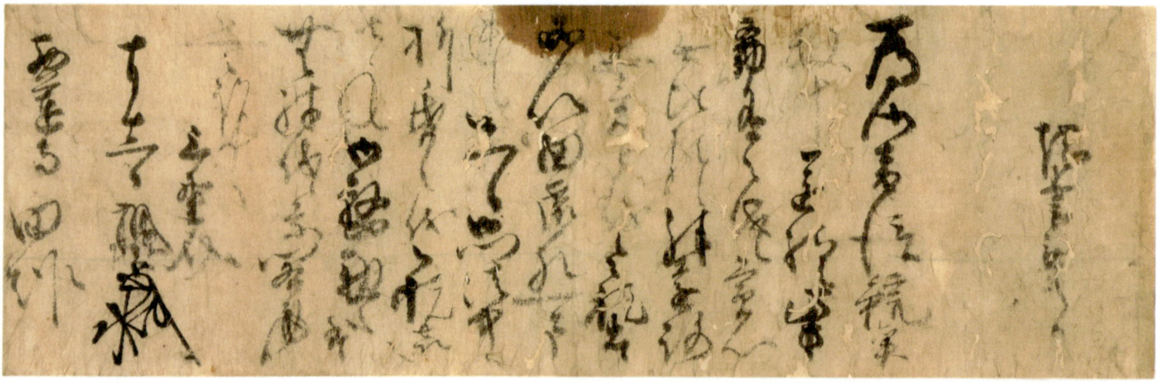

5 土方雄高書状 （年未詳）正月６日 〔31.5 × 43.7〕

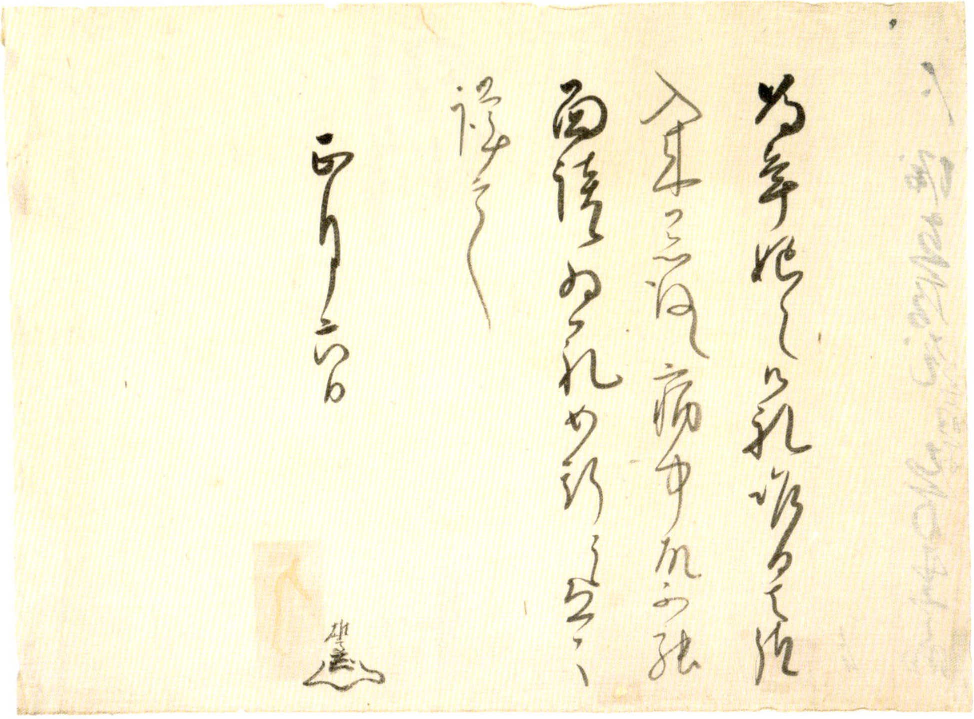

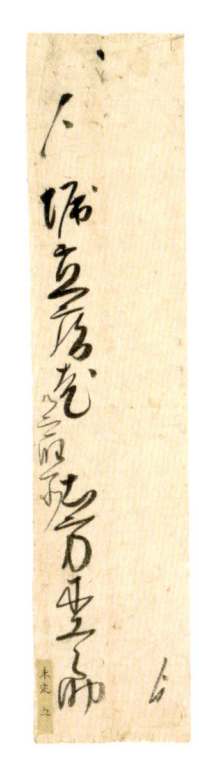

5 端裏（捻封墨引）

6 普数書状 ① （年未詳）2月9日 〔30.3 × 97.6／第1紙 30.3 × 48.3〕

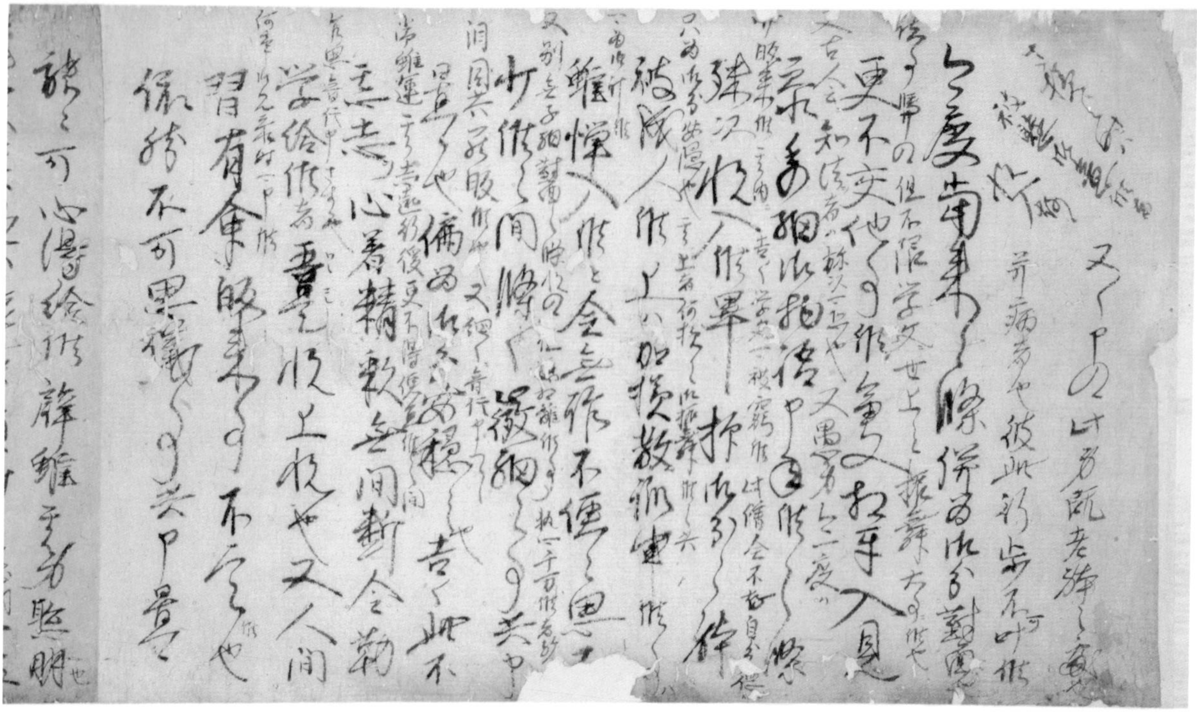

(2) (1)

6 普数書状 ② 〔第2紙 30.4 × 49.3〕

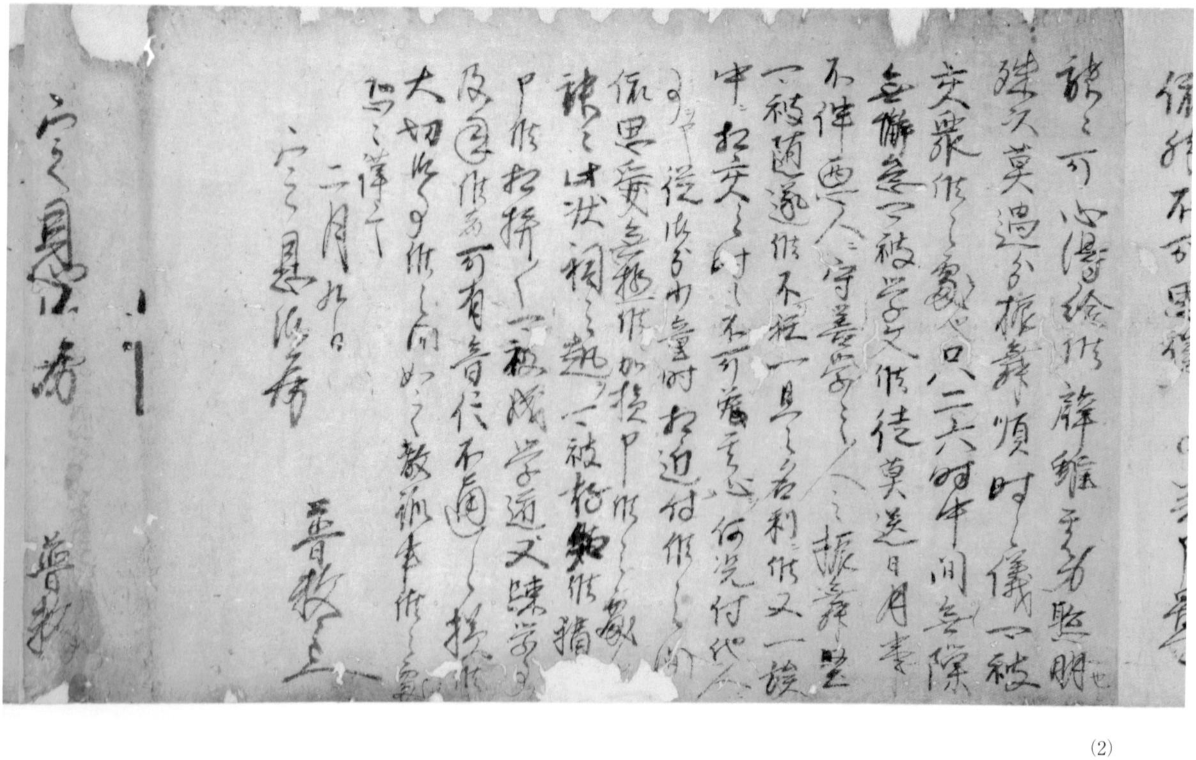

(2)

7 普数書状 ① （年未詳）2月29日 〔30.3 × 84.5／第1紙 30.3 × 42.0〕

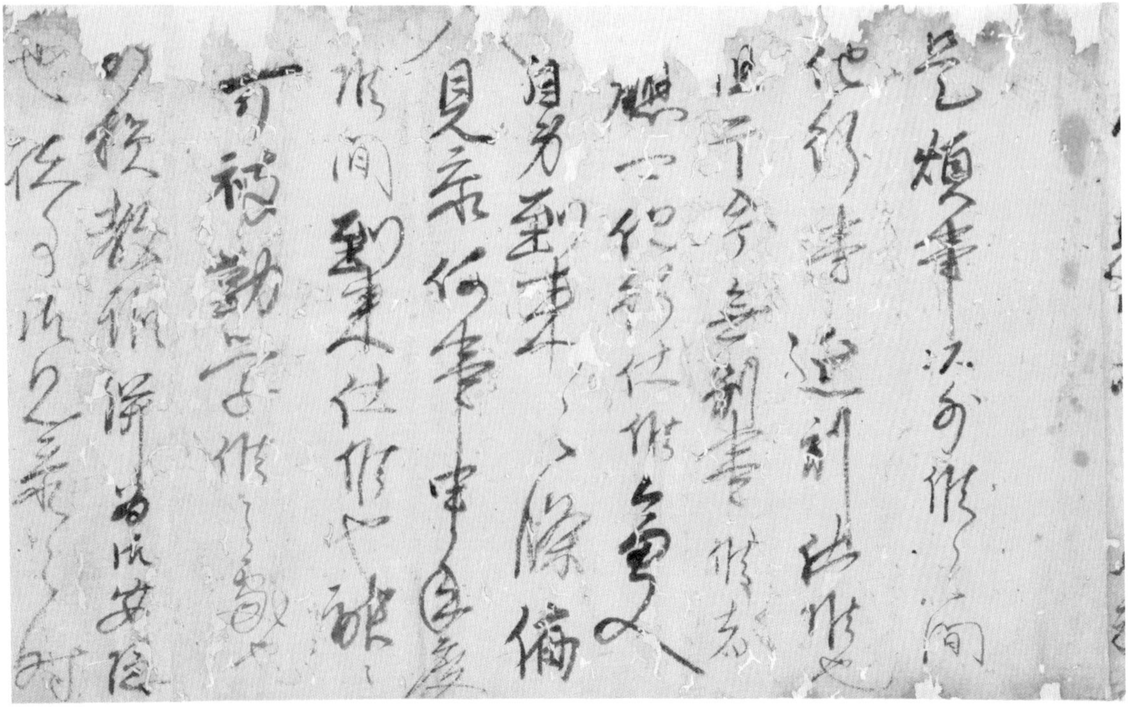

(2)　　(1)

7 普数書状 ② 〔第2紙 30.3 × 42.5〕

(2)

8 武田勝頼書状 （天正元年）8 月 25 日 〔27.0 × 43.5〕

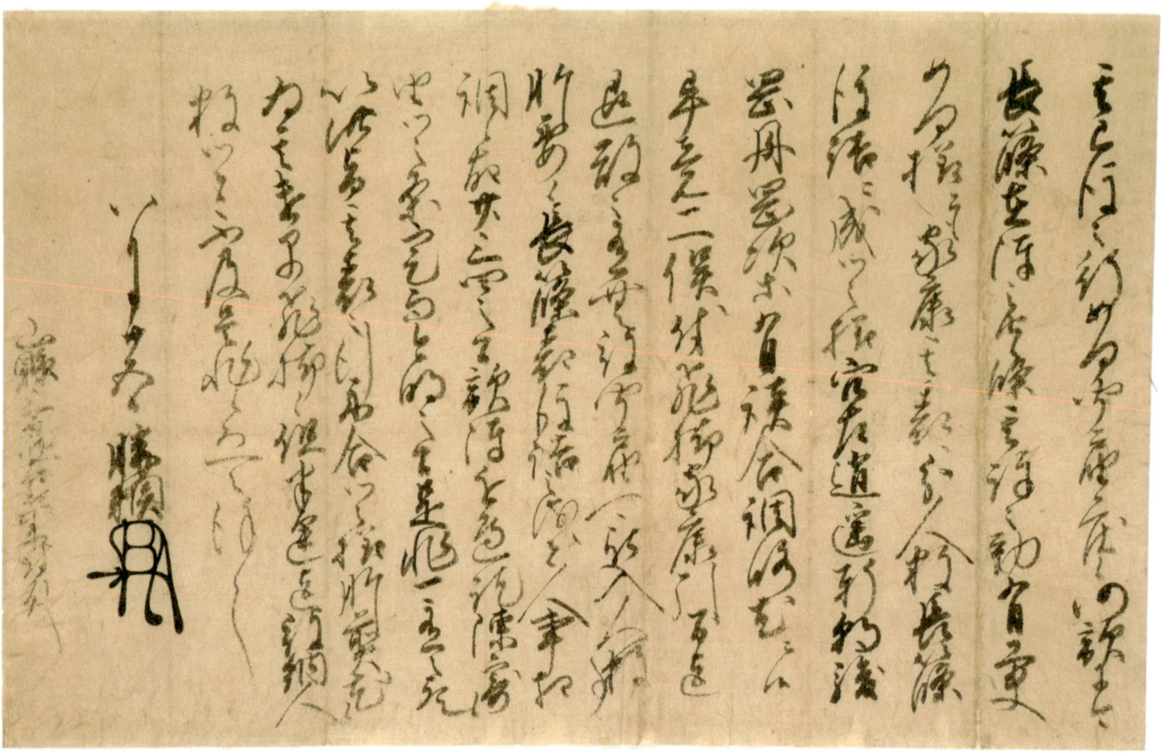

宗教関係文書

1 論義書（断簡）（康保2年正月15日）〔29.8 × 48.6／第1紙29.8 × 24.6／第2紙24.7 × 24.0〕

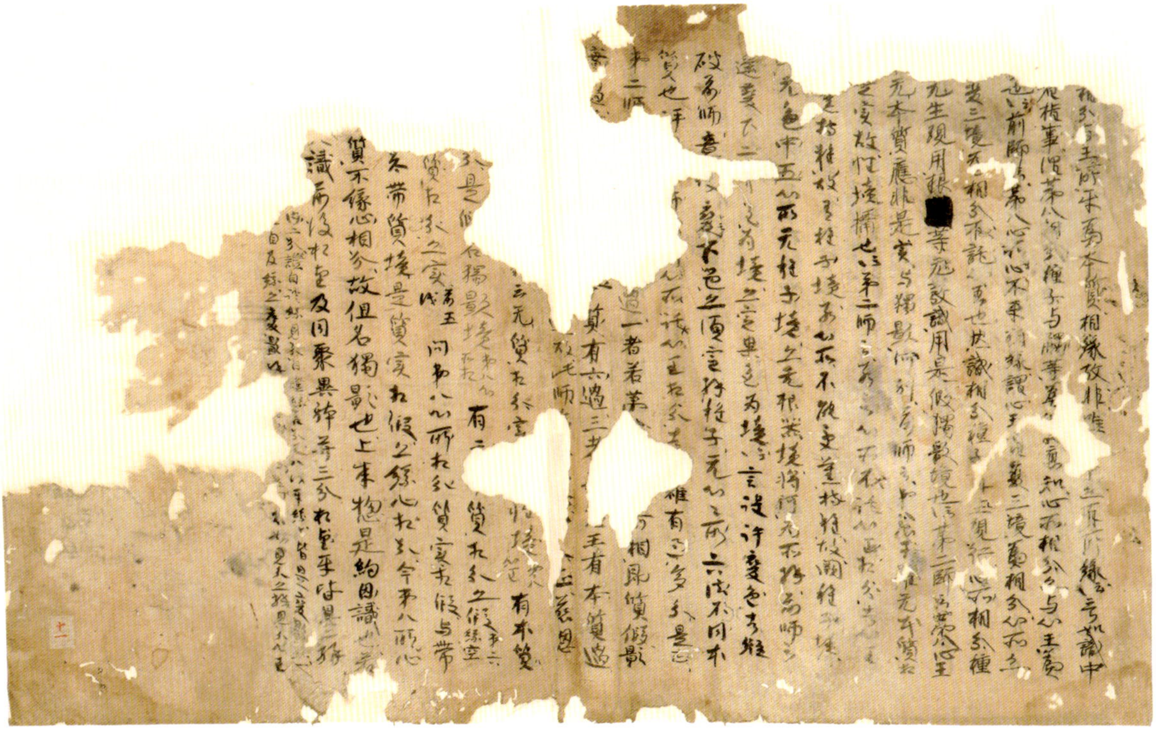

（2）　（1）

1 紙背

2 法華経授記品第六（前闕）（康治元年 11 月 9 日）
〔25.0 × 49.3 ／第 1 紙 25.0 × 5.0 ／第 2 紙 25.1 × 27.7 ／第 3 紙 25.0 × 16.6〕

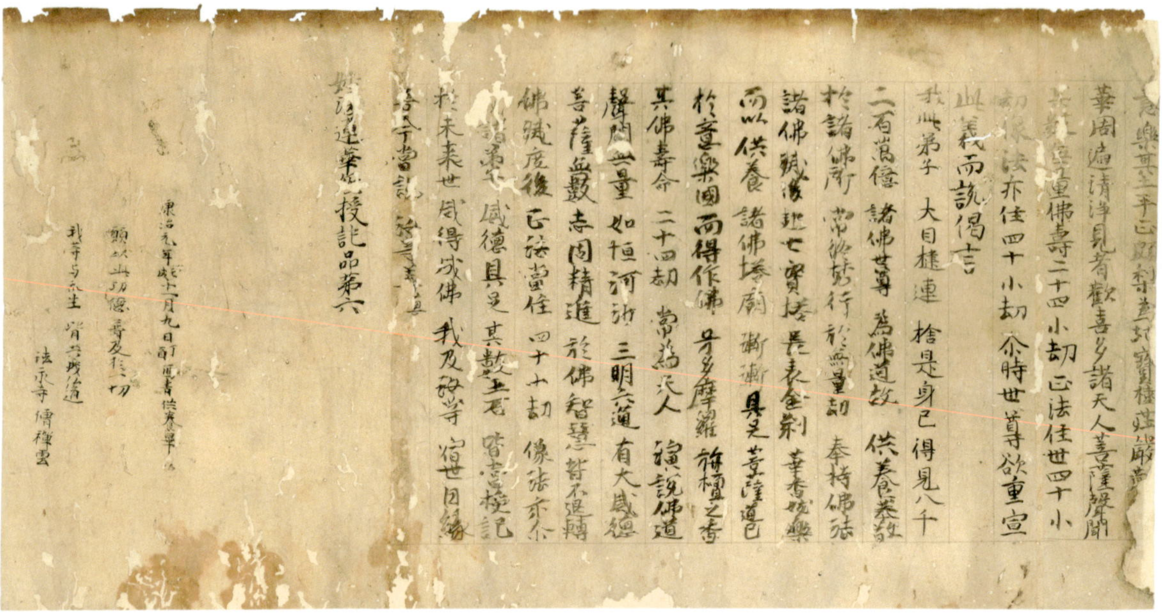

(3) (2) (1)

3-1 某支度注進状案（前闕） 天承 2 年 4 月 26 日 〔28.9 × 51.0〕
3-2 両壇供支度注進状案 天承 2 年 4 月 26 日
3-3 太元修法支度注進状案（後闕）（年月日未詳）

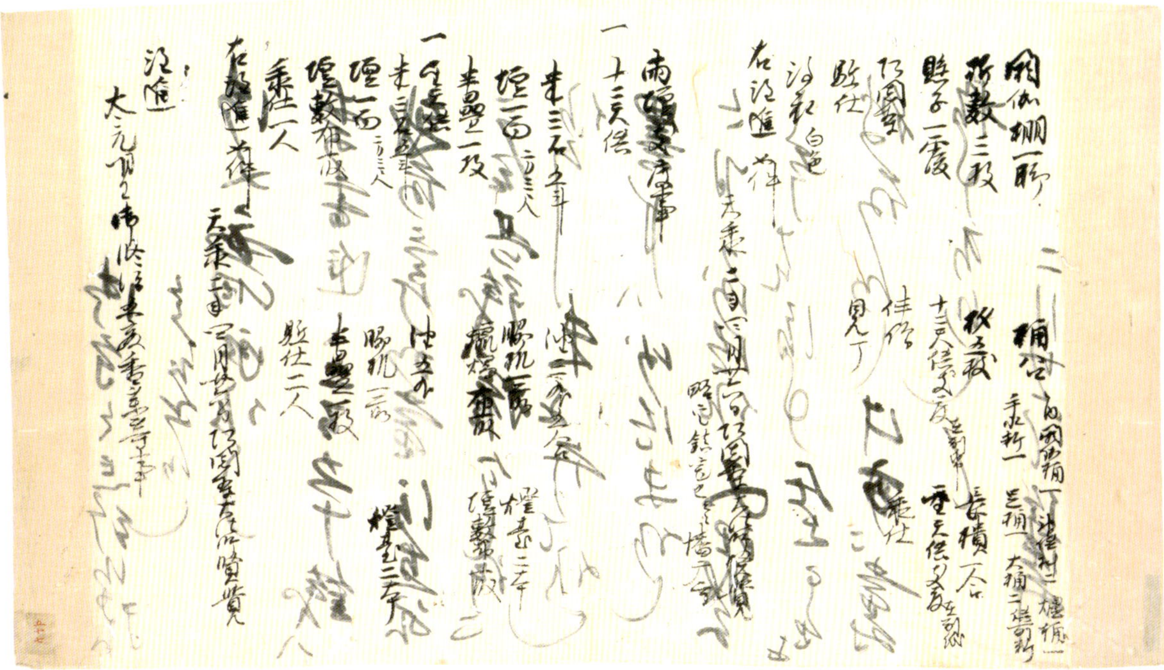

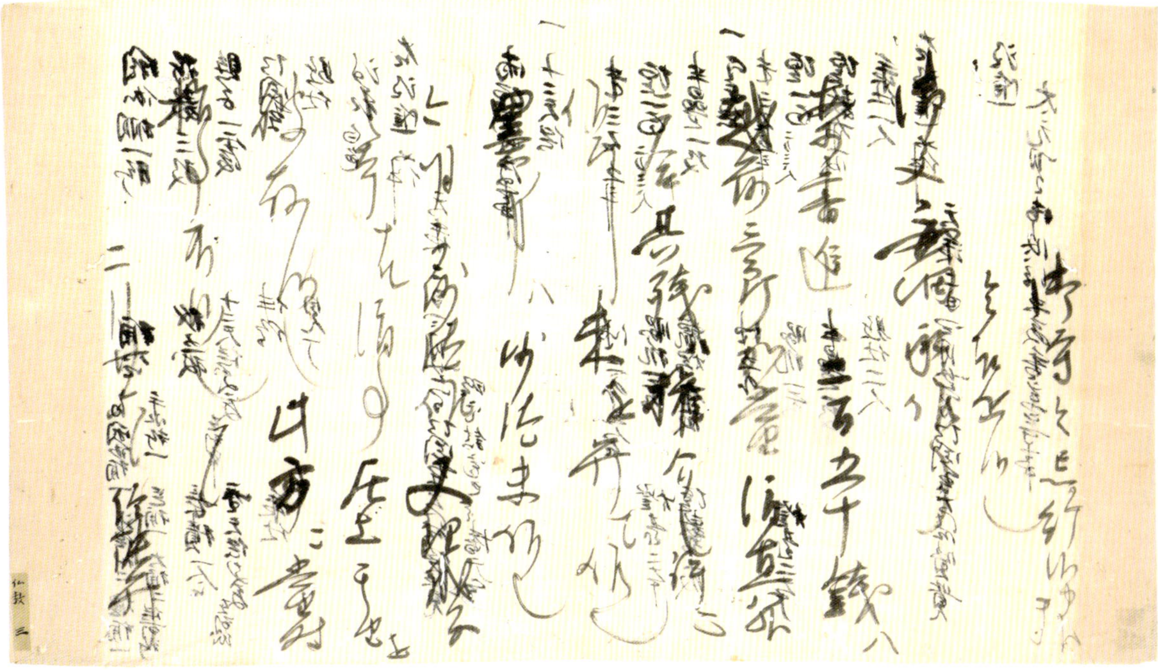

3 紙背

4-1 不動修法支度注進状案　康治 2 年 4 月 29 日〔28.8 × 50.0〕
4-2 不動護摩供支度注進状案（後闕）（年月日未詳）

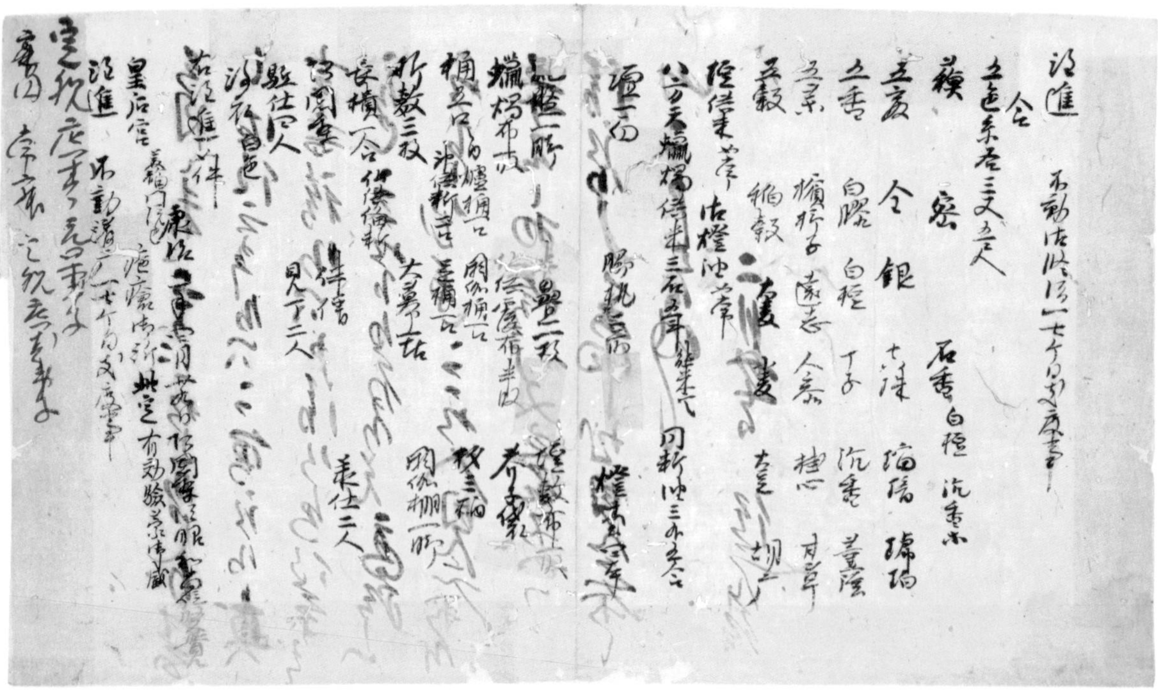

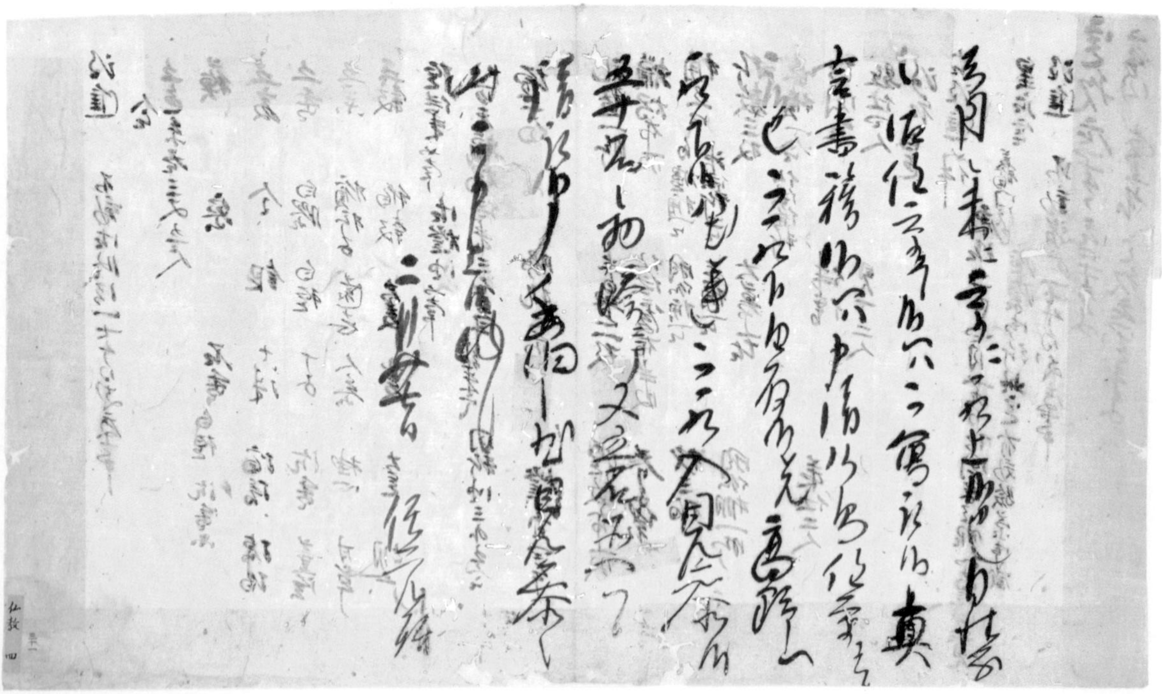

4 紙背

5 孔雀経法勤修補任次第 （年月日未詳）〔28.1 × 48.6〕

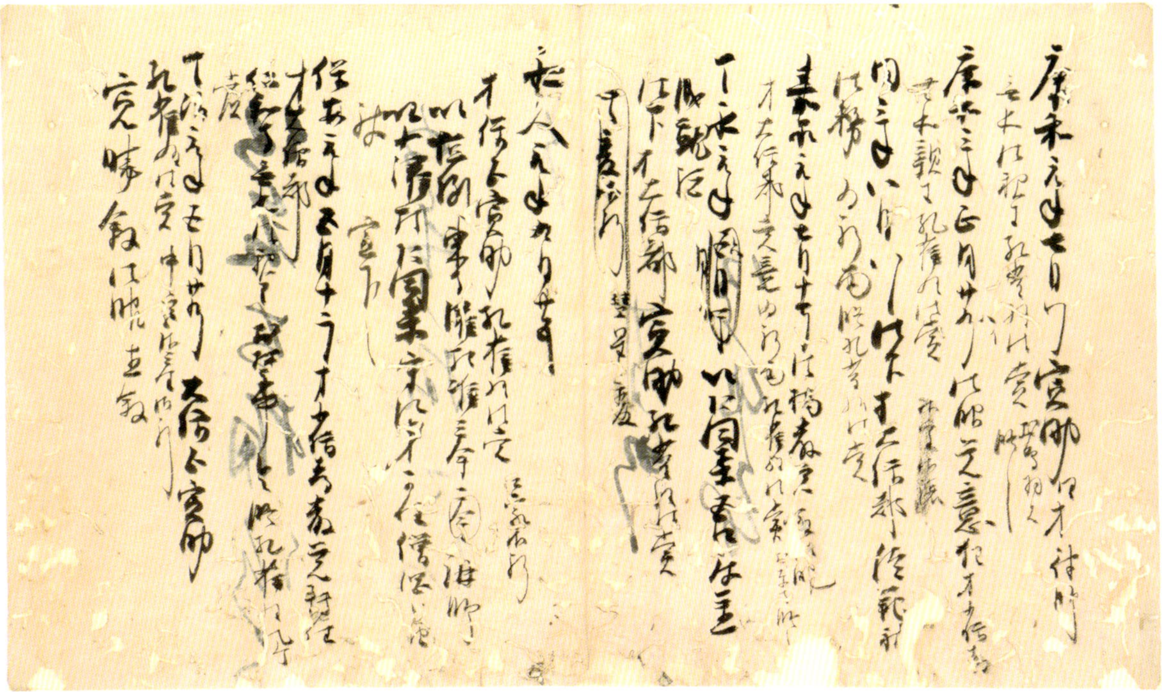

5 紙背

6 愛染供成就奉供状案　承安 4 年 12 月 18 日 〔31.3 × 49.5〕

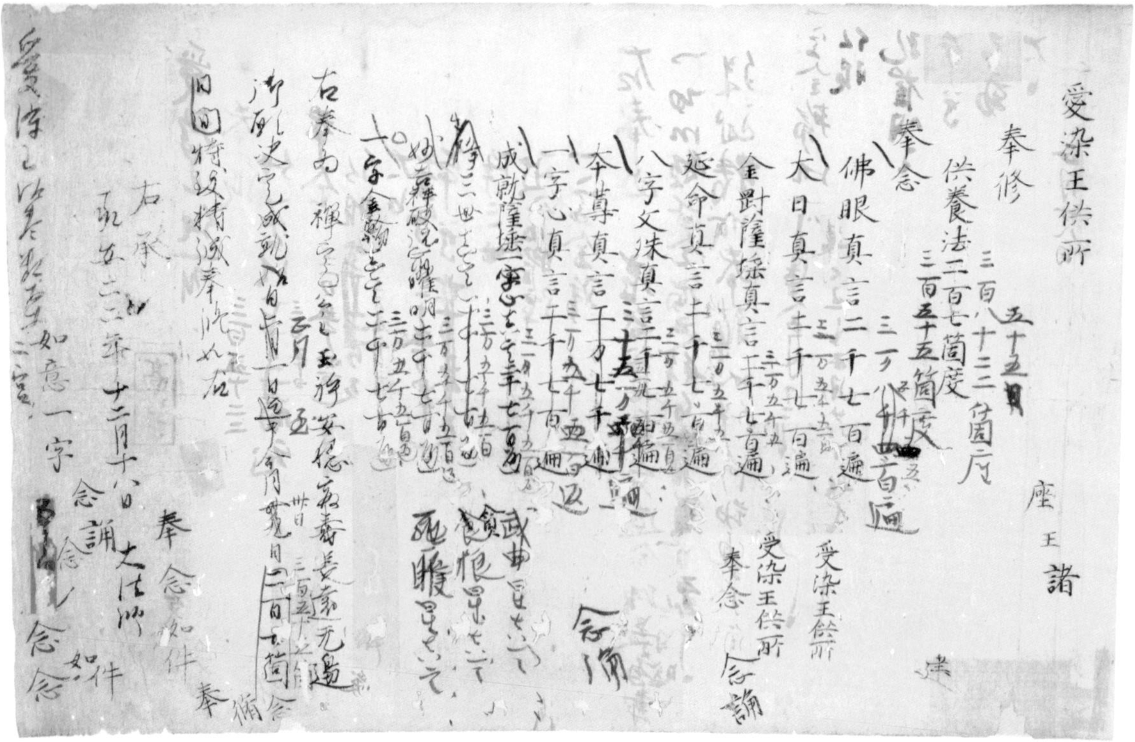

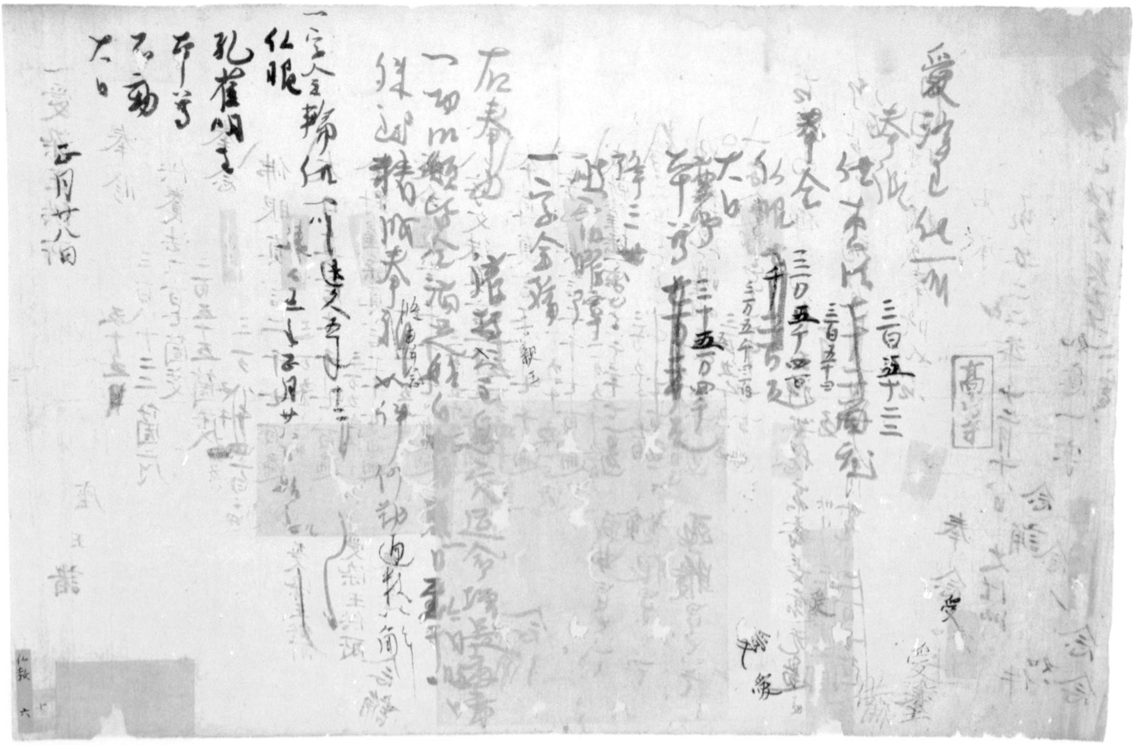

6 紙背

7 実杲書梵字　建久3年9月5日〔28.5 × 37.7〕

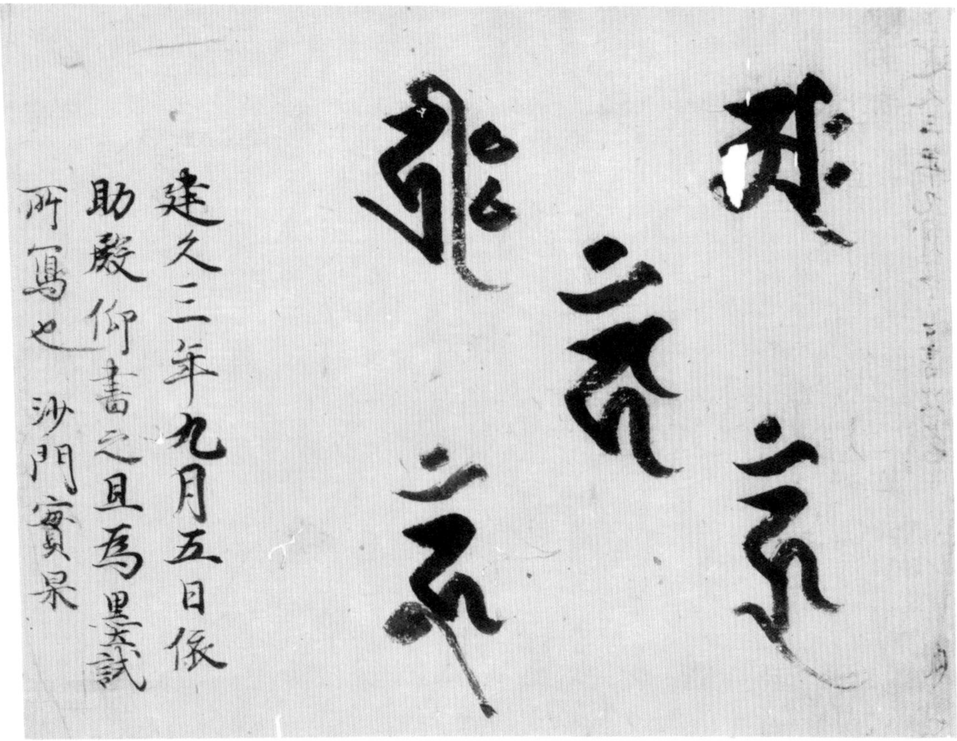

建久三年九月五日依
助殿御書之且爲畏試
所寫也　沙門實杲

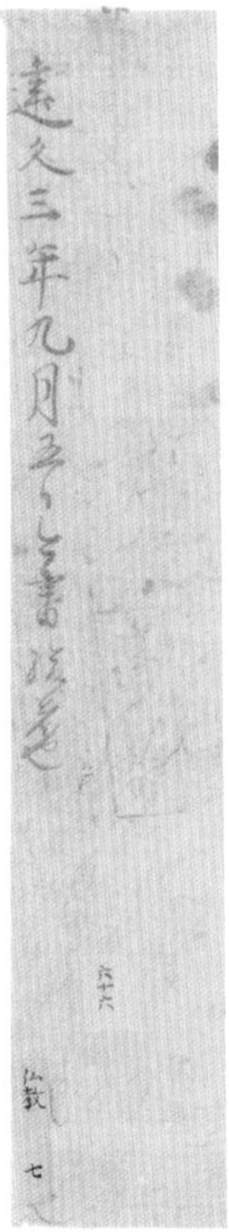

7 端裏

8 愛染供成就奉供状案　建保5年3月22日〔31.4 × 54.2〕

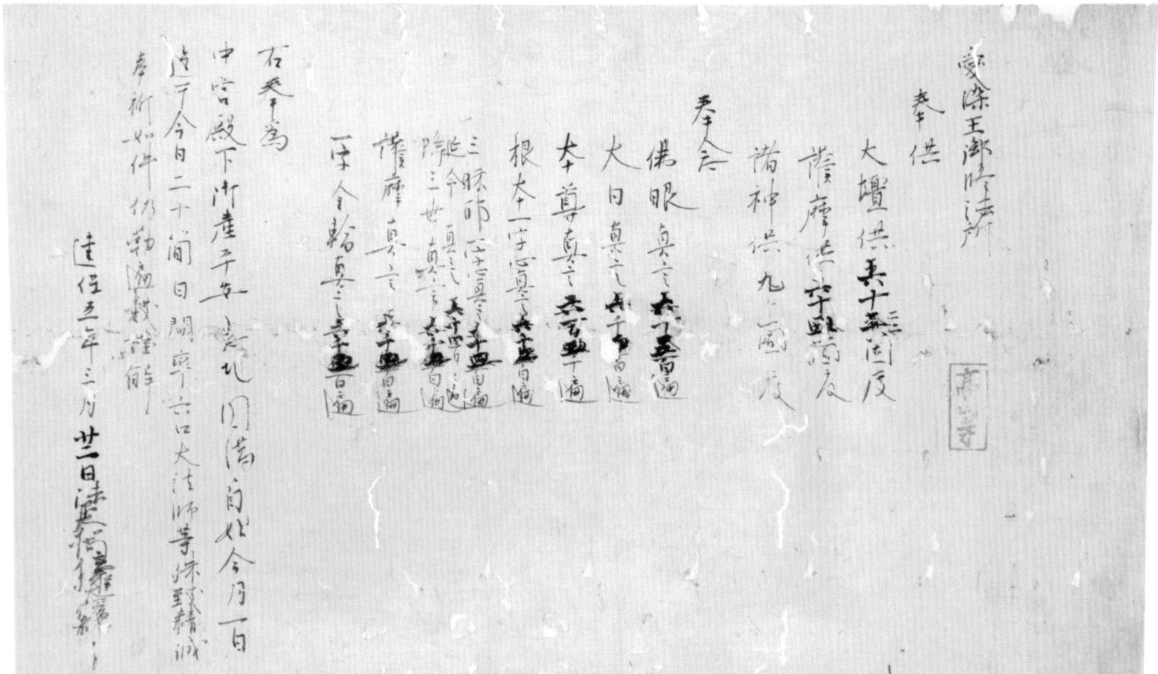

9 智恵授聖算三部伝法灌頂印信印明 寛喜元年12月13日 〔30.7 × 52.8〕

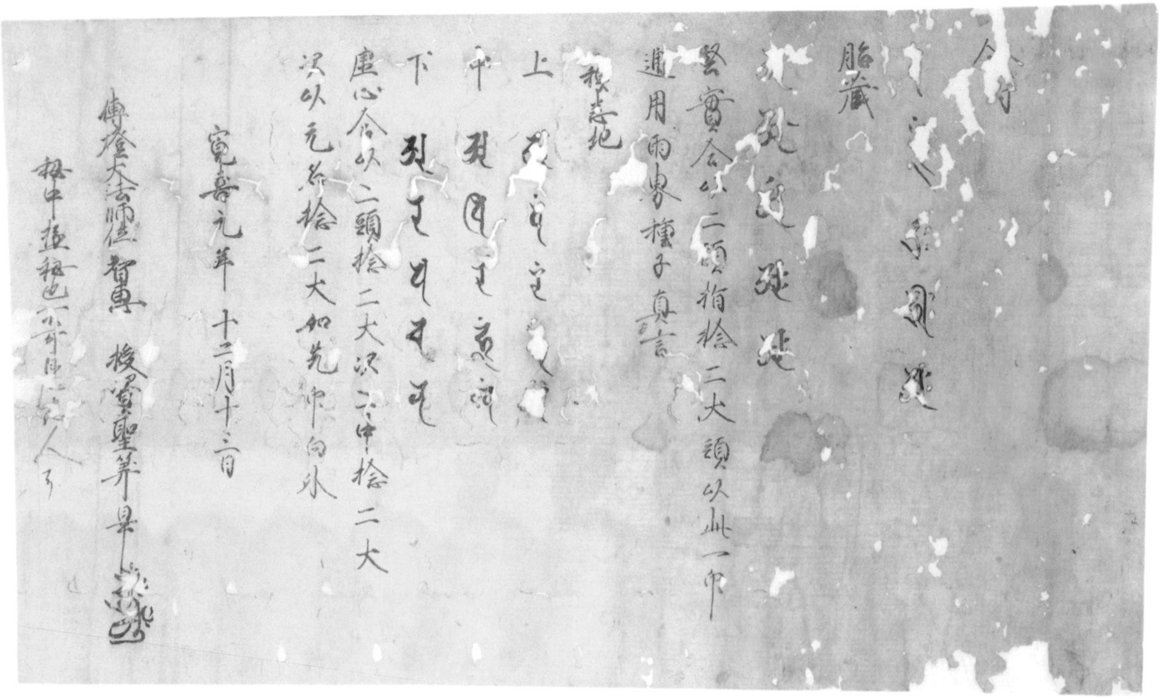

10 智恵授聖算印信 延応元年7月26日 〔34.0 × 56.5〕

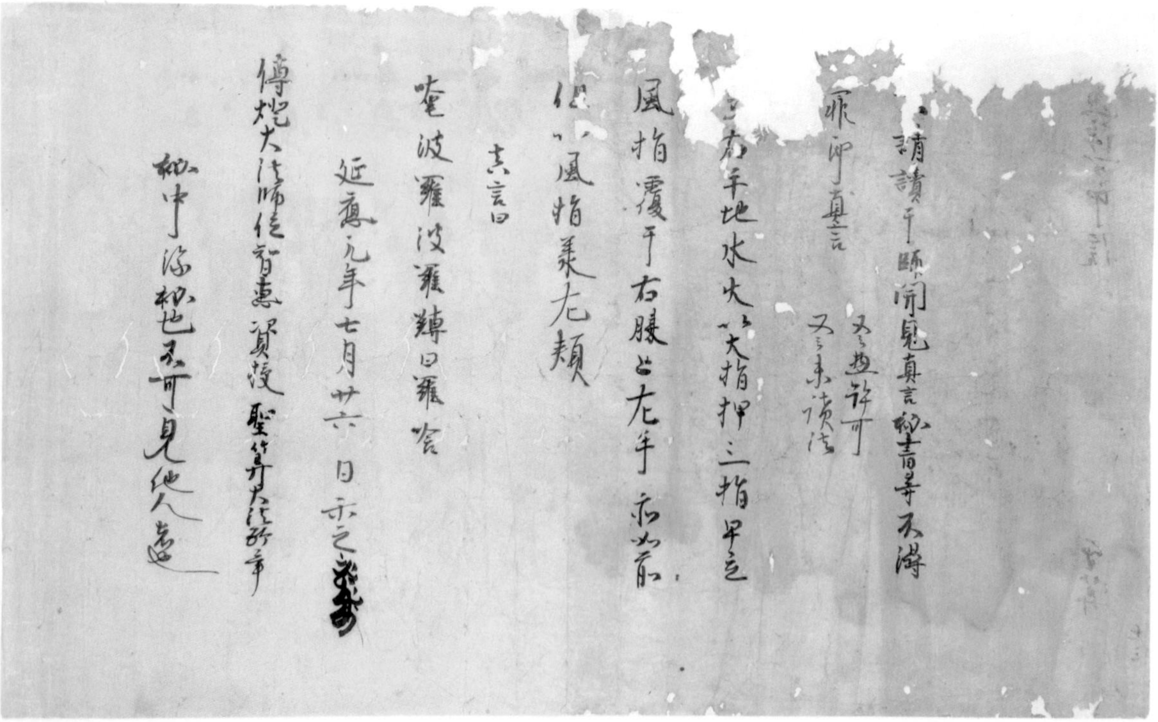

11 古写経（前闕） 貞永 2 年 2 月 3 日 〔24.3 × 21.9〕

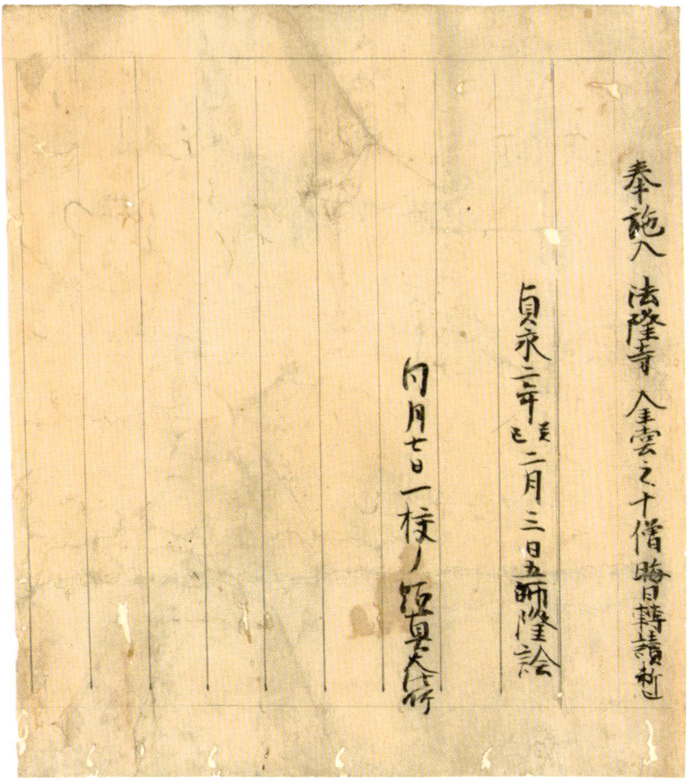
奉施入 法隆寺 金堂之十僧晦日講讀料

貞永二年癸巳 二月三日 五師隆詮

同月七日一校ノ 頌賢大徳

12-1 曼荼羅及道具次第（断簡）① （年月日未詳）〔28.0 × 135.3／第1紙 28.0 × 44.6〕

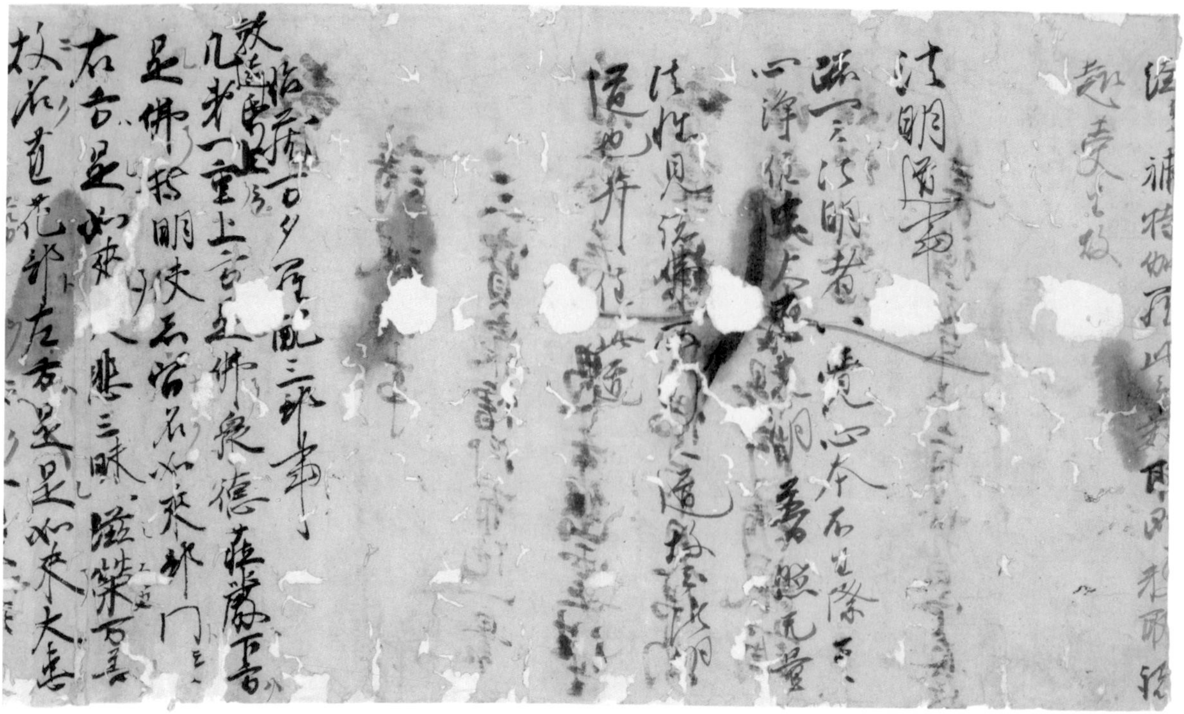

(2) (1)

12-1 曼荼羅及道具次第（断簡）② 〔第2紙 28.1 × 45.4〕

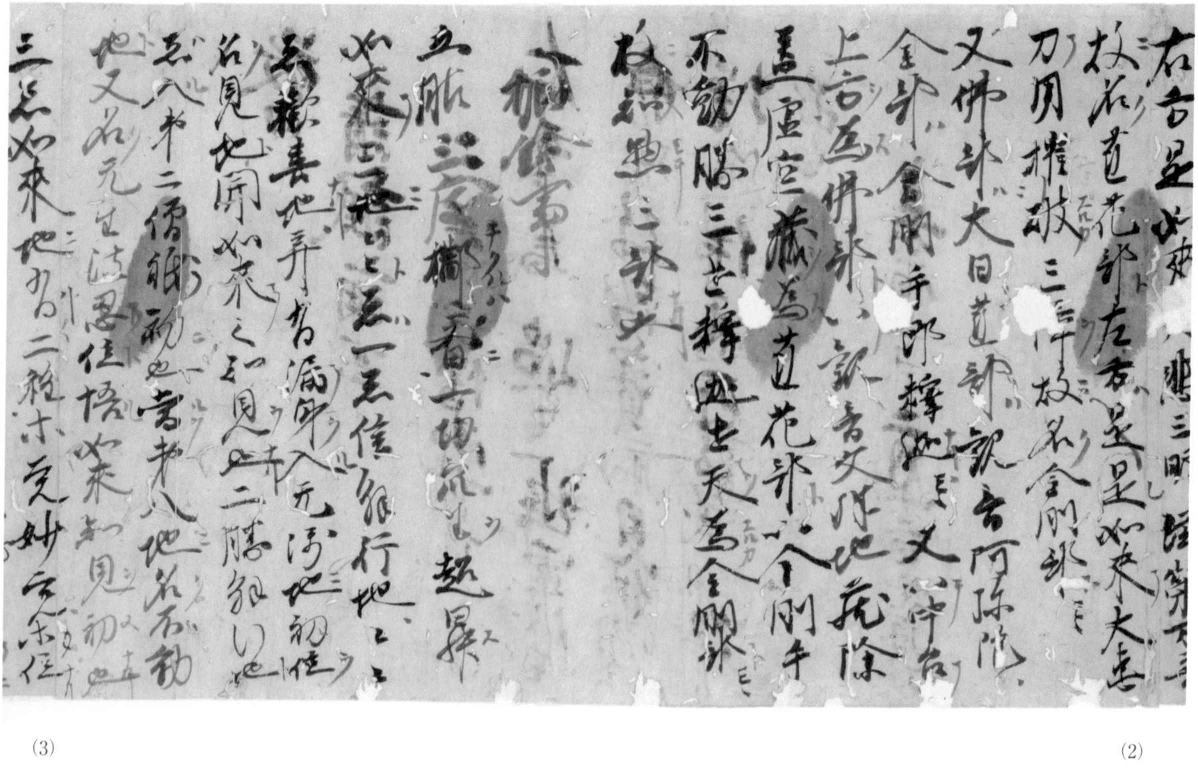

(3) (2)

12-1 曼荼羅及道具次第（断簡）③ 〔第 3 紙 28.0 × 45.3〕

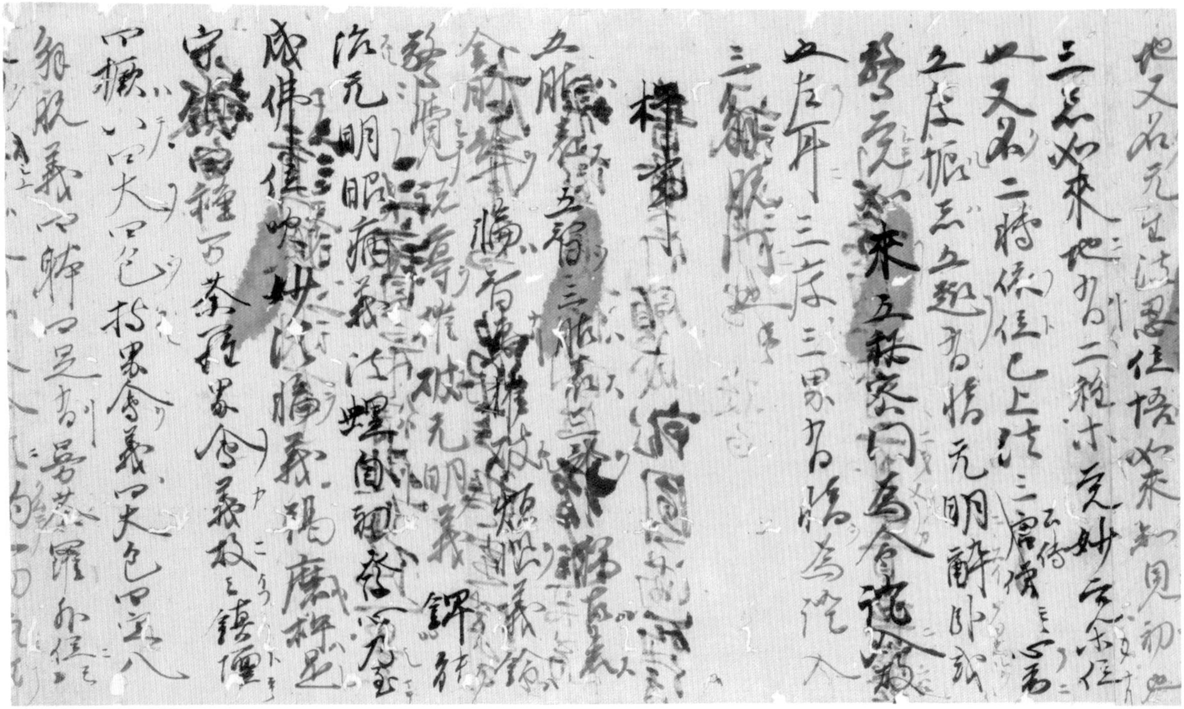

(3)

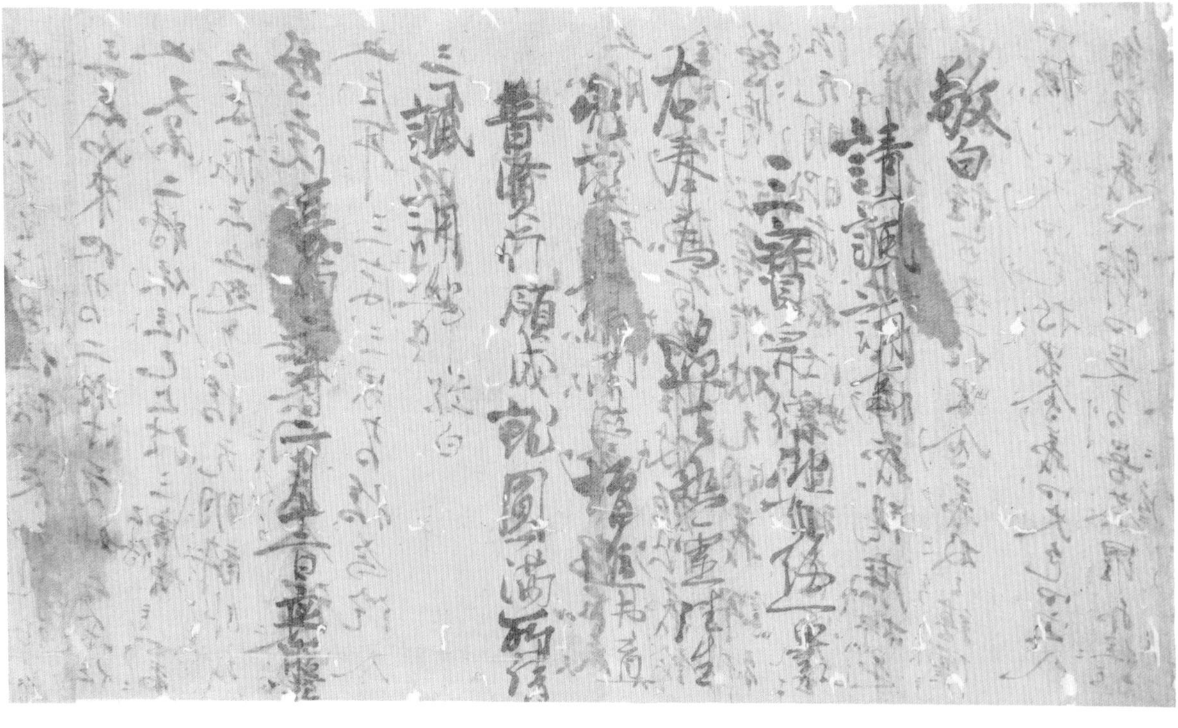

12-1 紙背（第 3 紙）

12-1 紙背（第２紙）

12-1 紙背（第１紙）

12-2 曼荼羅及道具次第（断簡）① （年月日未詳）〔28.1 × 92.0 ／第 1 紙 28.1 × 45.2〕

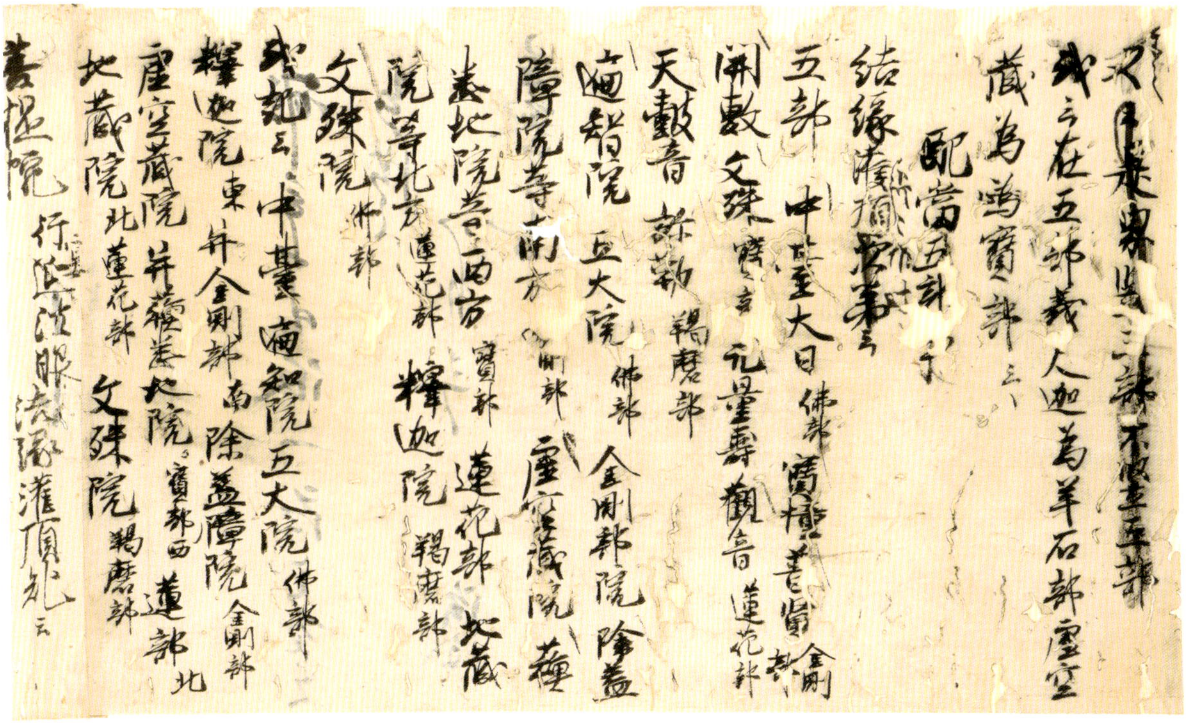

(2) (1)

12-2 曼荼羅及道具次第（断簡）② 〔第 2 紙 28.5 × 46.8〕

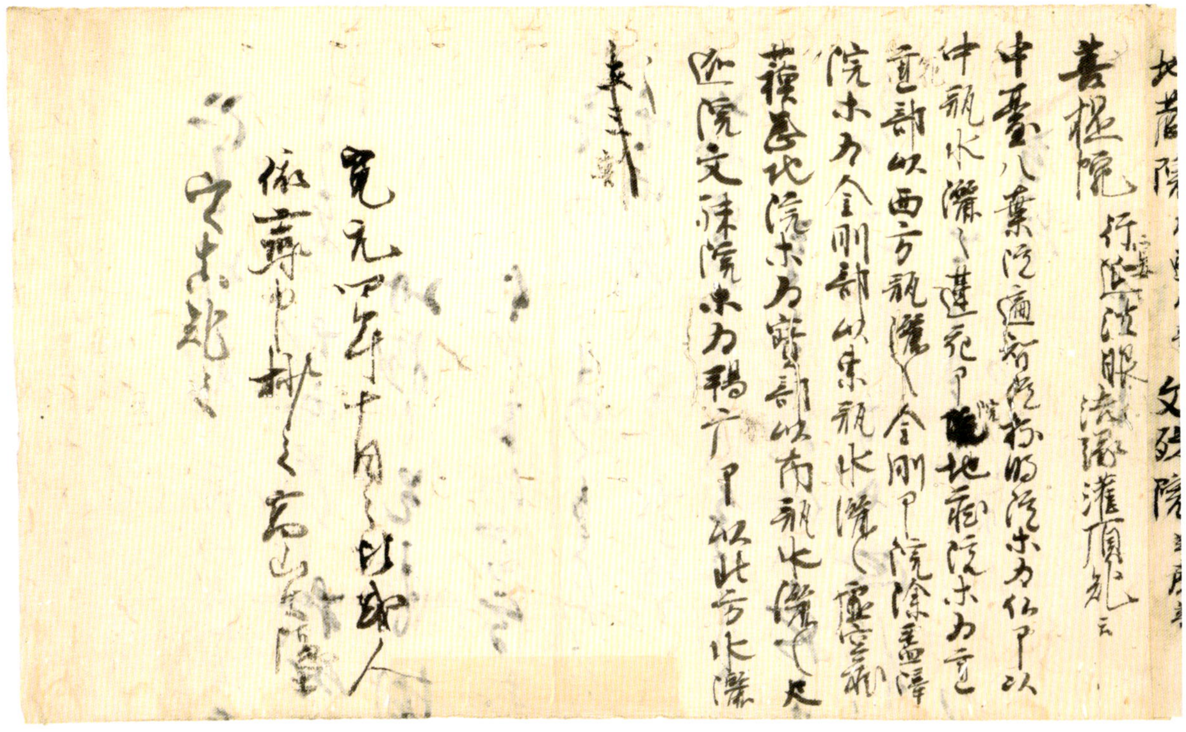

(2)

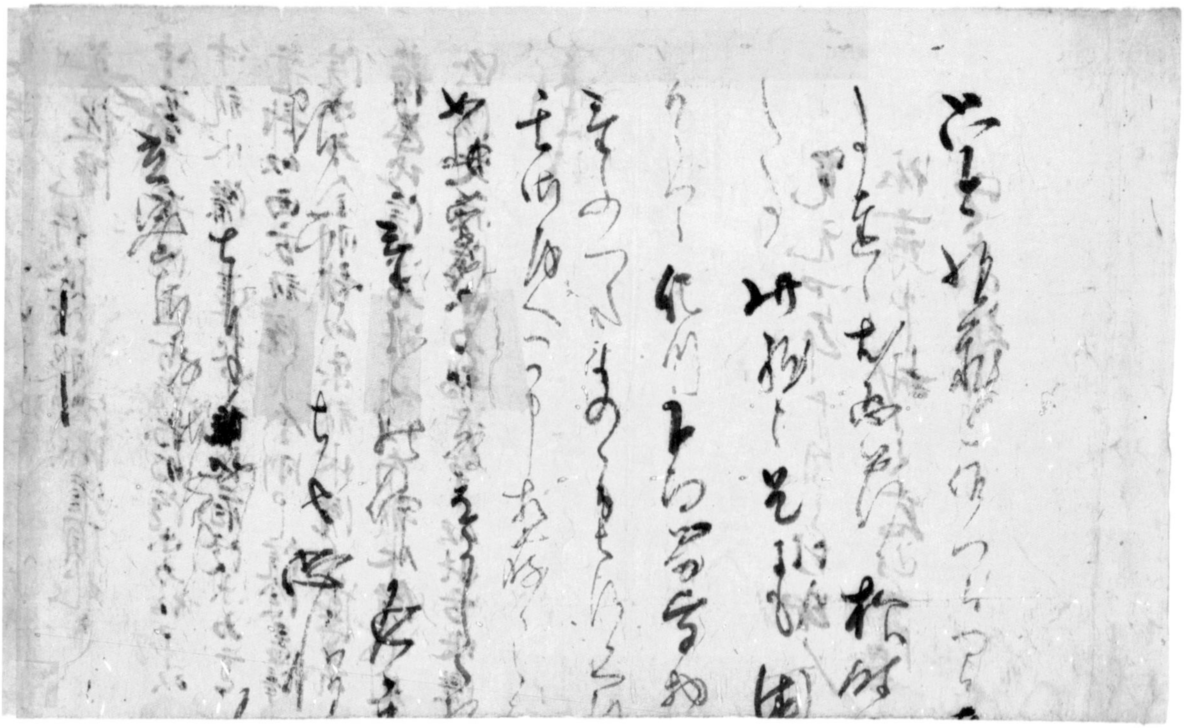

12-2 紙背（第 2 紙）

12-2 紙背（第 1 紙）

13 論疏（断簡）（文永７年６月）〔29.1 × 39.0〕

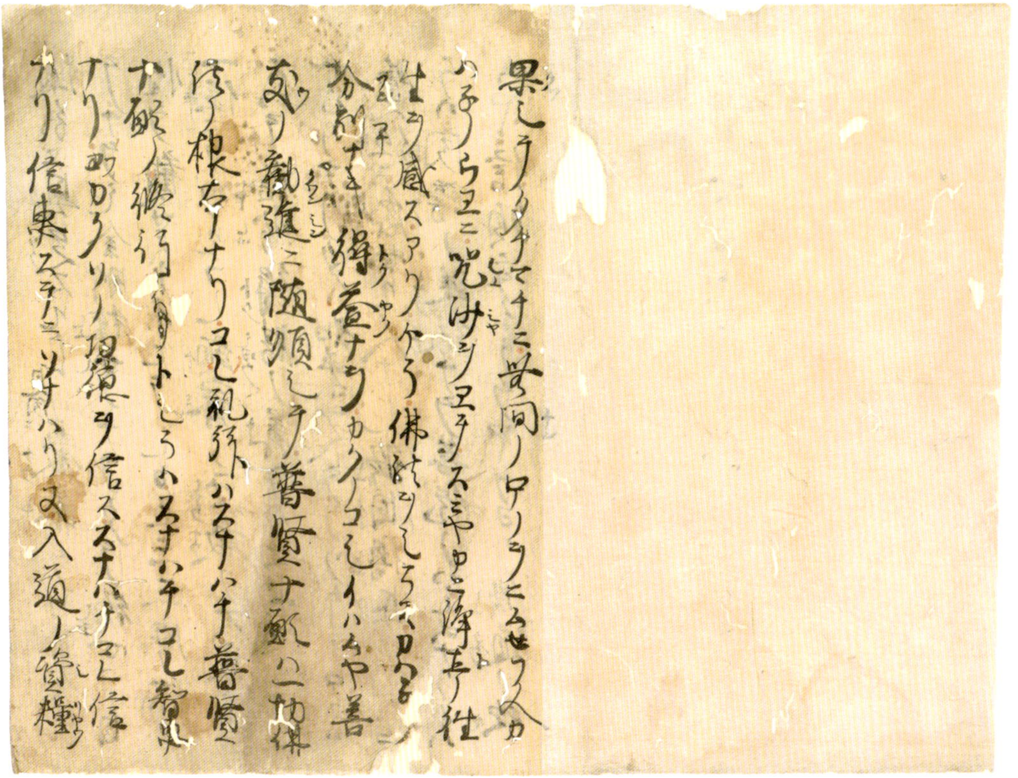

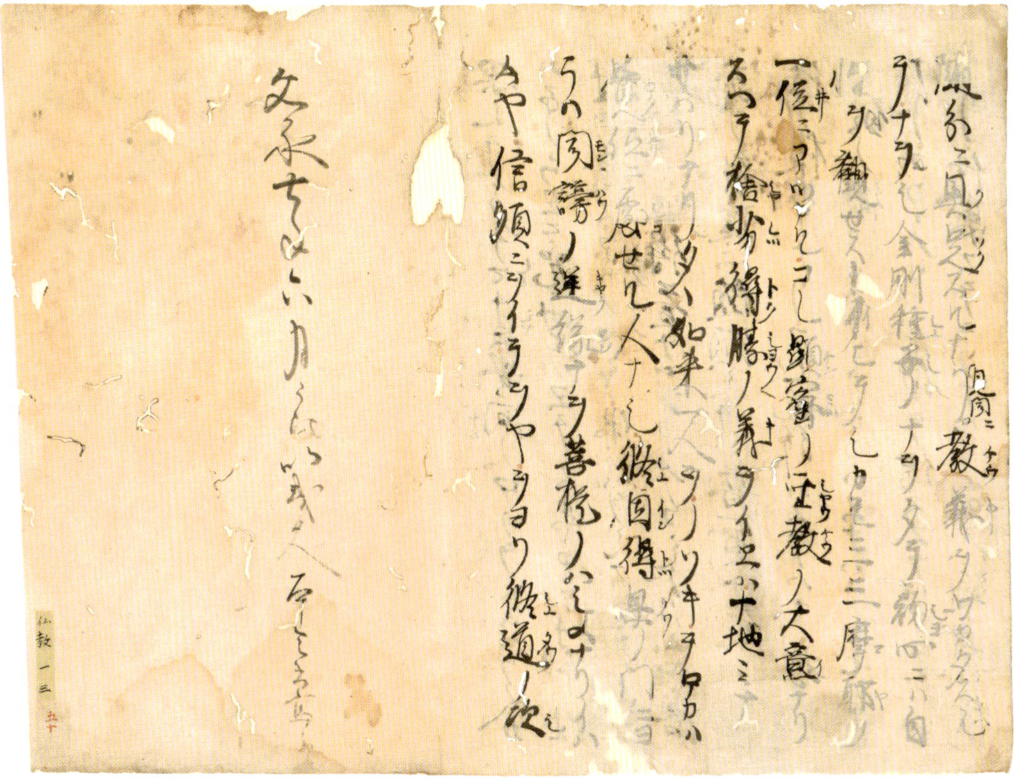

13 紙背

14 円爾授恵暁谷両壇灌頂印信　弘安3年10月8日〔31.6 × 49.8〕

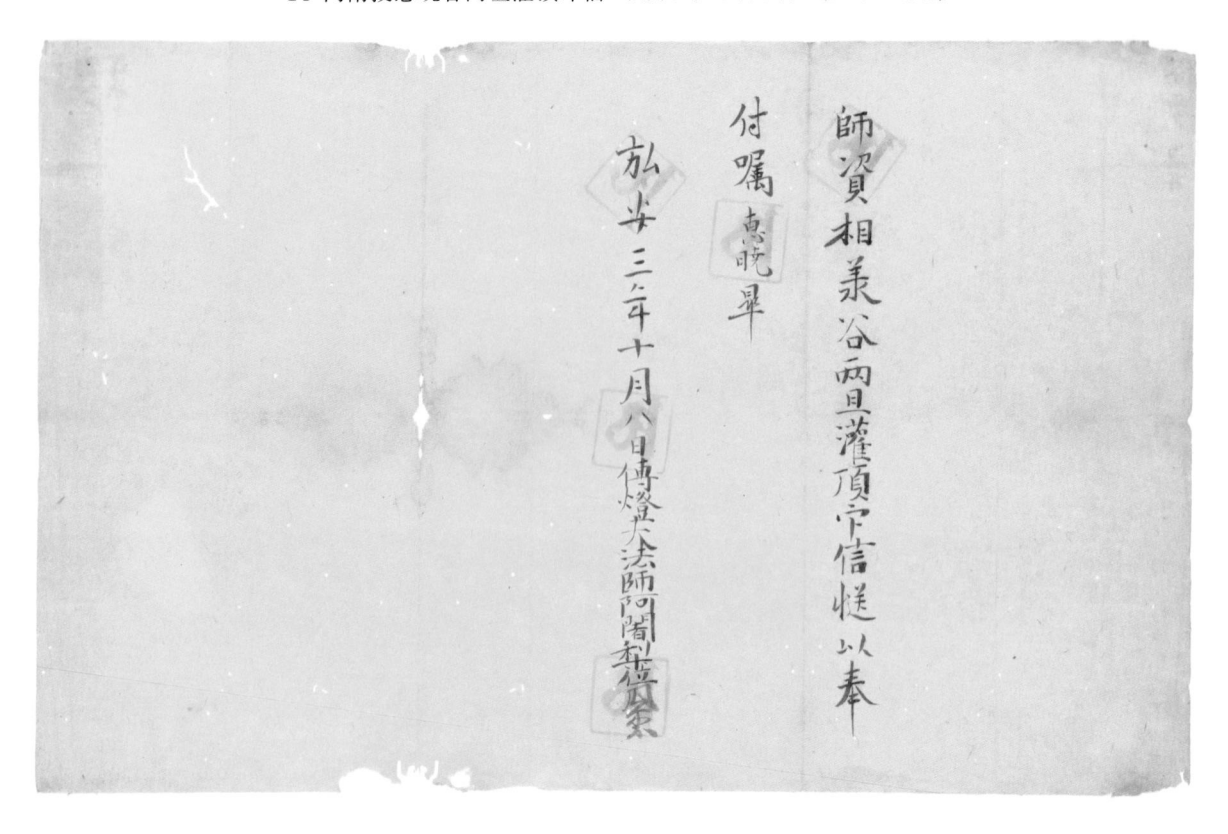

師資相承谷両壇灌頂印信以奉
付嘱恵暁畢
弘安三年十月八日傳燈大法師阿闍梨

15 円爾授恵暁不動密印伝法許可印信　弘安3年10月13日〔31.1 × 49.0〕

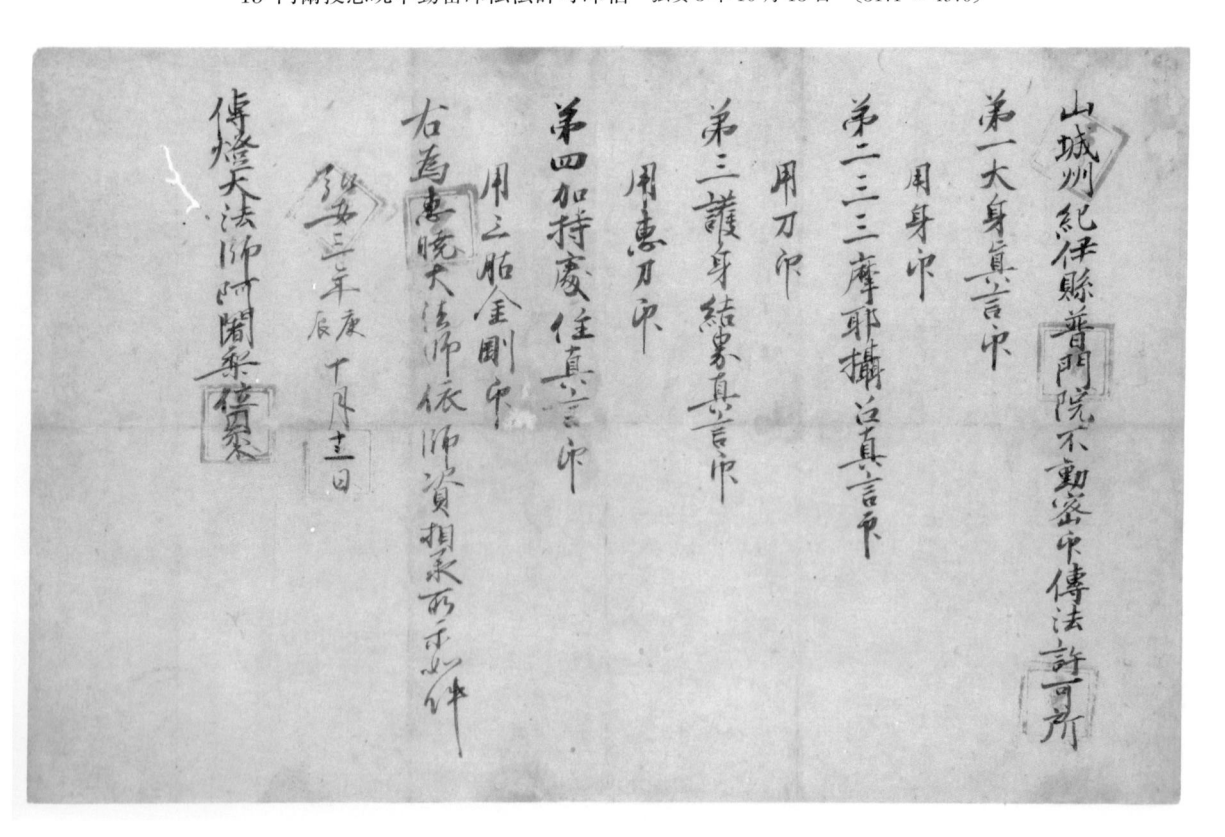

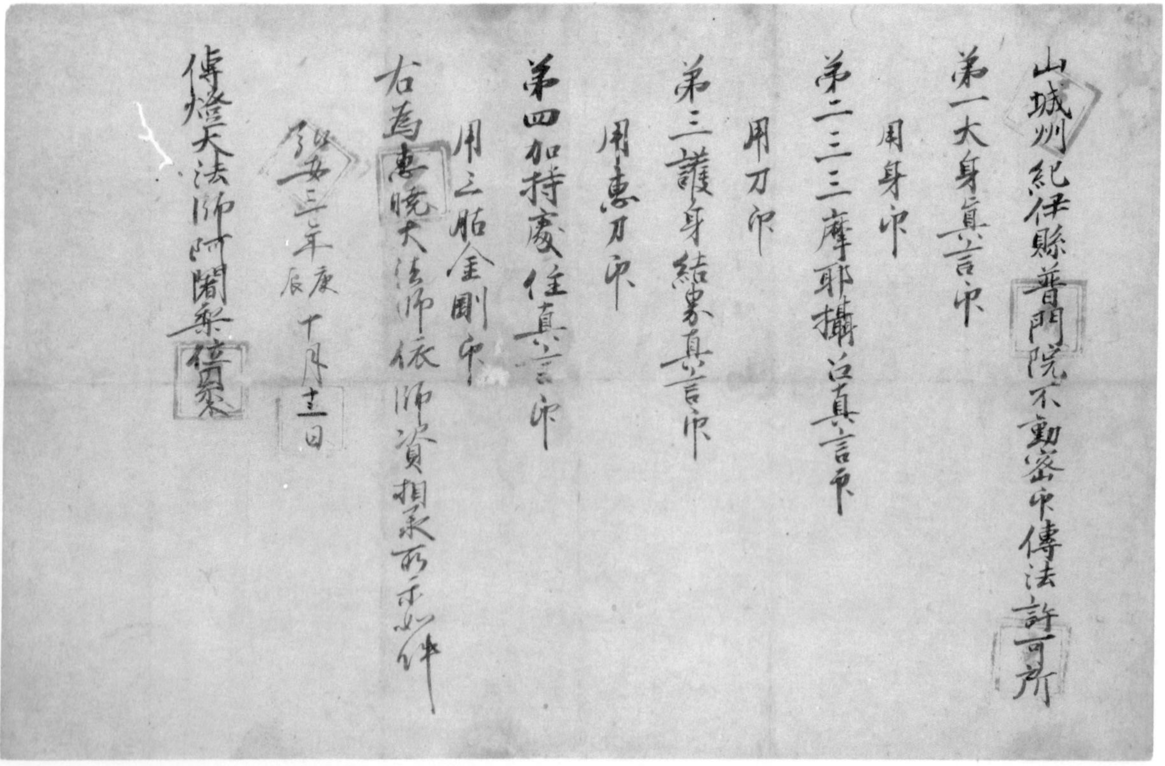
山城州紀伊縣普門院不動密印傳法許可所
第一大身真言印
用身印
第二三摩耶攝召真言印
用刀印
第三護身結界真言印
用恵刀印
第四加持處住真言印
用三股金剛印
右為恵暁大法師依師資相承所示如件
弘安三年庚辰十月十三日
傳燈大法師阿闍梨

16 円爾授恵暁師資相伝印附属状　弘安3年10月15日〔31.5×49.6〕

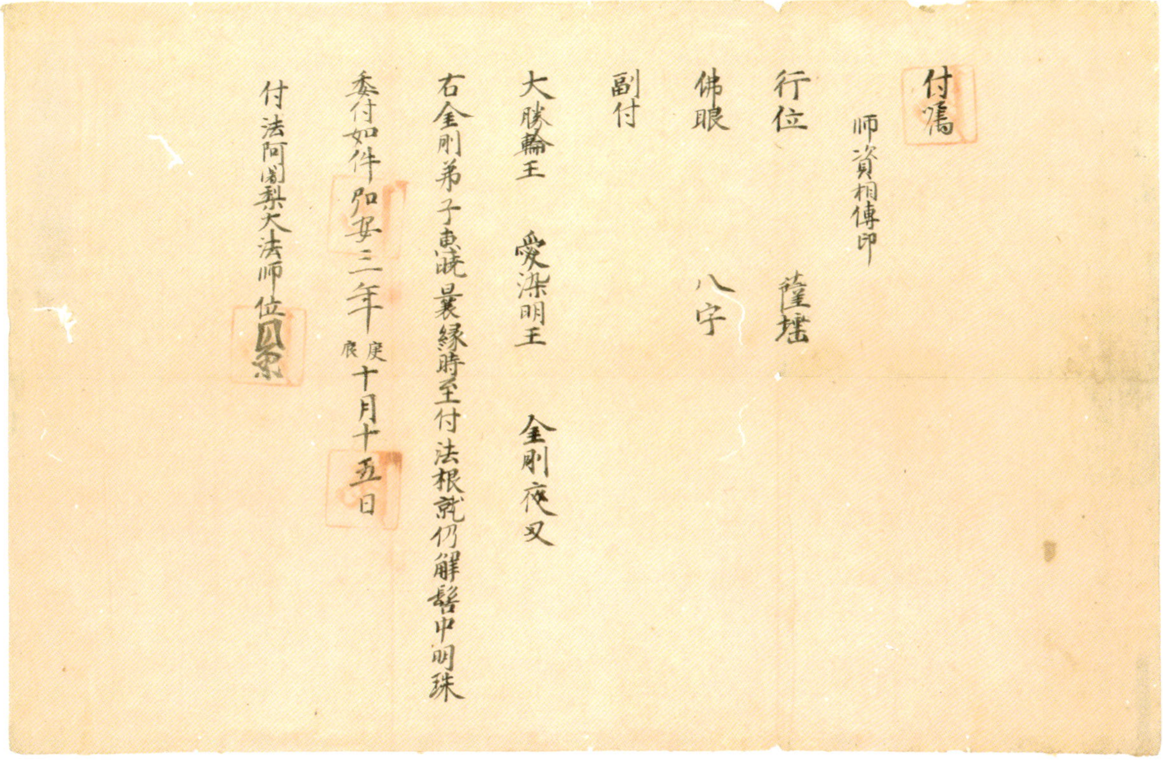

付属

師資相傳印

行位　薩埵

佛眼　八字

副付

大勝輪王　愛染明王　金剛夜叉

右金剛弟子恵暁曩縁時至付法根就仍解髻中明珠

委付如件　弘安三年庚辰十月十五日

付法阿闍梨大法師位（花押）

17 法隆寺上宮王院逆修過去帳（後闕）（年月日未詳）〔29.3×38.1〕

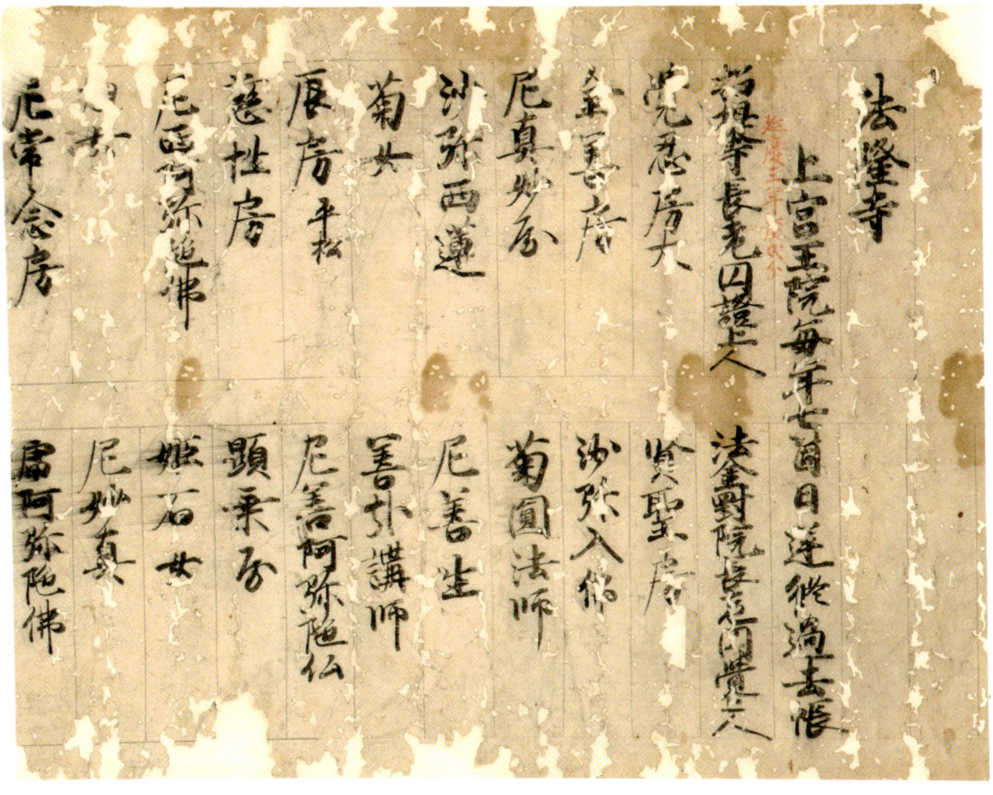

法隆寺

上宮王院毎年七箇日逆修過去帳

栂尾寺長老円證上人　法金剛院長老円覚上人

覚恵房大　賢聖房

金宝房　沙弥入佛

尼真妙房　菊園法師

沙弥西蓮　尼善生

菊女　善性講師

辰房 平松　尼善阿弥陀仏

慈性房　顕乗房

尼臣阿弥陀仏　姫石女

尼妙真

尼常念房　唐阿弥陀佛

18 実専授忍操離作業伝法灌頂印信　文保元年10月18日〔32.9 × 50.9〕

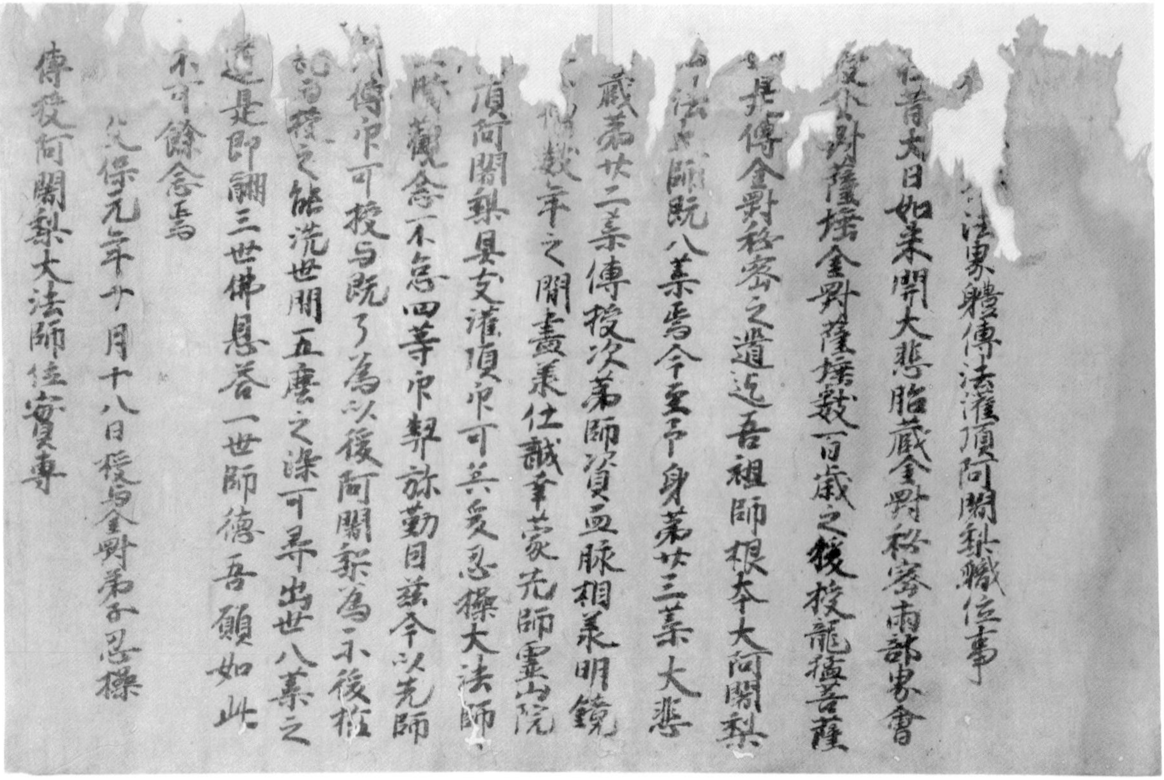
[illegible]法界體傳法灌頂阿闍梨職位事
[illegible]青大日如来開大悲胎蔵金剛秘密両部界會
授[illegible]剛薩埵金剛薩埵数百歳之後授龍猛菩薩
[illegible]其傳金剛秘密之道迄吾祖師根本大阿闍梨
[illegible]法大師既八葉為今至予身第廿三葉大悲
蔵第廿二葉傳授次第師資血脉相兼明鏡
[illegible]数年之間盡兼仕誡奉蒙先師靈山院
頂阿闍梨具支灌頂亦可共受忍操大法師
[illegible]観念一不怠四等亦契詠勤目茲今以先師
[illegible]傳亦可授与既了為以後阿闍梨為不後在
[illegible]授之能洗世間五塵之誅可昇出世八葉之
道是即酬三世佛恩答一世師徳吾願如此
不可餘念焉
文保元年十月十八日授与金剛弟子忍操
傳授阿闍梨大法師位實専

19 乱句伽陀免許状　文和2年極月11日〔33.4 × 50.1〕

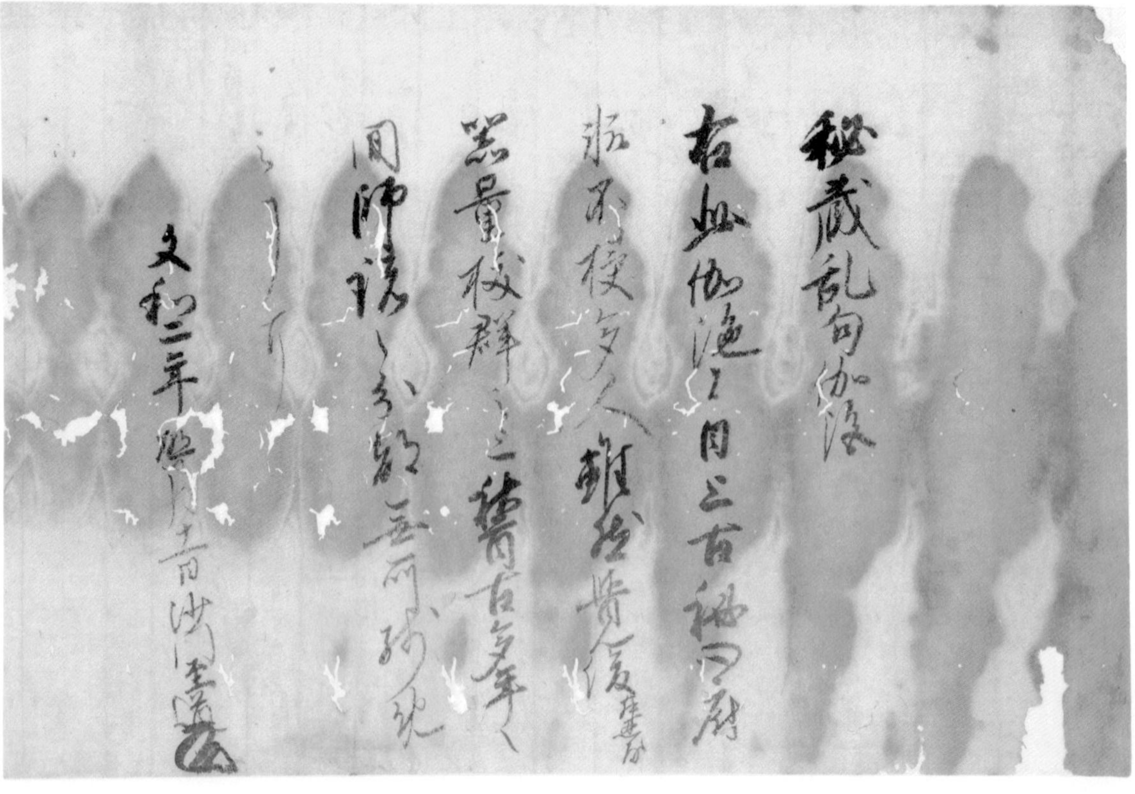

20 賢智授真円両部伝法灌頂印信印明 建武元年9月26日〔30.8 × 43.4〕

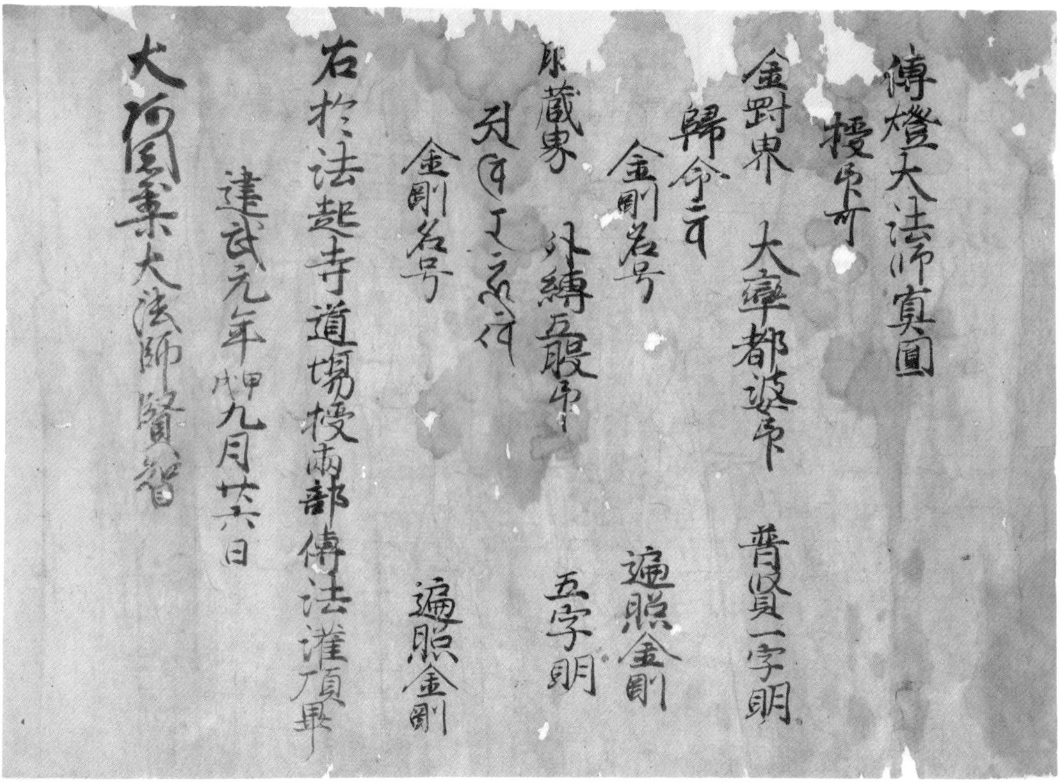

21 授印実印信印明（前闕） 貞治4年9月14日〔24.1 × 36.5〕

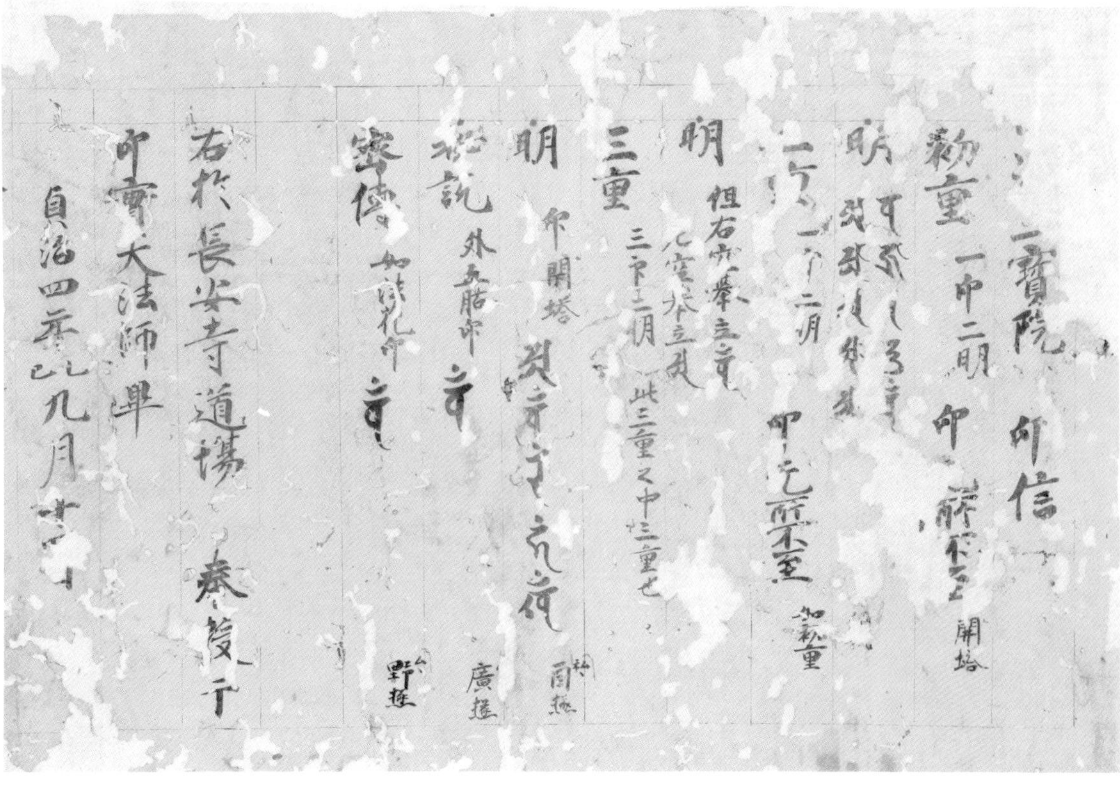

22 薬師声明伝授証 （永和2年11月1日）〔31.3 × 49.0〕

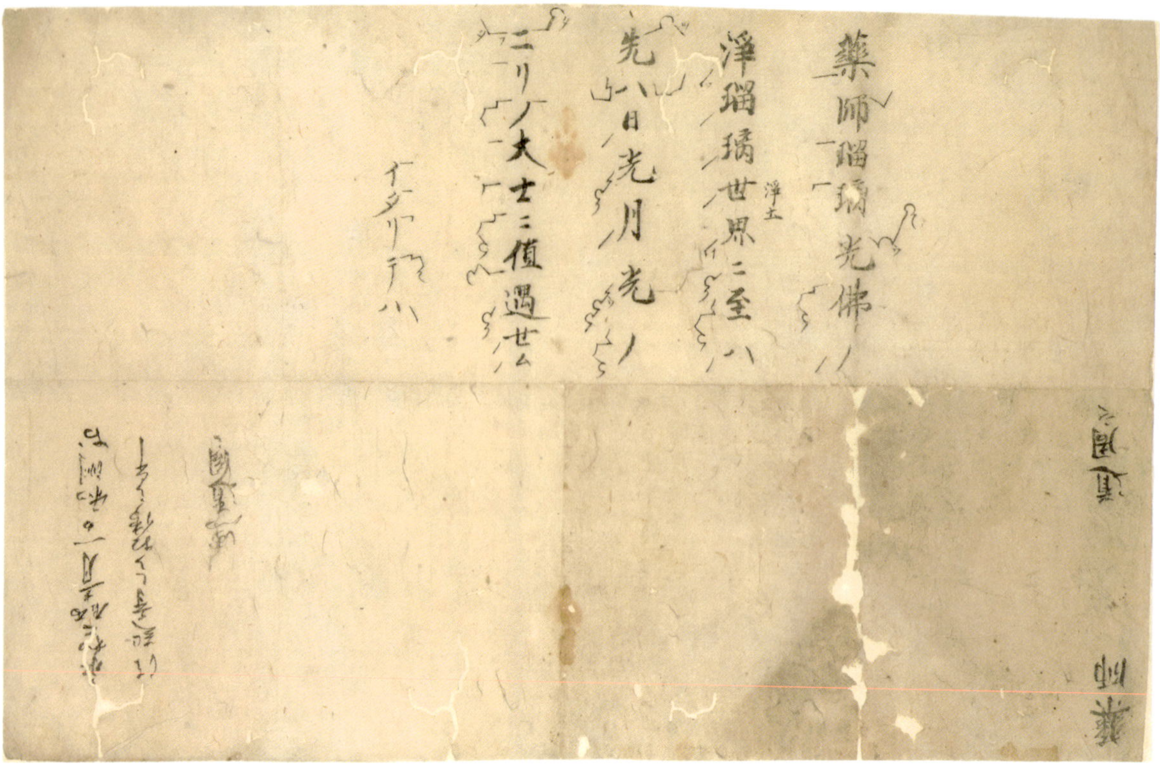

23 古写経（前闕） 応永10年6月14日 〔31.2 × 11.8〕

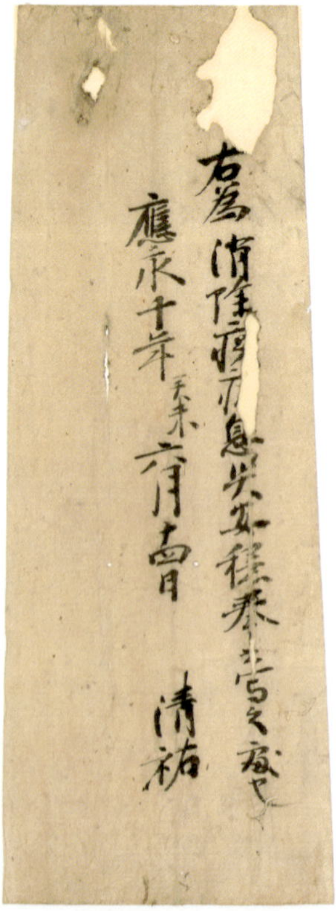

24-1 真言家義記録（断簡）① （年月日未詳）〔27.7 × 71.5／第 1 紙 27.7 × 36.0〕

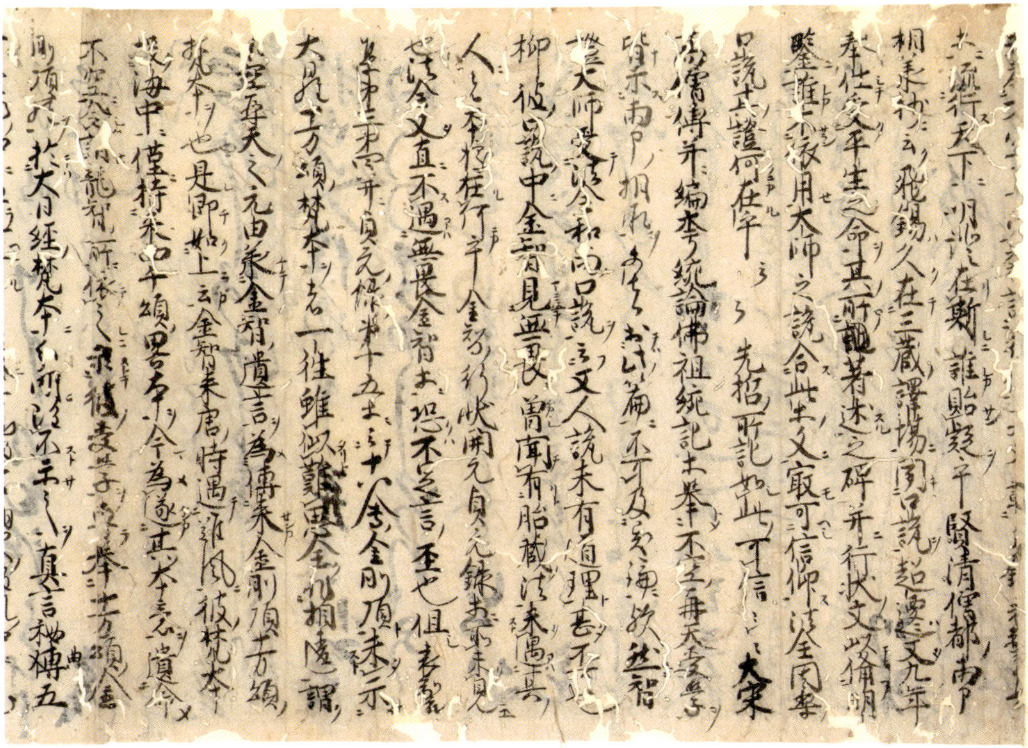

(2)　(1)

24-1 真言家義記録（断簡）② 〔第 2 紙 27.6 × 35.5〕

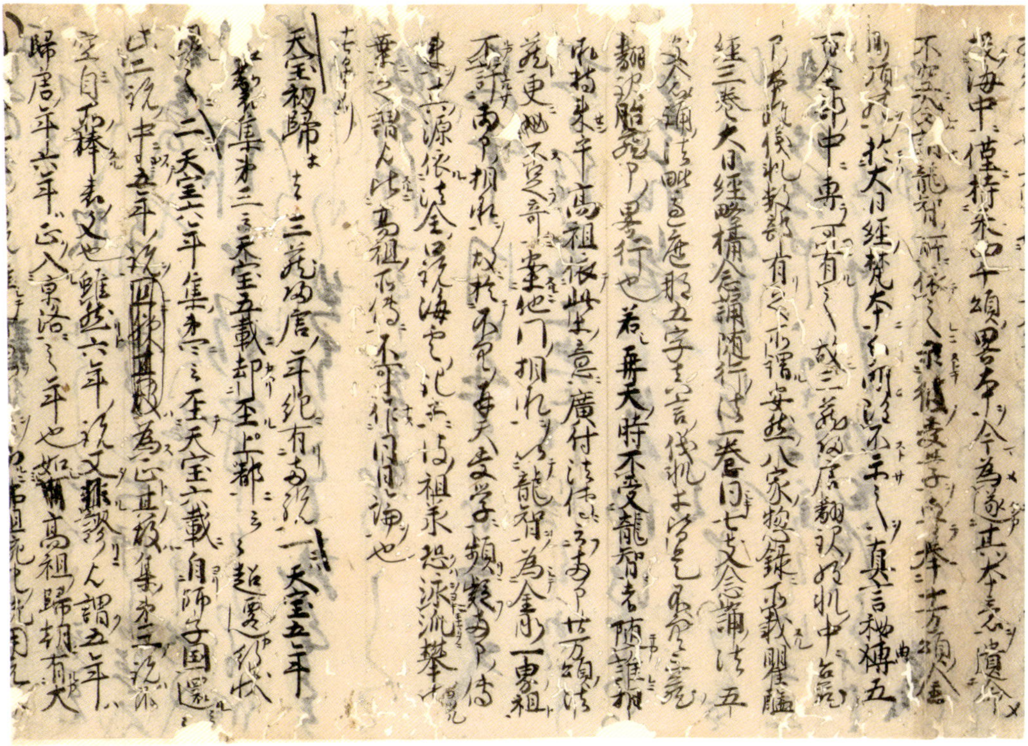

(2)

24-1 紙背（第 2 紙）

24-1 紙背（第 1 紙）

24-2 真言家義記録（断簡）（年月日未詳）〔27.7 × 36.0〕

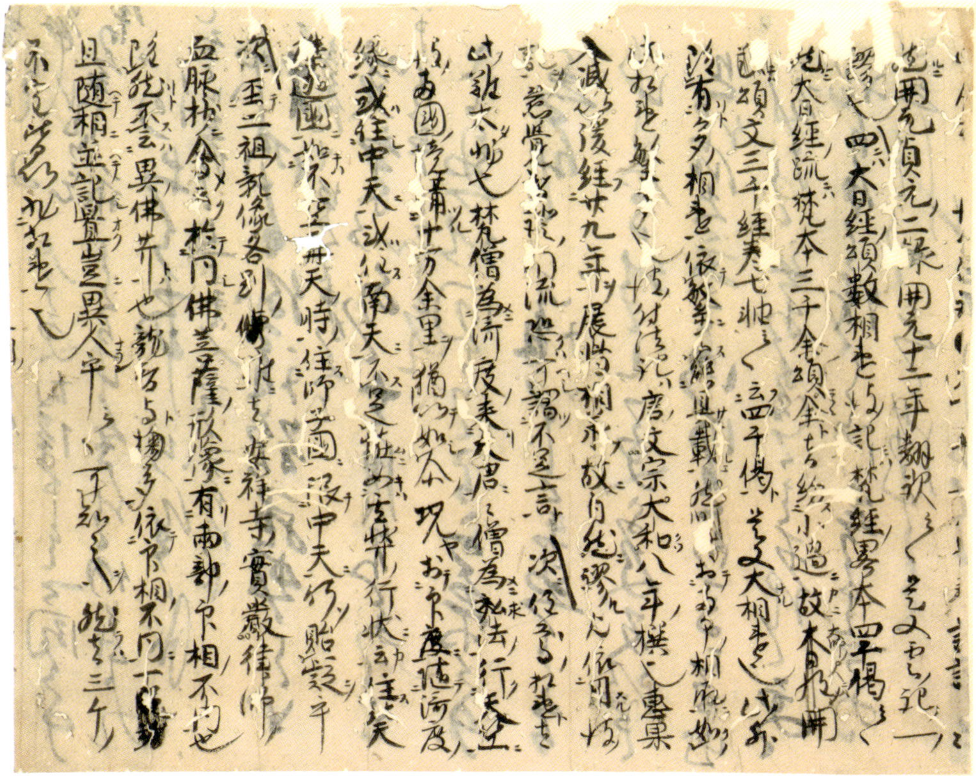

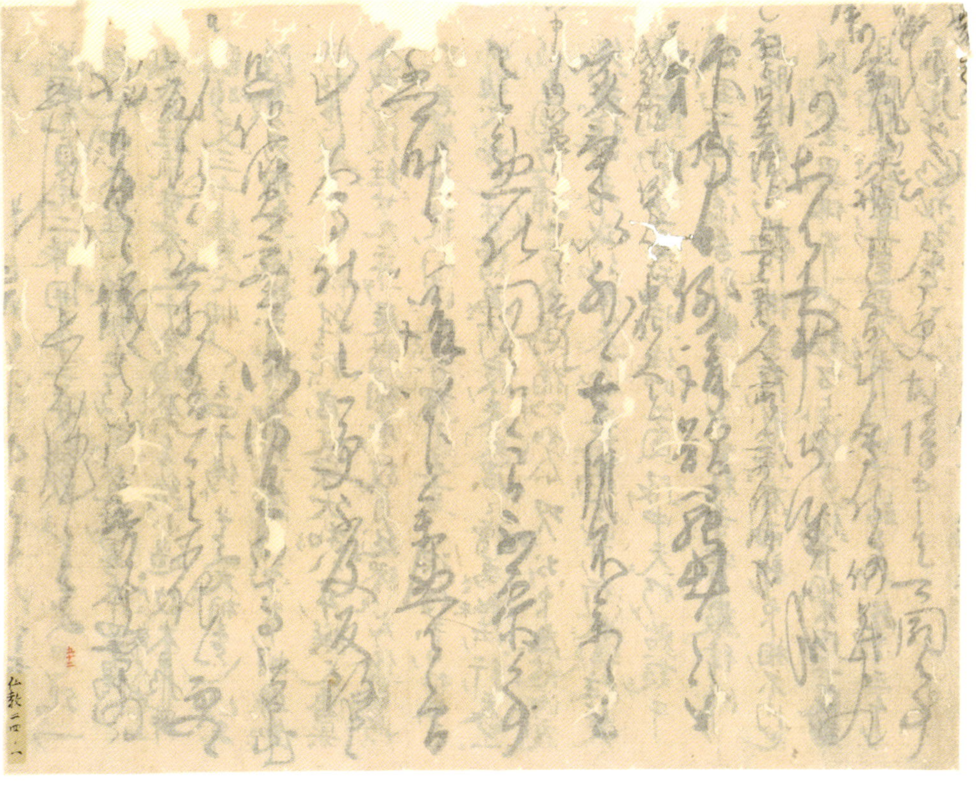

24-2 紙背

24-3 真言家義記録（断簡）（年月日未詳）〔27.0 × 35.9〕

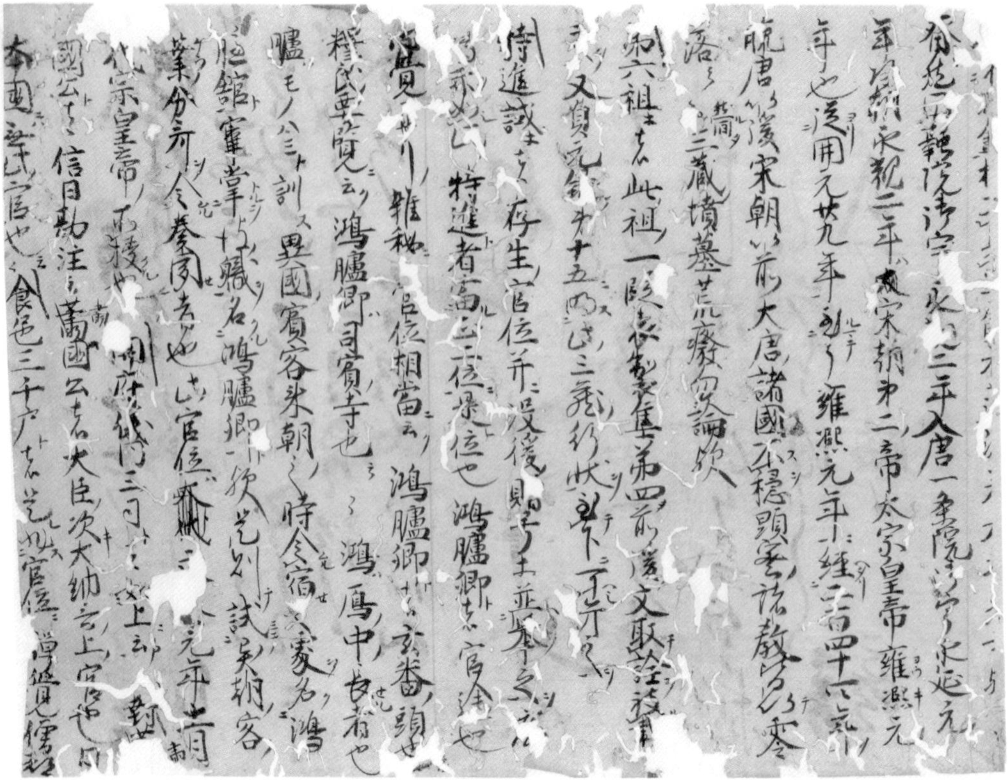

24-3 紙背

24-4 真言家義記録（断簡）（年月日未詳）〔27.8 × 33.1〕

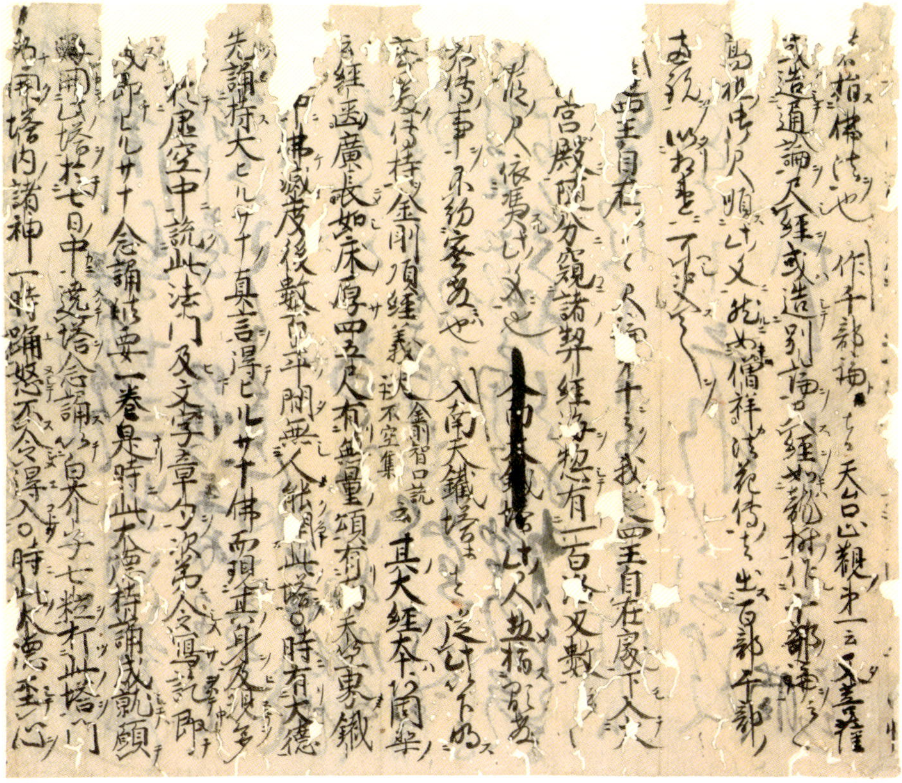

24-4 紙背

24-5 真言家義記録（断簡）（年月日未詳）〔27.3 × 36.4〕

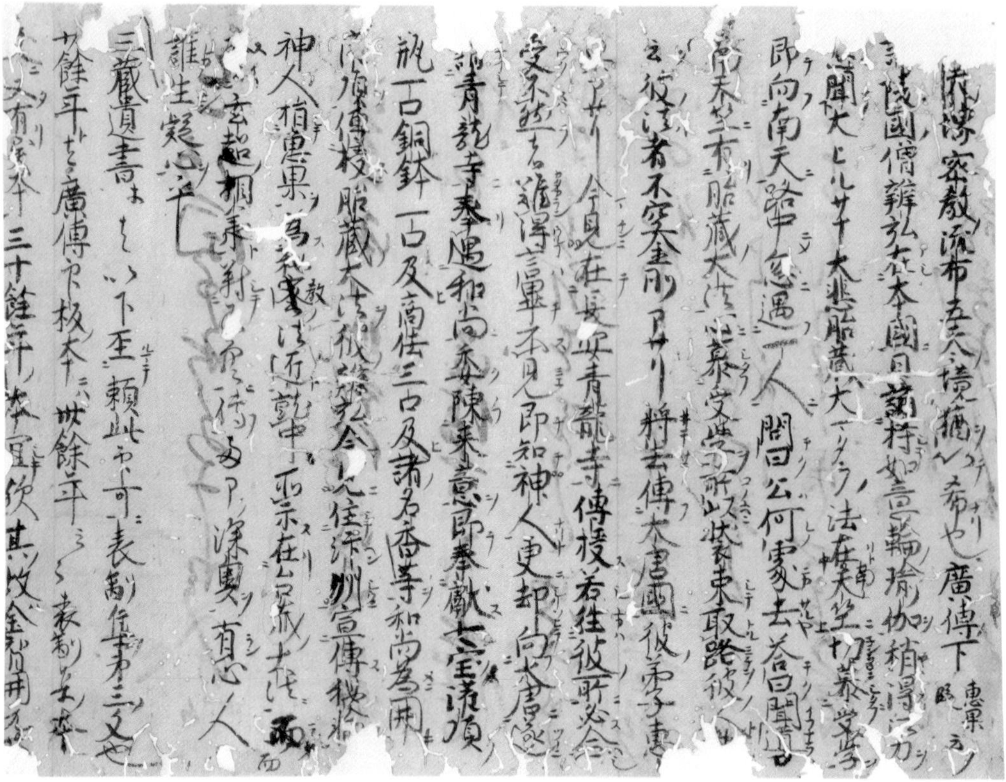

24-5 紙背

24-6 真言家義記録（断簡）（年月日未詳）〔27.6 × 39.7〕

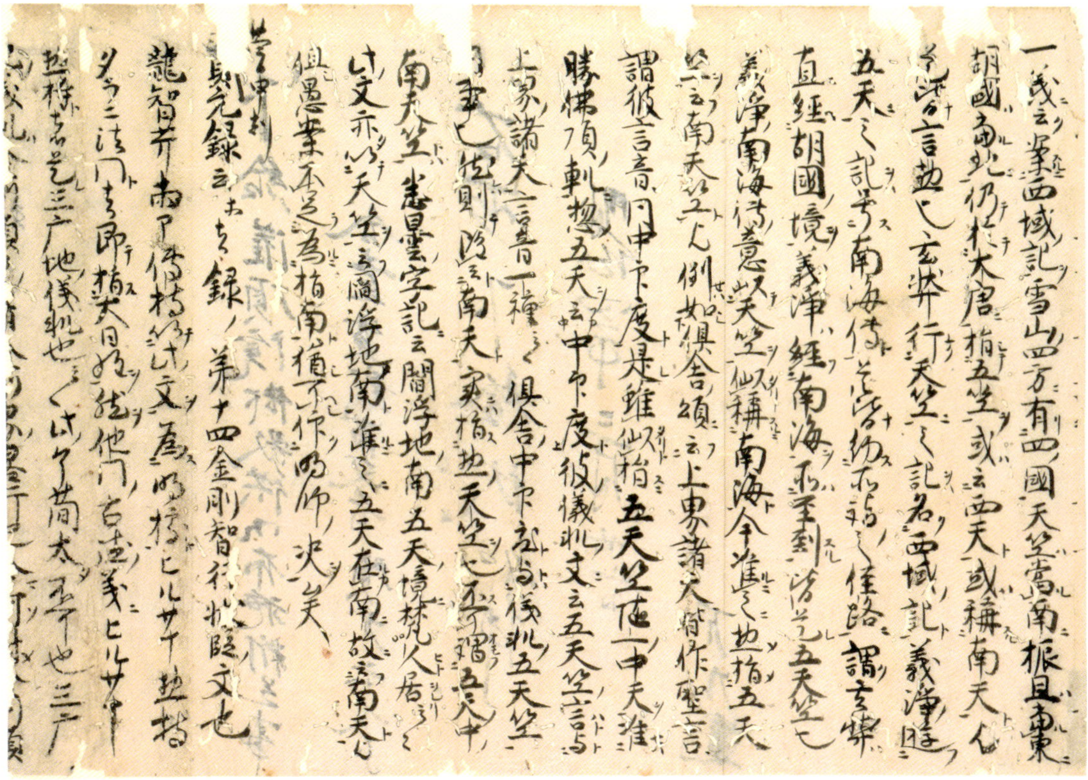

24-6 紙背

24-7 真言家義記録（断簡）（年月日未詳）〔27.8 × 35.8〕

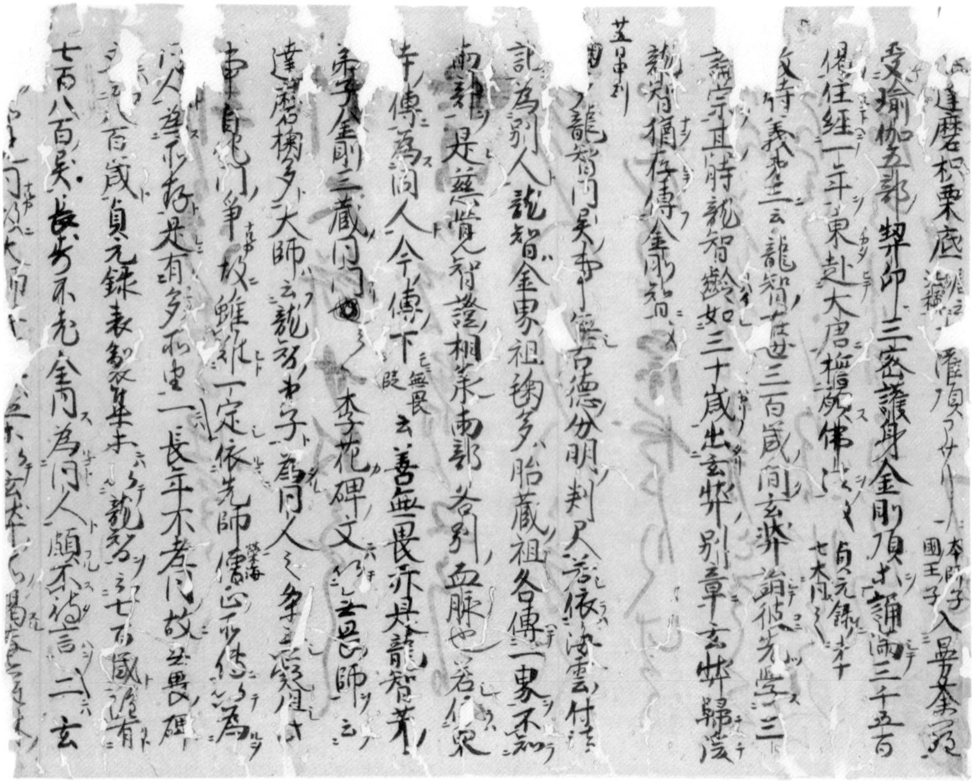

24-7 紙背

24-8 真言家義記録（断簡）① （年月日未詳）〔27.6 × 69.7／第 1 紙 27.6 × 36.4〕

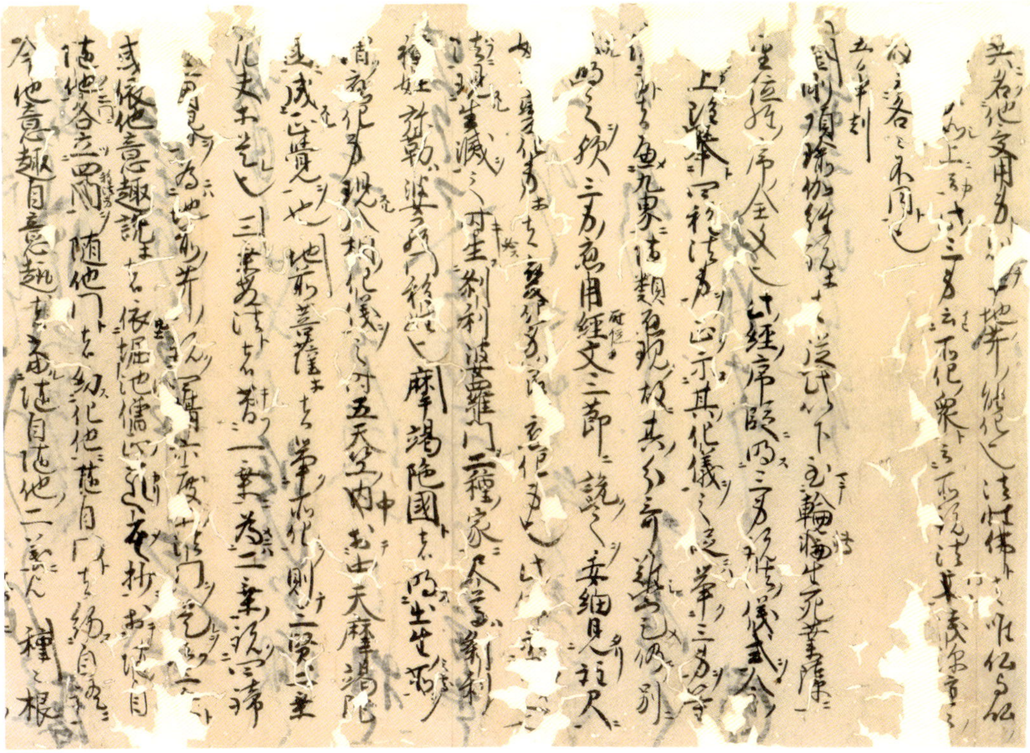

（2）　（1）

24-8 真言家義記録（断簡）② 〔第 2 紙 27.6 × 33.3〕

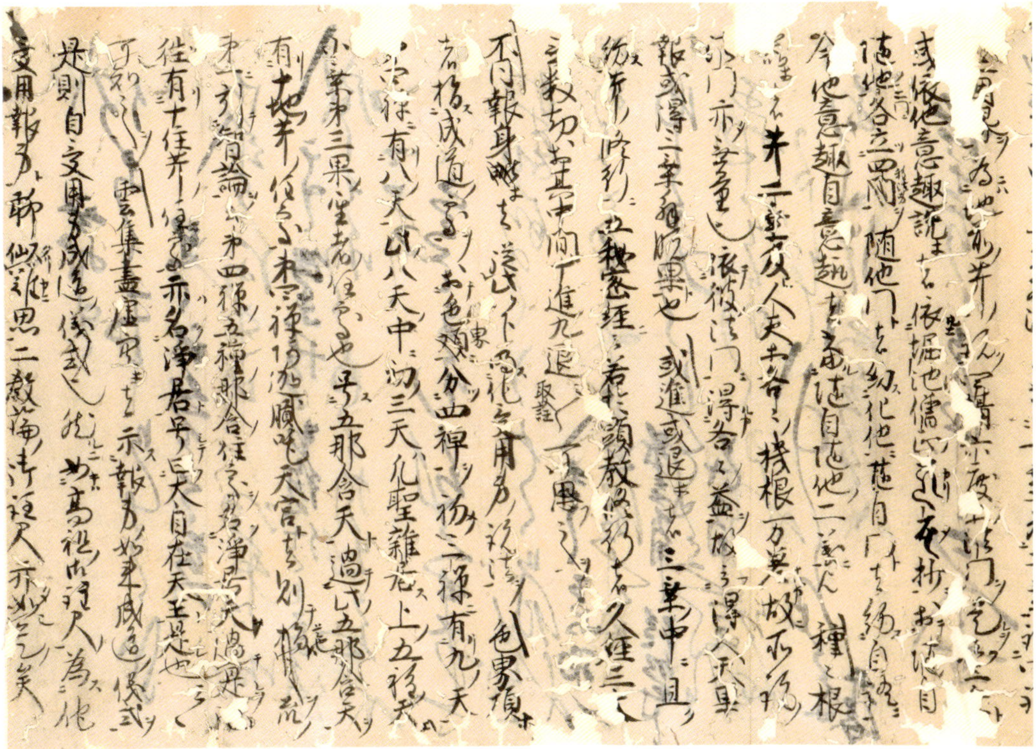

（2）

24-8 紙背（第２紙）

24-8 紙背（第１紙）

24-9 真言家義記録（断簡）① （年月日未詳）〔27.8 × 70.2 ／第 1 紙 27.8 × 36.1〕

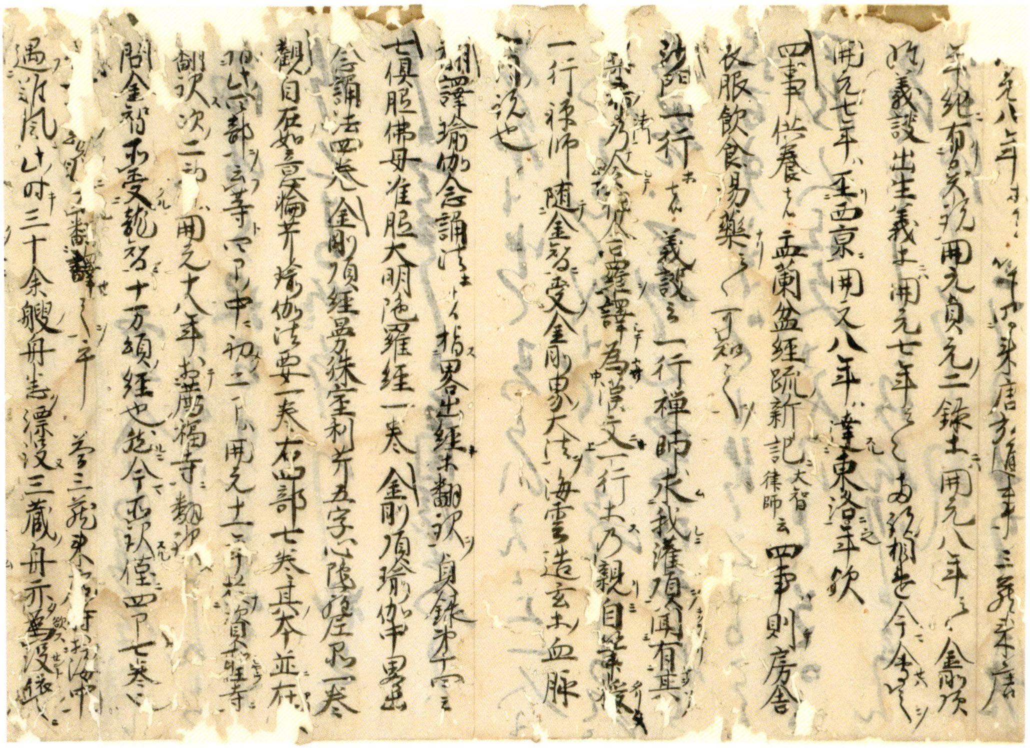

(2)　　(1)

24-9 真言家義記録（断簡）② （年月日未詳）〔第 2 紙 27.7 × 34.1〕

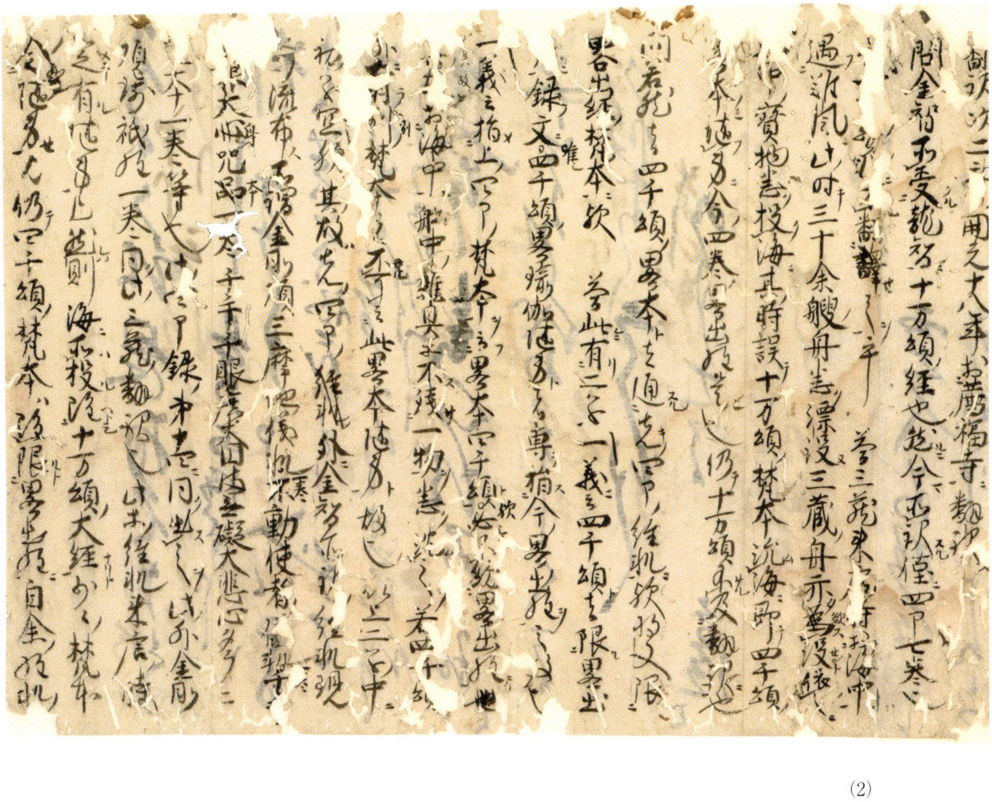

(2)

24-9 紙背（第 2 紙）

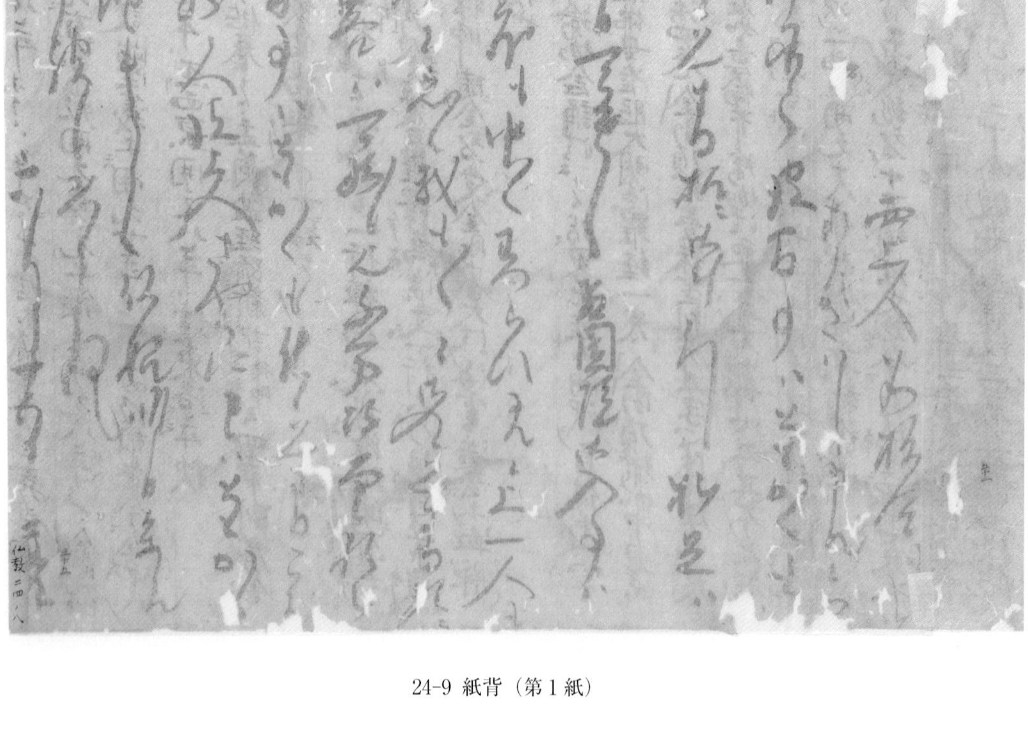

24-9 紙背（第 1 紙）

24-10 真言家義記録（断簡）① （年月日未詳）〔27.6 × 74.9 ／第 1 紙 27.6 × 38.0〕

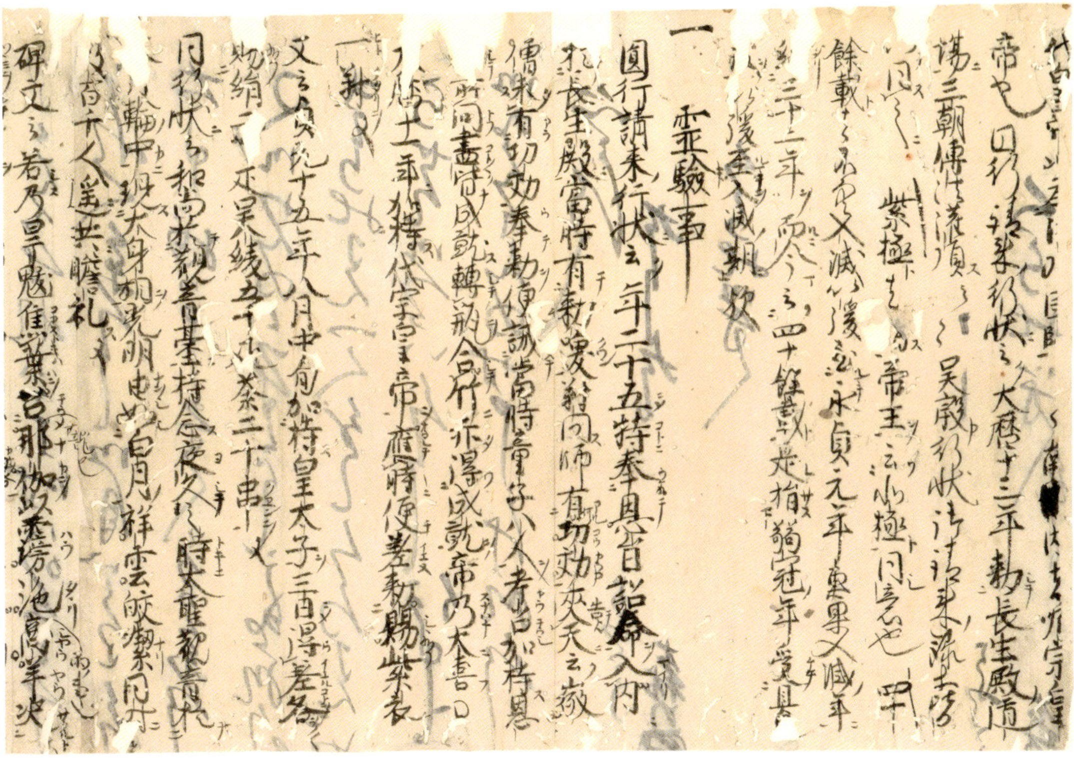

(2)　(1)

24-10 真言家義記録（断簡）② 〔第 2 紙 27.5 × 36.9〕

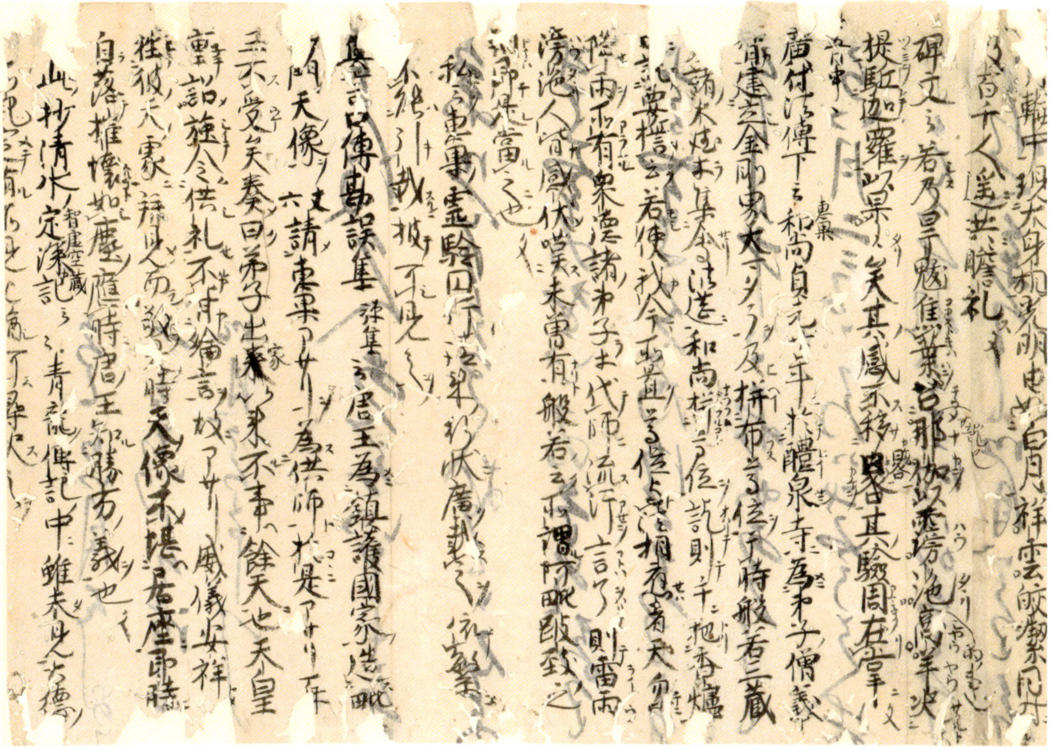

(2)

24-10 紙背（第 2 紙）

24-10 紙背（第 1 紙）

24-11 真言家義記録（断簡）① （年月日未詳）〔27.4 × 72.1 ／第 1 紙 27.4 × 36.3〕

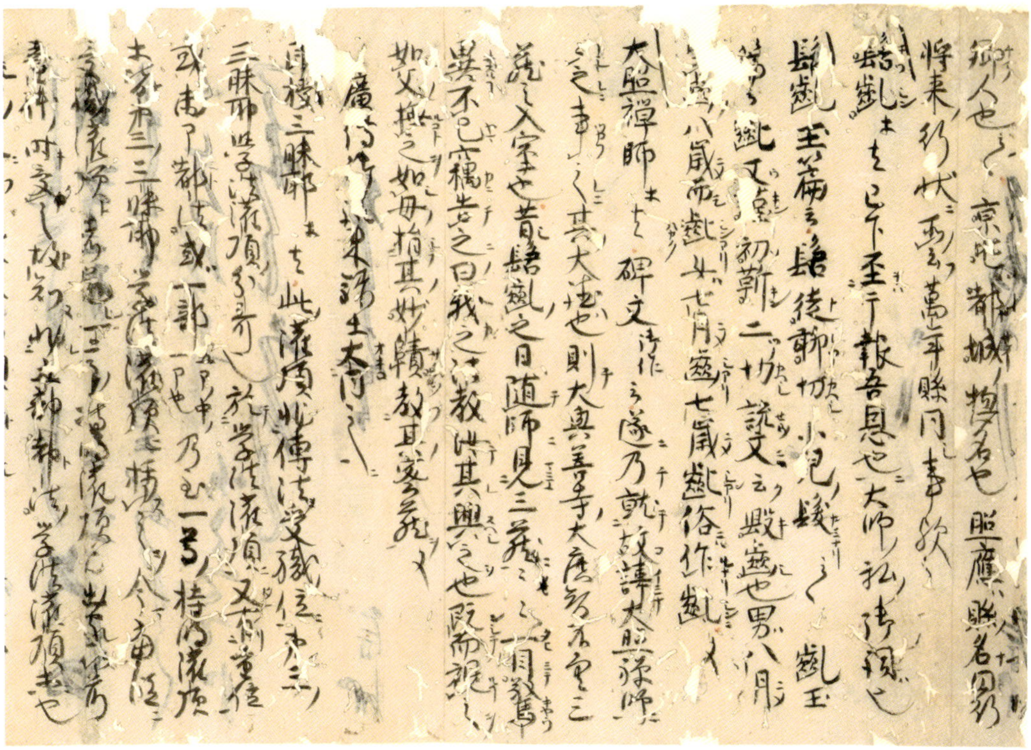

（2） （1）

24-11 真言家義記録（断簡）② （年月日未詳）〔第 2 紙 27.3 × 35.8〕

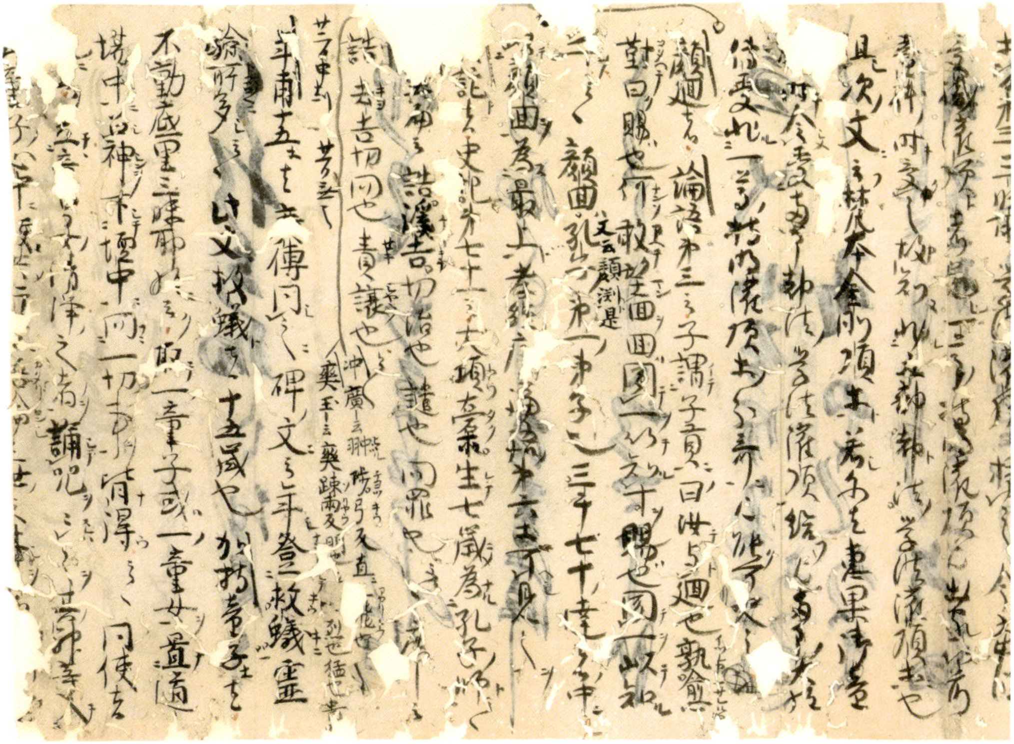

（2）

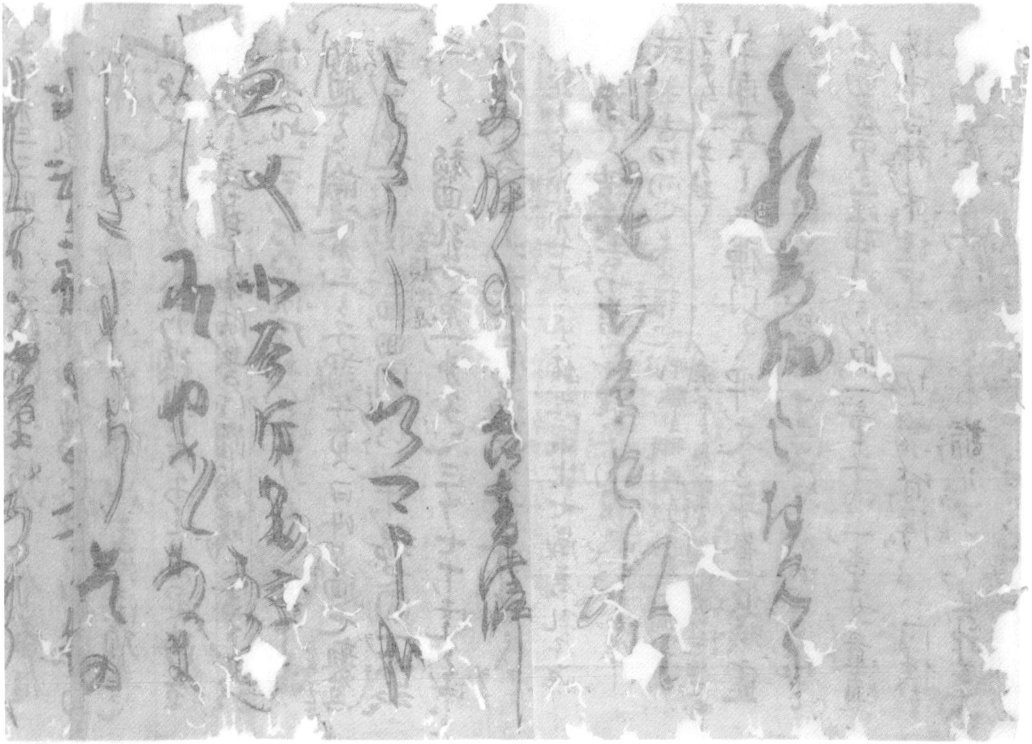

24-11 紙背（第2紙）

24-11 紙背（第1紙）

25 結縁灌頂内道場図 寛正 6 年卯月 7 日 〔34.4 × 50.2〕

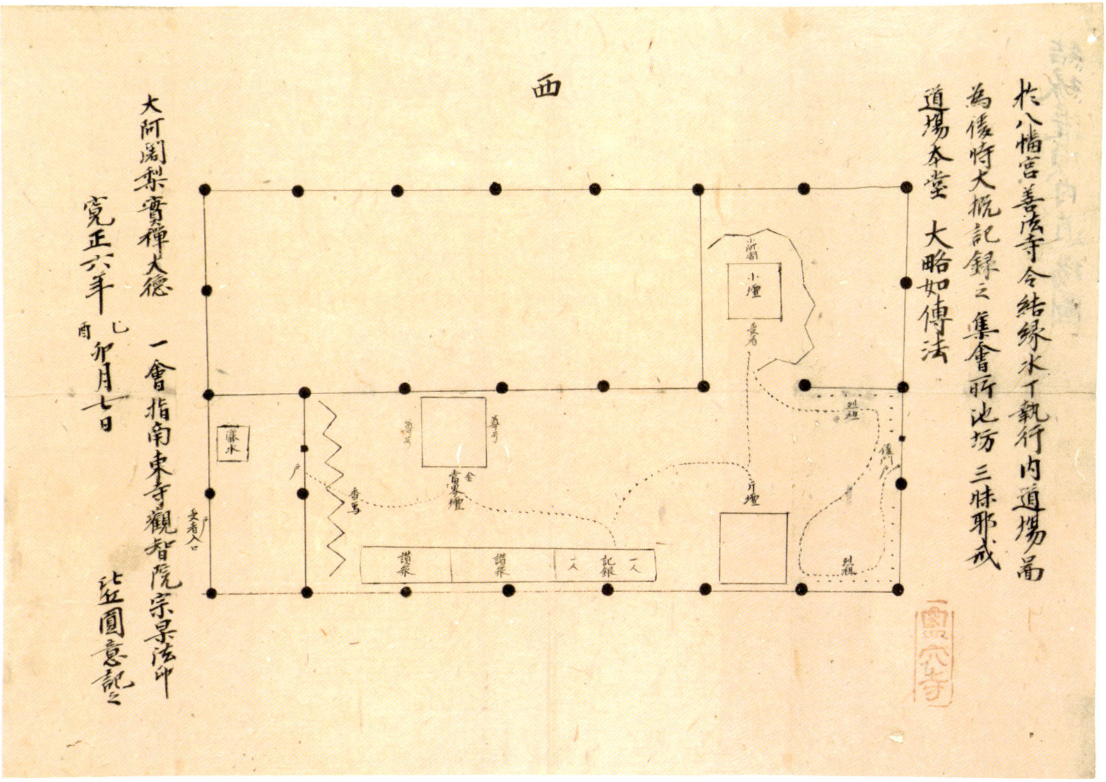

於八幡宮善法寺令結縁水灌頂執行内道場圖
為後時大概記録之 集會所池坊 三昧耶戒
道場本堂 大略如傳法

大阿闍梨實禅大徳 一會指南東寺觀智院宗杲法印
寛正六年乙酉卯月七日
亞圓意記之

26 内護摩法伝授書 大永 4 年 9 月 26 日 〔34.3 × 50.4〕

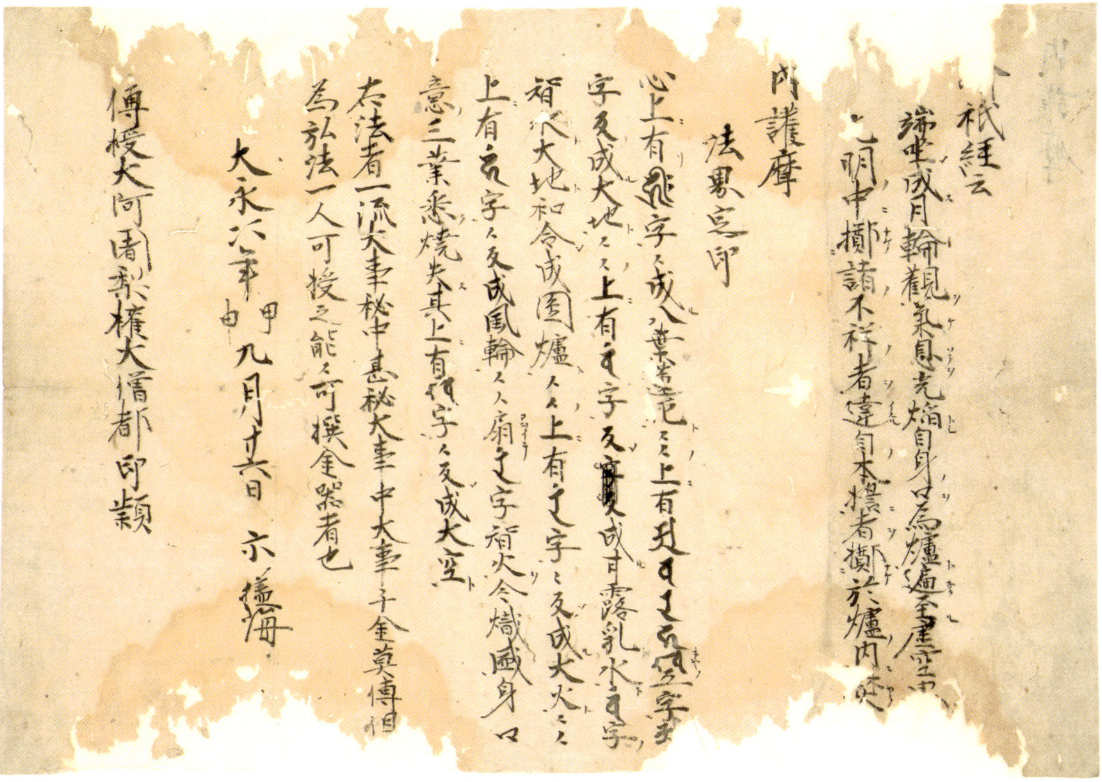

祇経云
端坐成月輪観気息光焔自身口為爐遍満虚空
明中擲諸不祥者遠自本擲者擲於爐内焼
内護摩
法界定印
心上有 字々成八葉蓮花々々上有 字
字変成大地々々上有 字変成甘露乳水 字
有火大地和合成円爐々々上有 字々変成大火々々
上有 字々変成風輪々々扇 字有火合熾盛身口
意三業悉焼尽其上有 字々変成大空
右法者一流大事秘中甚秘大事中大事千金莫傳相
為弘法一人可授之能々可撰器者也
大永四年甲申九月廿六日 宗海
傳授大阿闍梨権大僧都印顗

27 振鈴作法幷閼伽等印 (年月日未詳) 〔32.5 × 51.7〕

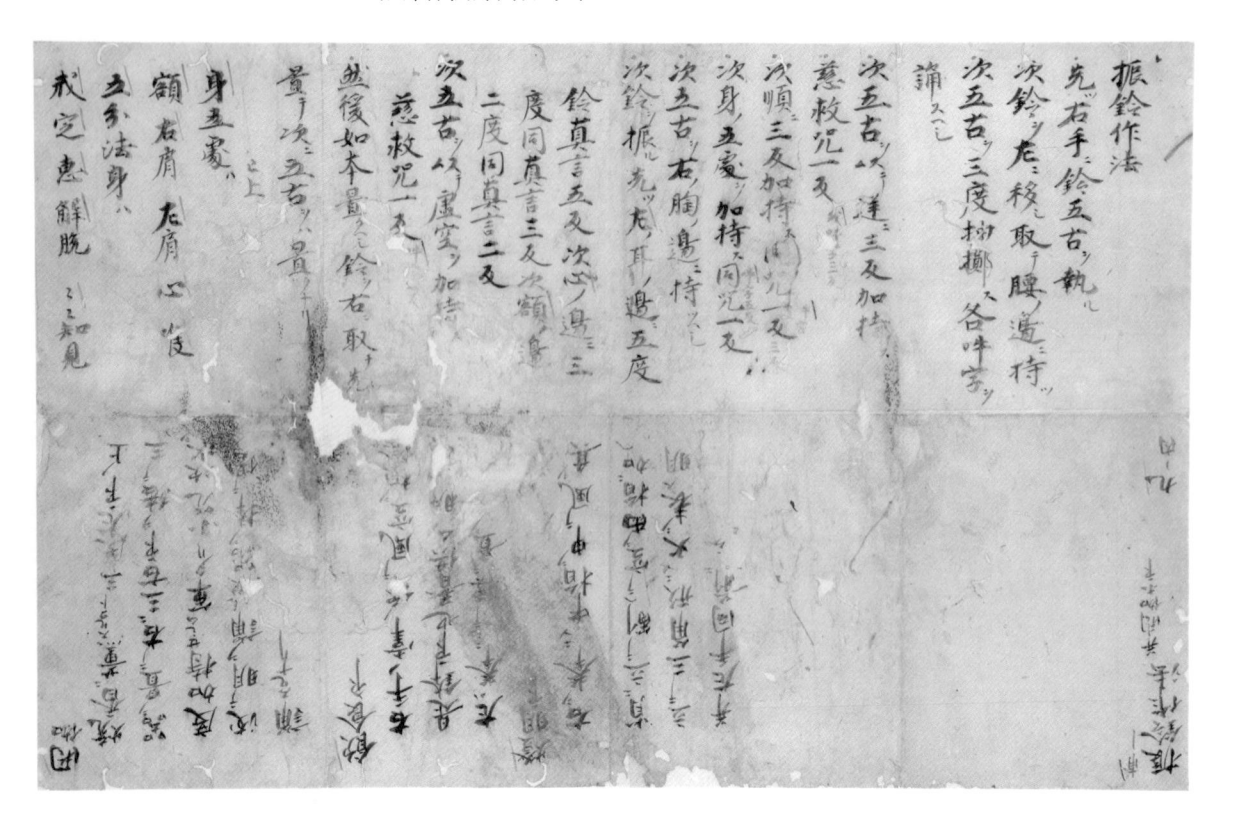

28 古写経 (前闕) (慶長 2 年 3 月) 〔14.9 × 50.0〕

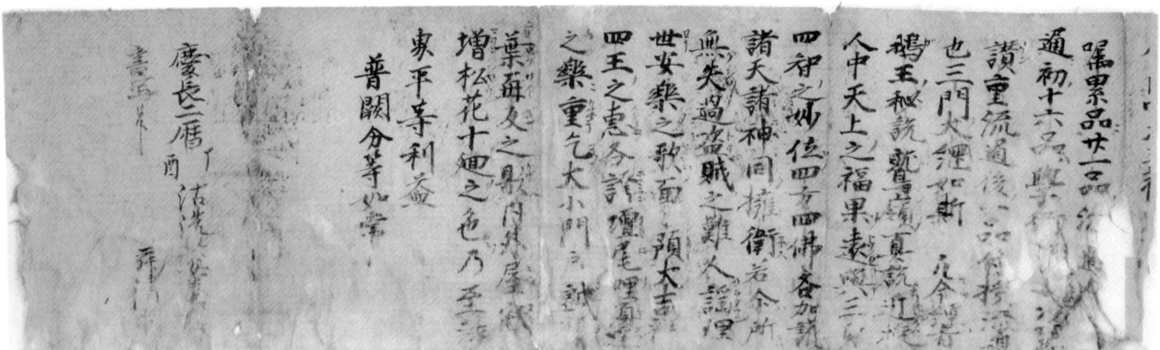

29-1 某供成就奉供状案（前闕）（年月日未詳）〔29.9 × 39.1〕
29-2 炎魔天供成就奉供状案（後闕）（年月日未詳）

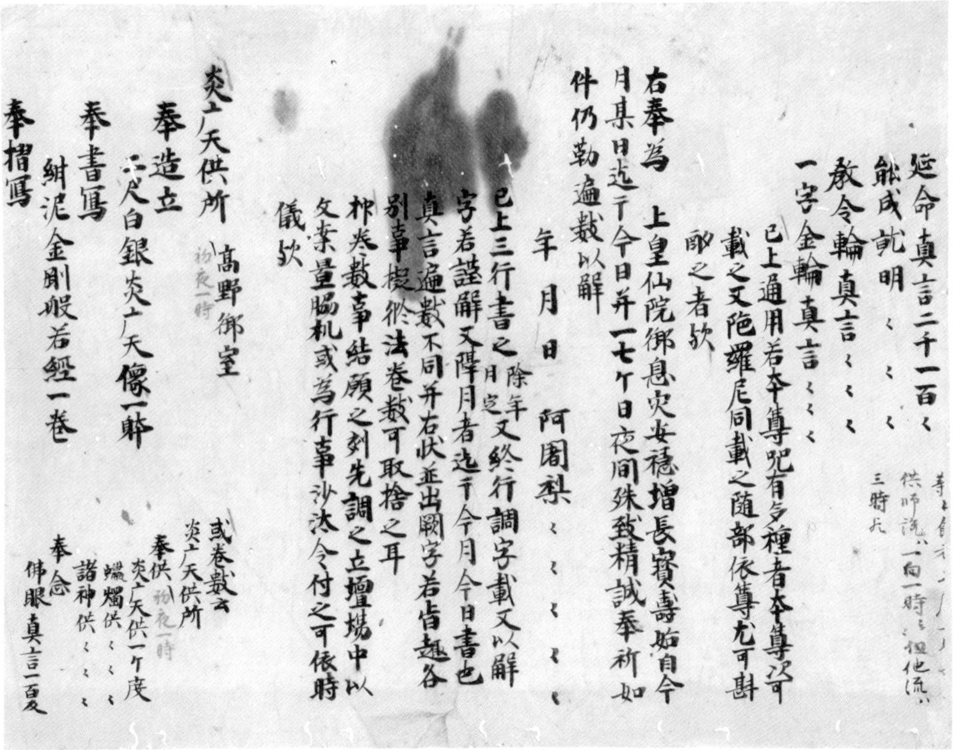
延命真言二千一百〻
能成就明〻〻〻
敎令輪真言〻〻〻
一字金輪真言〻〻〻
已上通用若本尊呪有多種者本尊呪載之又陀羅尼同載之随部依尊尤可斟酌之者歟
右奉為 上皇仙院御息災安穏増長寶壽始自今月某日迄于今日并一七ヶ日夜間殊致精誠奉祈如件仍勒遍数以解
年 月 日 阿闍梨〻〻〻〻
已上三行書之 除年月定又終行調字載又以解字若謹解又除年月者迄于今月今日書也
真言遍数不同并右状並出闕字若皆超各別事擬從法巻数可取捨之耳
抑巻数事結願之刻先調之立壇場中以文案置脇机或為行事沙汰令付之可依時儀歟
炎魔天供所 初夜一時 高野御室
奉造立 二尺白銀炎魔天像一躰
奉書写 紺泥金剛般若経一巻
奉摺写
或巻数云
炎魔天供所
奉供 初夜一時
炎魔天供一ヶ度
蠟燭供〻〻〻
諸神供〻〻〻
奉念
佛眼真言一百反

29-3 某供成就奉供状案（前闕）（年月日未詳）〔29.9 × 39.3〕
29-4 水天供成就奉供状案 （年月日未詳）
29-5 十五童子供成就奉供状案（後闕）（年月日未詳）

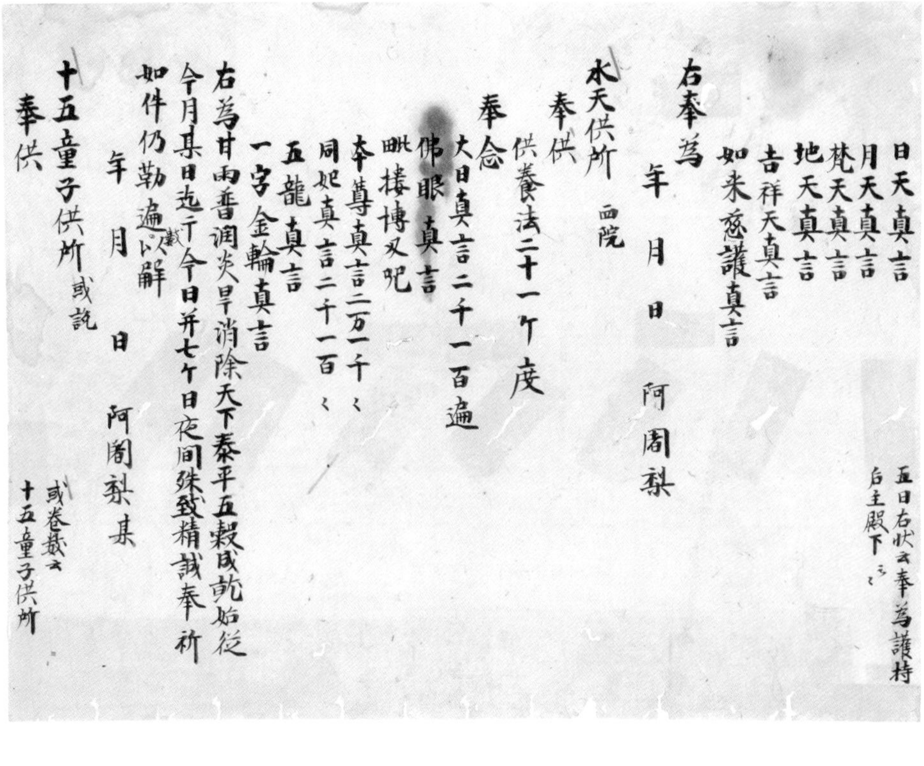
日天真言
月天真言
梵天真言
地天真言
吉祥天真言
如来慈護真言
右奉為
年 月 日 阿闍梨
水天供所 西院
奉供
供養法二十一ヶ度
奉念
大日真言二千一百遍
佛眼真言
毗楼博叉呪
本尊真言二万一千〻
同妃真言二千一百〻
五龍真言
一字金輪真言
右為甘雨普潤炎旱消除天下泰平五穀成就始従今月某日迄于今日并七ヶ日夜間殊致精誠奉祈如件仍勒遍数以解
年 月 日 阿闍梨某
十五童子供所 或説
奉供
或巻数云
十五童子供所

30 月曜供一七箇日支度注文 （年月日未詳）〔31.8 × 44.8〕

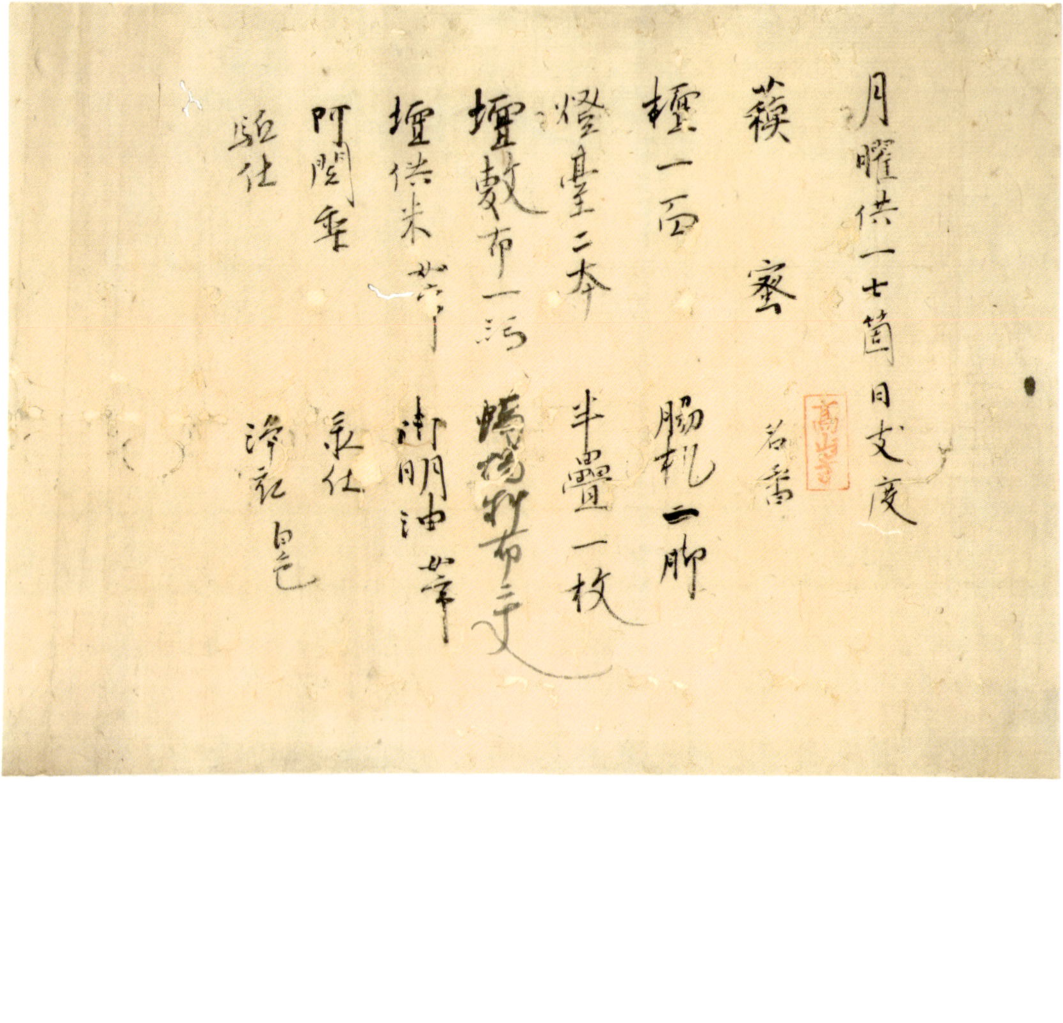

31 五智如来鈔（断簡）（年月日未詳）〔29.4 × 49.6〕

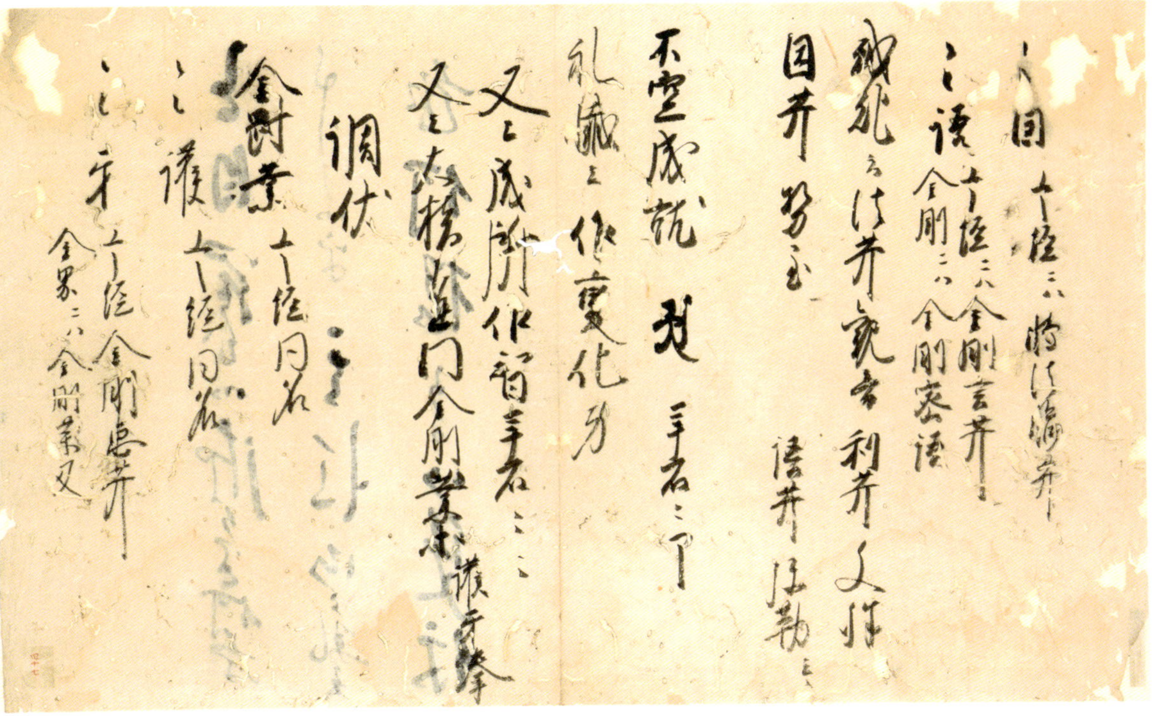

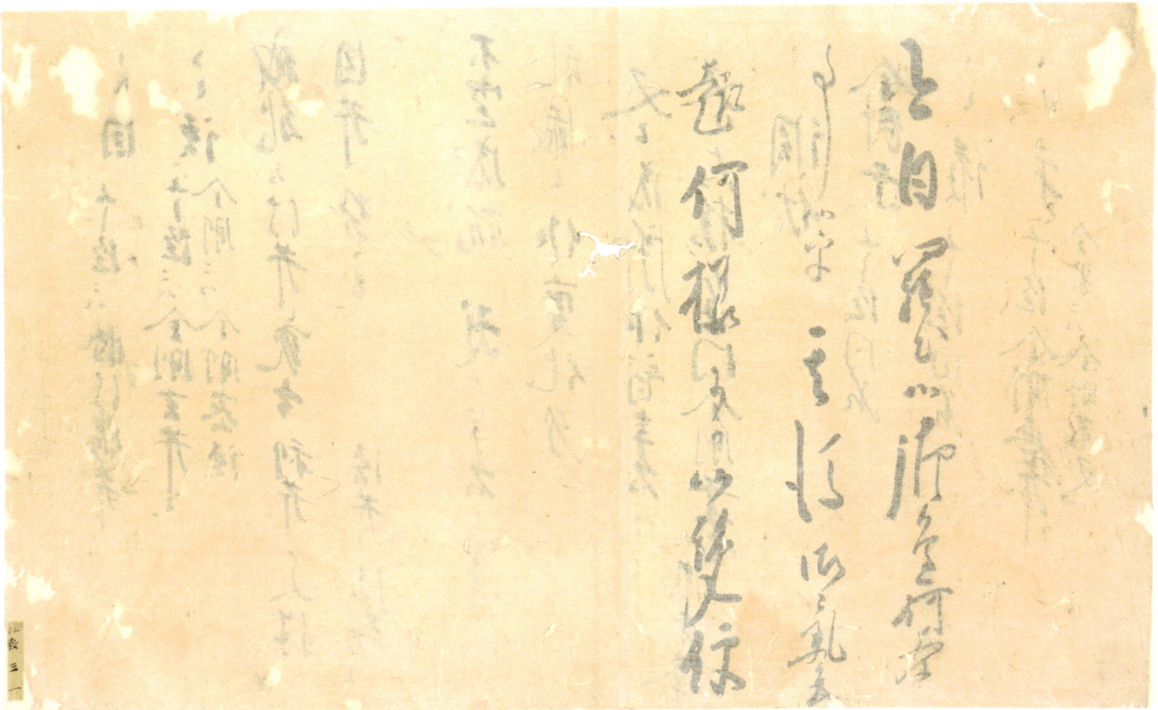

31 紙背

32-1 宗義書（断簡）（年月日未詳）〔28.0 × 37.8〕

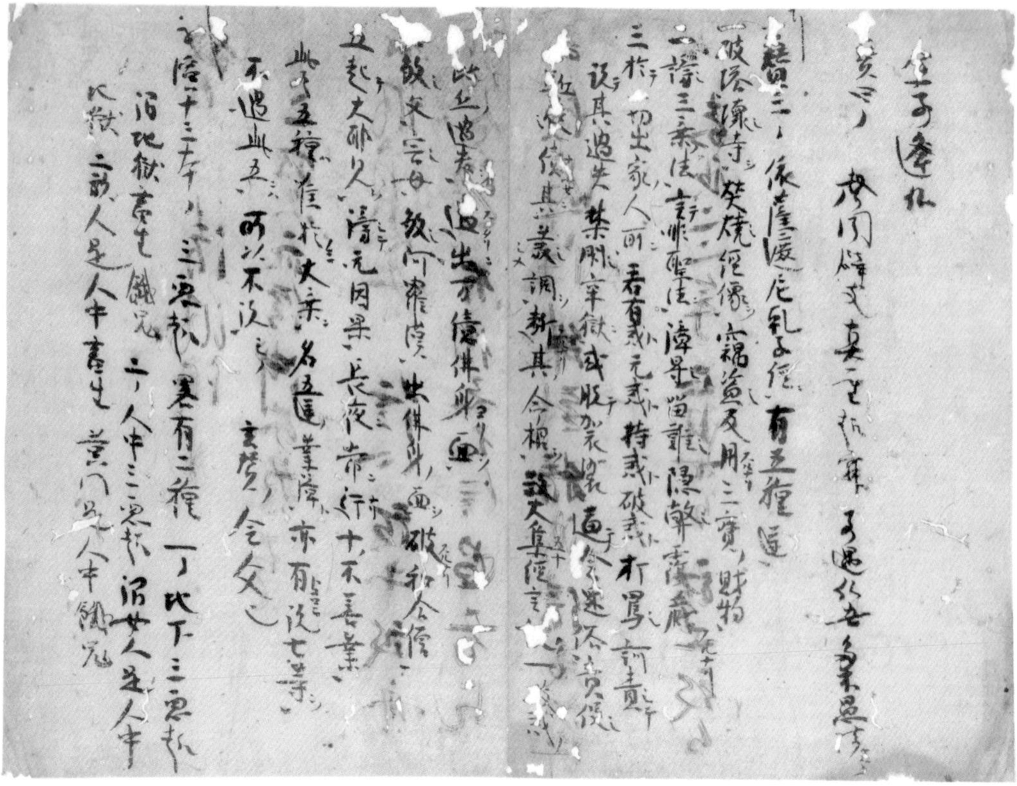

32-1 紙背

32-2 宗義書（断簡）（年月日未詳）〔26.8 × 43.2〕

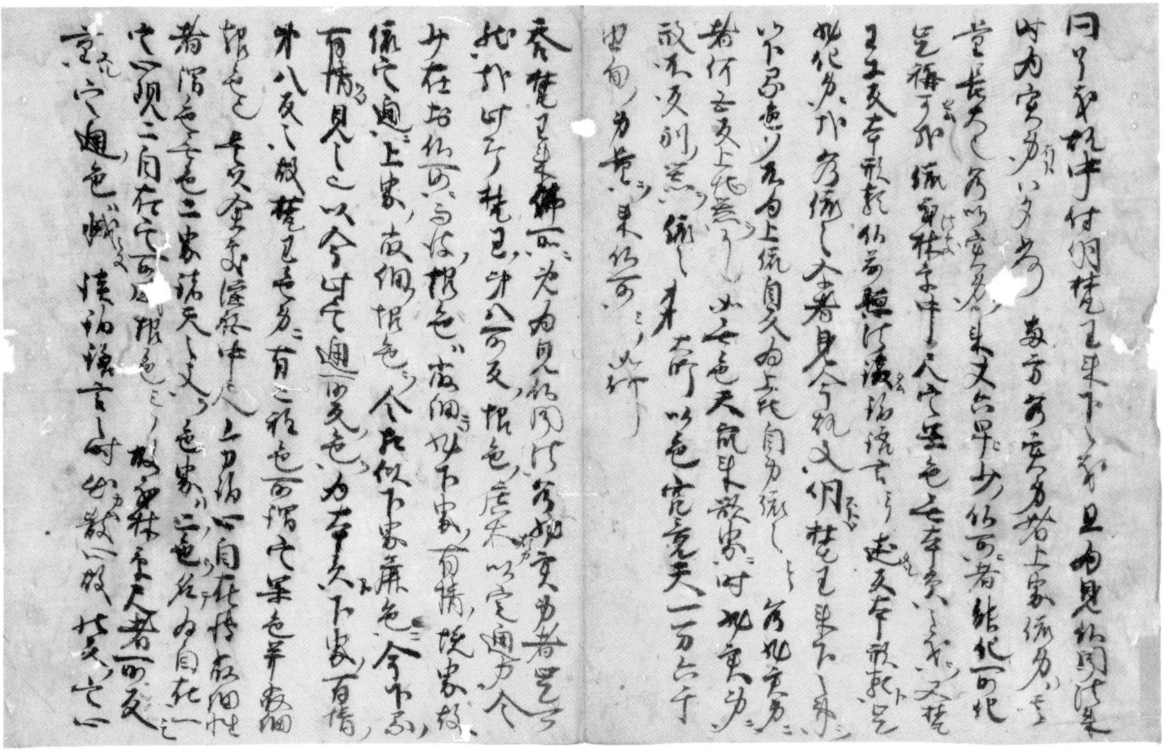

32-3 宗義書（断簡）（年月日未詳）〔26.8 × 43.1〕

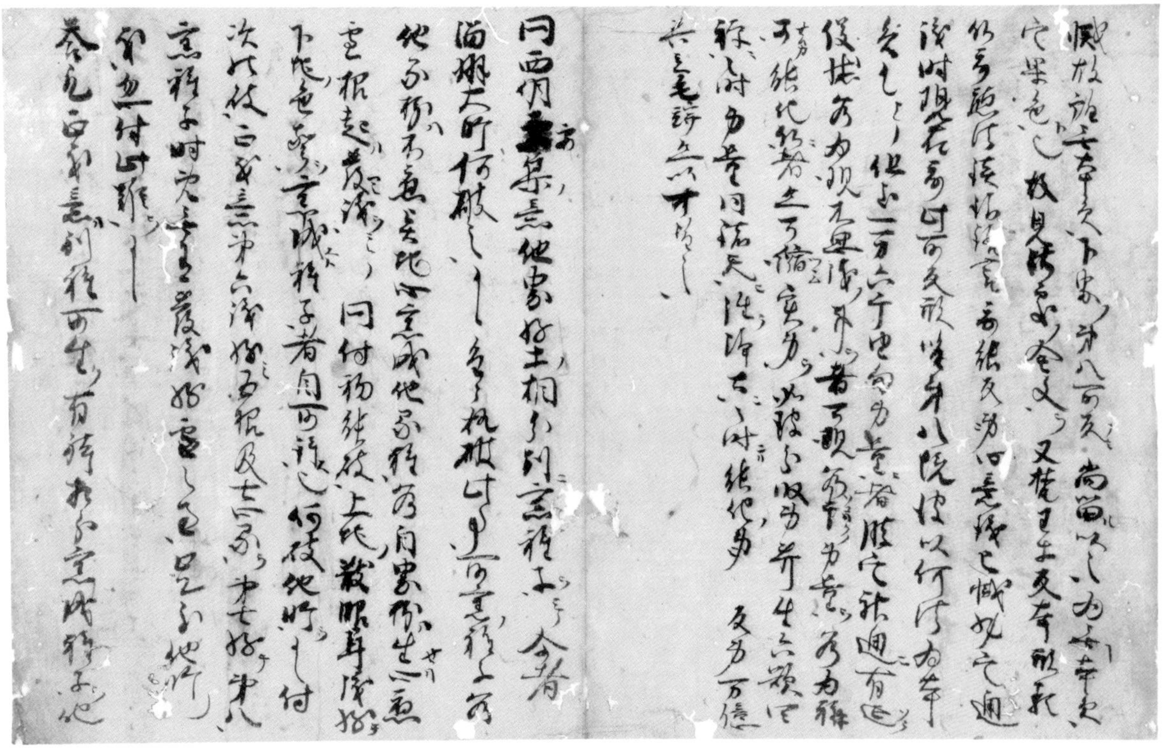

32-4 宗義書（断簡）（年月日未詳）〔26.6 × 43.1〕

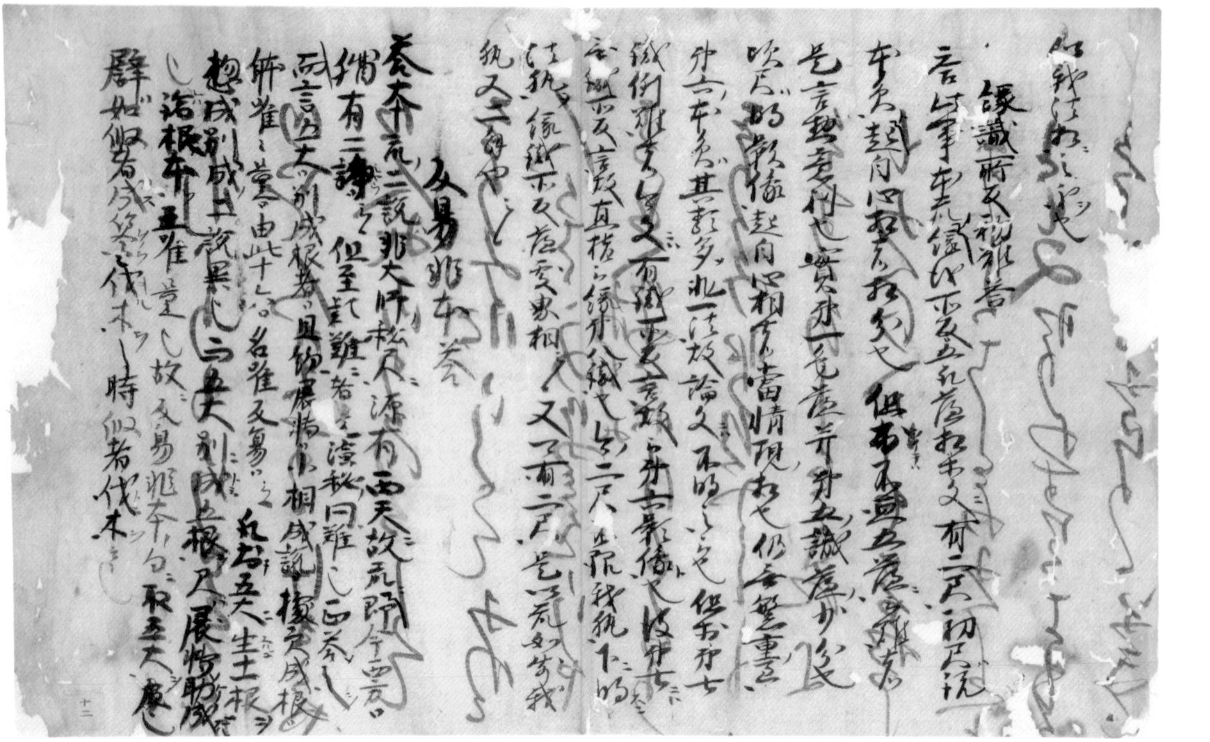

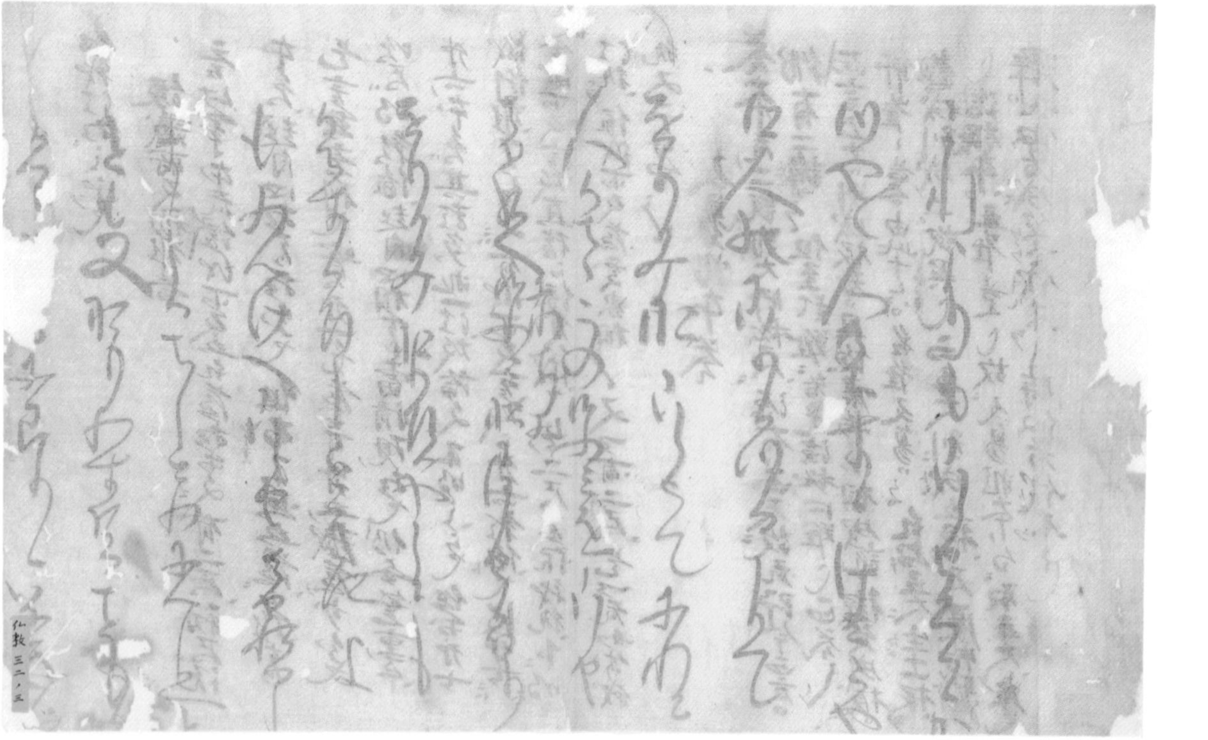

32-4 紙背

32-5 宗義書（断簡）（年月日未詳）〔26.8 × 43.4〕

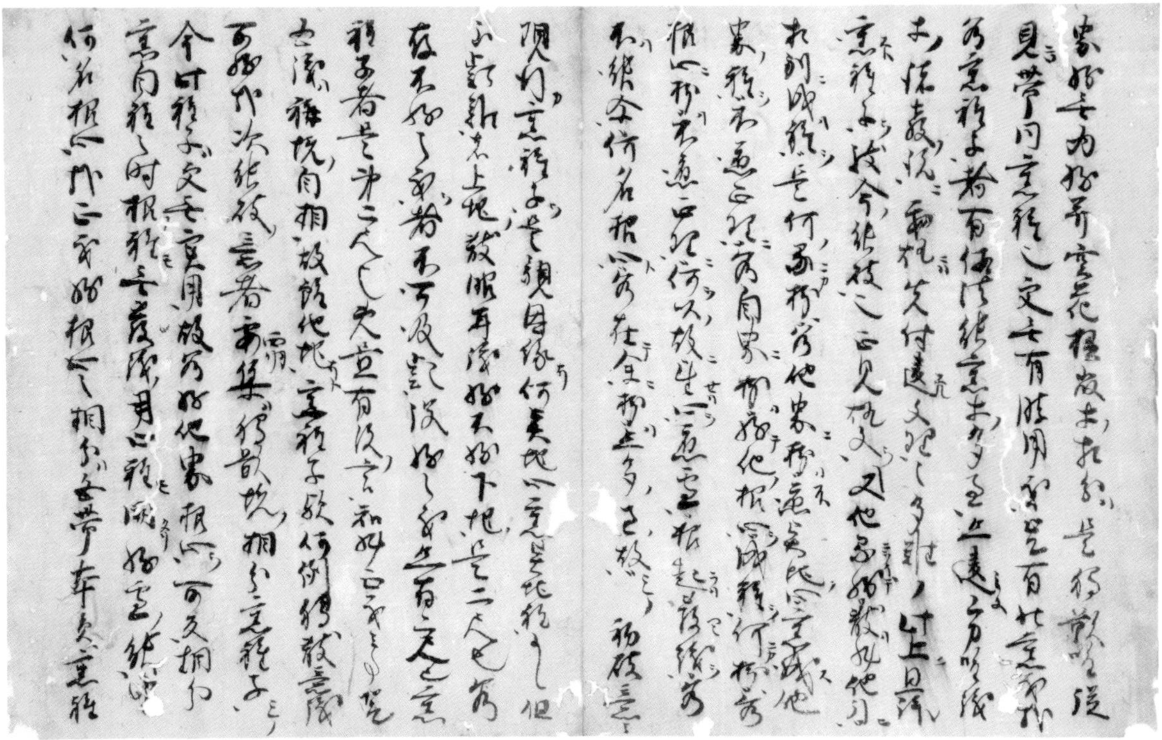

32-6 宗義書（断簡）（年月日未詳）〔26.8 × 43.2〕

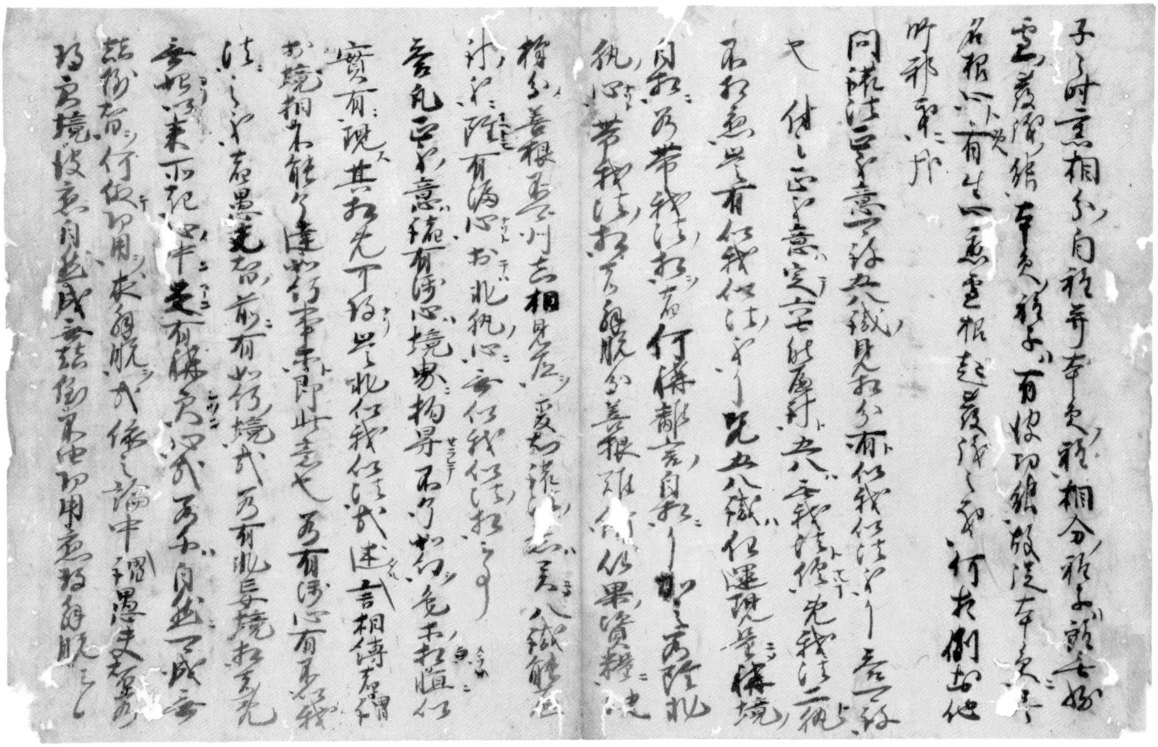

32-7 宗義書（断簡）（年月日未詳）〔26.7 × 43.7〕

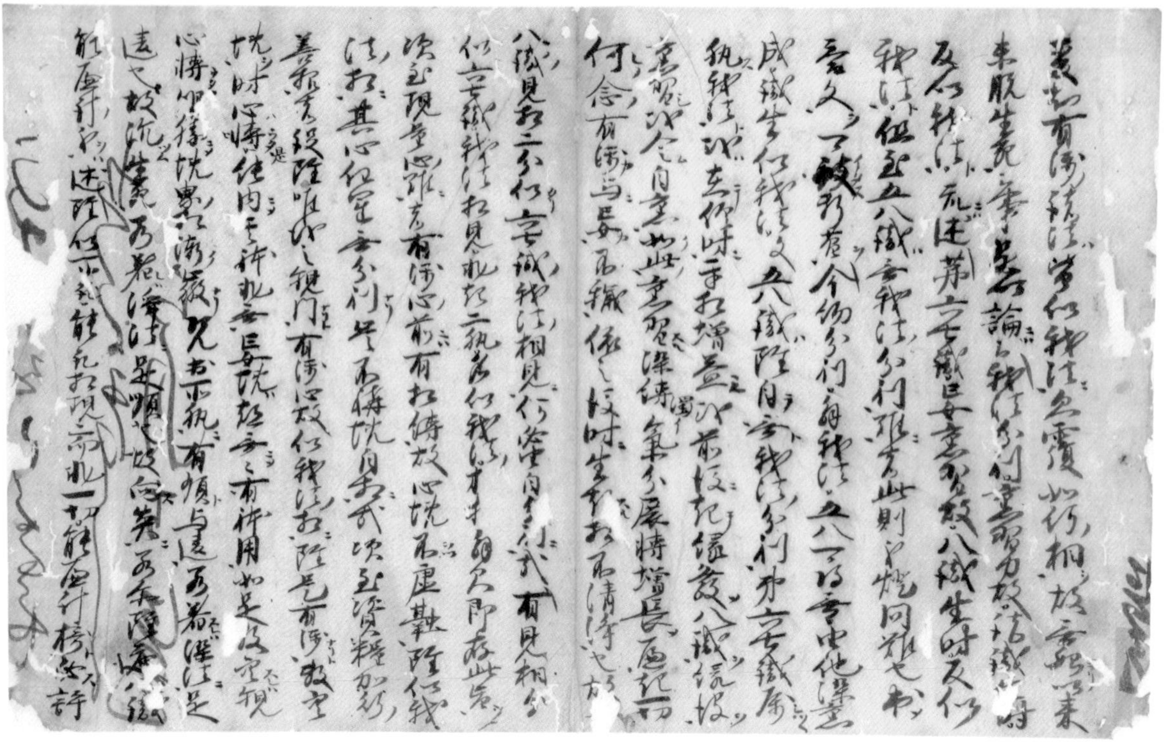

32-7 紙背

32-8 宗義書（断簡）（年月日未詳）〔25.2 × 39.9〕

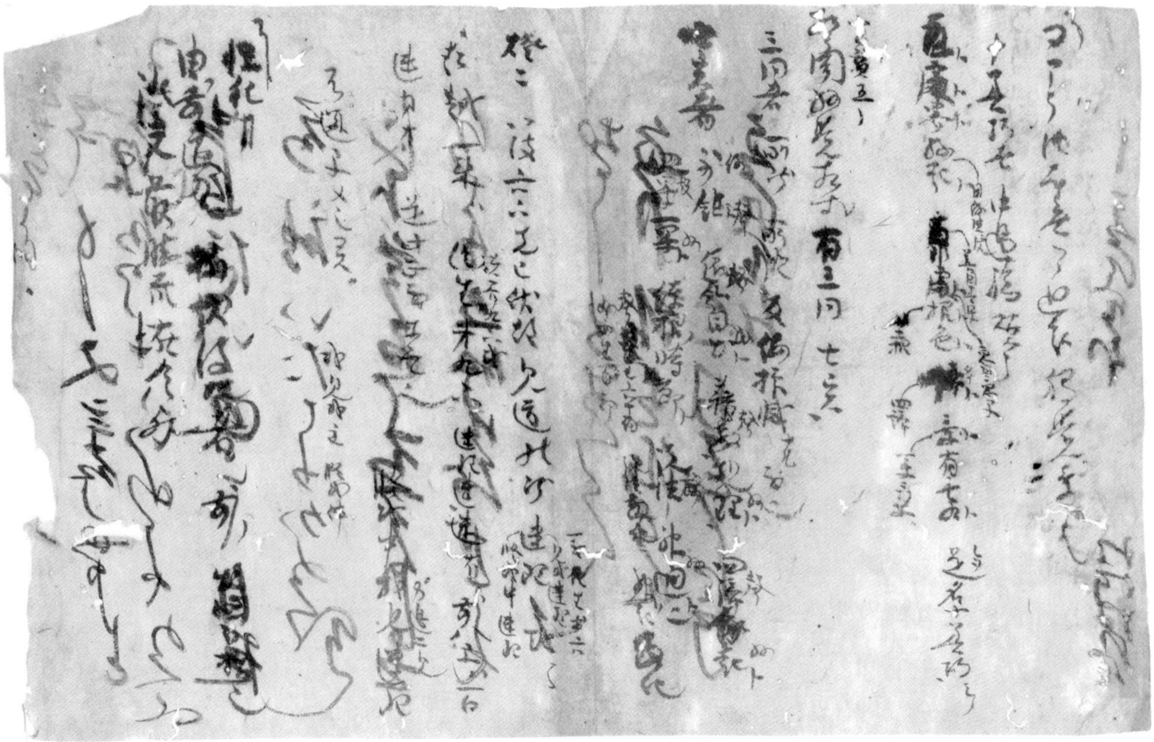

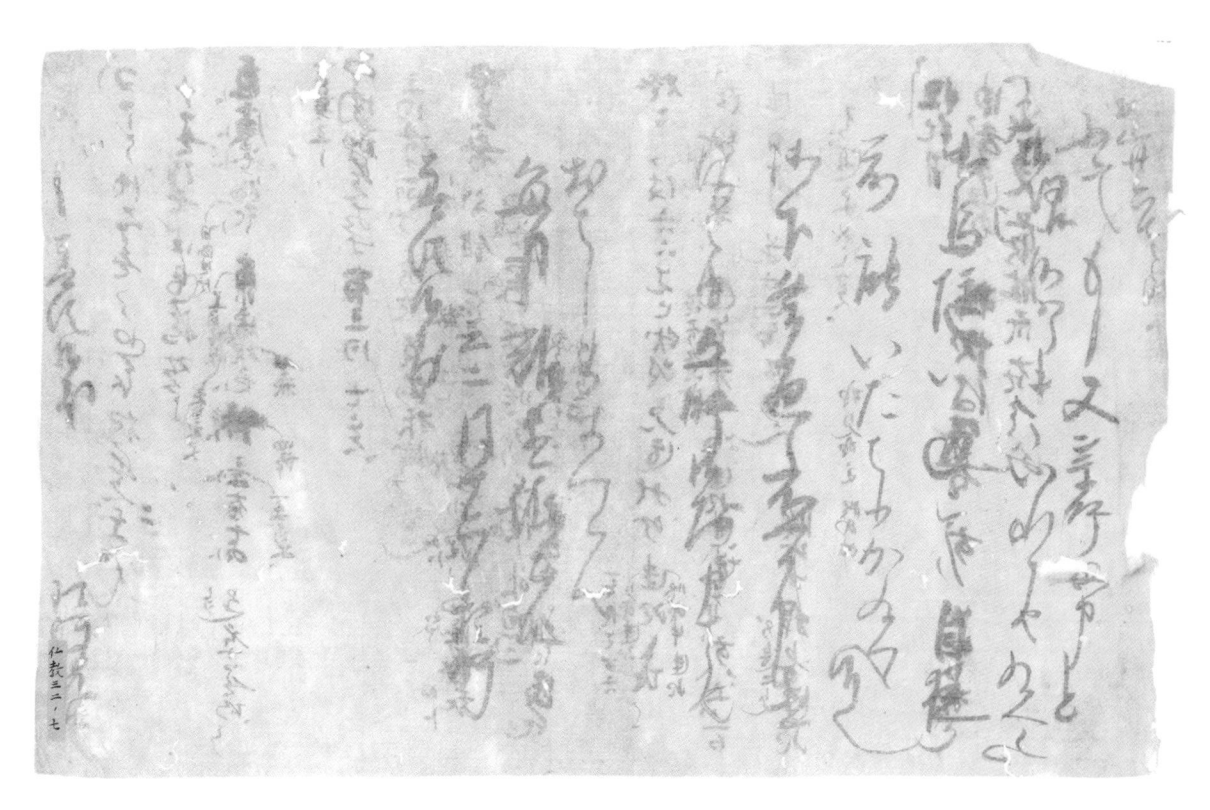

32-8 紙背

32-9 宗義書（断簡）（年月日未詳）〔26.7 × 49.4〕

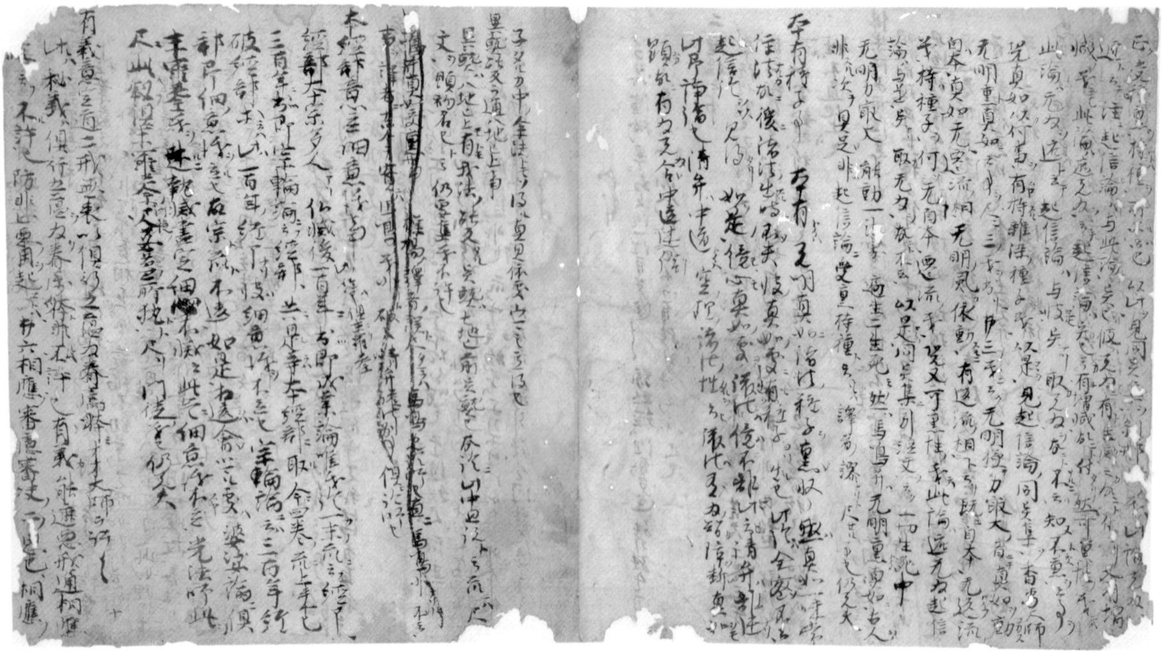

32-9 紙背

32-10 宗義書（断簡）（年月日未詳）〔30.4 × 52.6〕

32-10 紙背

32-11 宗義書（断簡）（年月日未詳）〔28.7 × 47.3〕

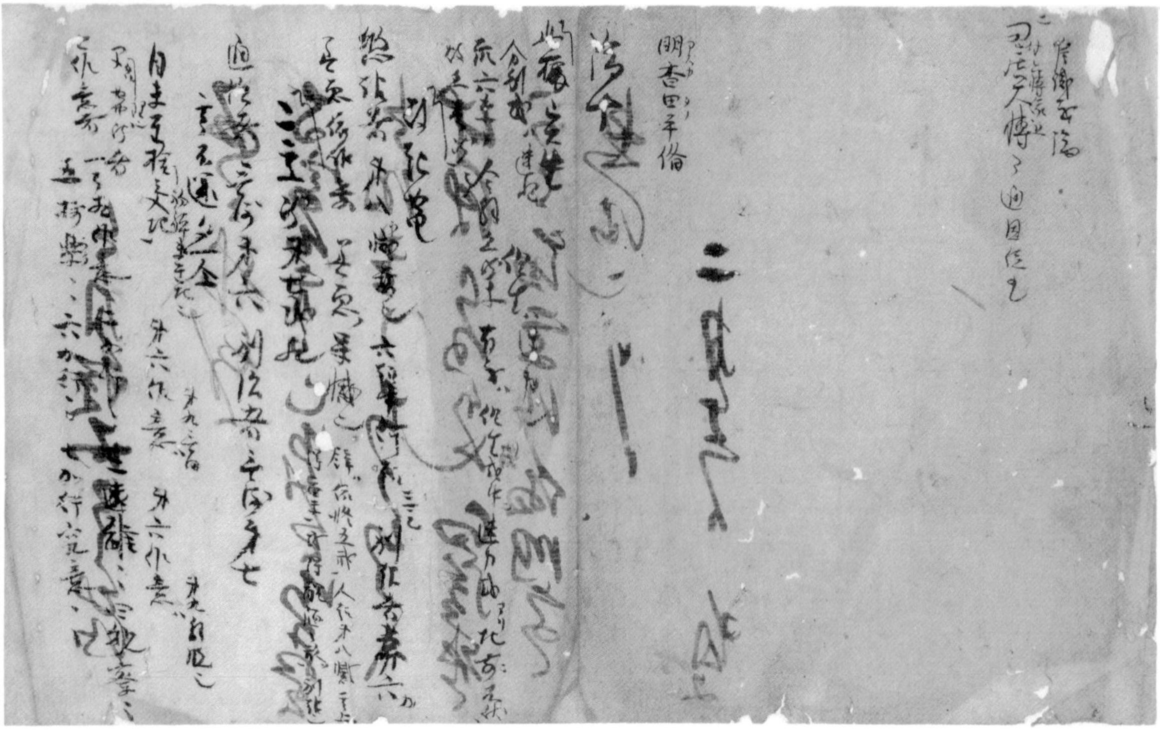

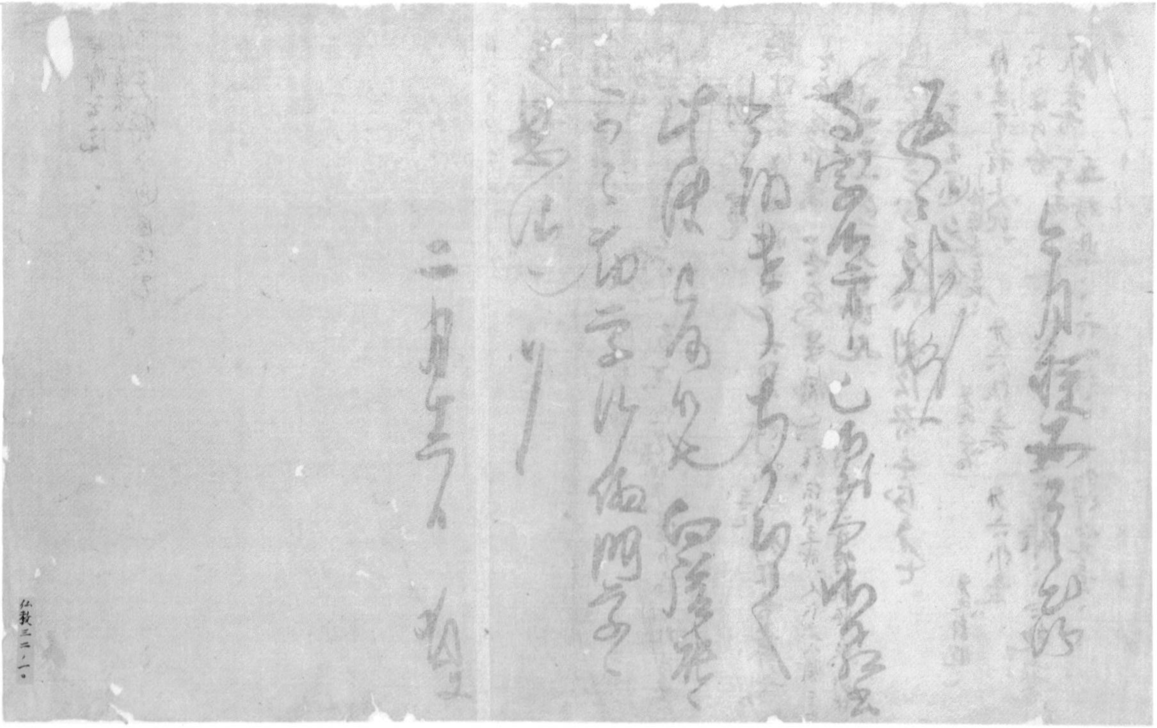

32-11 紙背

32-12 宗義書（断簡）（年月日未詳）〔27.8 × 46.5／第 1 紙 27.8 × 29.0／第 2 紙 28.1 × 17.5〕

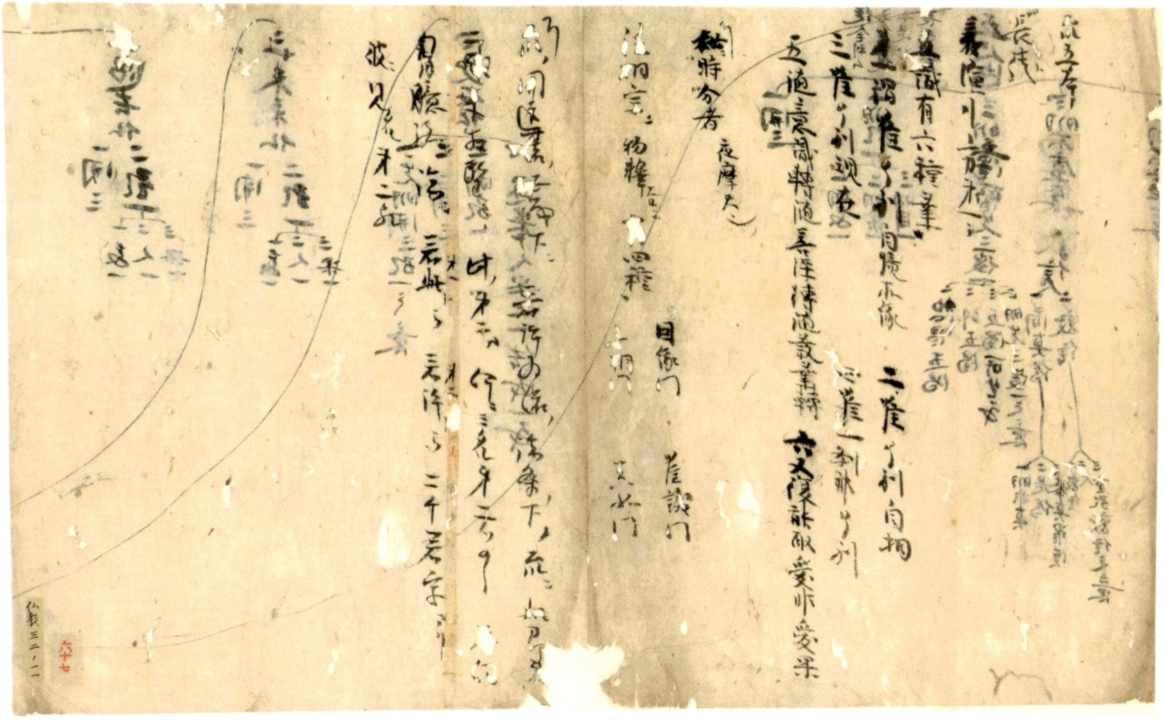

(2)　　(1)

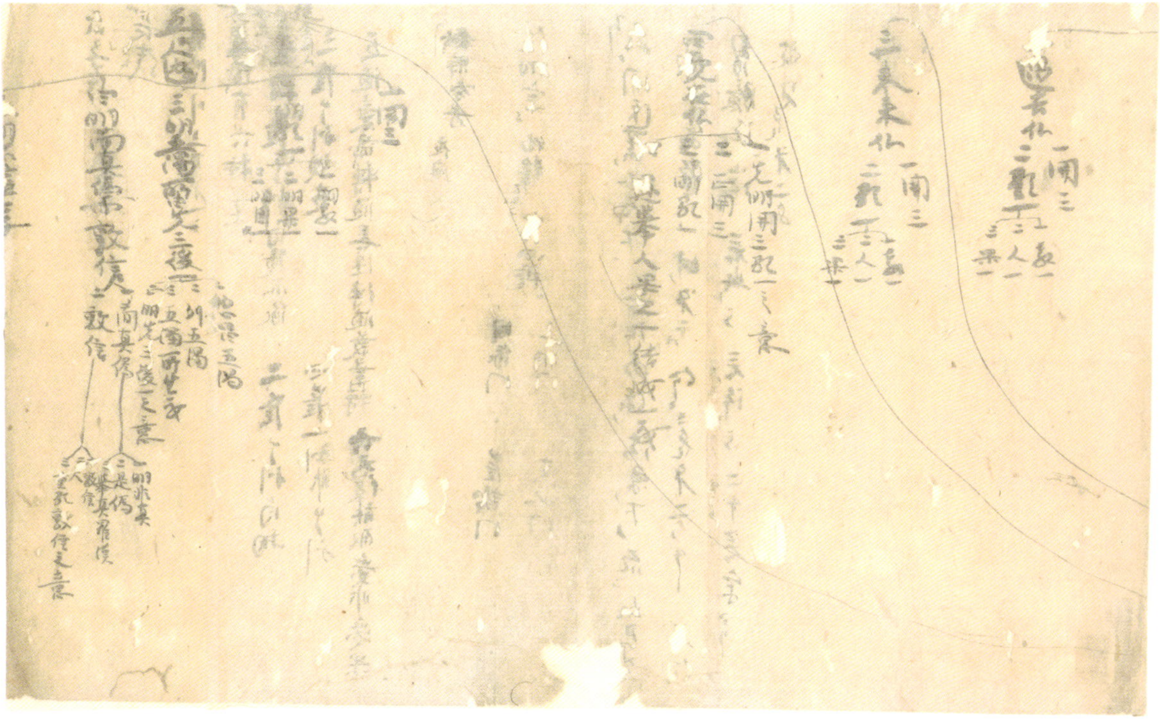

32-12 紙背

32-13 宗義書（断簡）（年月日未詳）〔28.7 × 46.8〕

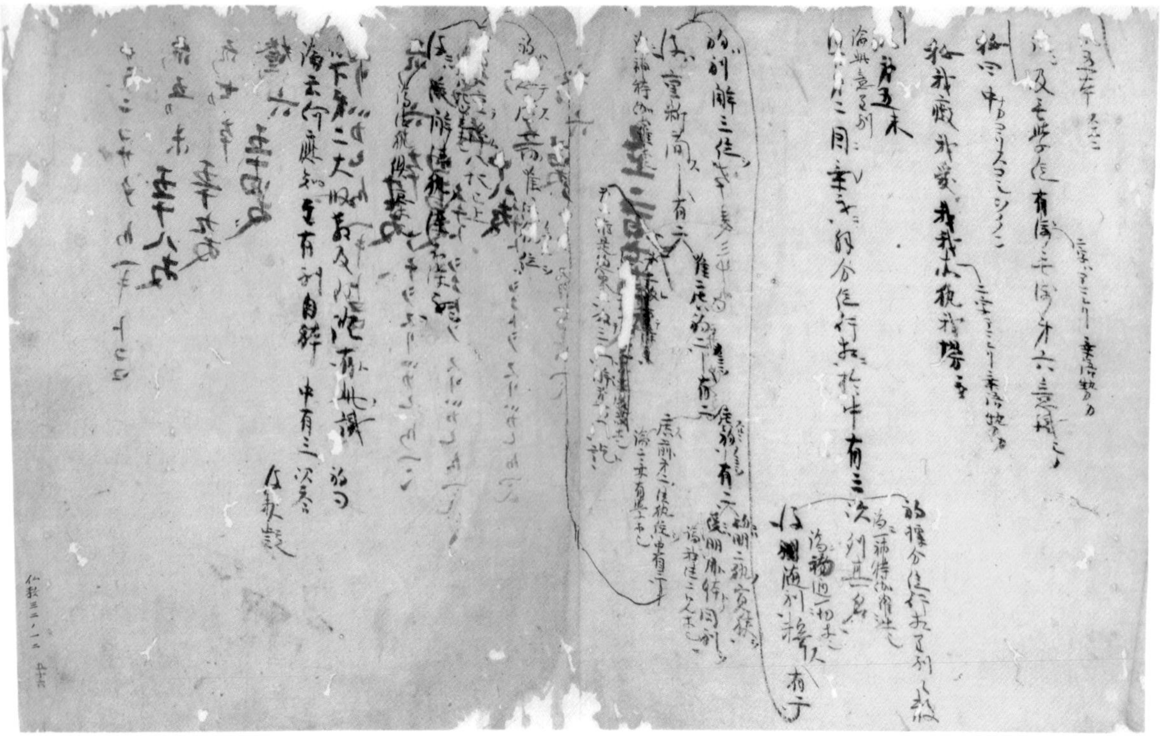

32-13 紙背

32-14 宗義書（断簡）（年月日未詳）〔27.8 × 47.0〕

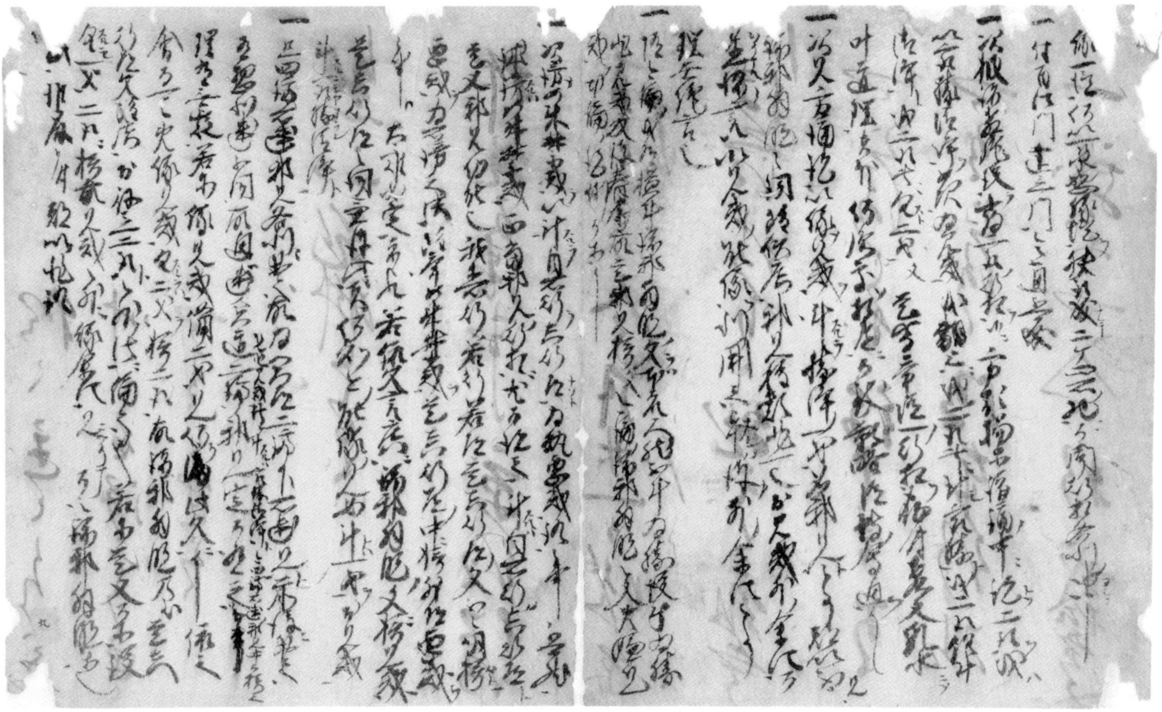

32-14 紙背

32-15 宗義書（断簡）（年月日未詳）〔28.5 × 43.4〕

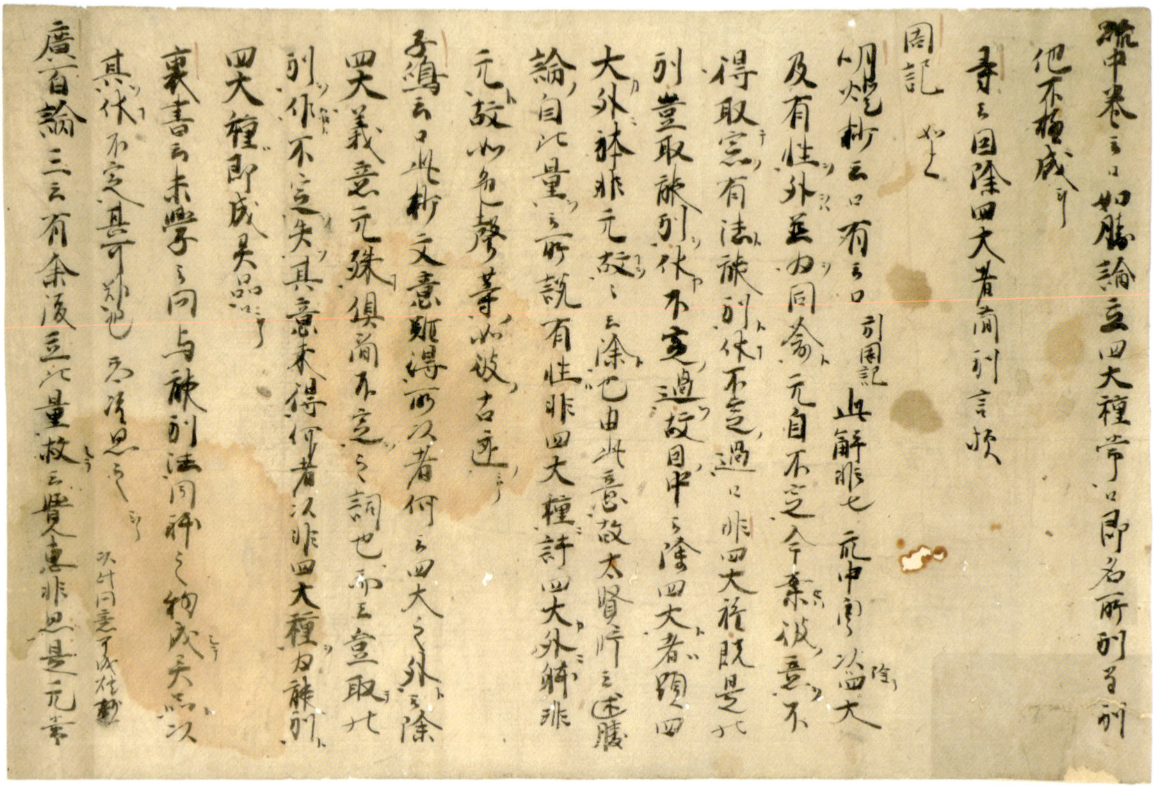

32-16 宗義書（断簡）（年月日未詳）〔29.0 × 47.4〕

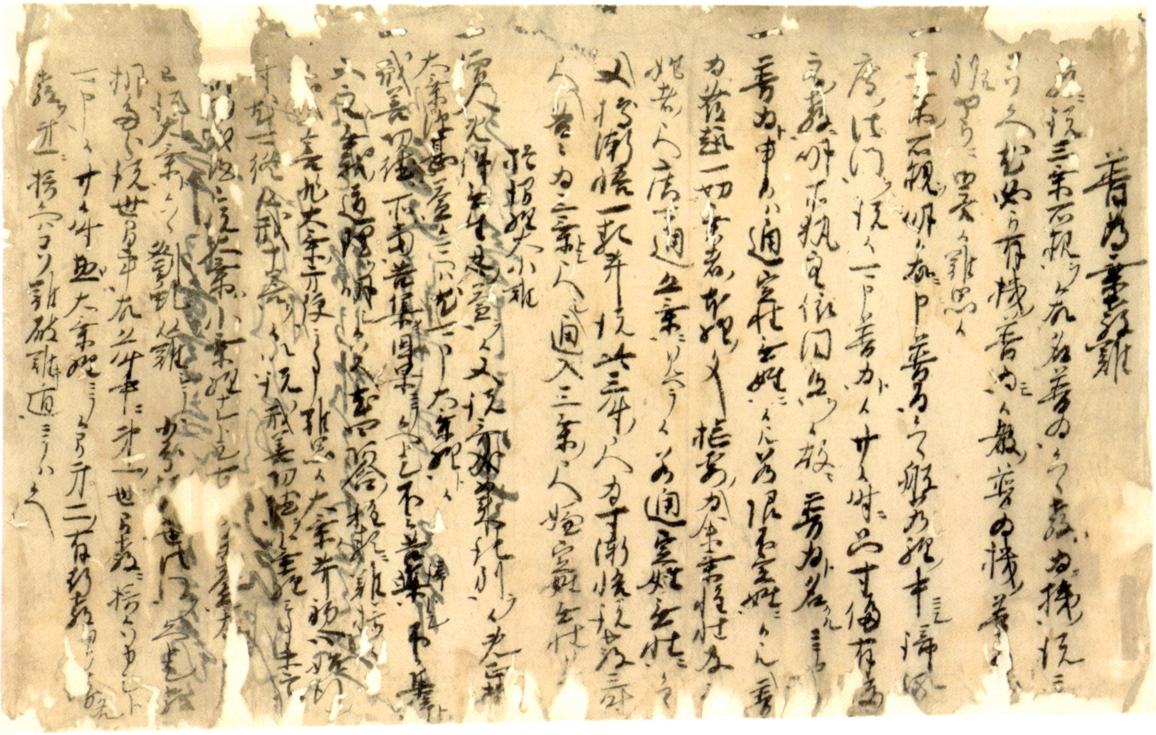

32-16 紙背

32-17 宗義書（断簡）（年月日未詳）〔29.8 × 44.4〕

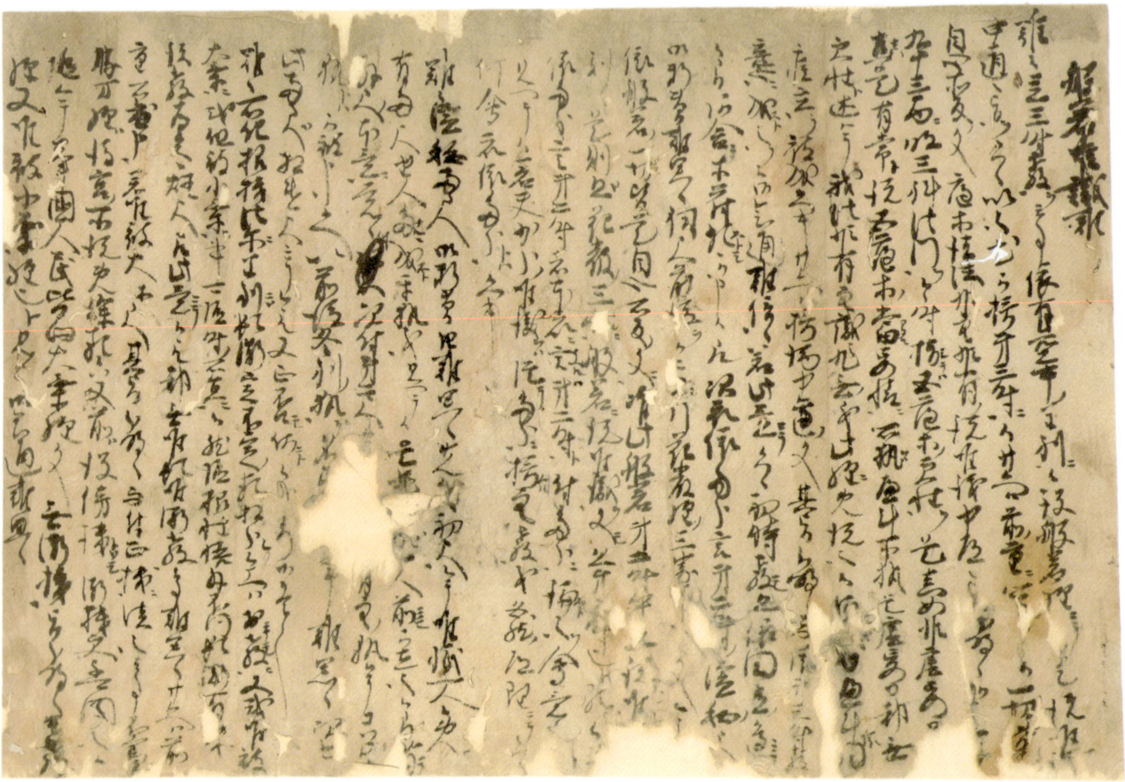

記録断片

1-1 足利将軍家石清水八幡宮参詣先例（後闕）① （年月日未詳）〔27.5 × 135.0 ／第 1 紙 27.5 × 1.3 ／第 2 紙 27.6 × 13.4〕

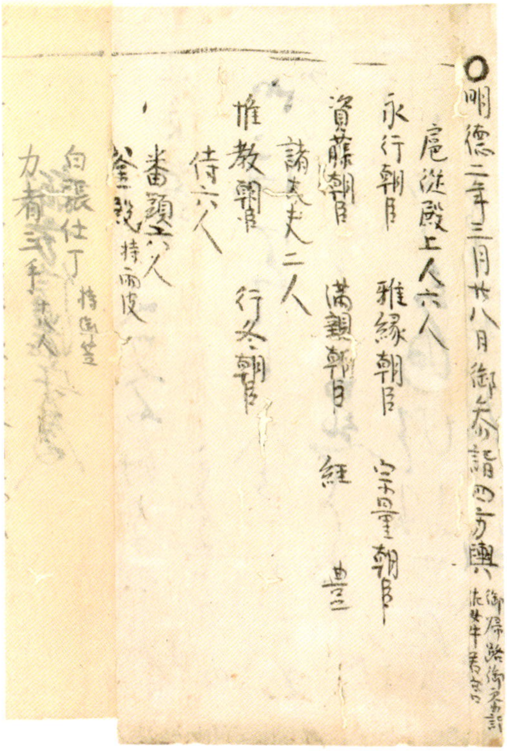

(3)　(2)　(1)

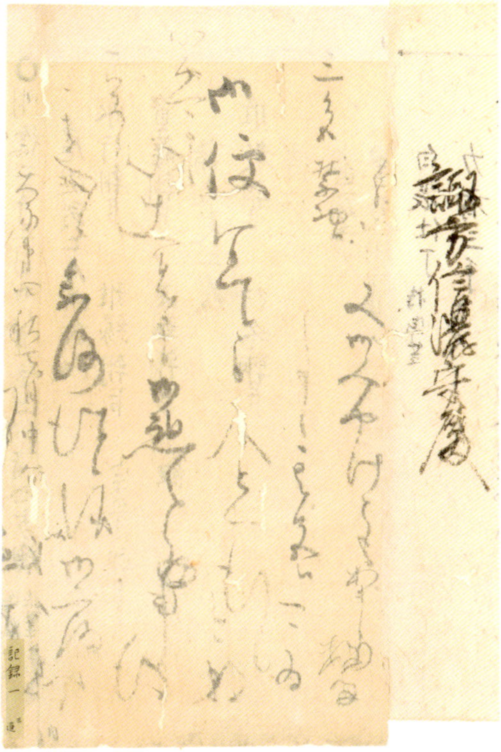

1-1 紙背（第 2・1 紙）

1-1 足利将軍家石清水八幡宮参詣先例（後闕）② 〔第 3 紙 26.5 × 41.4〕

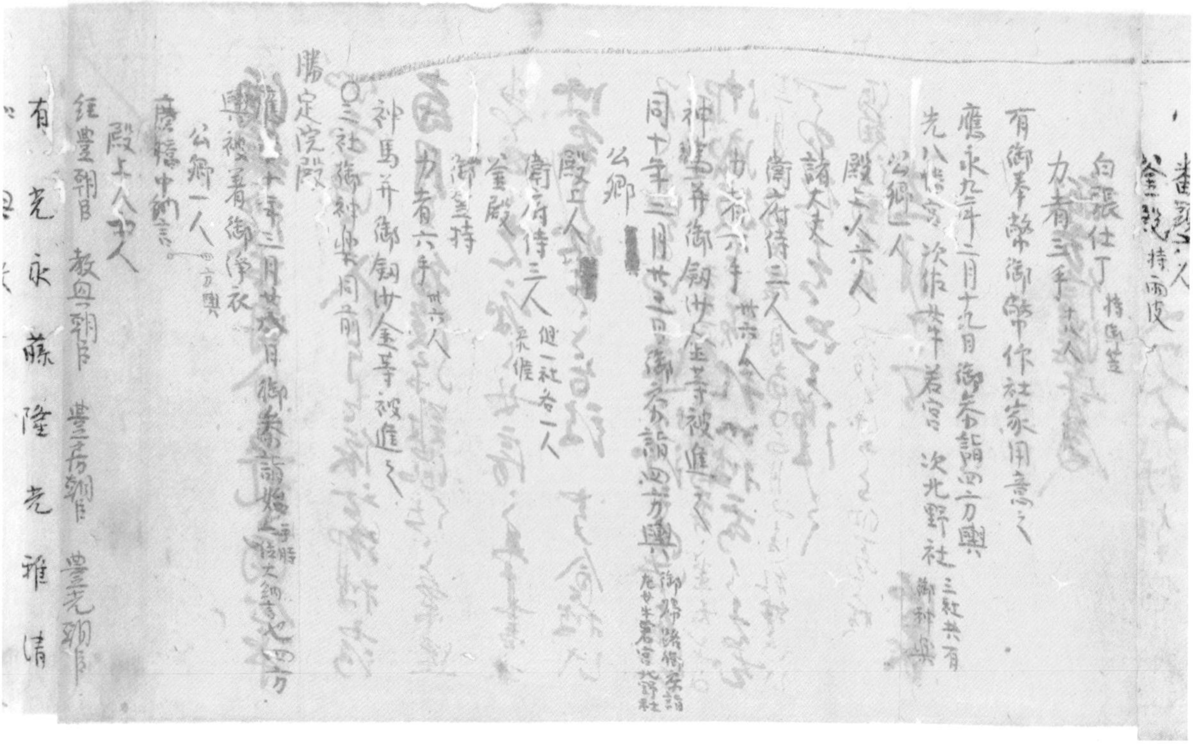

(4) (3)

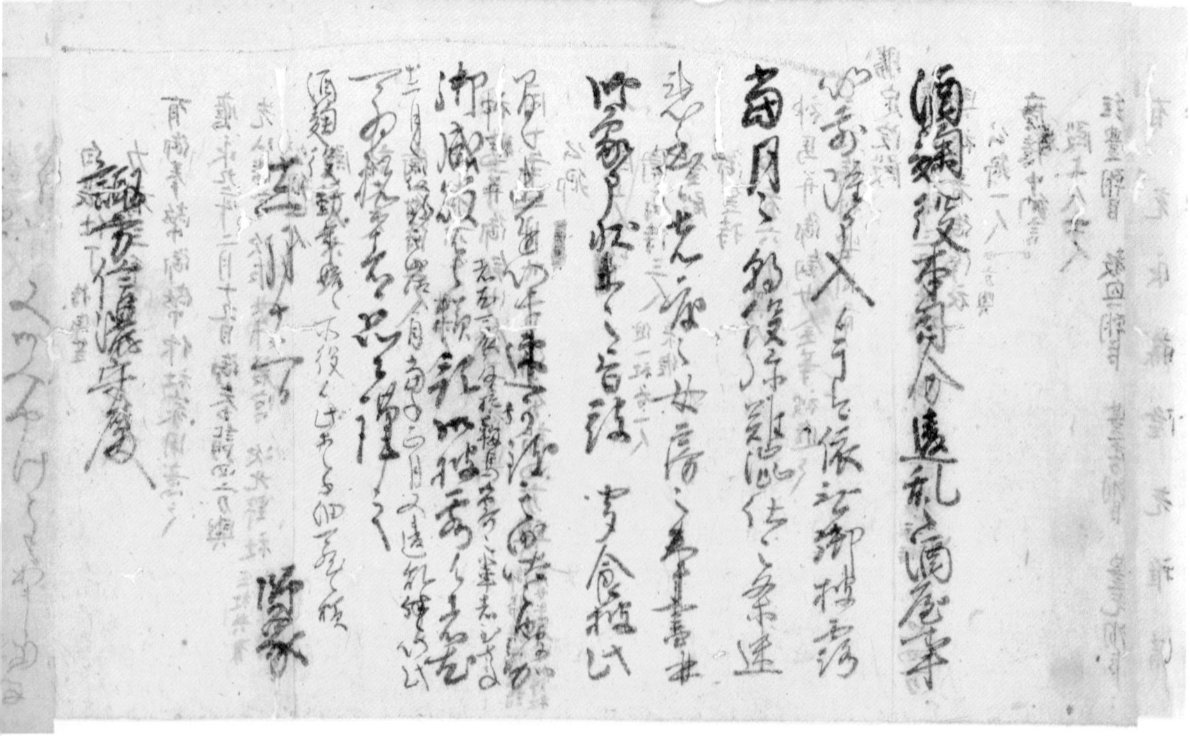

1-1 紙背（第 3 紙）

1-1 足利将軍家石清水八幡宮参詣先例（後闕）③ 〔第 4 紙 26.2 × 43.9〕

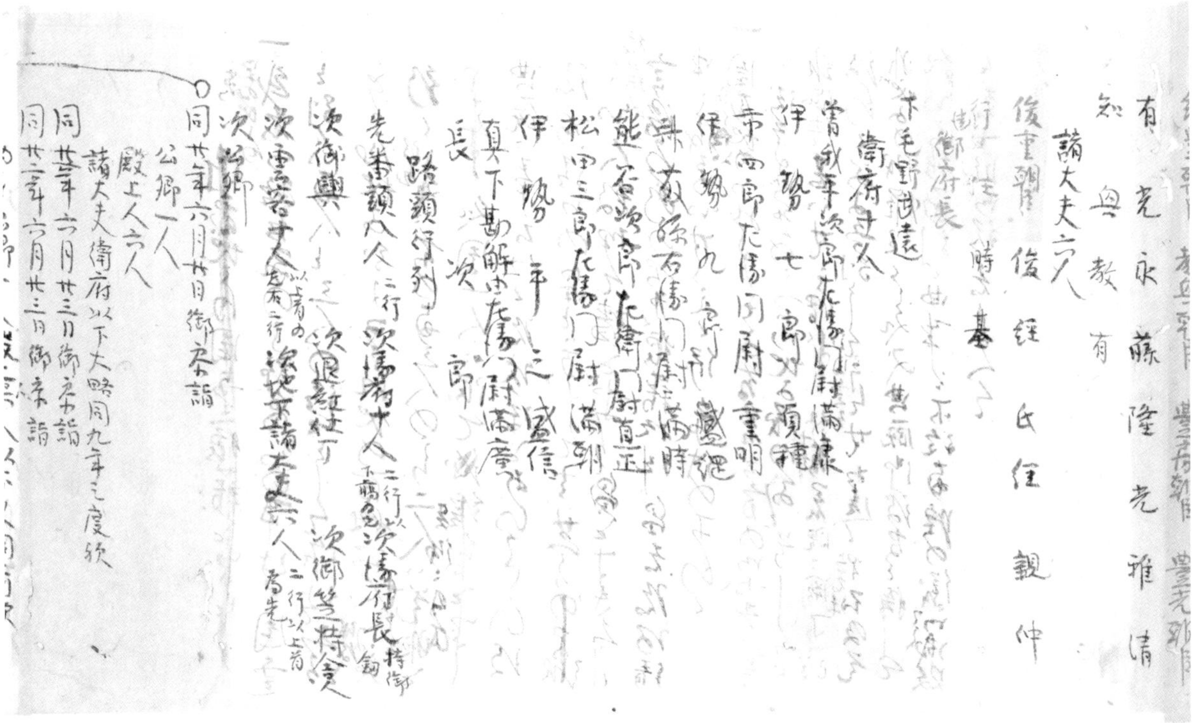

(4)

1-1 紙背（第 4 紙）

1-1 足利将軍家石清水八幡宮参詣先例（後闕）④〔第5紙 26.3 × 35.0〕

(5)

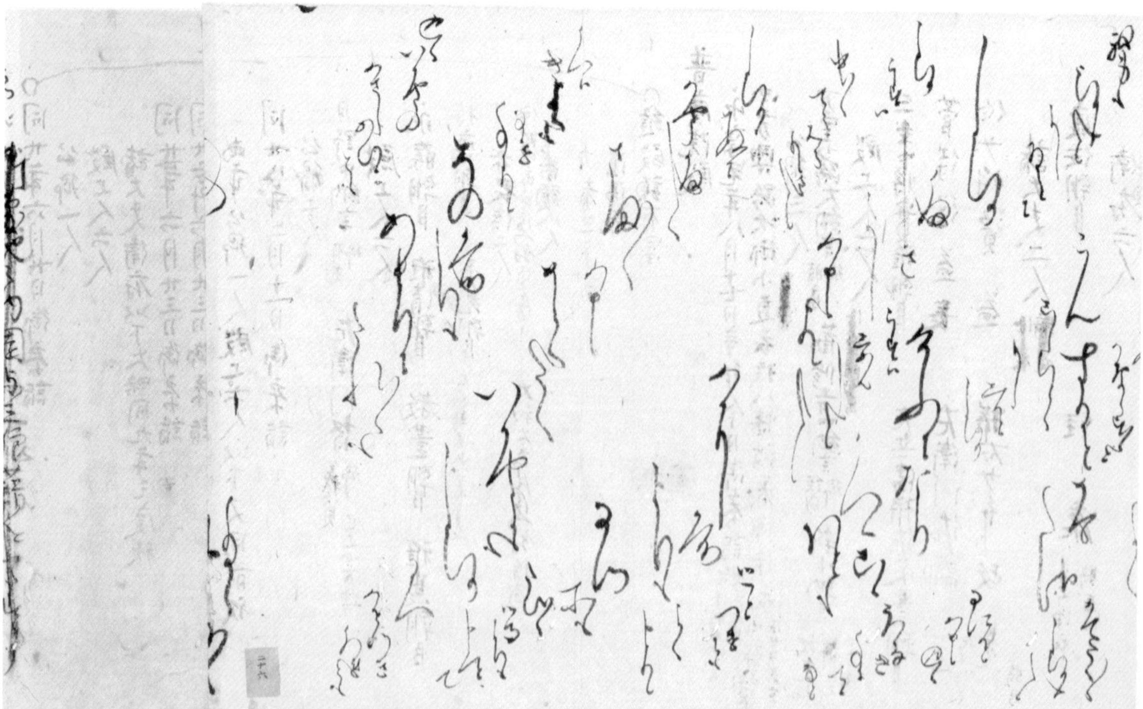

1-1 紙背（第5紙）

1-2 足利将軍家石清水八幡宮参詣先例（断簡）（年月日未詳）〔27.4 × 17.0〕

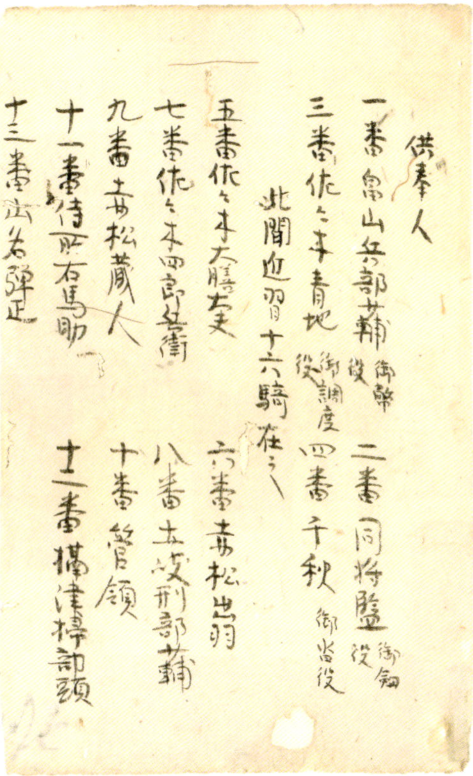
供奉人
一番 畠山兵部少輔 御幣役
二番 同将監 御劔役
三番 佐々木青地 御調度役
四番 千秋 御沓役
此間近習十六騎在之
五番 佐々木大膳大夫
六番 赤松出羽
七番 佐々木四郎左衛門
八番 土岐刑部少輔
九番 赤松蔵人
十番 管領
十一番 侍所 右馬助
十二番 摂津掃部頭
十三番 山名右弼正

1-3 足利将軍家石清水八幡宮参詣先例（後闕）（年月日未詳）〔26.5 × 23.0〕

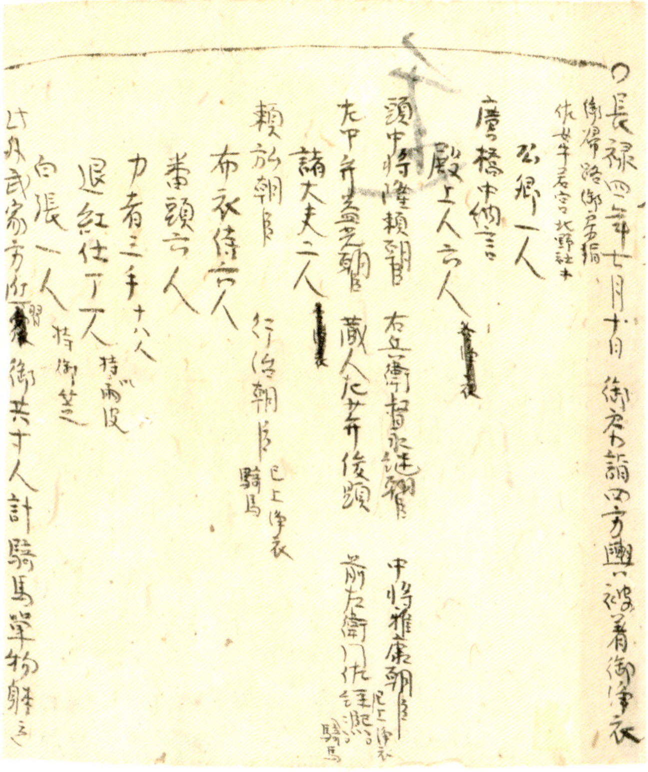
長禄四年七月十日 御参詣 四方輿 御浄衣
公卿一人
廣橋中納言
殿上人六人
頭中将隆頼朝臣
左中弁益光朝臣 蔵人左少弁俊顕
中将雅康朝臣
諸大夫二人
頼房朝臣 行俊朝臣 已上浄衣 騎馬
布衣侍六人
番頭六人
力者三手 十八人
退紅仕丁一人 持雨皮
白張一人 持御笠
此外武家方 御共十人計 騎馬

2 禁秘抄廃朝段抜書 （年月日未詳）〔26.2 × 26.8〕

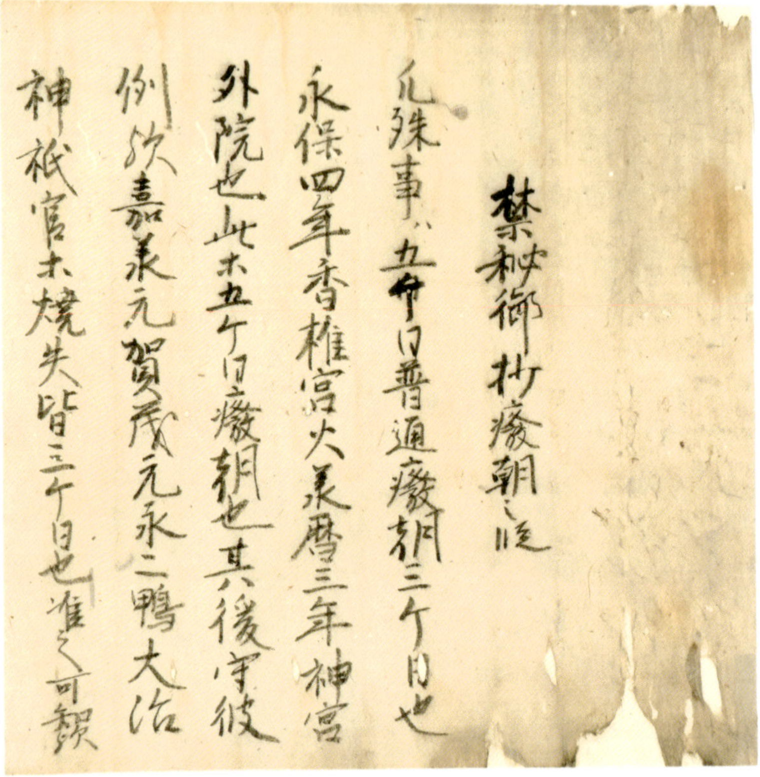

禁秘御抄廃朝段

凡殊事ハ五ケ日普通廃朝三ケ日也

永保四年香椎宮火承暦三年神宮

外院也此等五ケ日廃朝也其後宇佐

例歟嘉承元賀茂元永二鴨大治

神祇官火焼失皆三ケ日也准之可歟

3-1 摂関家被任中納言先例 ①（年月日未詳）〔25.6 × 77.0 ／第 1 紙 25.6 × 38.1〕

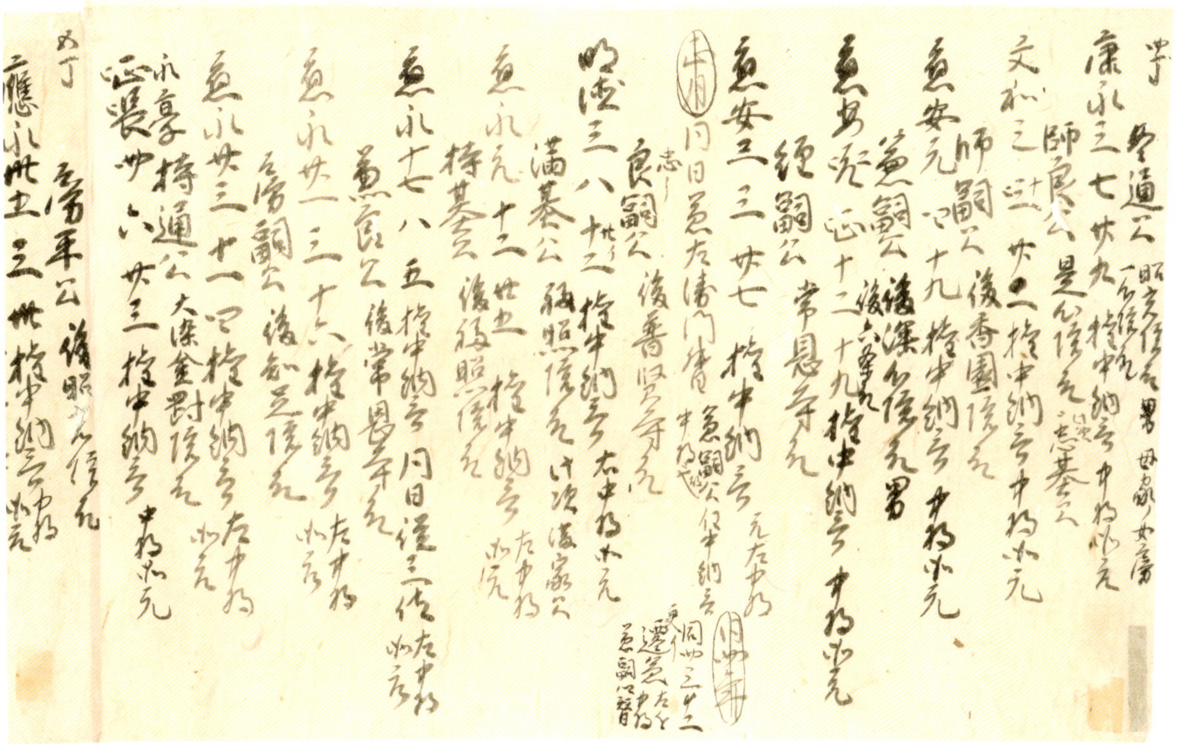

（2）　（1）

3-1 摂関家被任中納言先例 ②〔第 2 紙 25.5 × 38.9〕

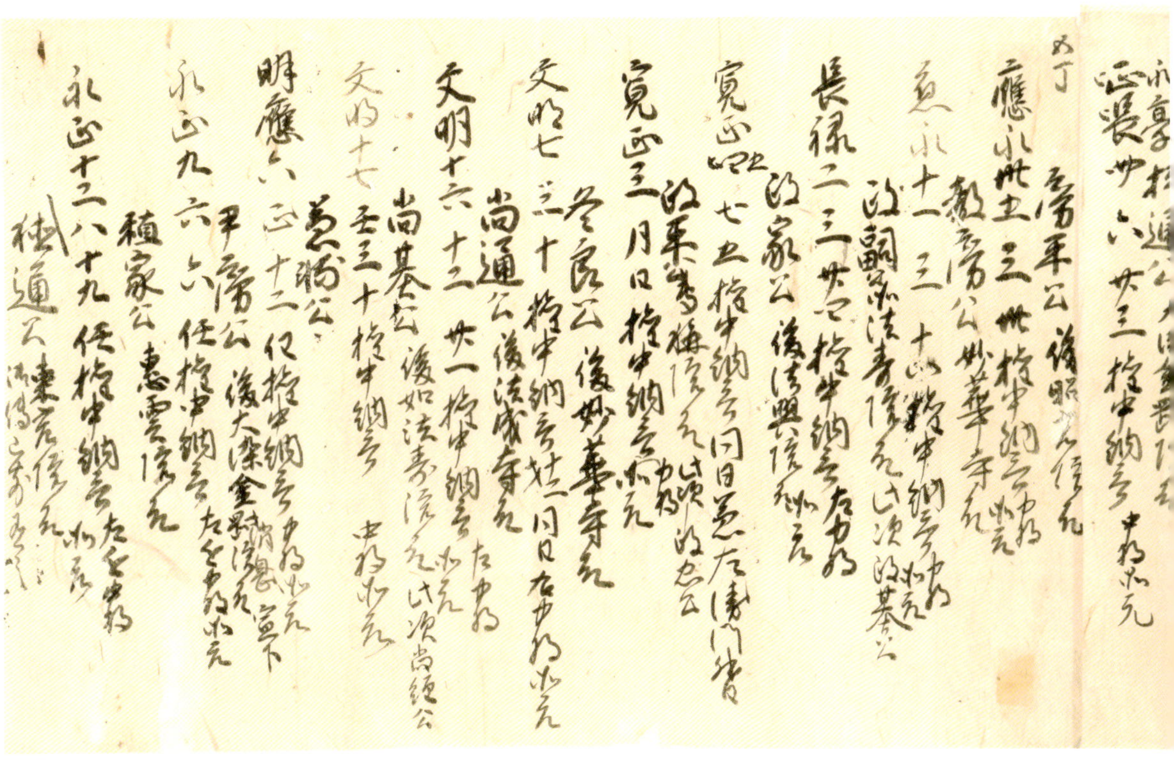

（2）

3-2 摂関家被任中納言先例 （年月日未詳）〔25.6 × 39.2〕

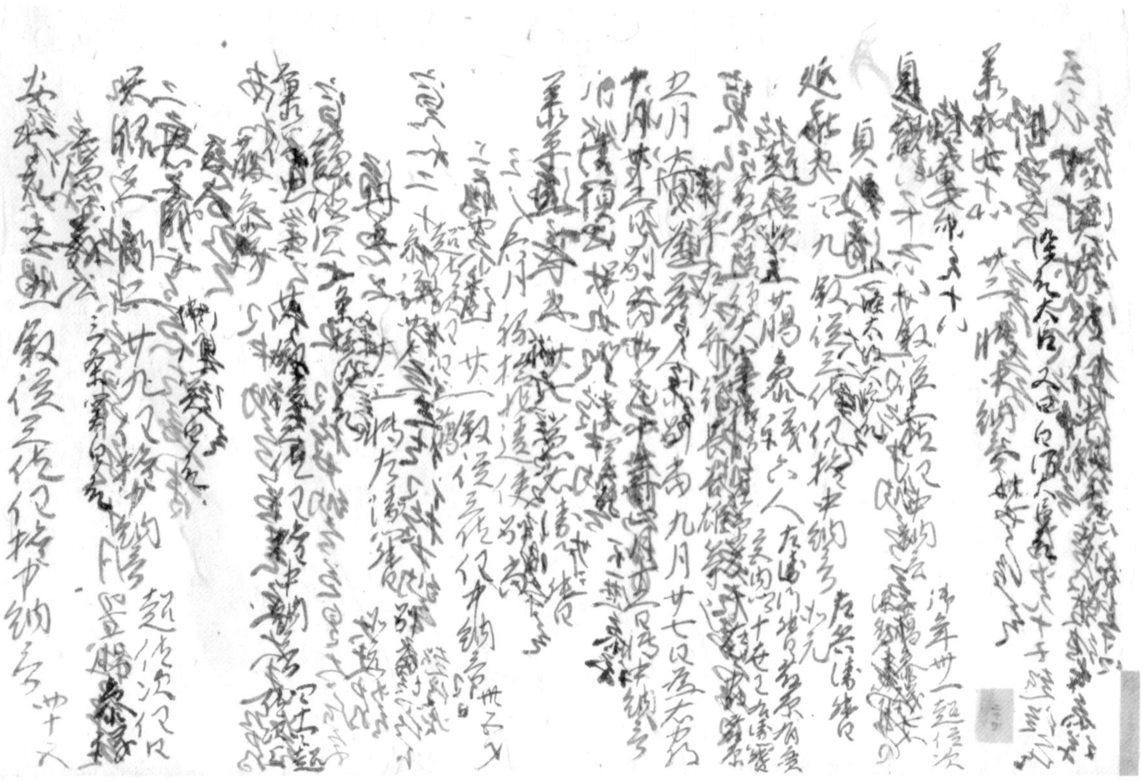

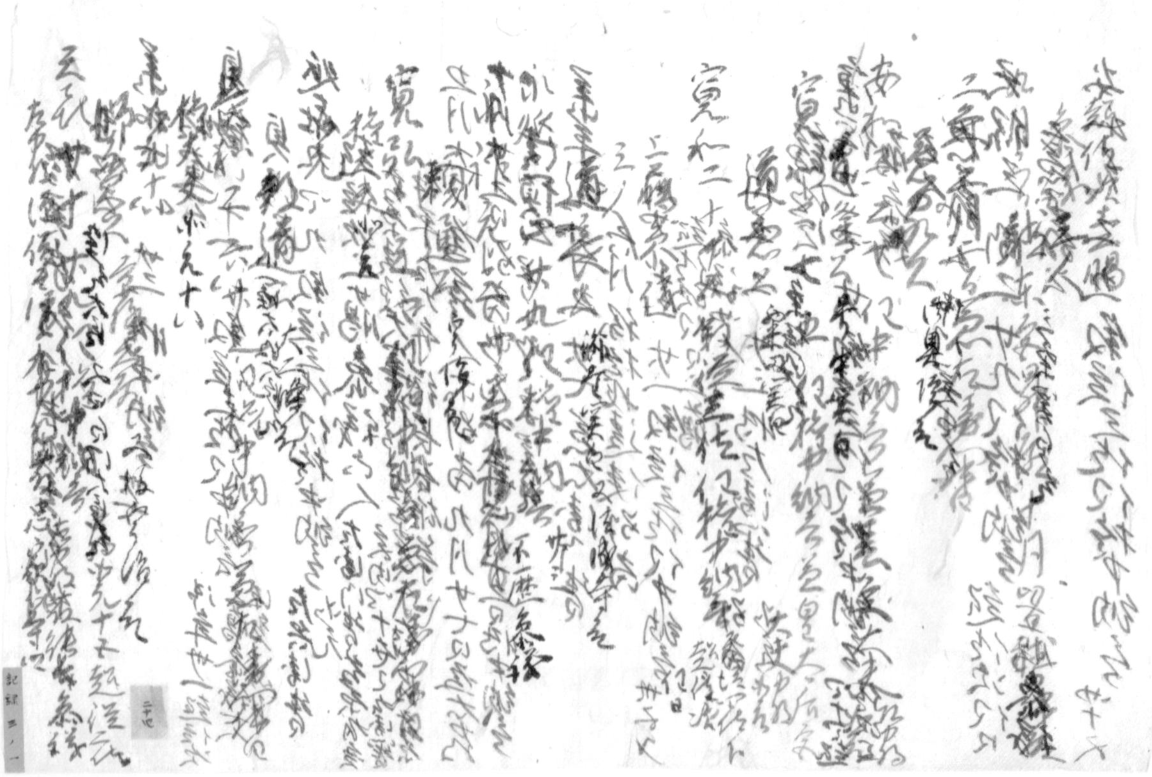

3-2 紙背

4 御即位年次第 （年月日未詳）〔23.4 × 40.2〕

4 紙背

5 天皇略伝 （年月日未詳）〔34.2 × 44.3〕

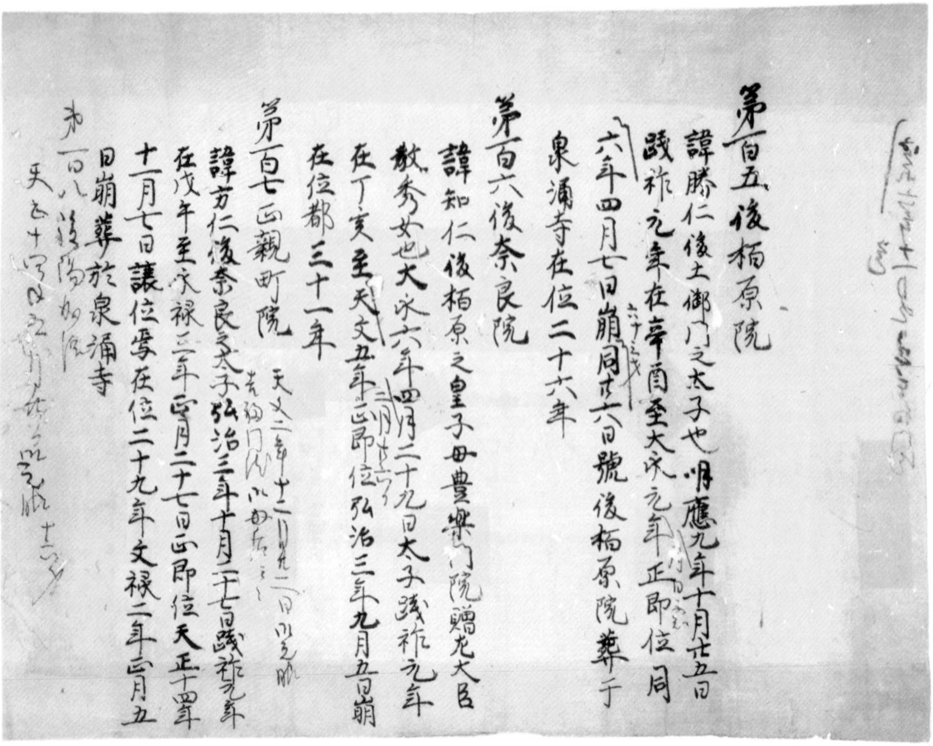
第百五後柏原院
諱勝仁後土御門之太子也明應九年十月廿五日
踐祚元年在辛酉至大永元年正即位同
六年四月七日崩同廿八日號後柏原院葬于
泉涌寺在位二十六年
第百六後奈良院
諱知仁後柏原之皇子母豊樂門院贈左大臣
敎秀女也大永六年四月二十九日太子踐祚元年
在丁亥至天文五年二月即位弘治三年九月五日崩
在位都三十一年
第百七正親町院
諱方仁後奈良之太子弘治三年十月二十七日踐祚元年
在戊午至永禄三年正月二十七日即位天正十四年
十月七日譲位要在位二十九年文禄二年正月五
日崩葬於泉涌寺

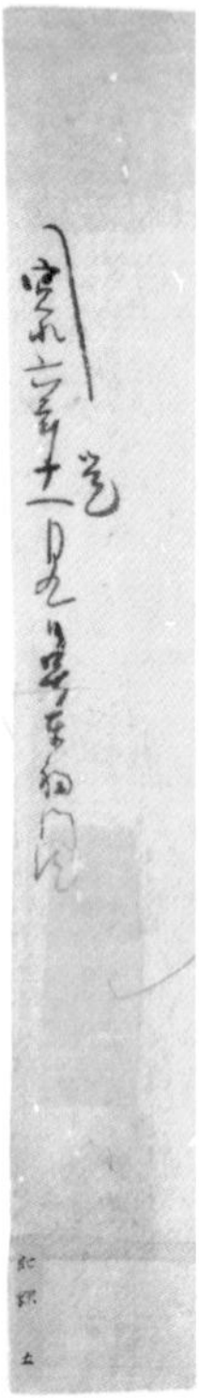

5 端裏

6 日記事（後闕）（年月日未詳）〔30.3 × 42.8〕

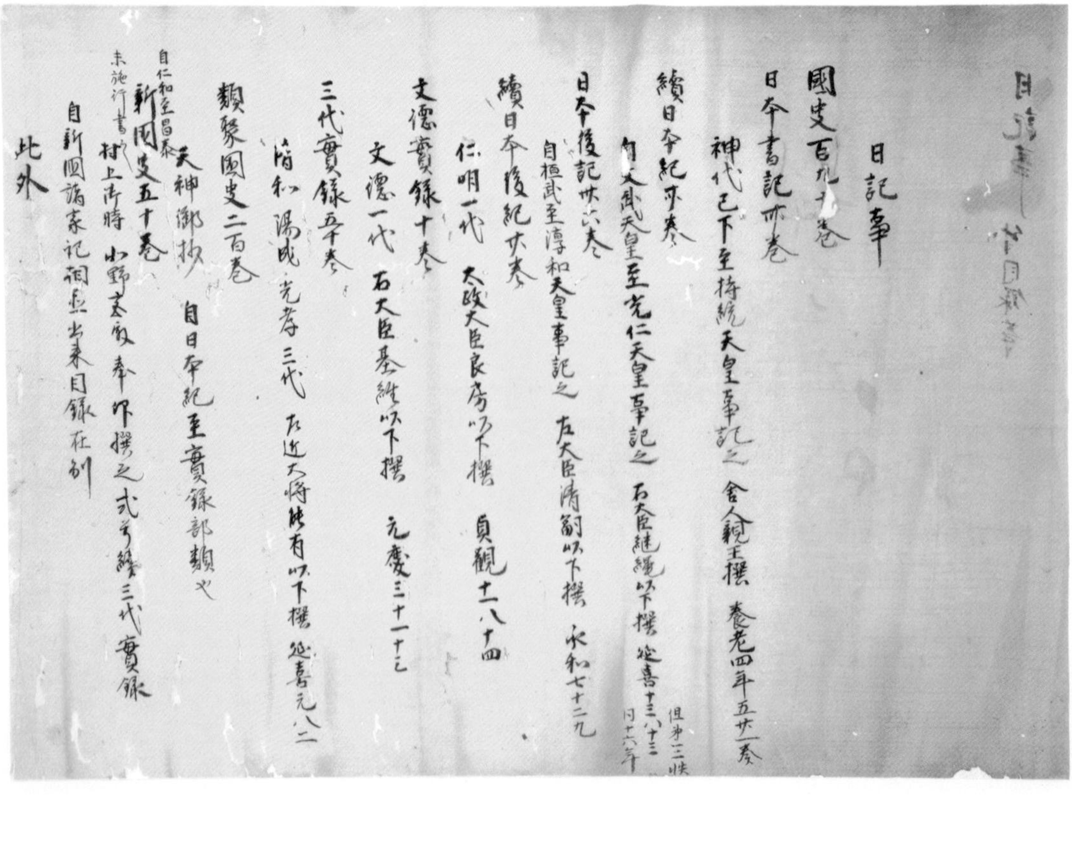
日記事
國史百九十巻
日本書紀卅巻
神代已下至持統天皇事記之　舍人親王撰　養老四年五廿一奏
續日本紀卅巻
自文武天皇至光仁天皇事記之　右大臣継縄以下撰　延暦十三八十三
日本後紀卅巻
自桓武至淳和天皇事記之　左大臣緒嗣以下撰　承和七十二九
續日本後紀廿巻
仁明一代　太政大臣良房以下撰　貞観十一八十四
文德實録十巻
文德一代　右大臣基経以下撰　元慶三十一十三
三代實録五十巻
清和陽成光孝三代　左近大将時平以下撰　延喜元八二
類聚國史二百巻
天神御撰　自日本紀至實録部類也
自仁和至昌泰 未施行書 新國史五十巻
村上御時　小野右衛奉仰撰之　式部 三代實録
自新國史末記
此外

7 臨時宣下 （年月日未詳）〔28.6 × 41.9〕

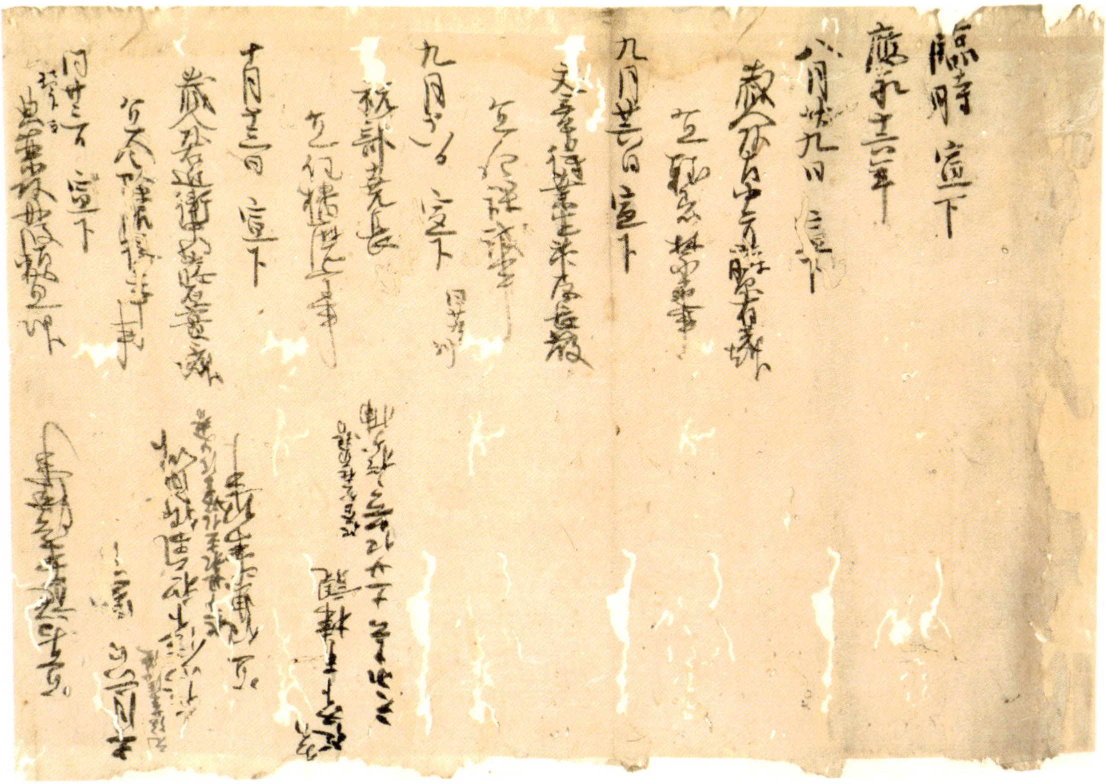

8 康富記（断簡）（嘉吉３年７月）〔27.3 × 44.2〕

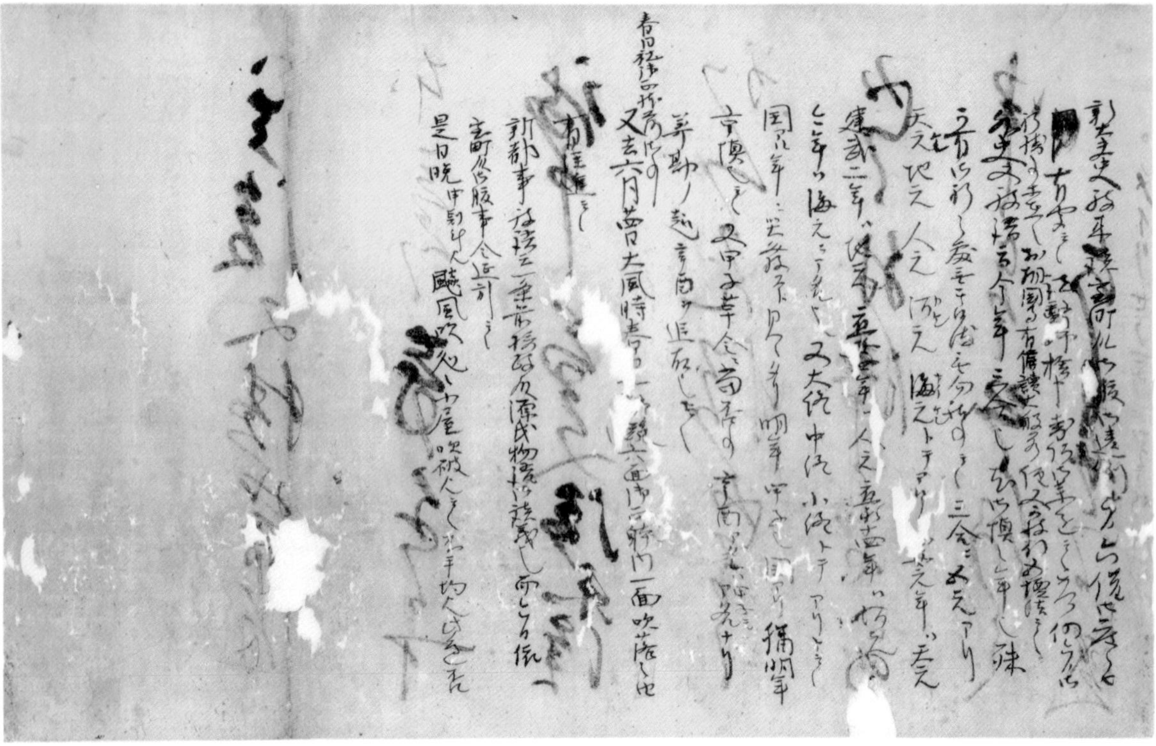

8 紙背

9-1 某蹴鞠書（断簡）（年月日未詳）〔30.2 × 41.7〕

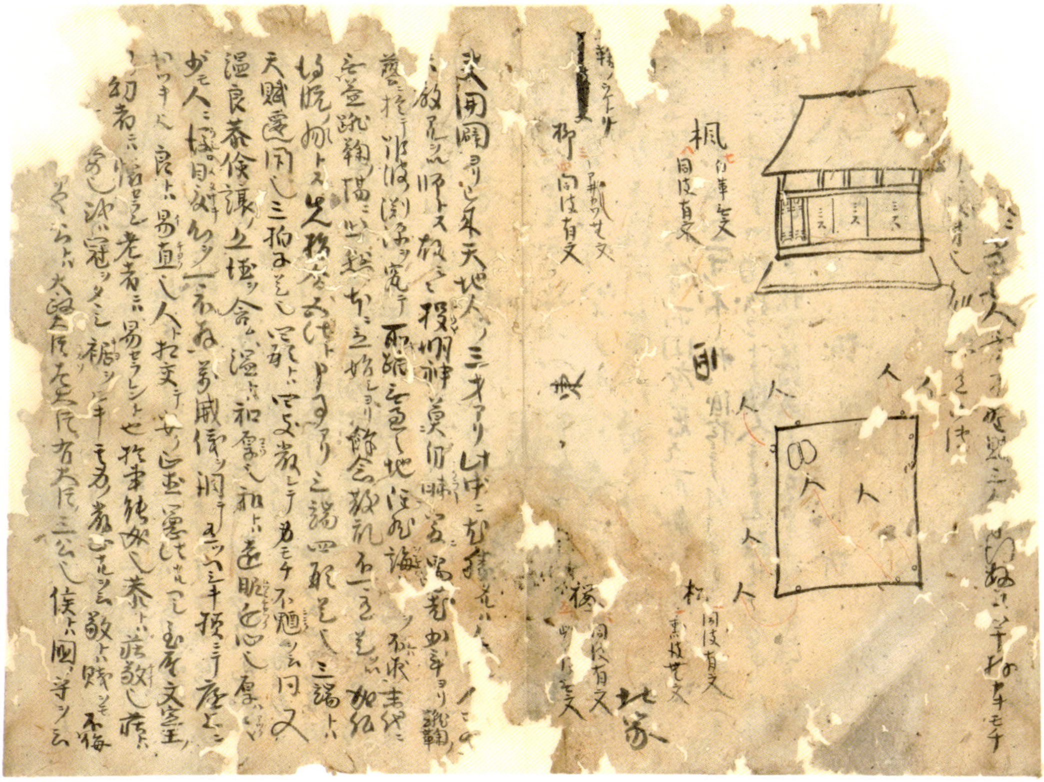

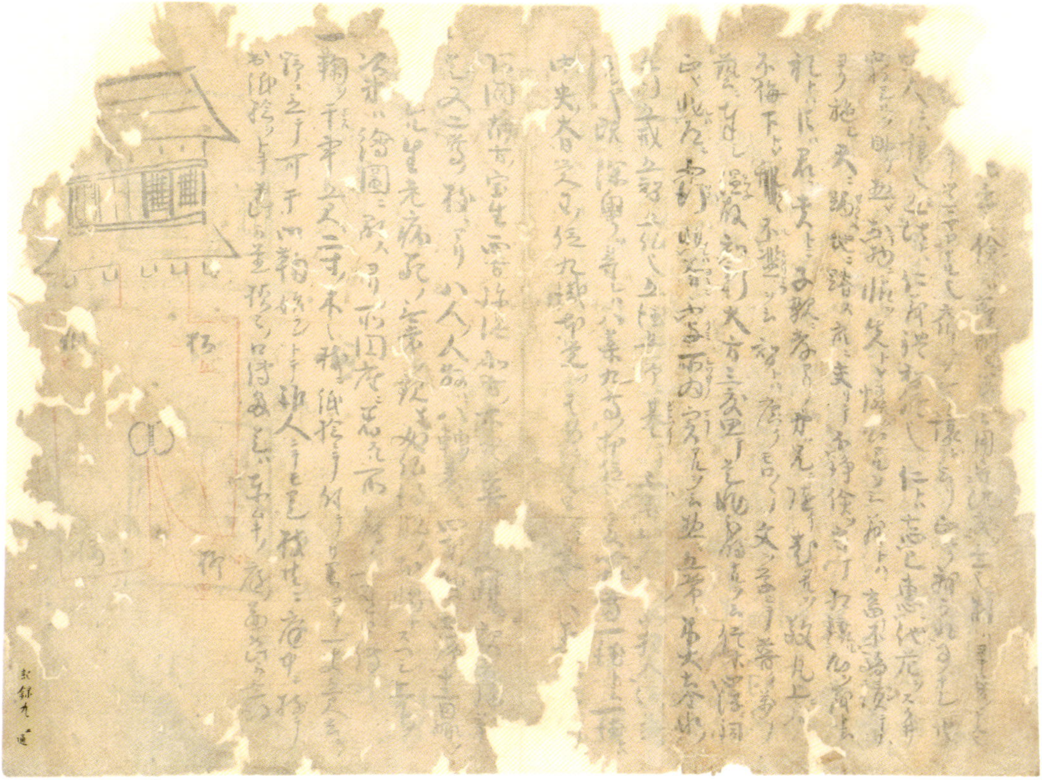

9-1 紙背

9-2 某蹴鞠書（断簡）（年月日未詳）〔30.1 × 41.2〕

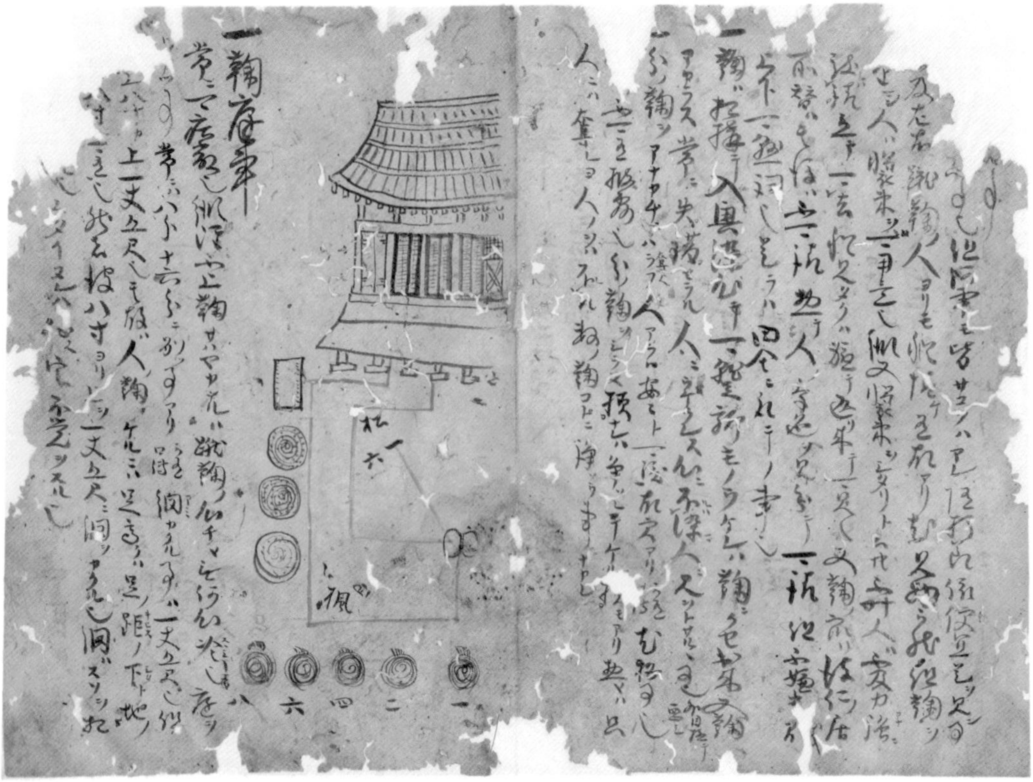

9-2 紙背

宸翰文書類

1 花園上皇宸翰消息（前闕）① （正慶元年）11月21日 〔28.6 × 59.1 ／第1紙 28.6 × 11.1〕

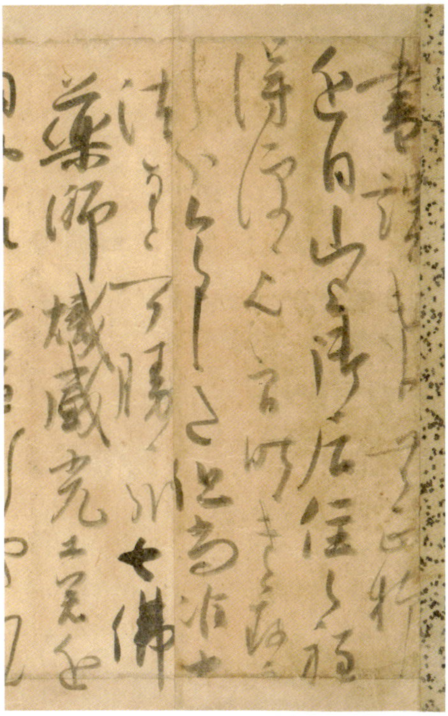

(2) (1)

1 花園上皇宸翰消息（前闕）② 〔第2紙 28.6 × 48.0〕

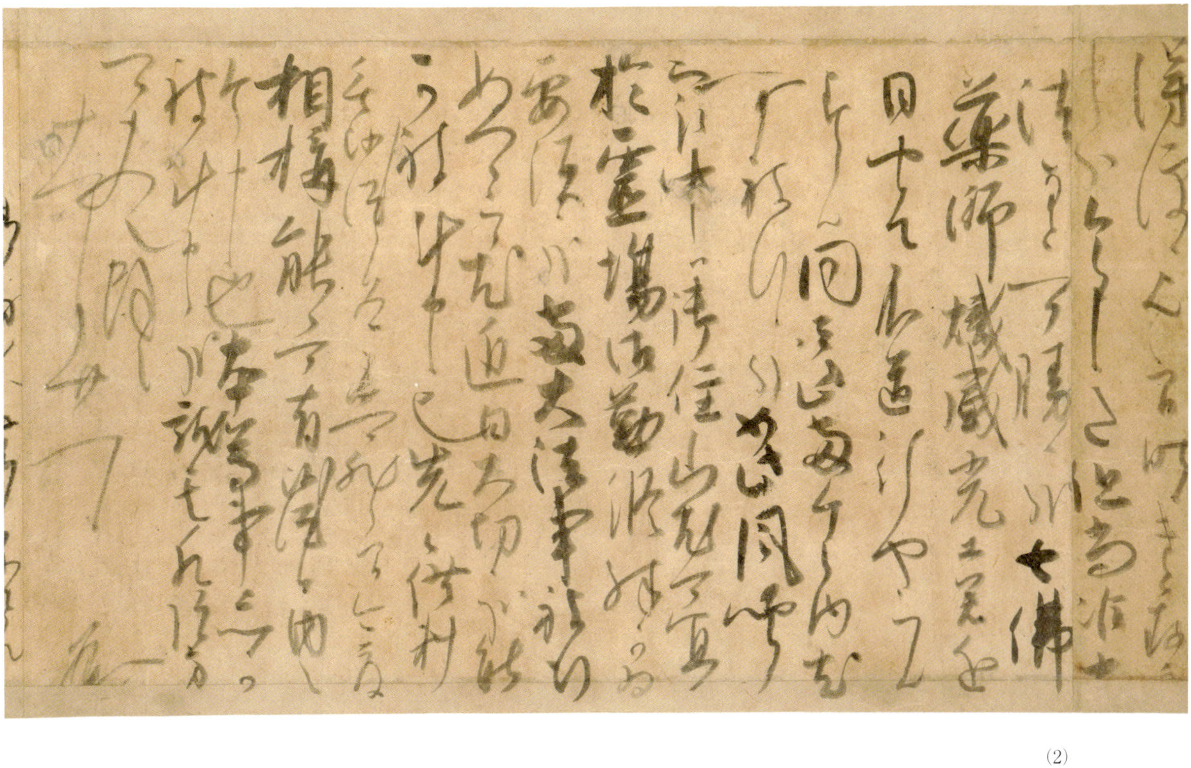

(2)

2 花園上皇宸翰消息 ①（正慶 2 年）6 月 3 日〔28.6 × 96.6／第 1 紙 28.6 × 47.9〕

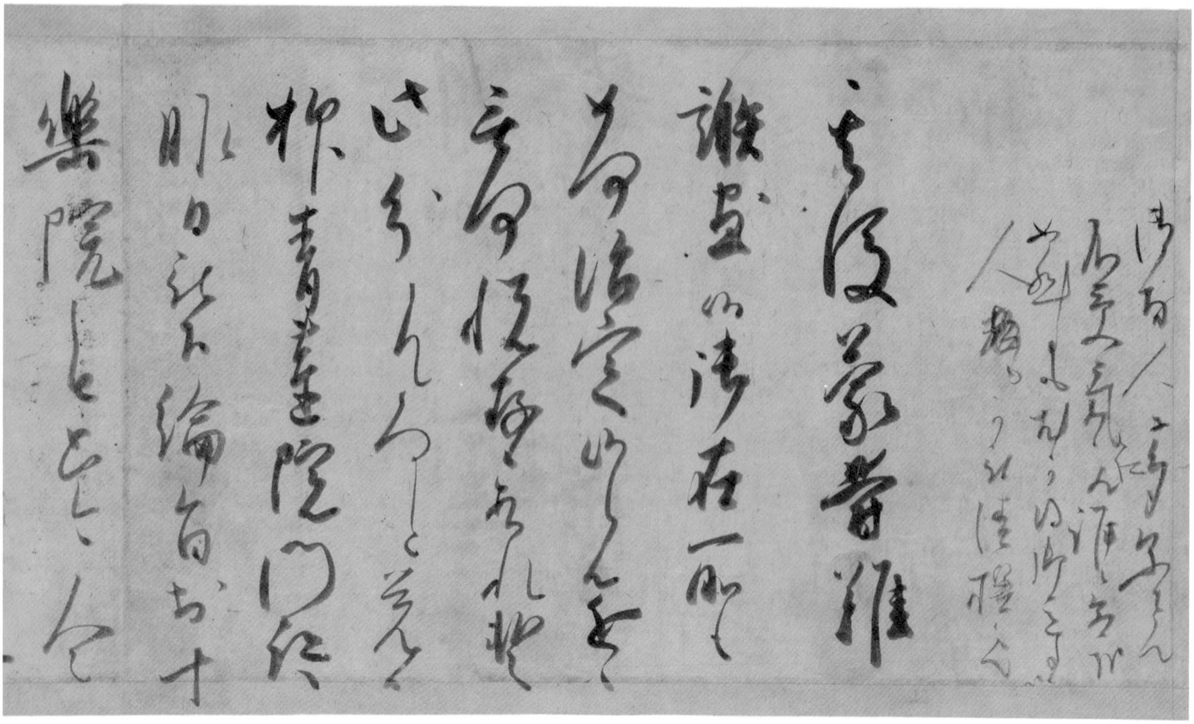

(2)　(1)

2 花園上皇宸翰消息 ②〔第 2 紙 28.6 × 48.7〕

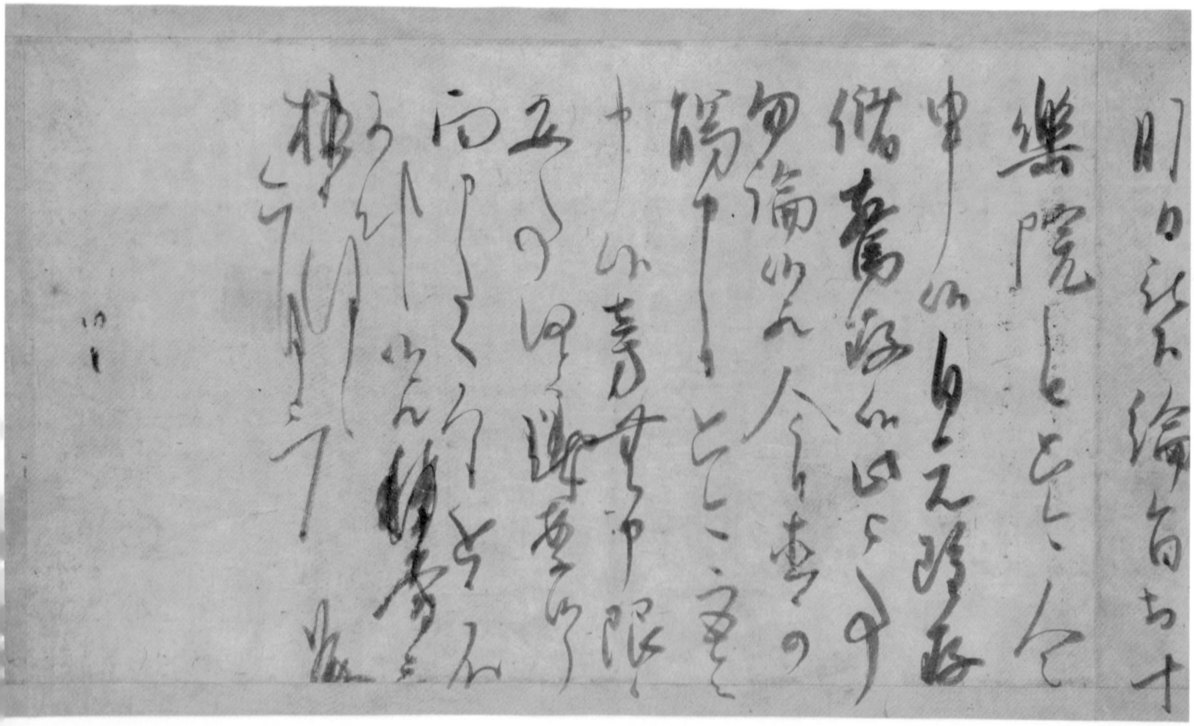

(2)

3 花園上皇宸翰消息 ①（正慶元年）正月 8 日〔28.7 × 96.7 ／第 1 紙 28.7 × 50.0〕

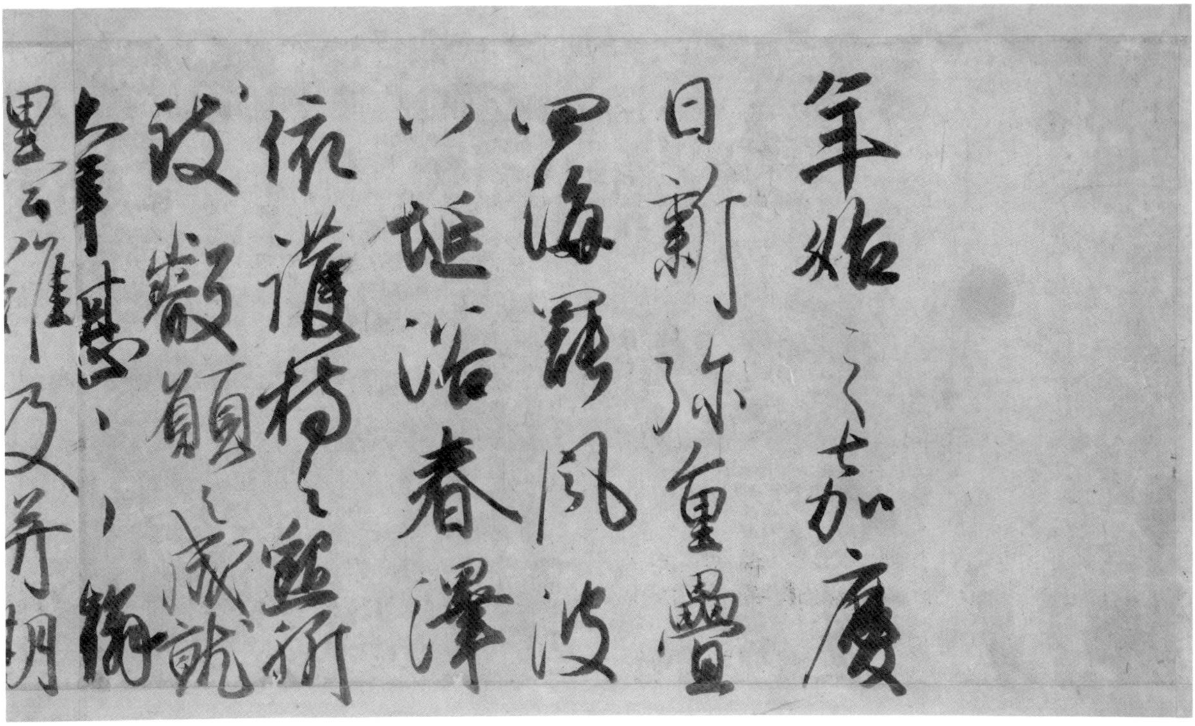

(2)　(1)

3 花園上皇宸翰消息 ②〔第 2 紙 28.7 × 49.7〕

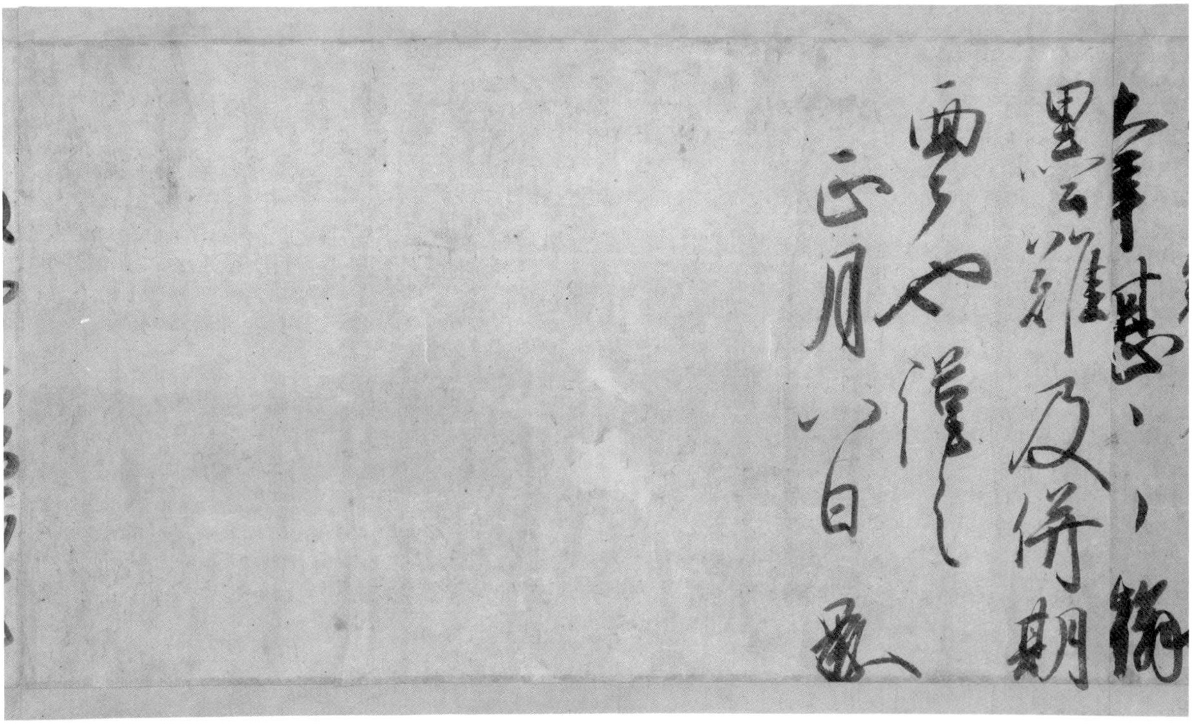

(2)

4 花園上皇宸翰消息 ①（正慶元年）8月8日〔28.6 × 98.8／第1紙 28.6 × 49.0〕

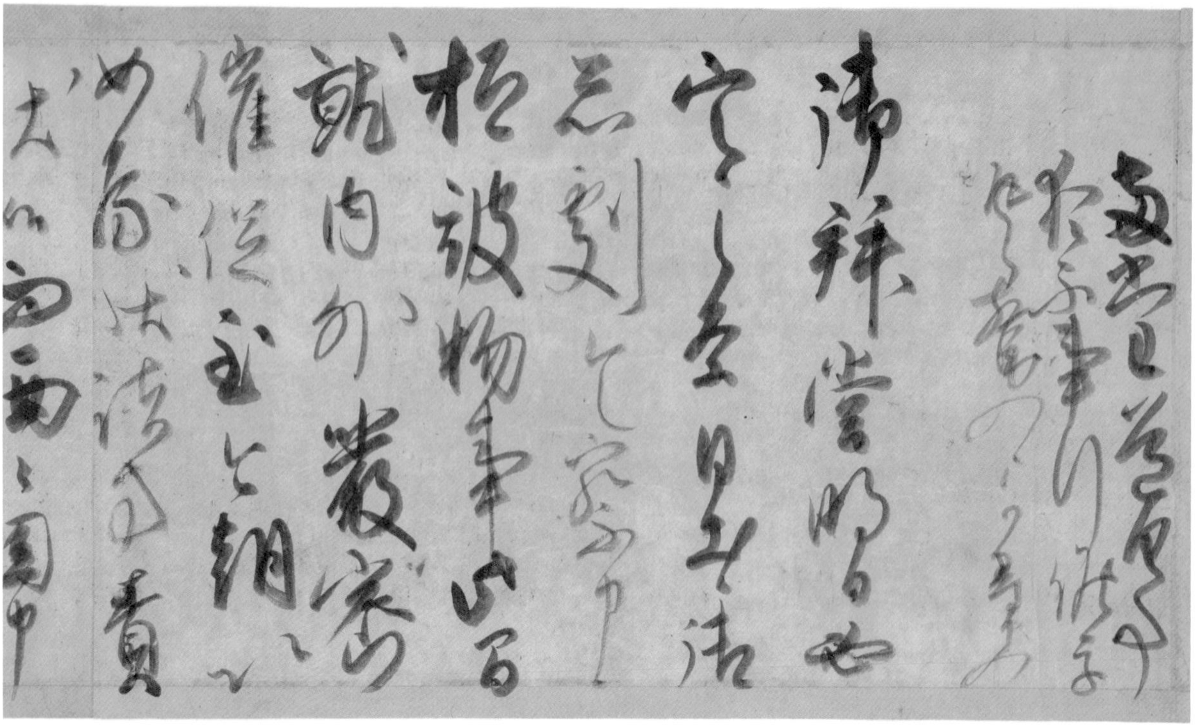

(2)　　　　(1)

4 花園上皇宸翰消息 ②〔第2紙 28.6 × 49.8〕

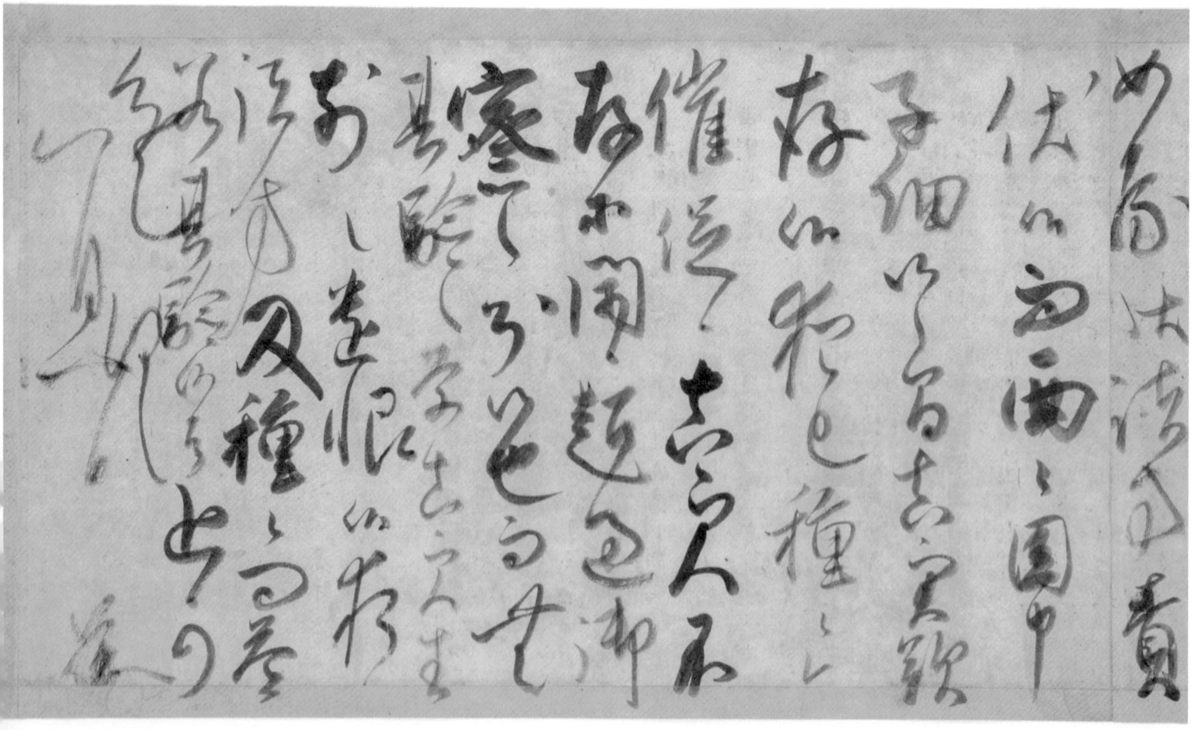

(2)

5 花園上皇宸翰消息 ①　（正慶 2 年）正月 13 日　〔28.7 × 98.3／第 1 紙 28.7 × 48.8〕

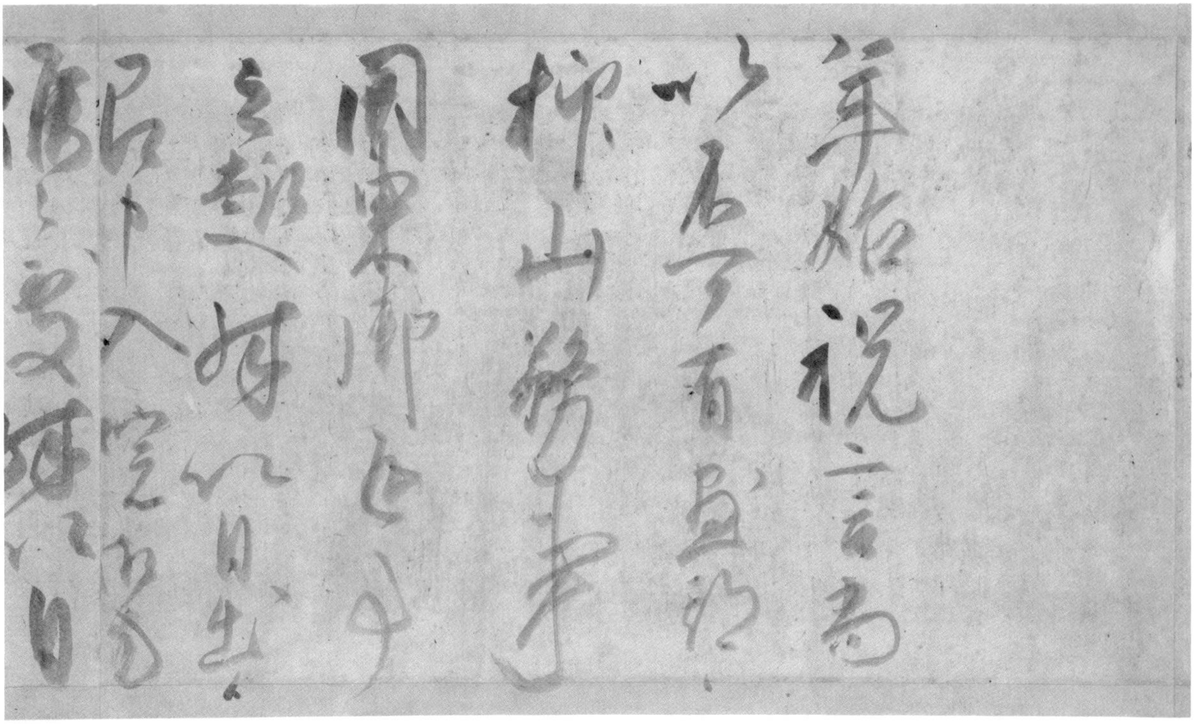

（2）　　　　（1）

5 花園上皇宸翰消息 ②　〔第 2 紙 28.7 × 49.5〕

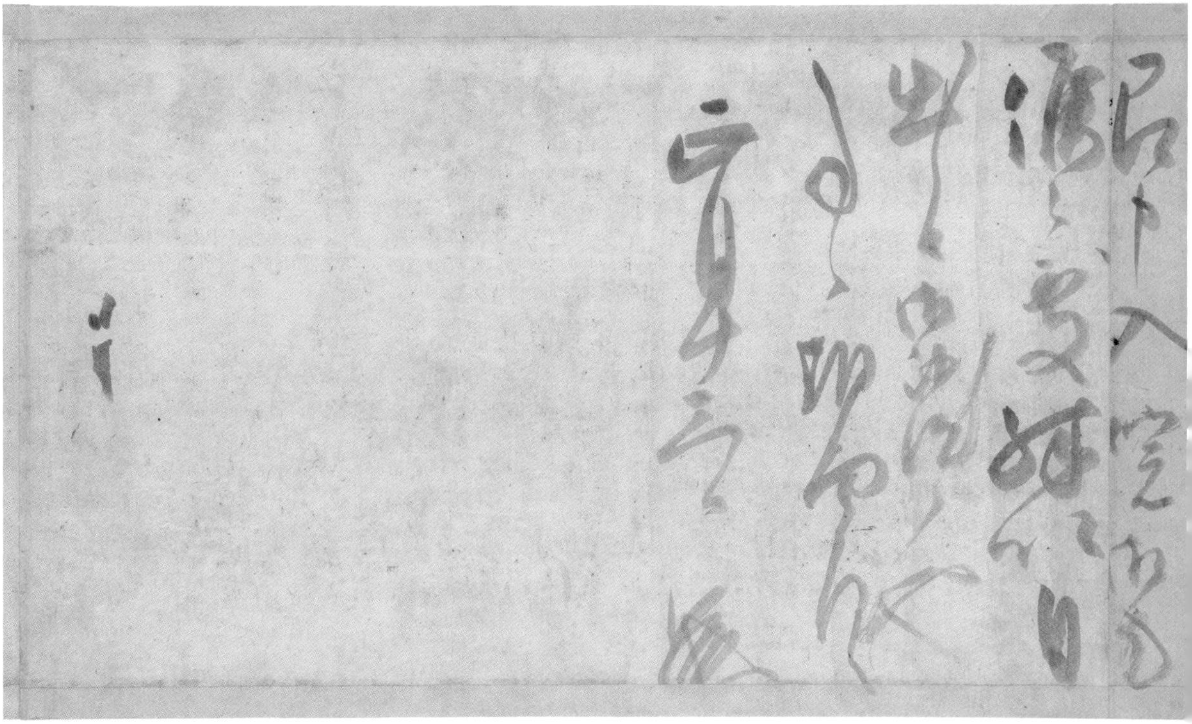

（2）

6 花園上皇宸翰消息 ① （正慶元年）4月13日 〔28.6 × 99.0／第1紙 28.6 × 49.0〕

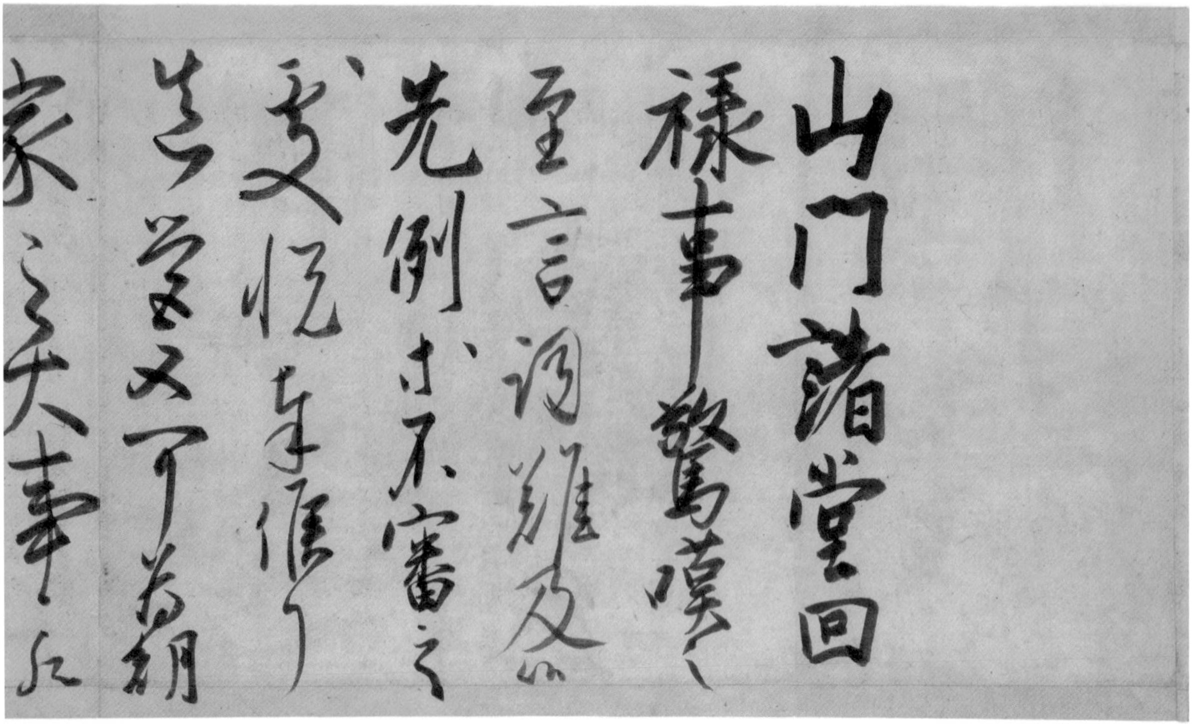

（2） （1）

6 花園上皇宸翰消息 ② 〔第2紙 28.7 × 50.0〕

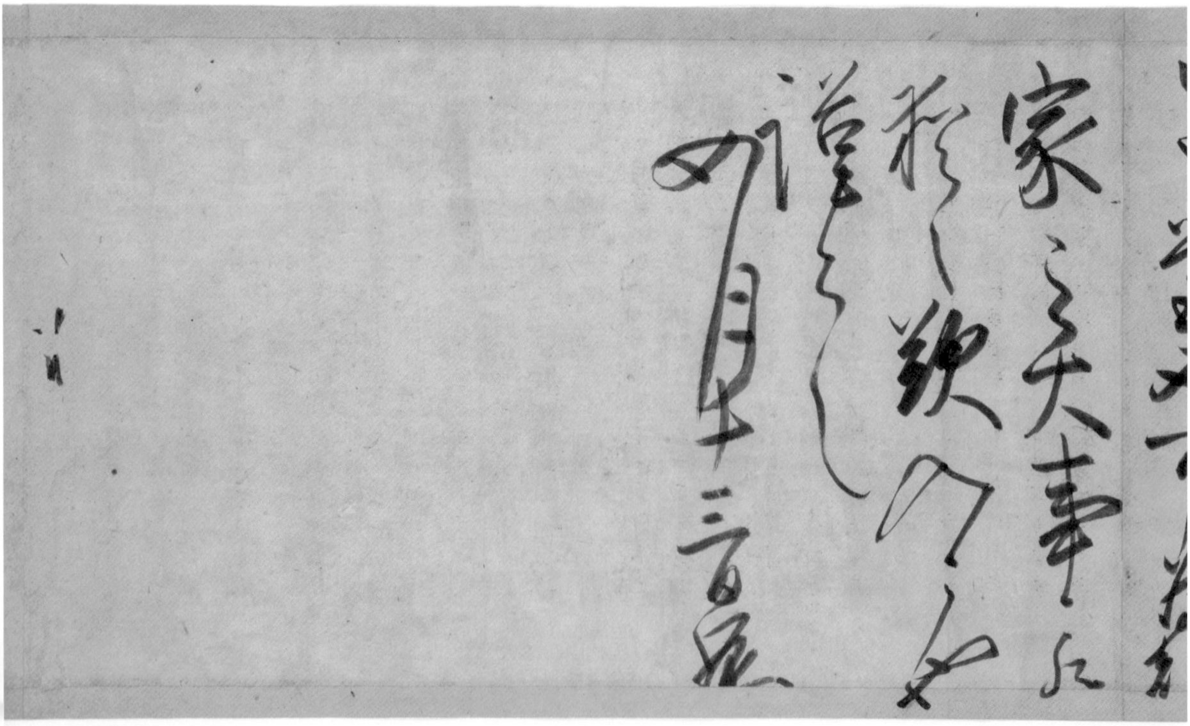

（2）

7 花園上皇宸翰消息 ① （正慶元年）11月15日 〔28.7 × 97.2／第1紙 28.7 × 48.5〕

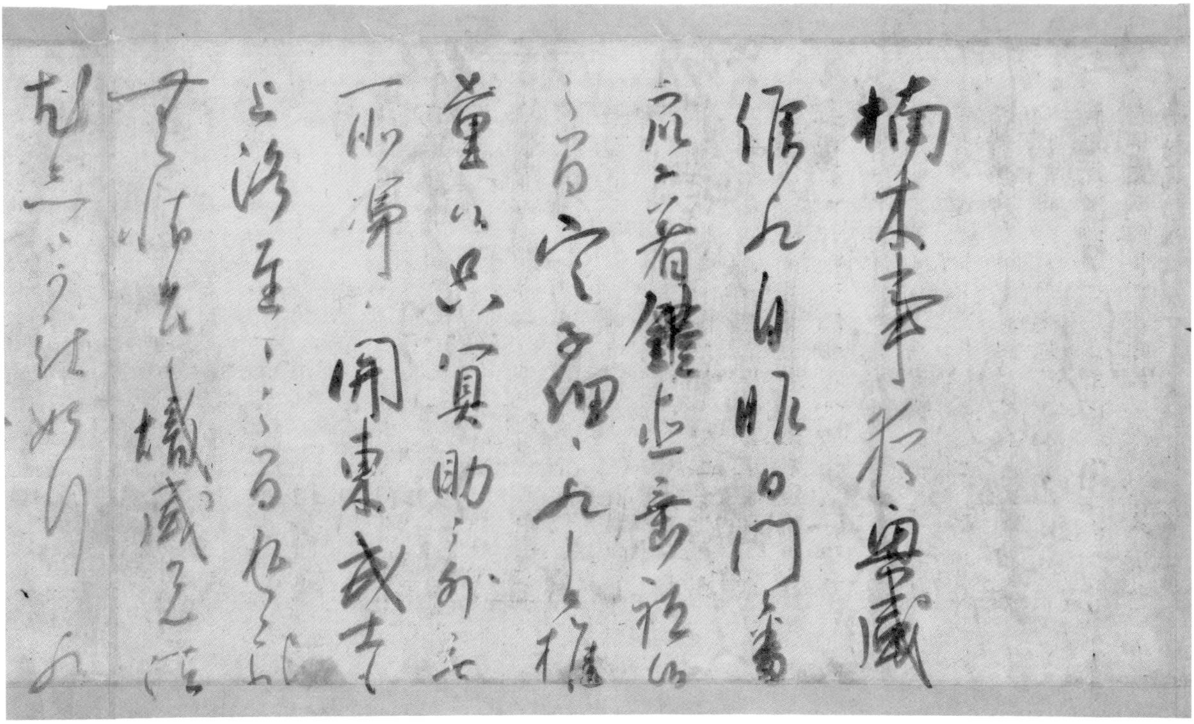

(2) (1)

7 花園上皇宸翰消息 ② 〔第2紙 28.6 × 48.7〕

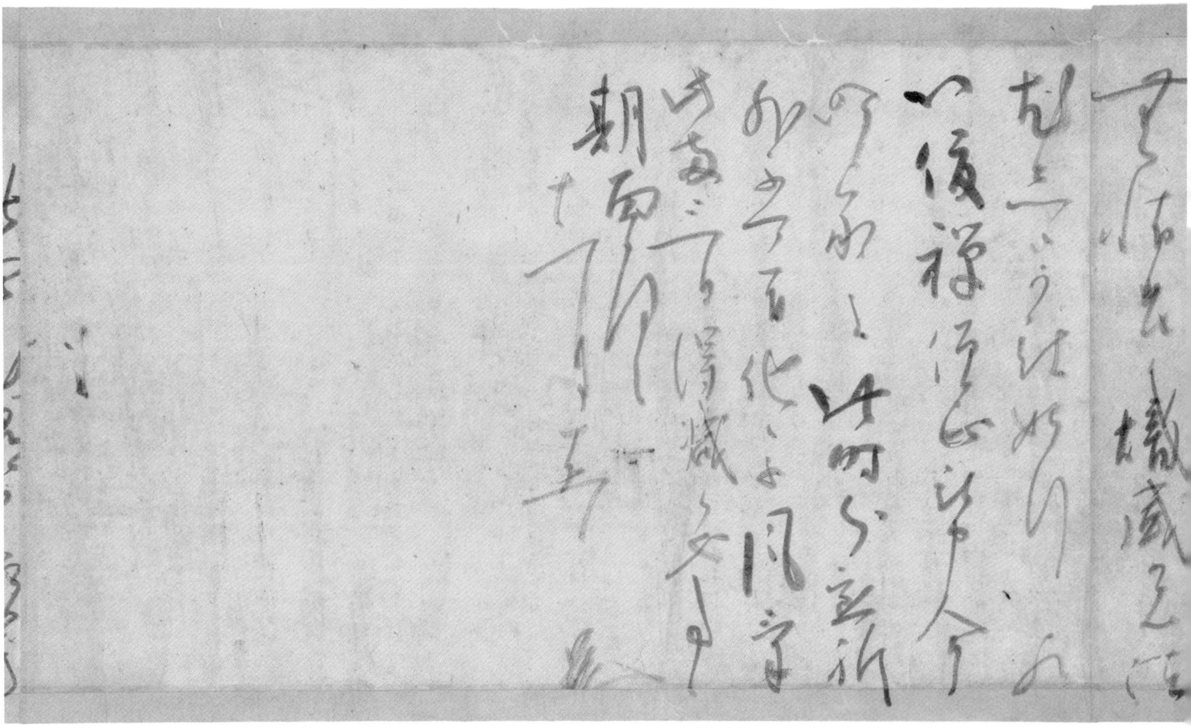

(2)

8 花園上皇宸翰消息 ① （元弘元年）11月21日 〔28.7 × 98.8／第1紙 28.7 × 49.3〕

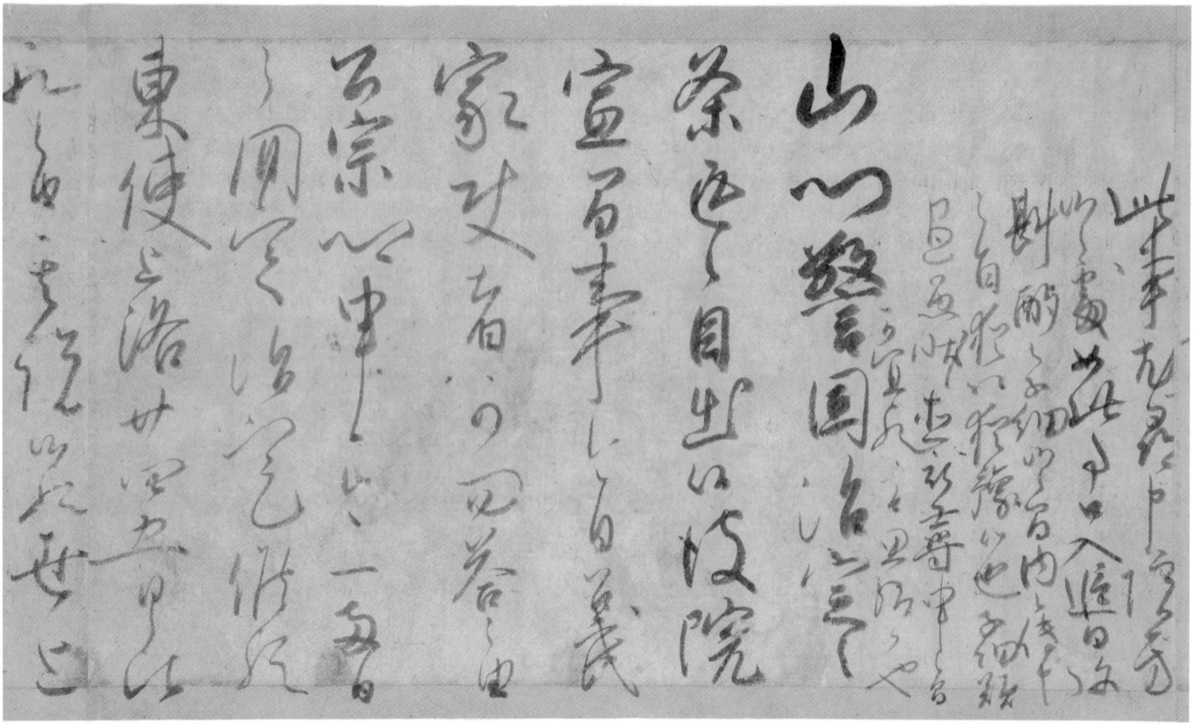

(2) (1)

8 花園上皇宸翰消息 ② 〔第2紙 28.7 × 49.5〕

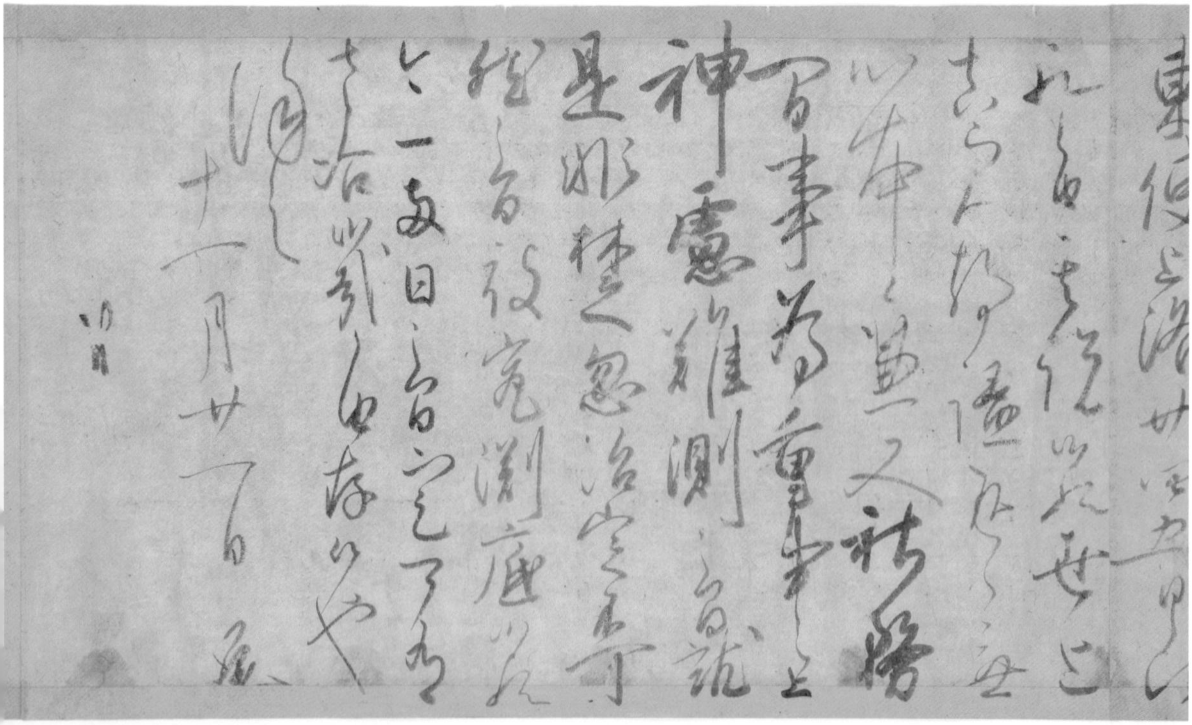

(2)

9 花園上皇宸翰消息 ① （建武２年）３月24日 〔28.6 × 99.6 ／第１紙 28.6 × 49.8〕

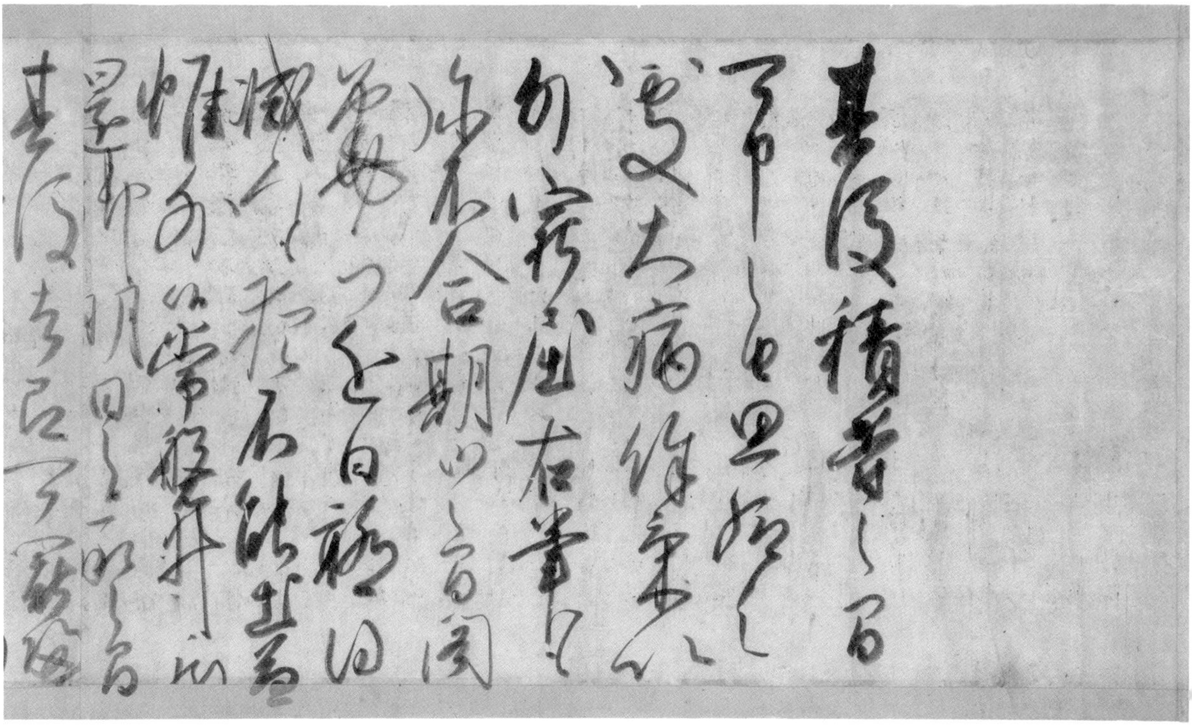

（2） （1）

9 花園上皇宸翰消息 ② 〔第２紙 28.6 × 49.8〕

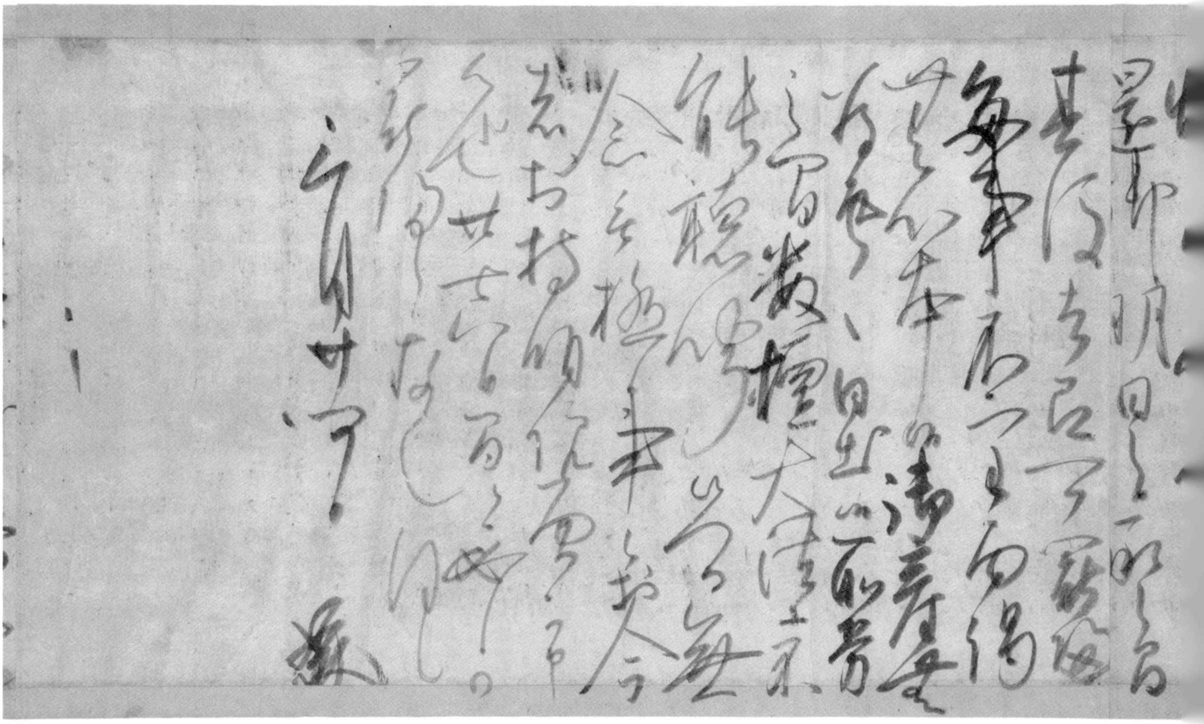

（2）

10 花園上皇宸翰消息 ① （建武3年）4月21日 〔28.7 × 99.2／第1紙 28.7 × 49.6〕

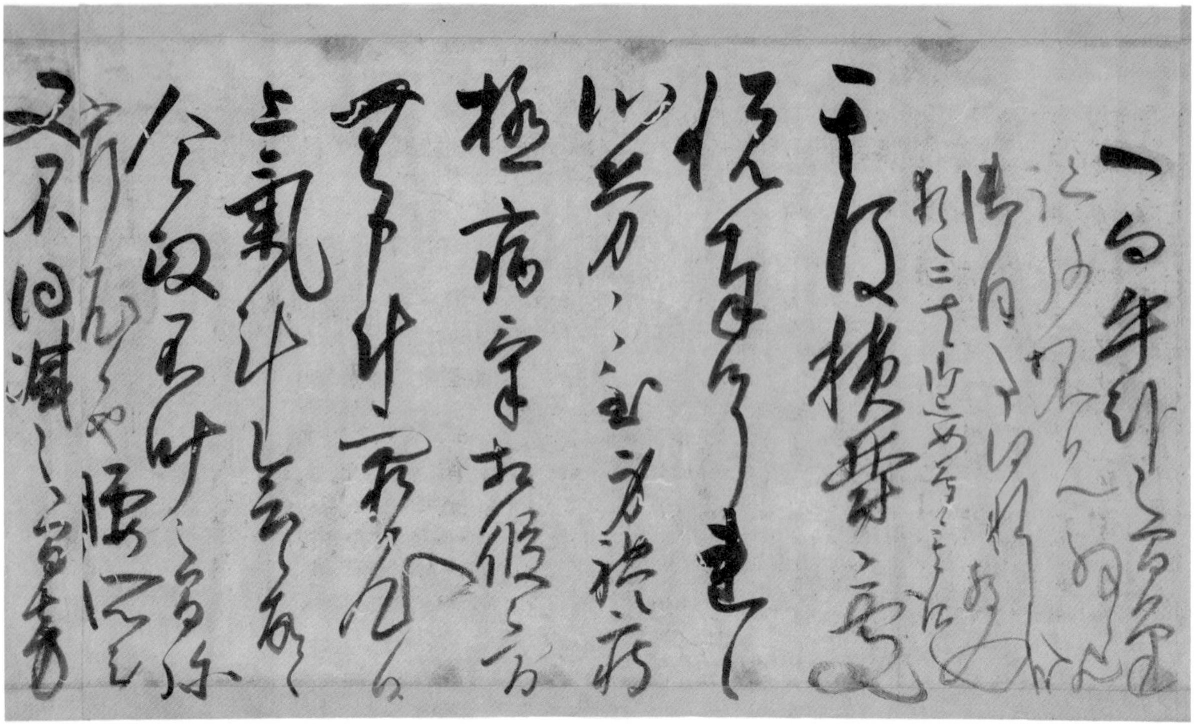

(2) (1)

10 花園上皇宸翰消息 ② 〔第2紙 28.6 × 49.6〕

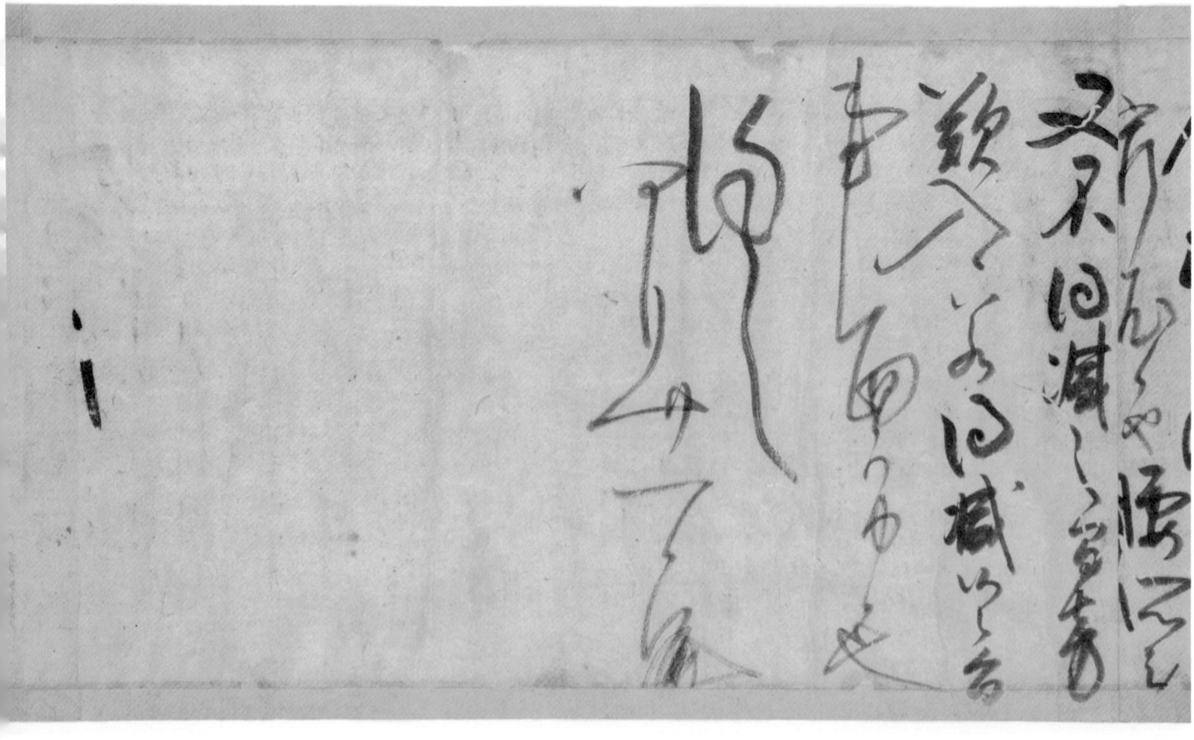

(2)

11 花園上皇宸翰消息 ① （正慶２年）閏２月14日 〔28.7 × 98.0 ／第１紙28.7 × 49.0〕

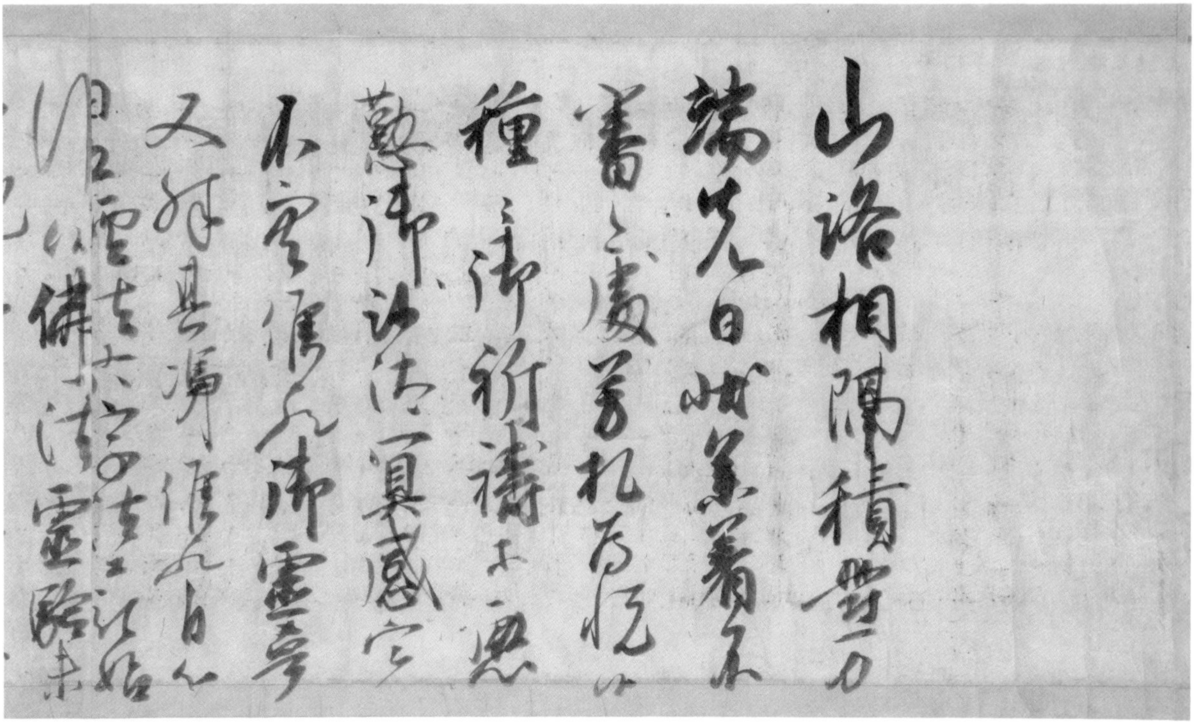

（2） （1）

11 花園上皇宸翰消息 ② 〔第２紙28.6 × 49.0〕

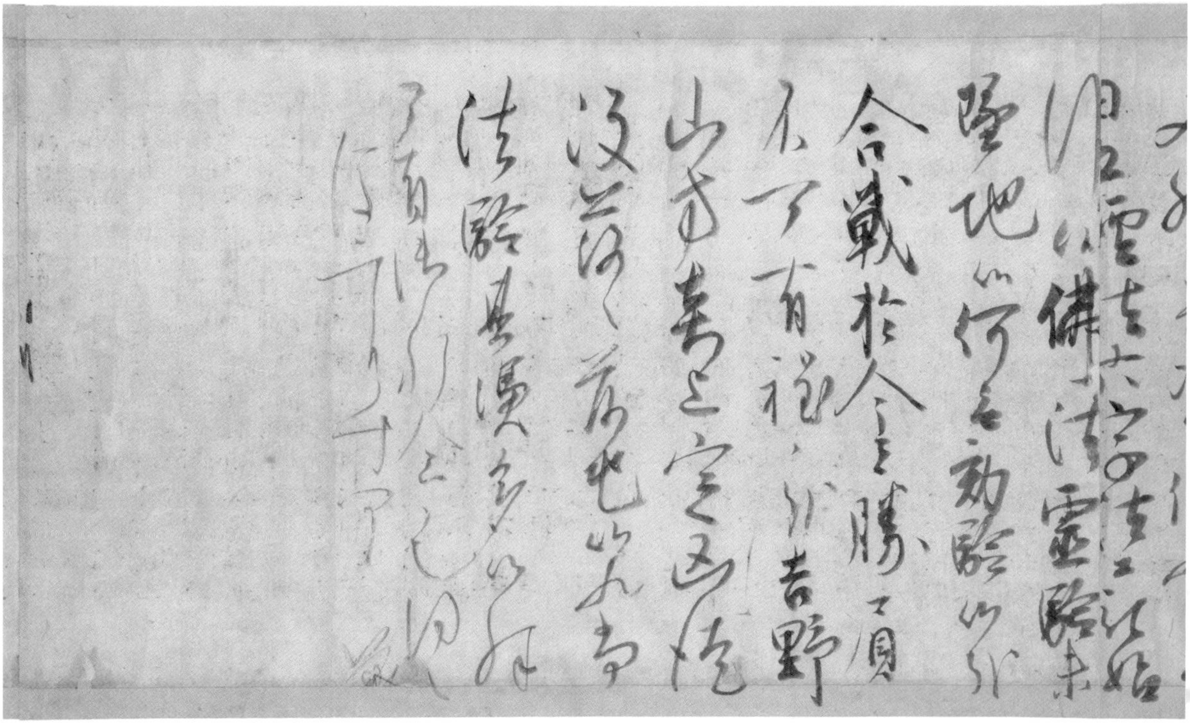

（2）

12 花園上皇宸翰消息 ①（正慶２年）３月９日〔28.6 × 95.8／第１紙 28.6 × 49.1〕

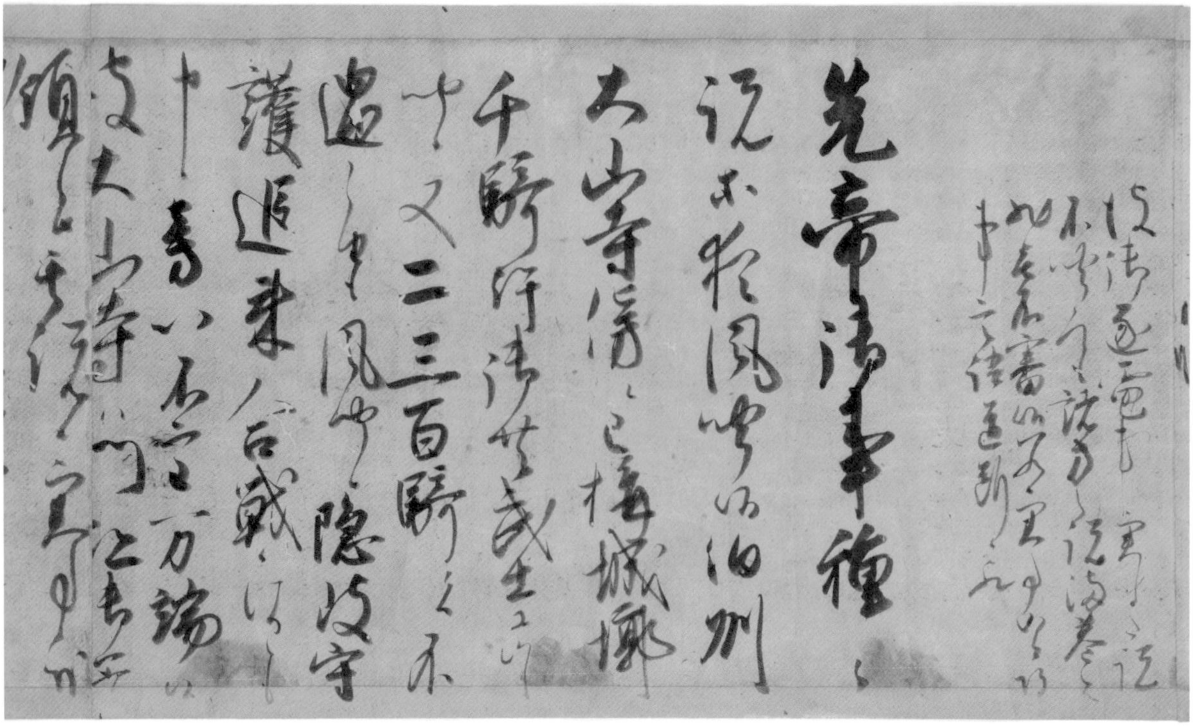

(2)　(1)

12 花園上皇宸翰消息 ②〔第２紙 28.6 × 46.7〕

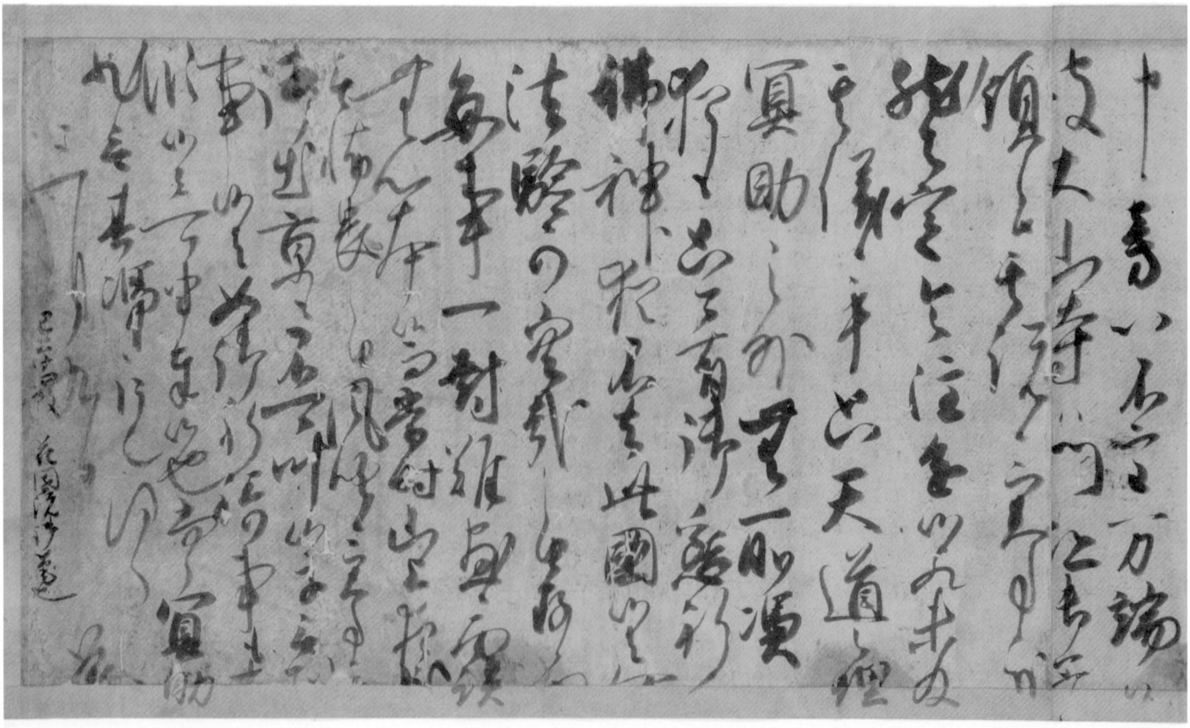

(2)

附-1 近衛前久奥書 （年月日未詳）〔28.7 × 49.1〕

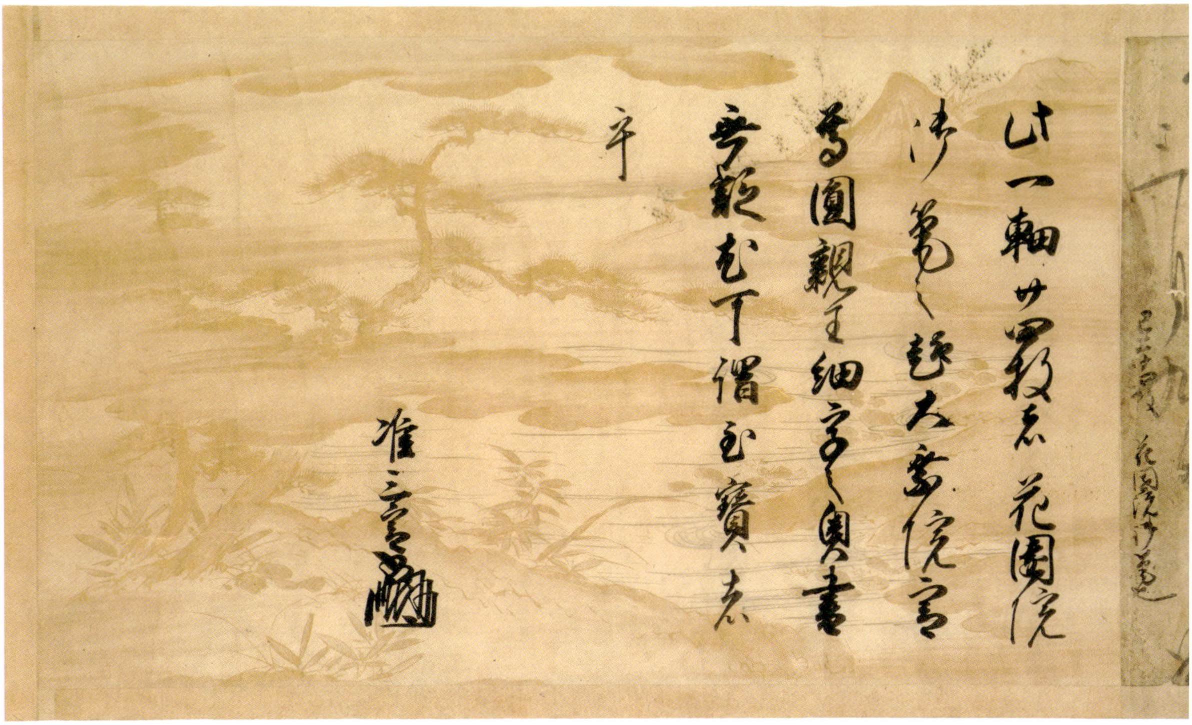

13 後醍醐天皇宸翰消息 ① （年月日未詳）〔28.5 × 96.3／第1紙 28.5 × 45.8〕

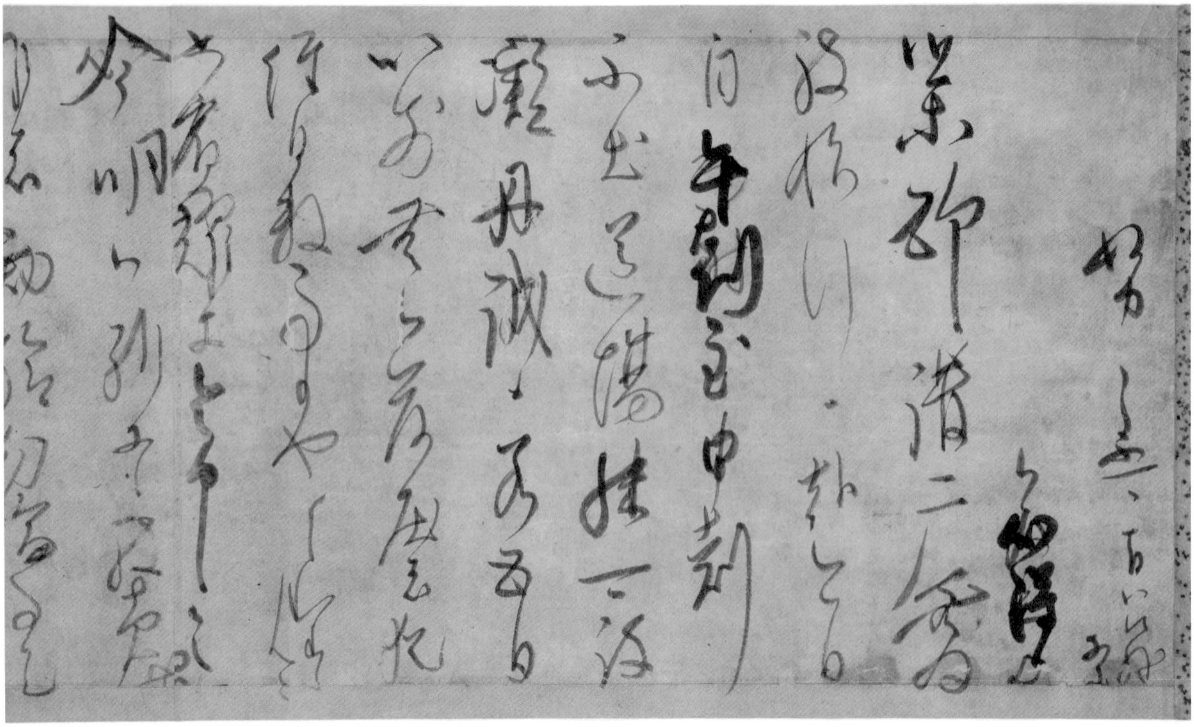

（2）　（1）

13 後醍醐天皇宸翰消息 ② 〔第2紙 28.5 × 50.5〕

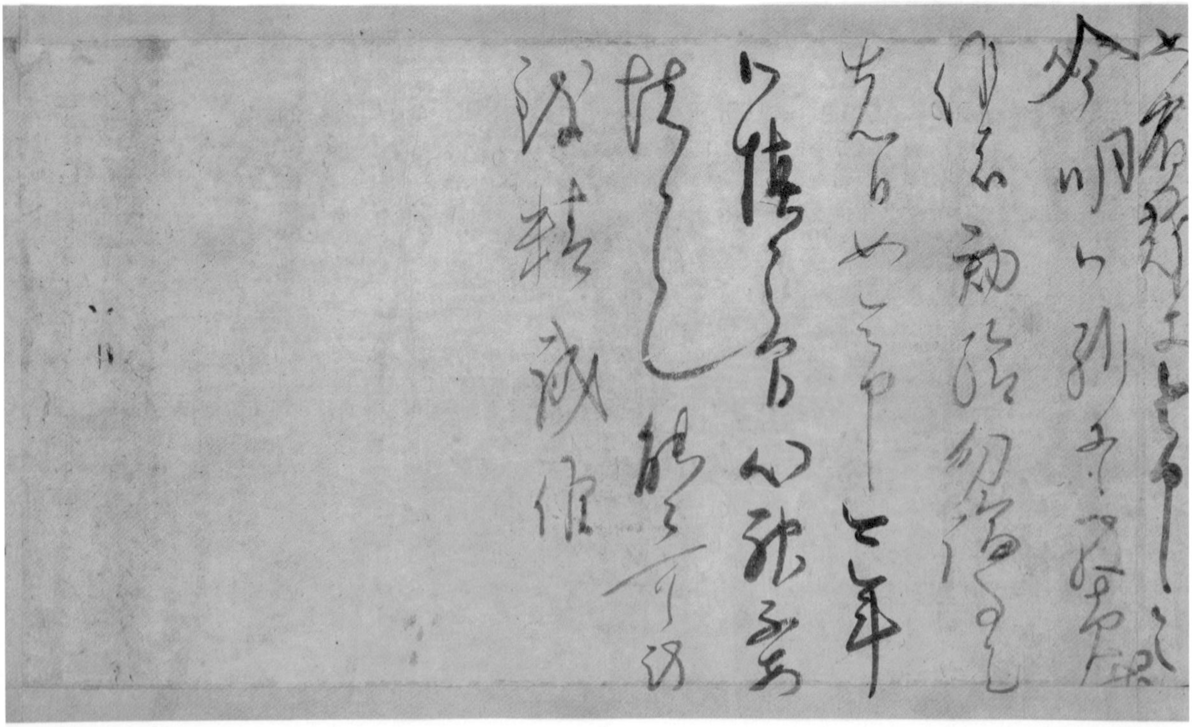

（2）

14 後醍醐天皇宸翰消息 ① （年未詳）5月30日 〔28.6 × 99.2／第1紙 28.6 × 49.7〕

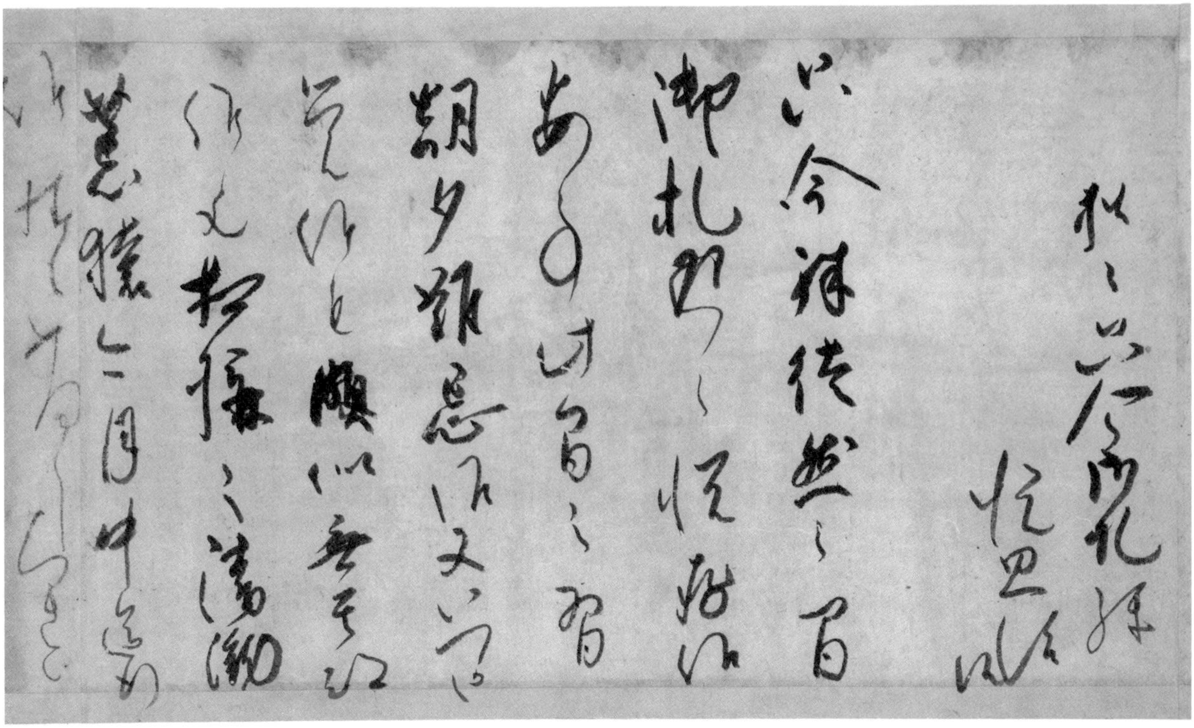

(2)　　　　　(1)

14 後醍醐天皇宸翰消息 ② 〔第2紙 28.6 × 46.5〕

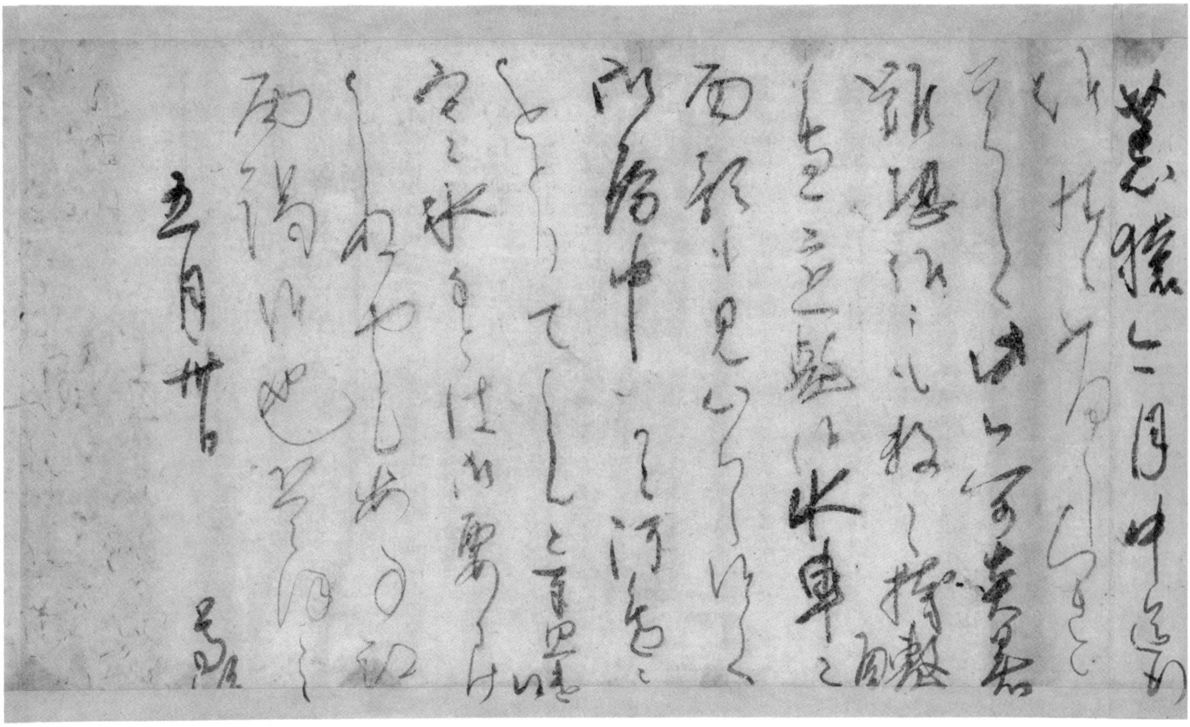

(2)

15 後醍醐天皇宸翰消息（後闕）（年月日未詳）〔28.6 × 50.0〕

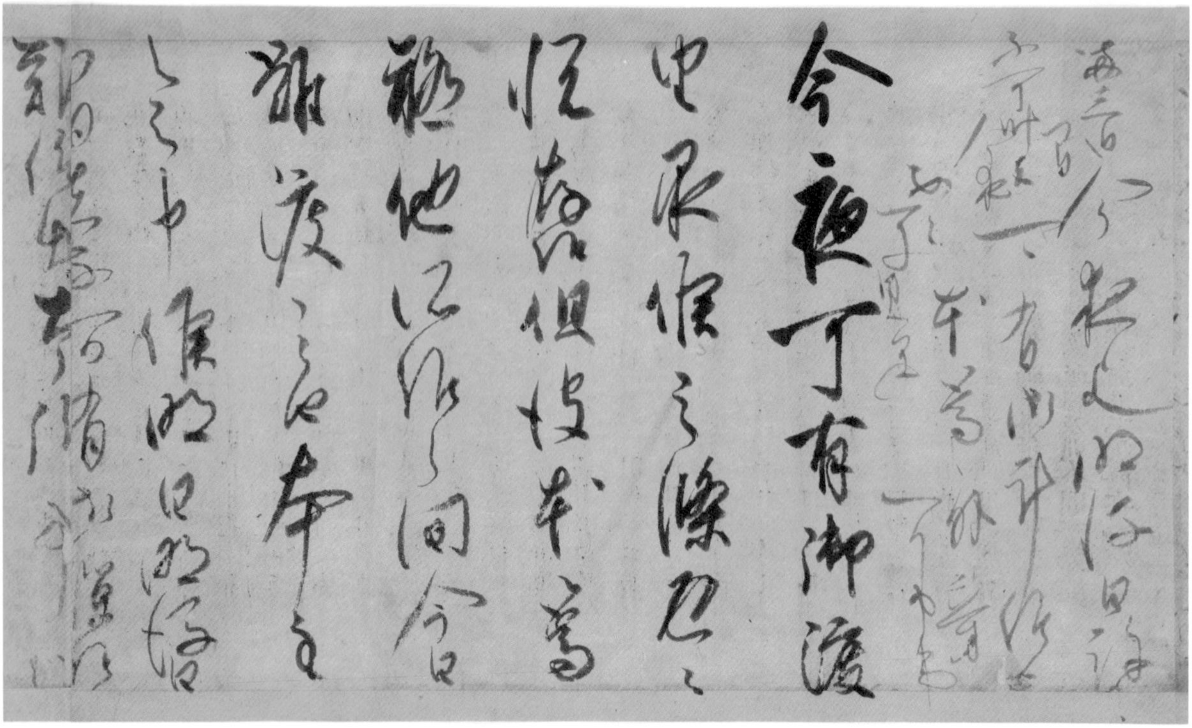

16 後醍醐天皇宸翰消息（前闕）（年月日未詳）〔28.5 × 50.3〕

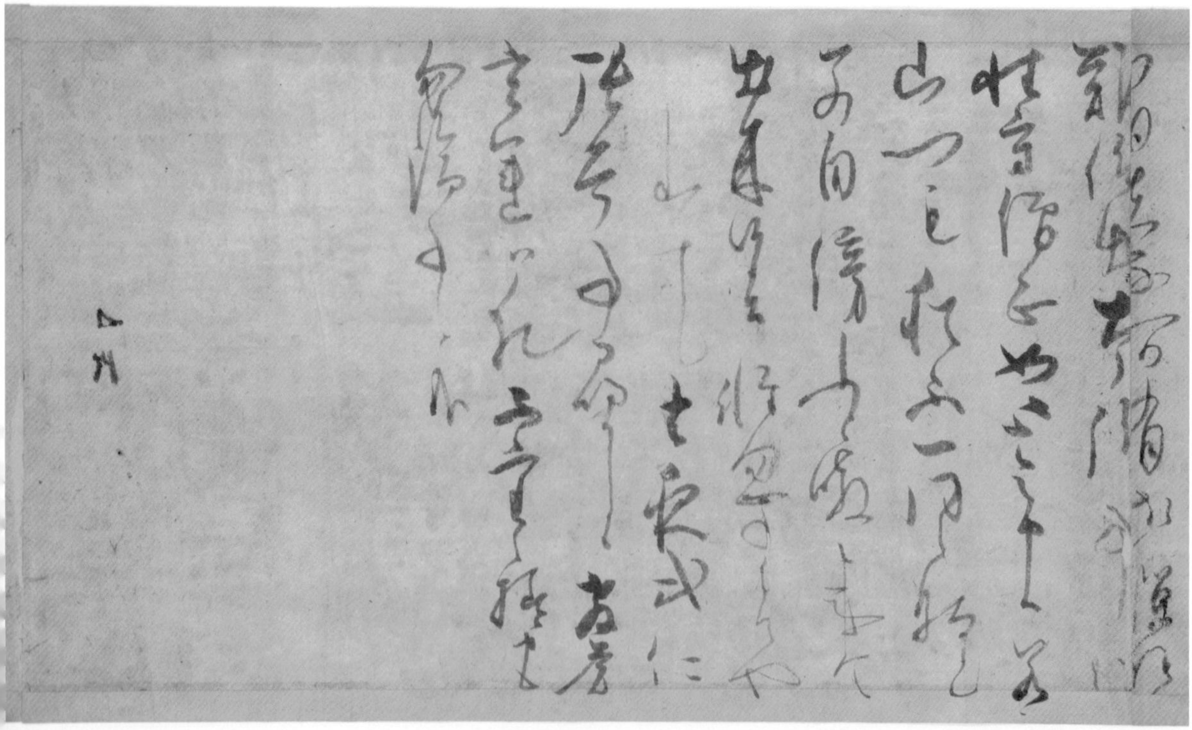

17 後醍醐天皇宸翰消息 ①（年月日未詳）〔28.6 × 101.7／第1紙 28.6 × 51.2〕

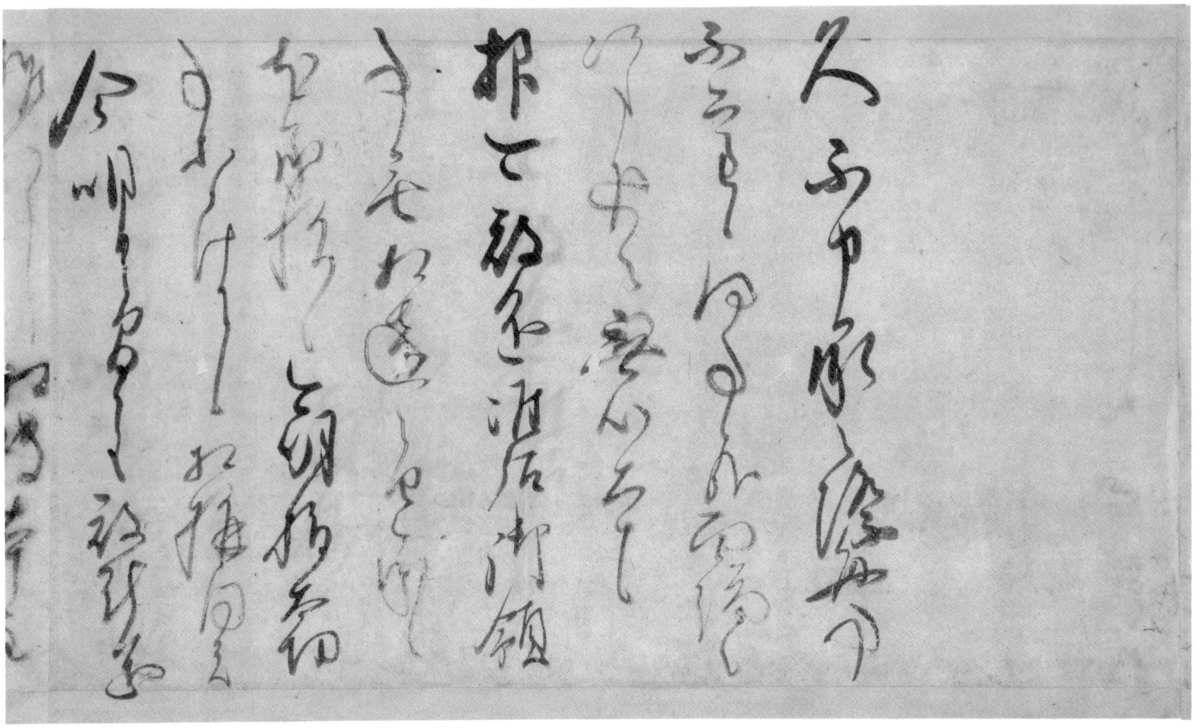

(2) (1)

17 後醍醐天皇宸翰消息 ②〔第2紙 28.6 × 50.5〕

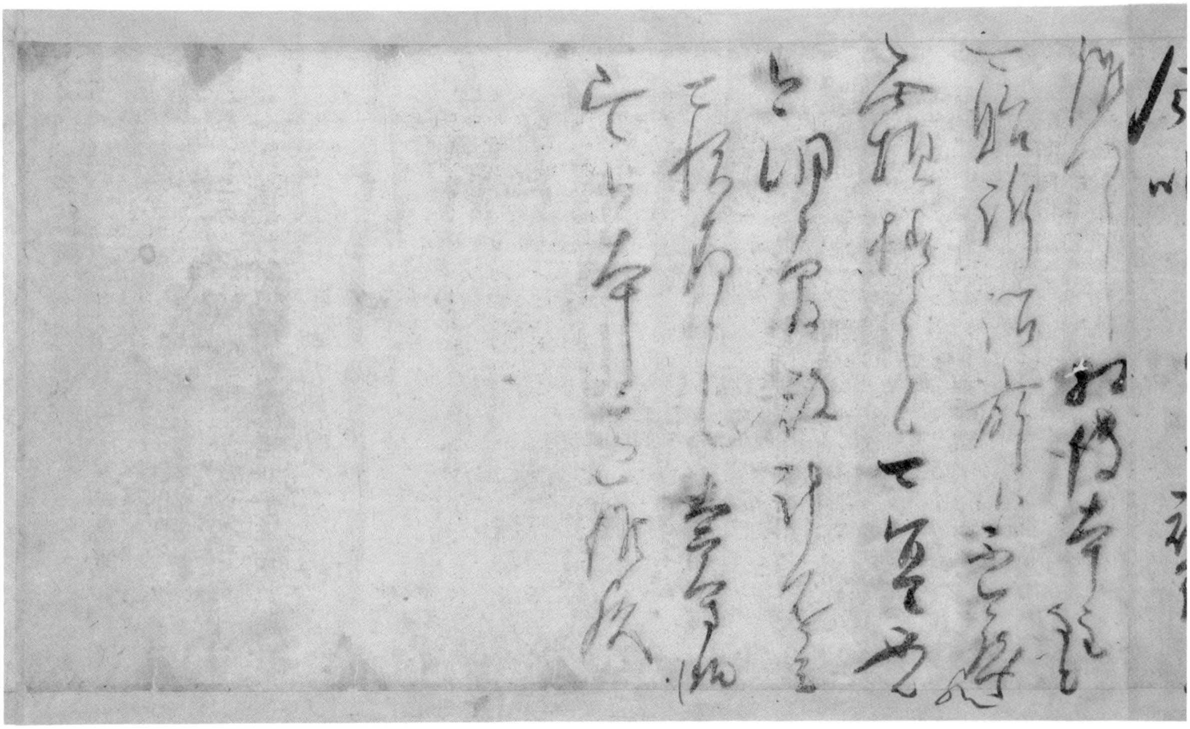

(2)

18 後醍醐天皇宸翰消息 ①（年月日未詳）〔28.6 × 100.6／第 1 紙 28.6 × 50.2〕

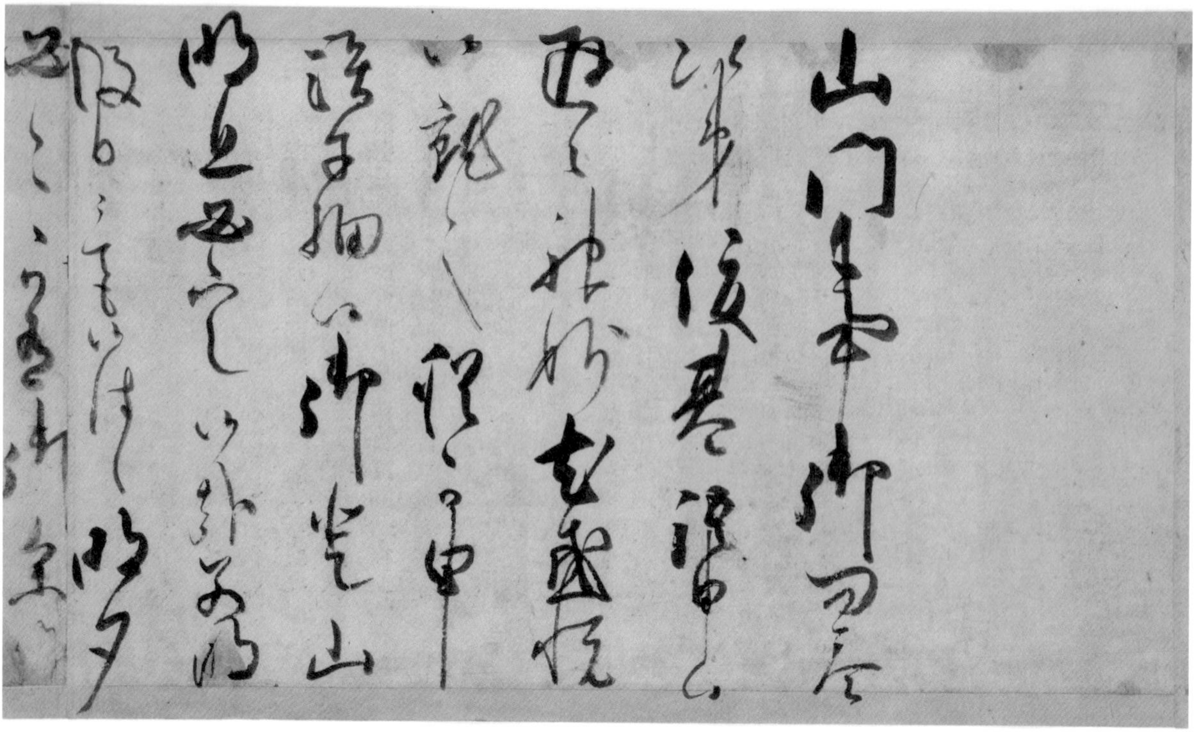

(2) (1)

18 後醍醐天皇宸翰消息 ②〔第 2 紙 28.5 × 50.4〕

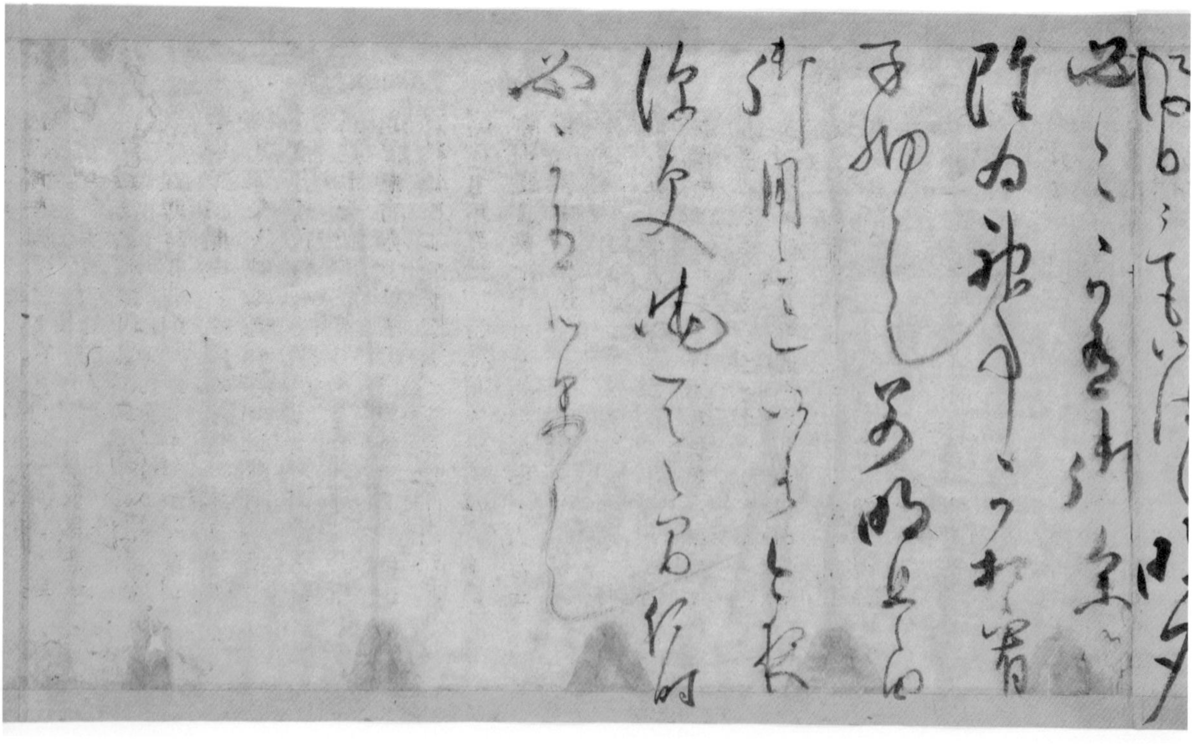

(2)

19 後醍醐天皇宸翰消息 ① （年月未詳）29 日 〔28.6 × 100.1 ／第 1 紙 28.6 × 50.0〕

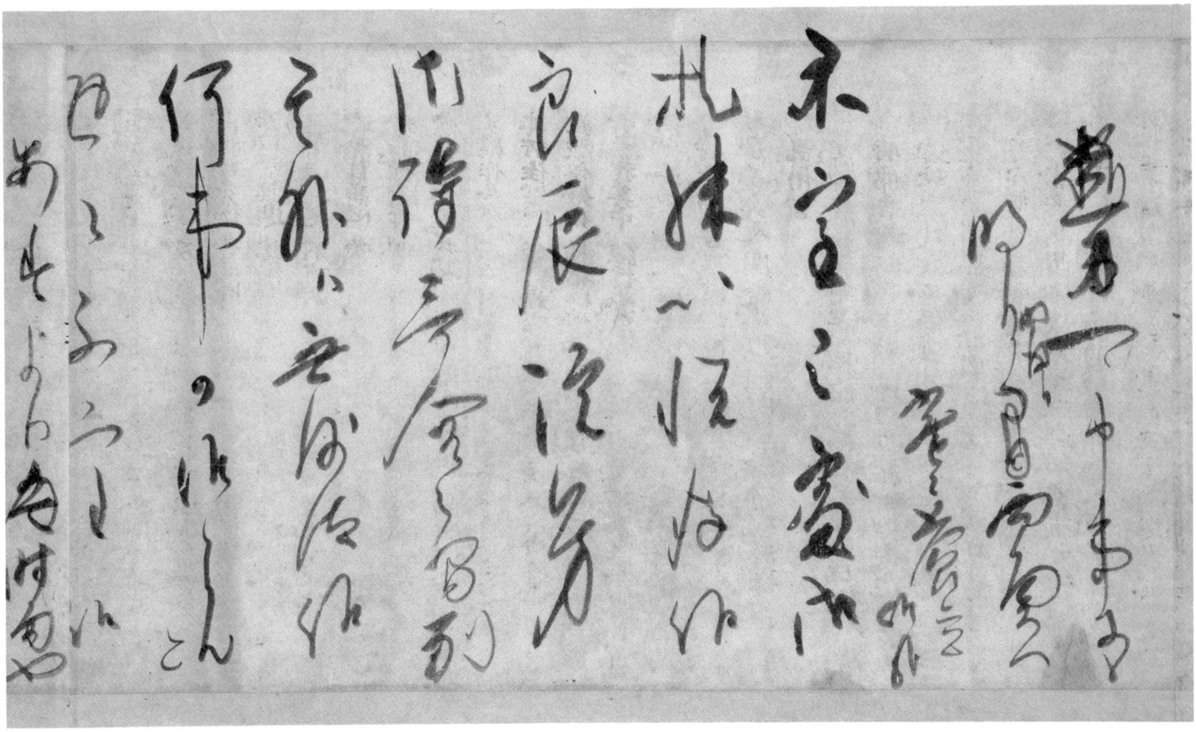

(2) (1)

19 後醍醐天皇宸翰消息 ② 〔第 2 紙 28.5 × 50.1〕

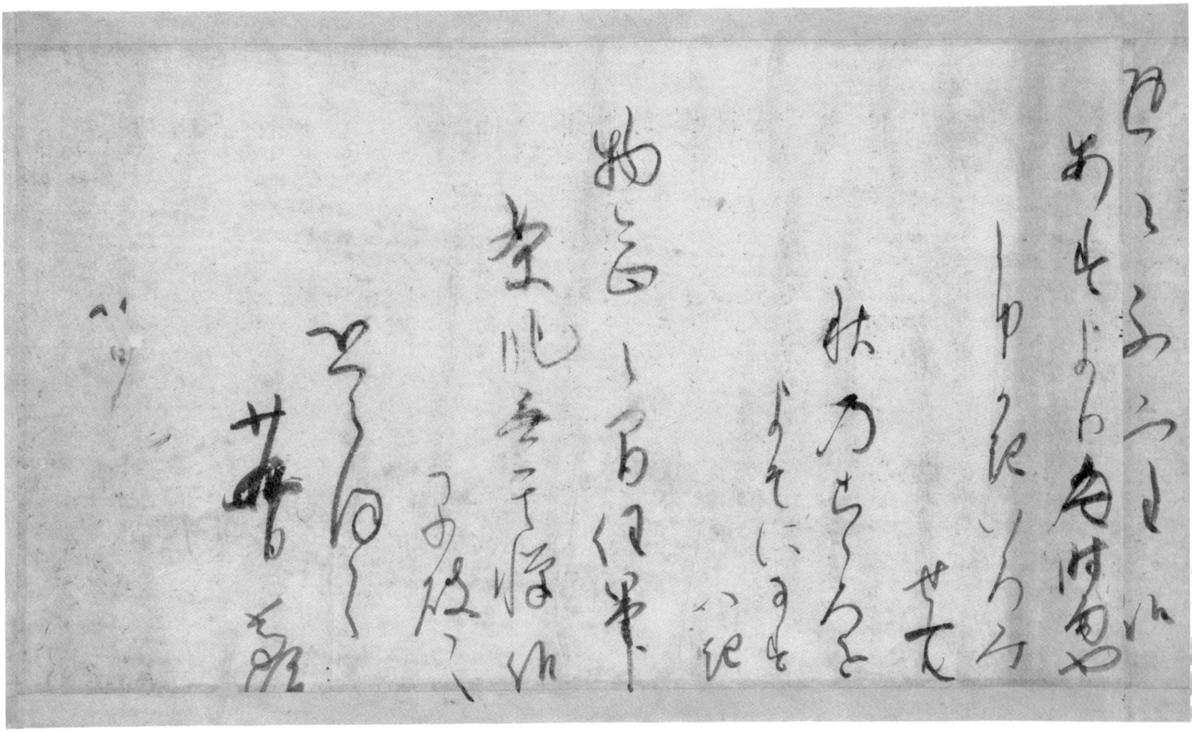

(2)

20 後醍醐天皇宸翰消息 ①（元応 2 年 12 月）〔28.6 × 101.1／第 1 紙 28.6 × 50.8〕

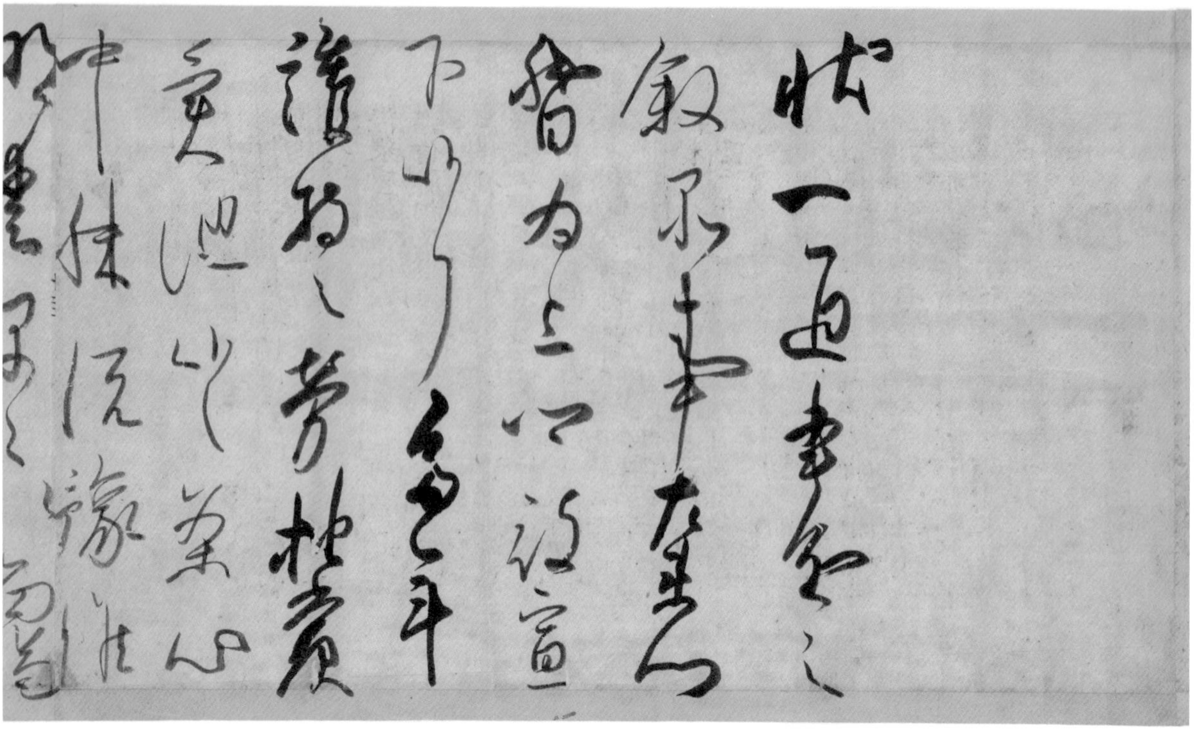

(2)　(1)

20 後醍醐天皇宸翰消息 ②〔第 2 紙 28.7 × 50.3〕

(2)

21 後醍醐天皇宸翰消息 ① （年月日未詳）〔28.6 × 101.5／第 1 紙 28.6 × 50.8〕

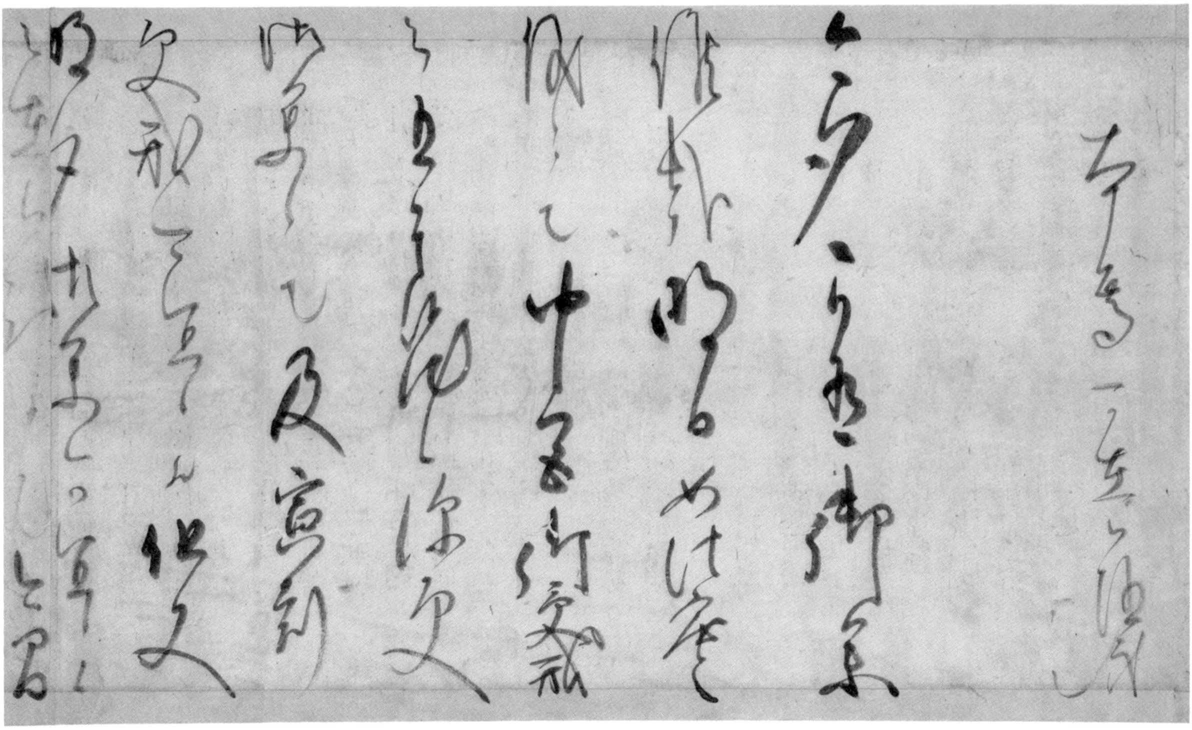

(2) (1)

21 後醍醐天皇宸翰消息 ② 〔第 2 紙 28.5 × 50.7〕

(2)

22 後醍醐天皇宸翰消息 ①（年月日未詳）〔28.5 × 99.0 ／第 1 紙 28.5 × 49.3〕

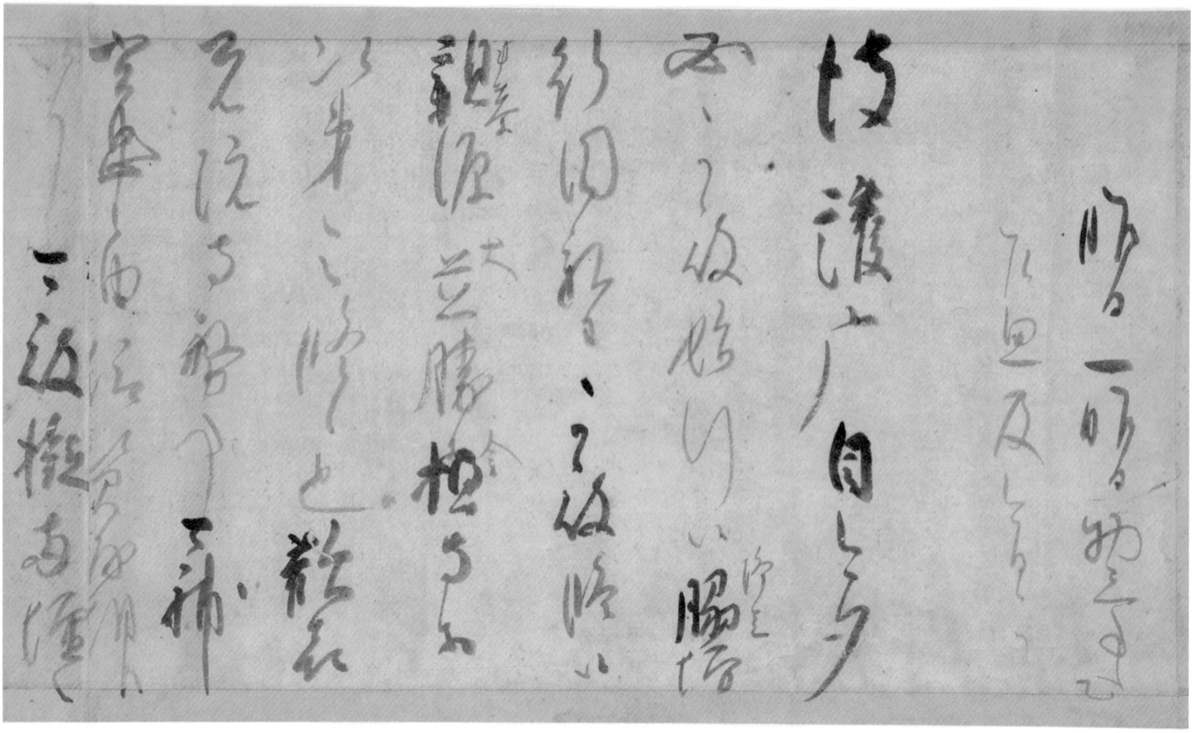

(2) (1)

22 後醍醐天皇宸翰消息 ②〔第 2 紙 28.6 × 49.7〕

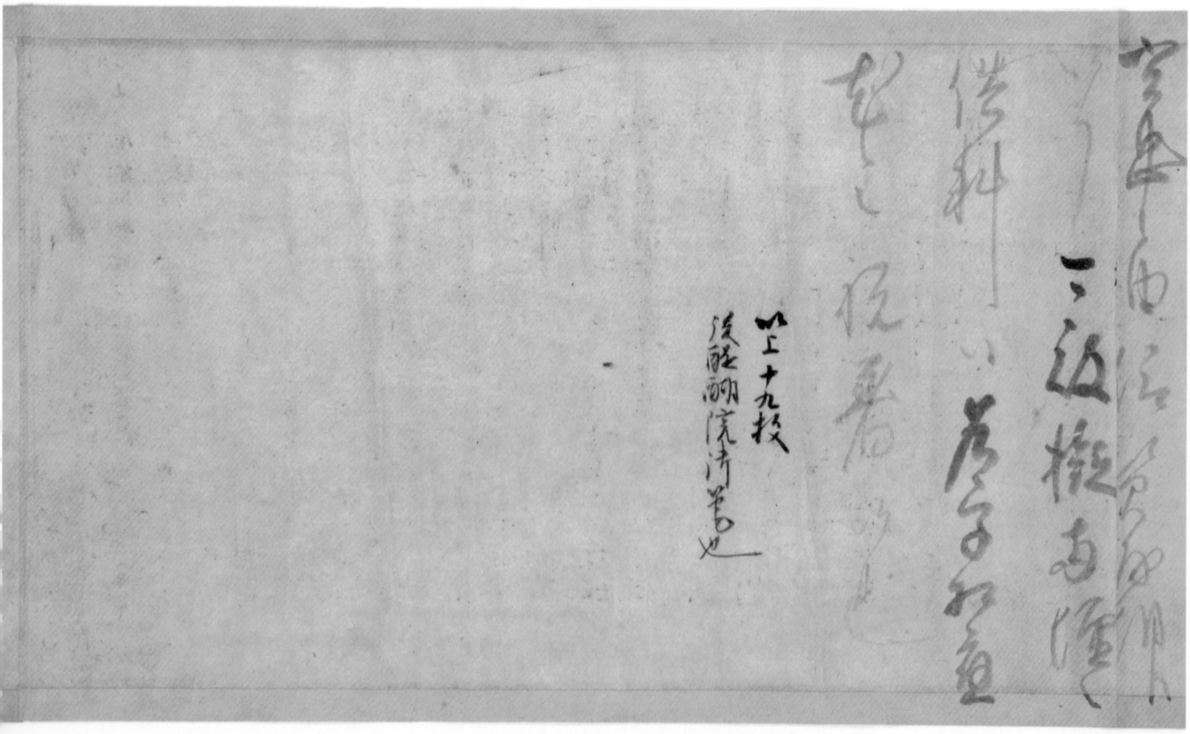

(2)

23 伏見天皇宸翰消息 （正和３年）12月20日 〔28.6 × 49.2〕

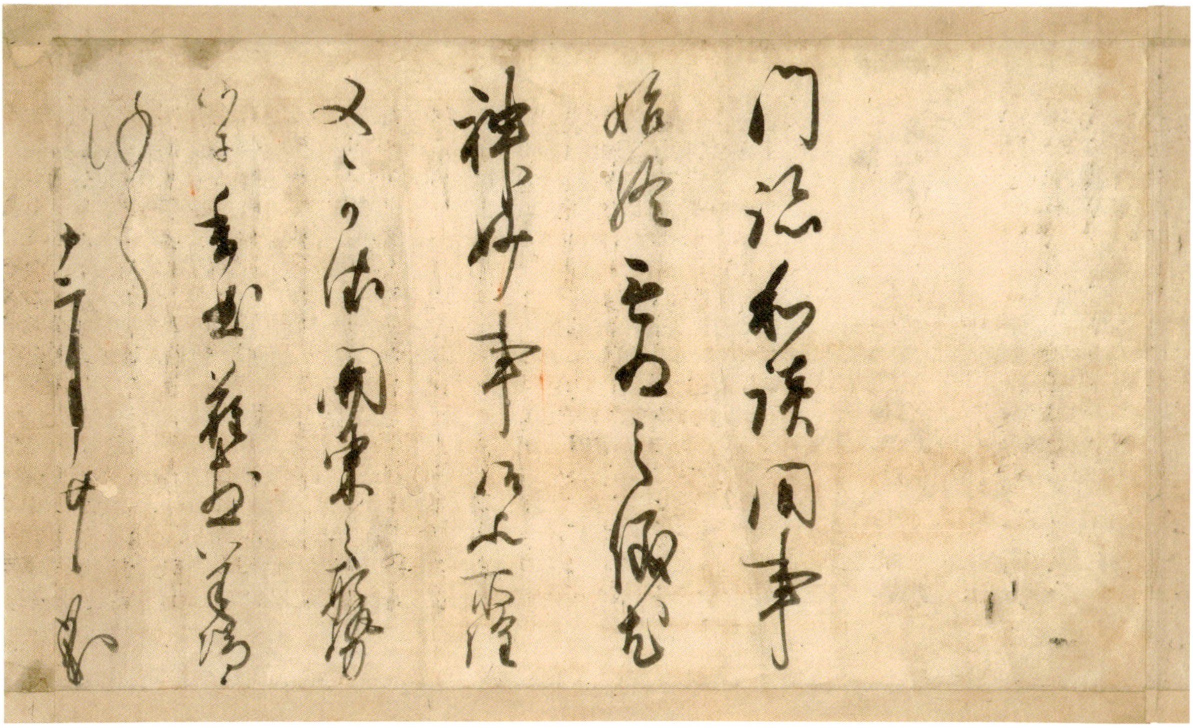

24 伏見天皇宸翰消息 ①（正和 4 年）正月 14 日〔28.6 × 80.0 ／第 1 紙 28.6 × 50.5〕

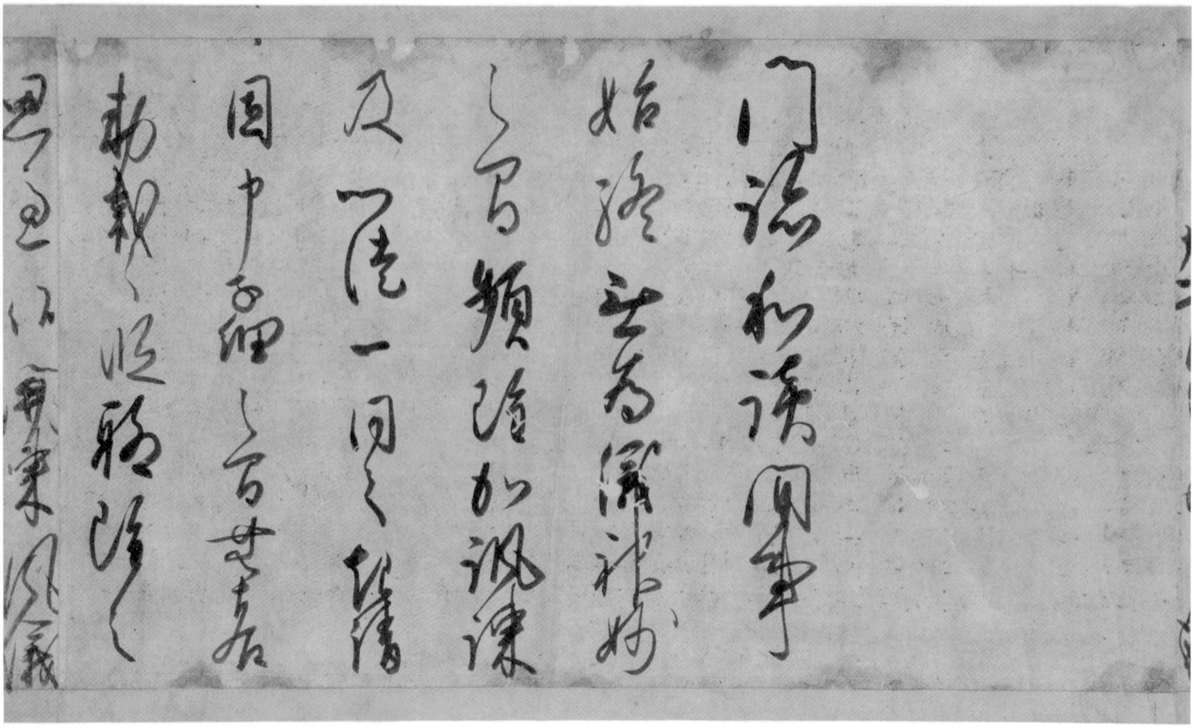

(2) (1)

24 伏見天皇宸翰消息 ②〔第 2 紙 28.6 × 29.5〕

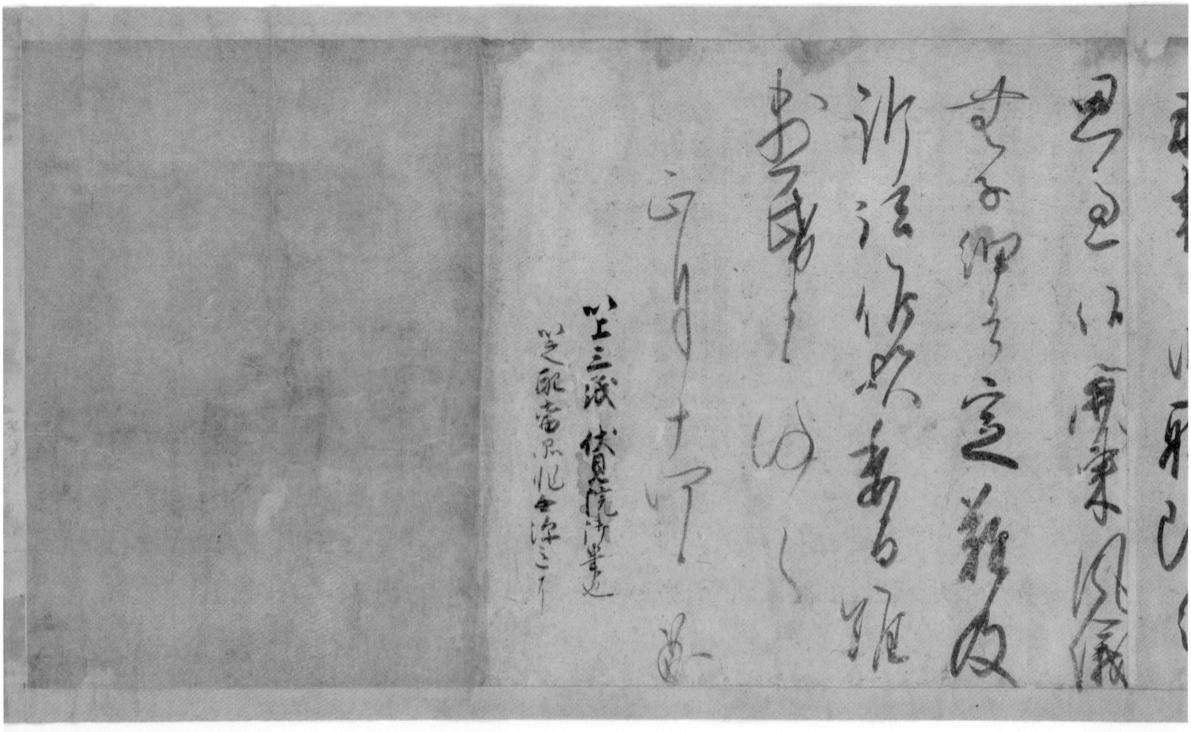

(2)

附-2 近衛前久奥書 （年月日未詳）〔28.5 × 49.0〕

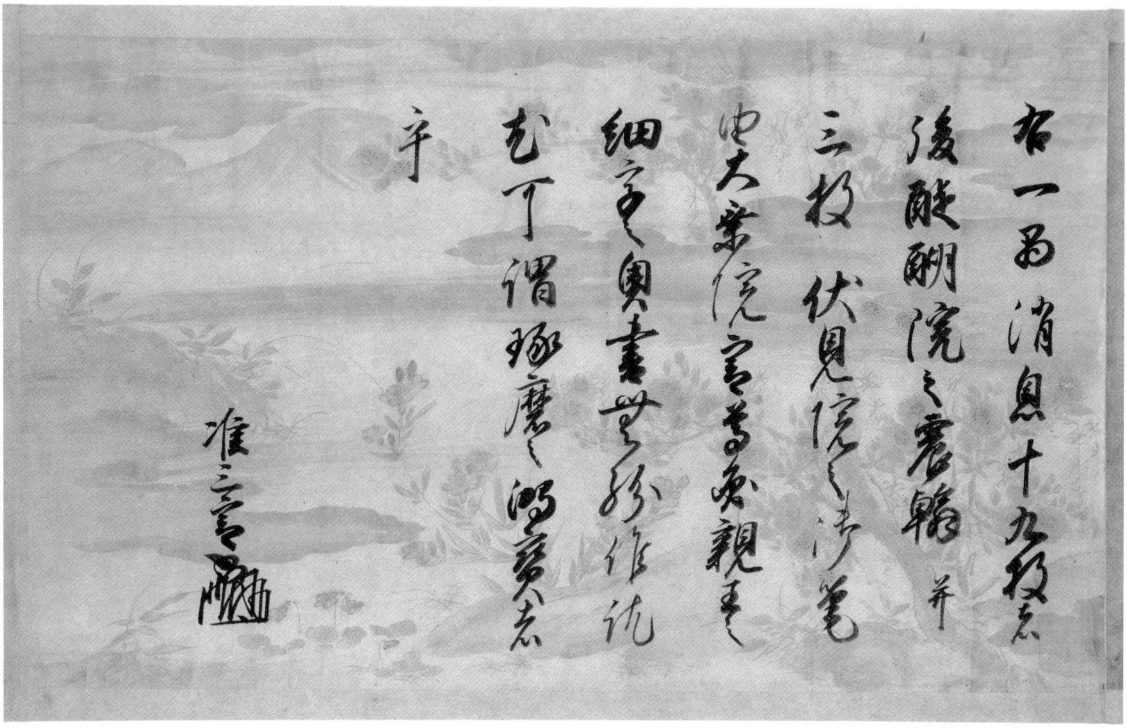

25 後醍醐天皇宸翰感状 （年月日未詳）〔34.1 × 49.7〕

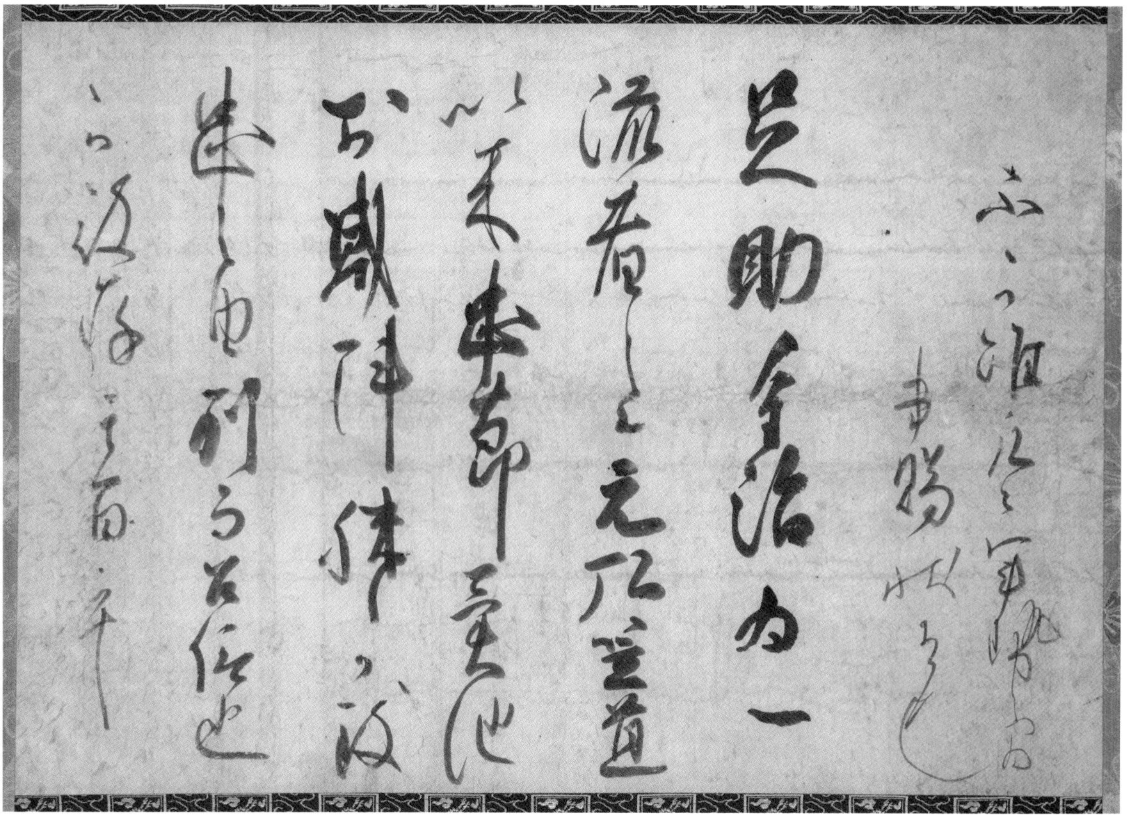

26 伝後醍醐天皇宸翰消息 ① （年未詳）12月20日 〔31.3 × 76.8／第1紙31.3 × 40.3〕

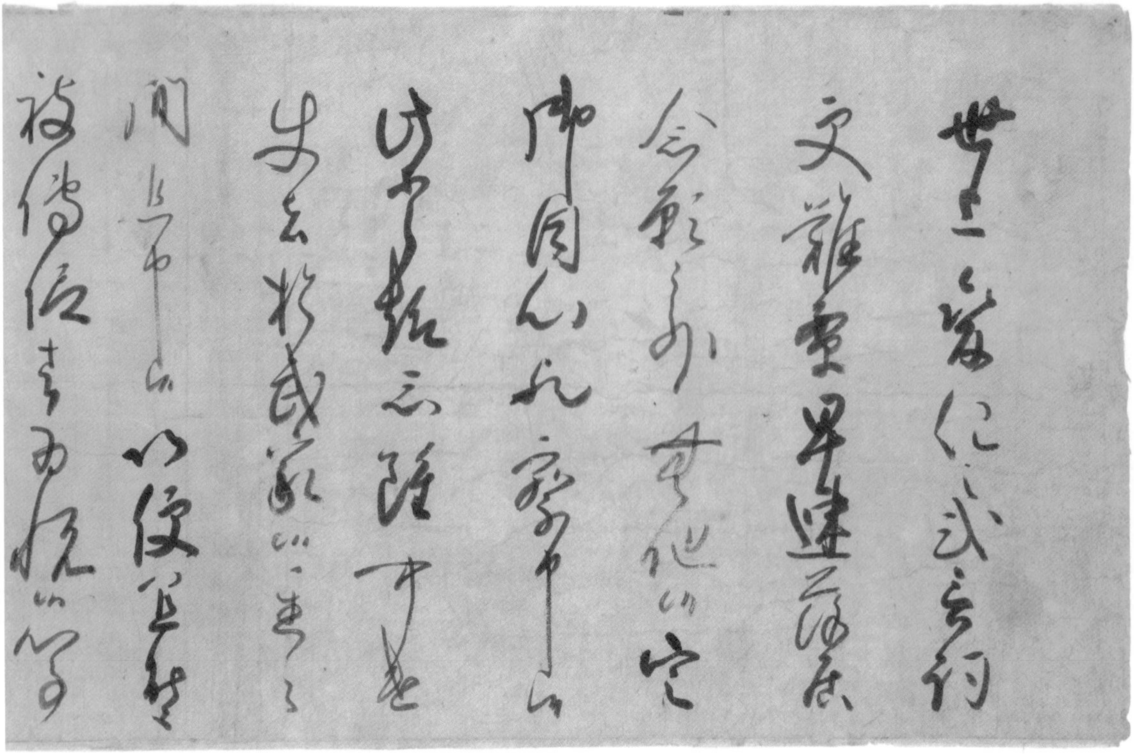

(2) (1)

26 伝後醍醐天皇宸翰消息 ② 〔第2紙31.5 × 36.5〕

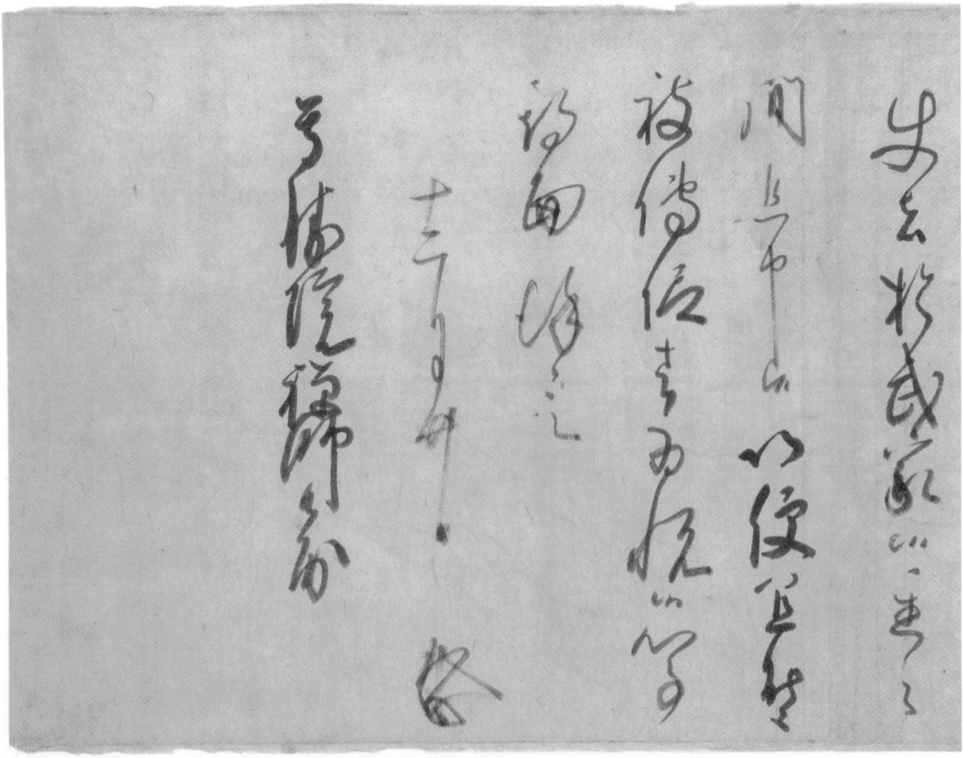

(2)

27 伝後醍醐天皇宸翰消息 （年月日未詳）〔本紙 32.9 × 50.5〕

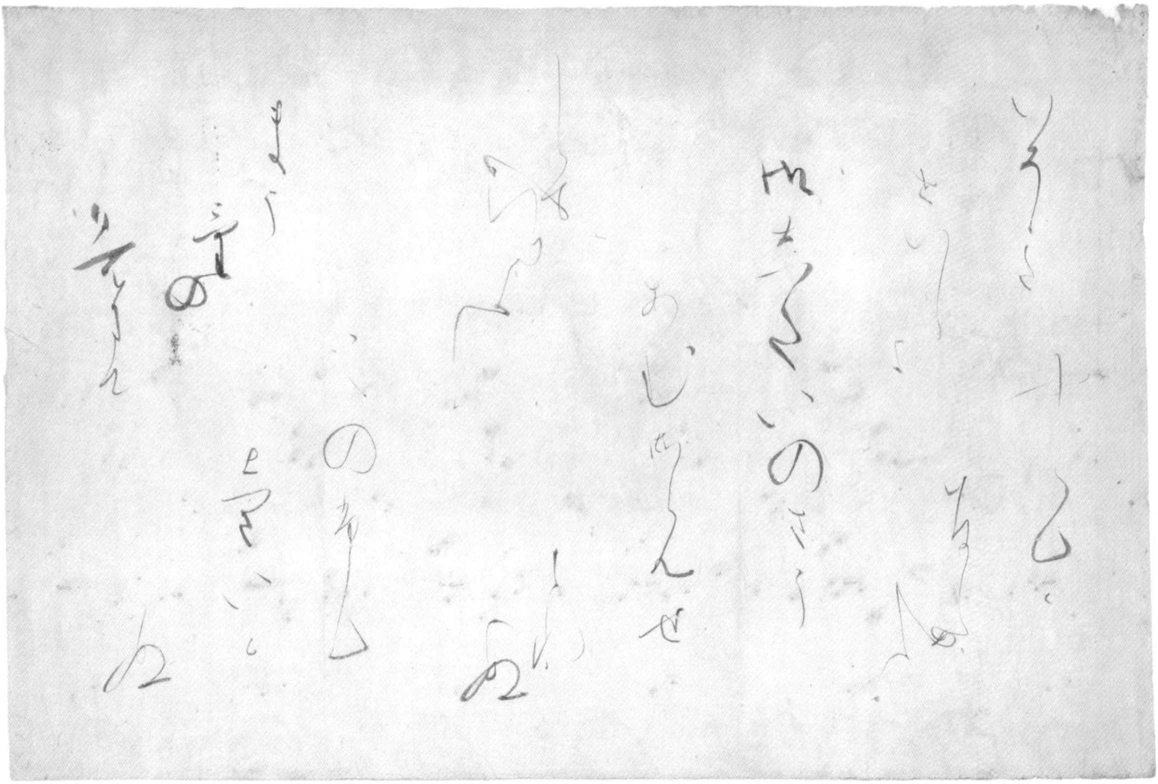

27 伝後醍醐天皇宸翰消息　礼紙〔32.9 × 49.9〕

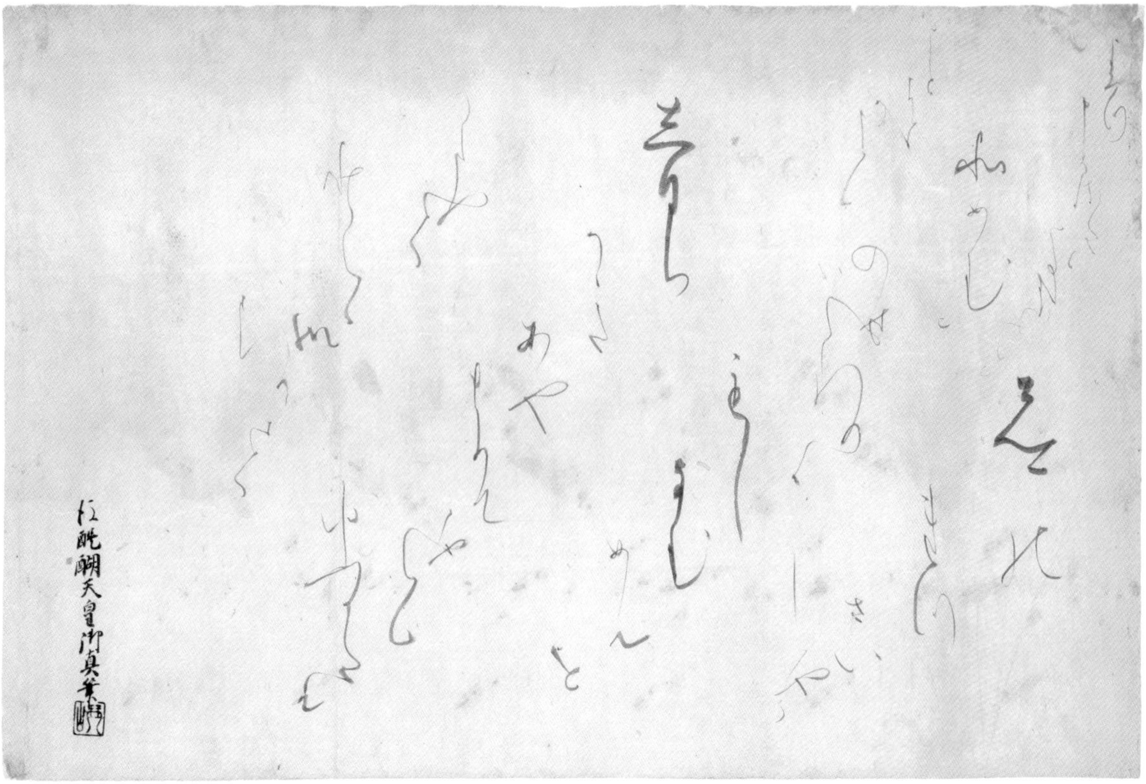

28 伝後醍醐天皇宸翰消息（断簡）（年月日未詳）〔30.5 × 18.5〕

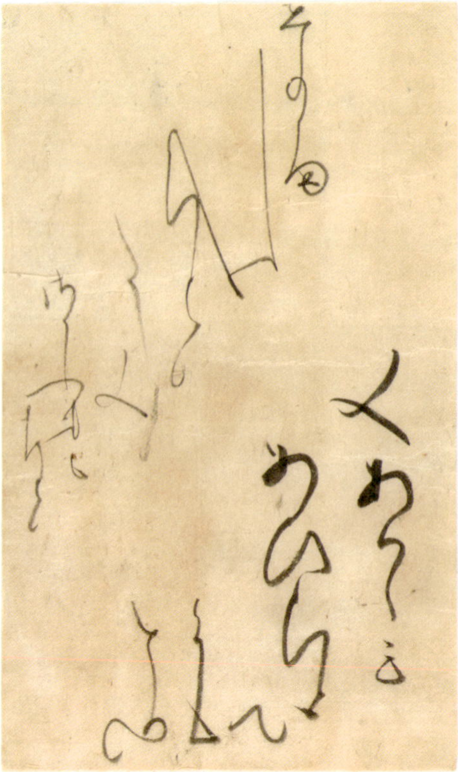

29 伝後醍醐天皇宸翰補任状　元亨 4 年 8 月 26 日 〔32.4 × 46.4〕

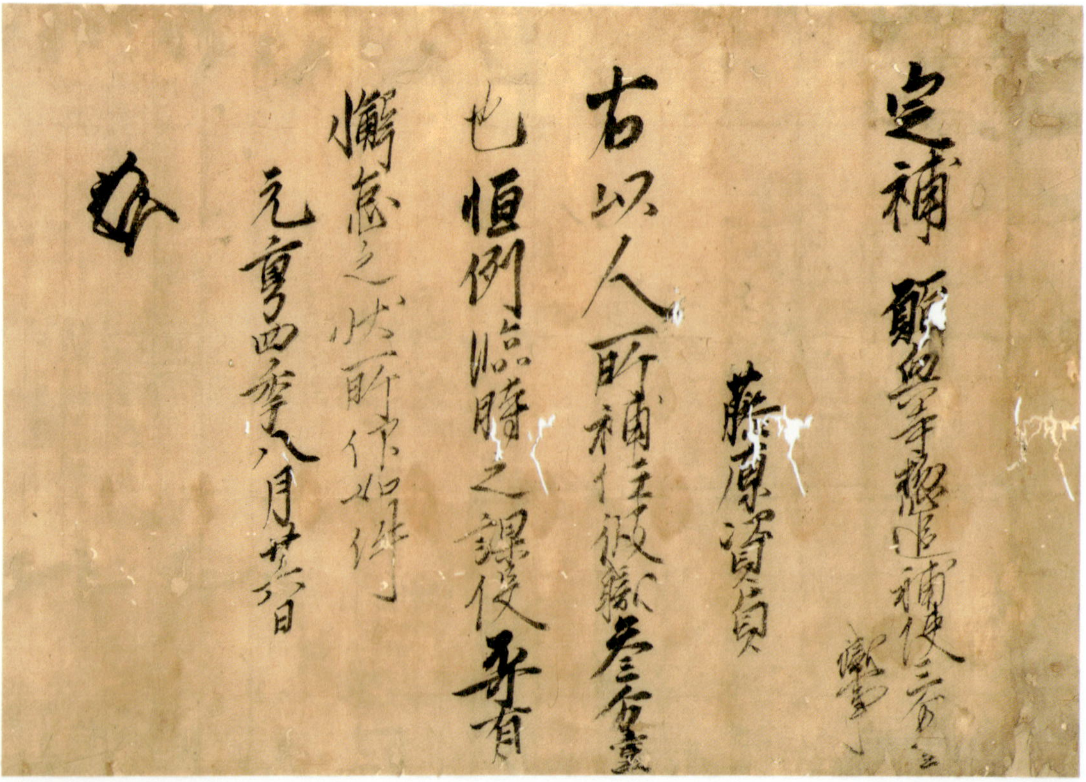

30 伝後光厳天皇宸翰消息 ① （年月日未詳）〔31.3 × 140.0／第１紙 31.3 × 45.1〕

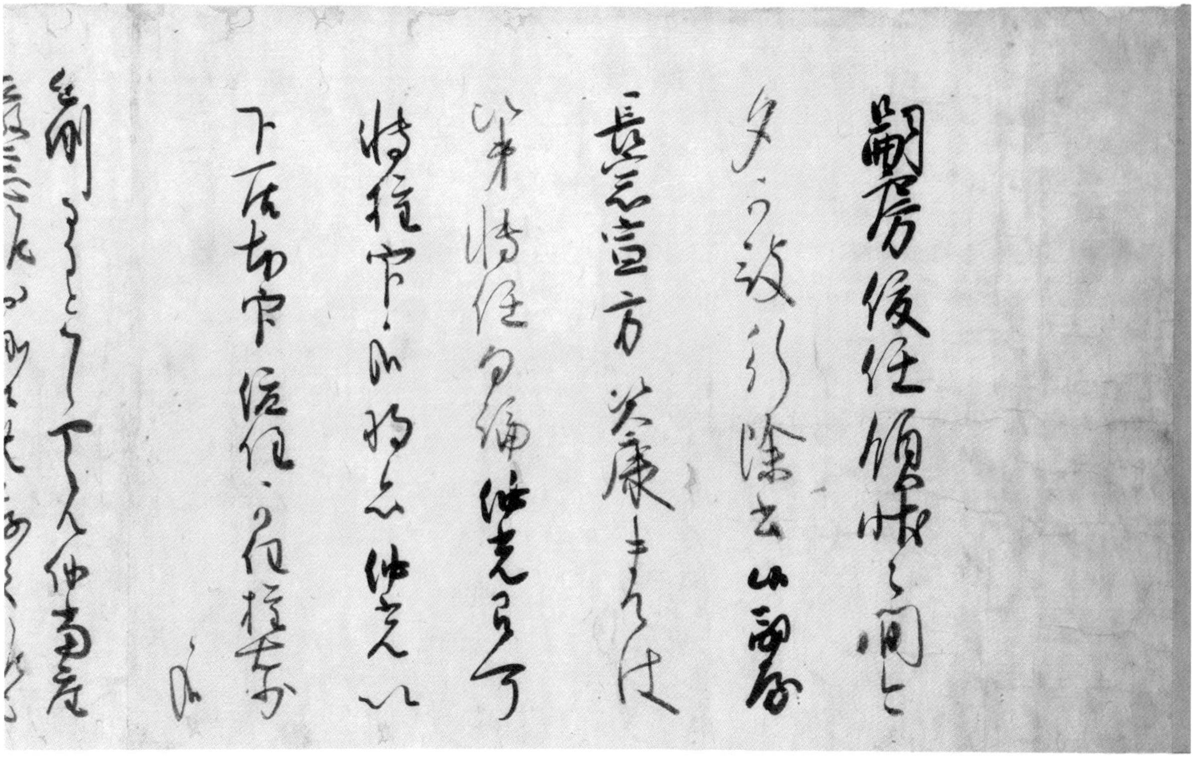

(2)　　　　(1)

30 伝後光厳天皇宸翰消息 ② 〔第２紙 31.3 × 47.7〕

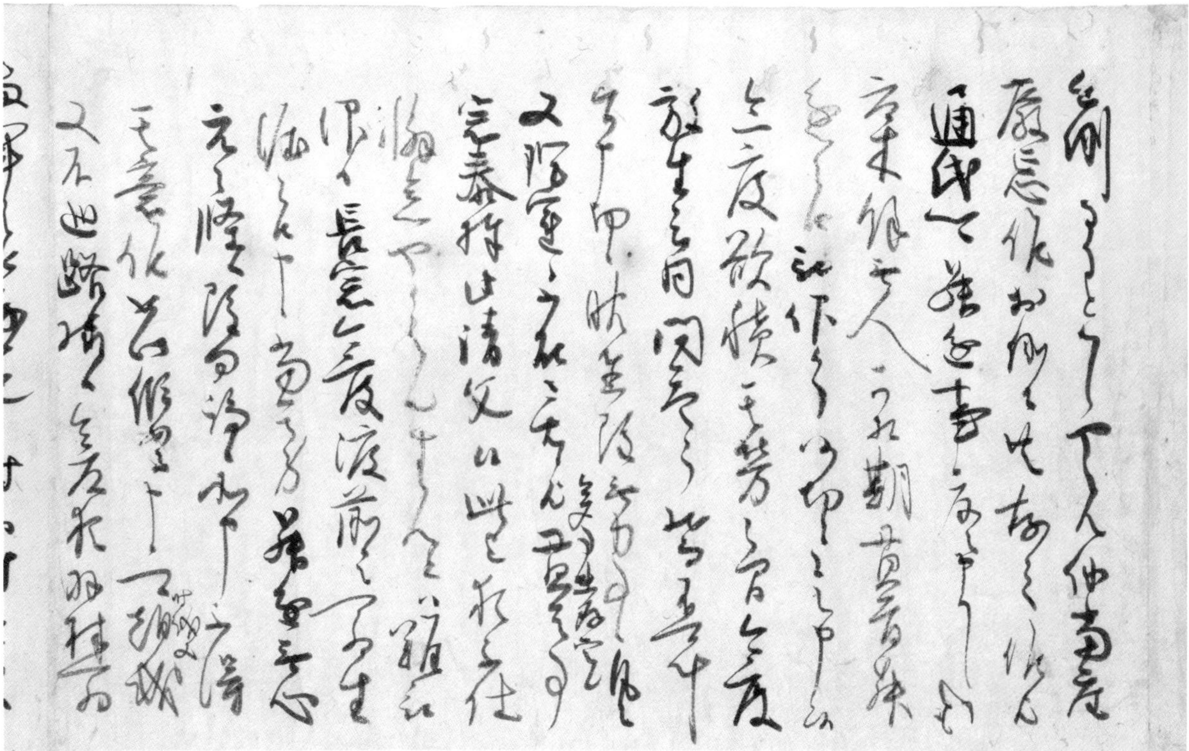

(3)　　　　(2)

30 伝後光厳天皇宸翰消息 ③ 〔第 3 紙 31.3 × 47.2〕

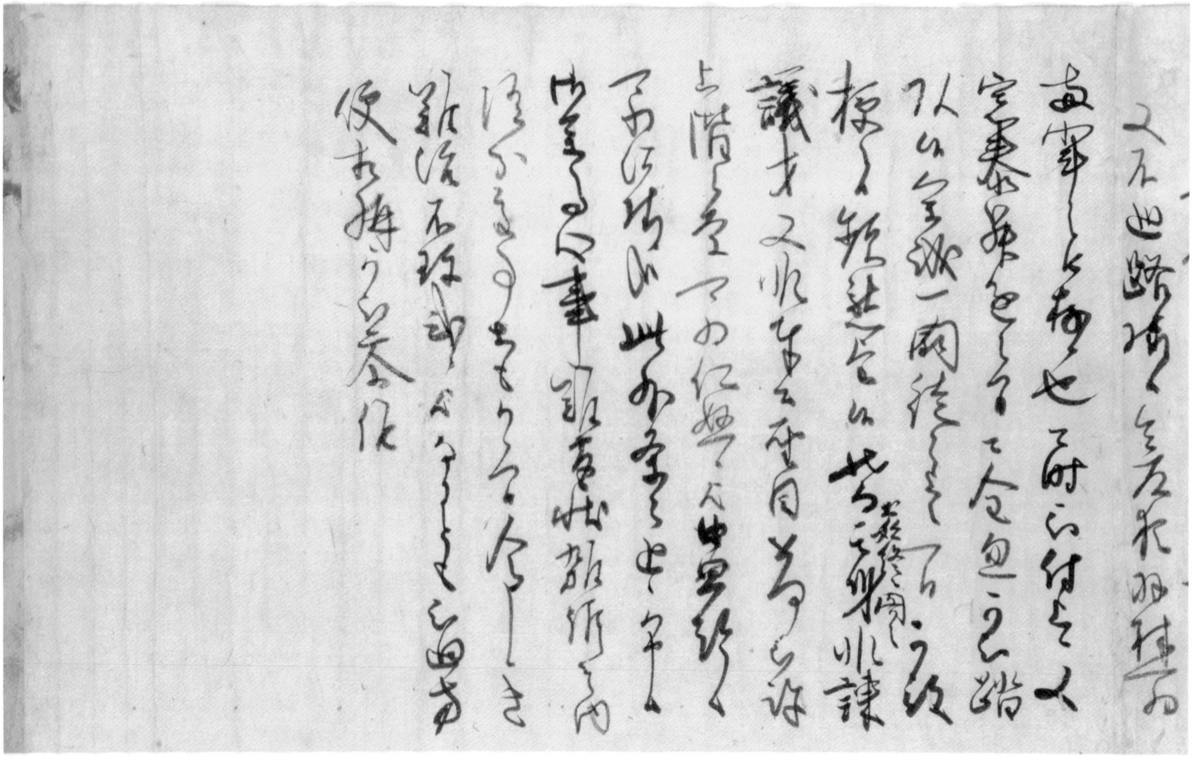

(3)

30 紙背（第 2 紙）

31 伝後小松天皇宸翰消息 ①（年未詳）7月20日〔30.3 × 89.4／第1紙 30.3 × 46.3〕

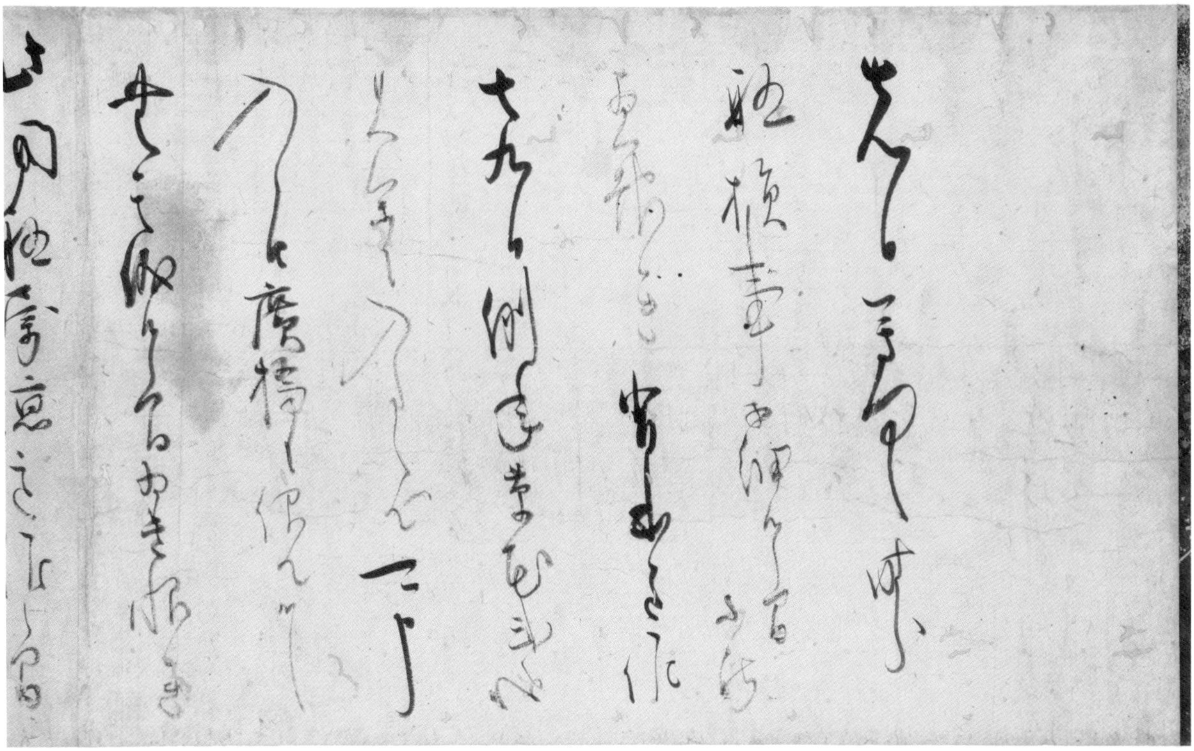

(2)　(1)

31 伝後小松天皇宸翰消息 ②〔第2紙 30.3 × 43.1〕

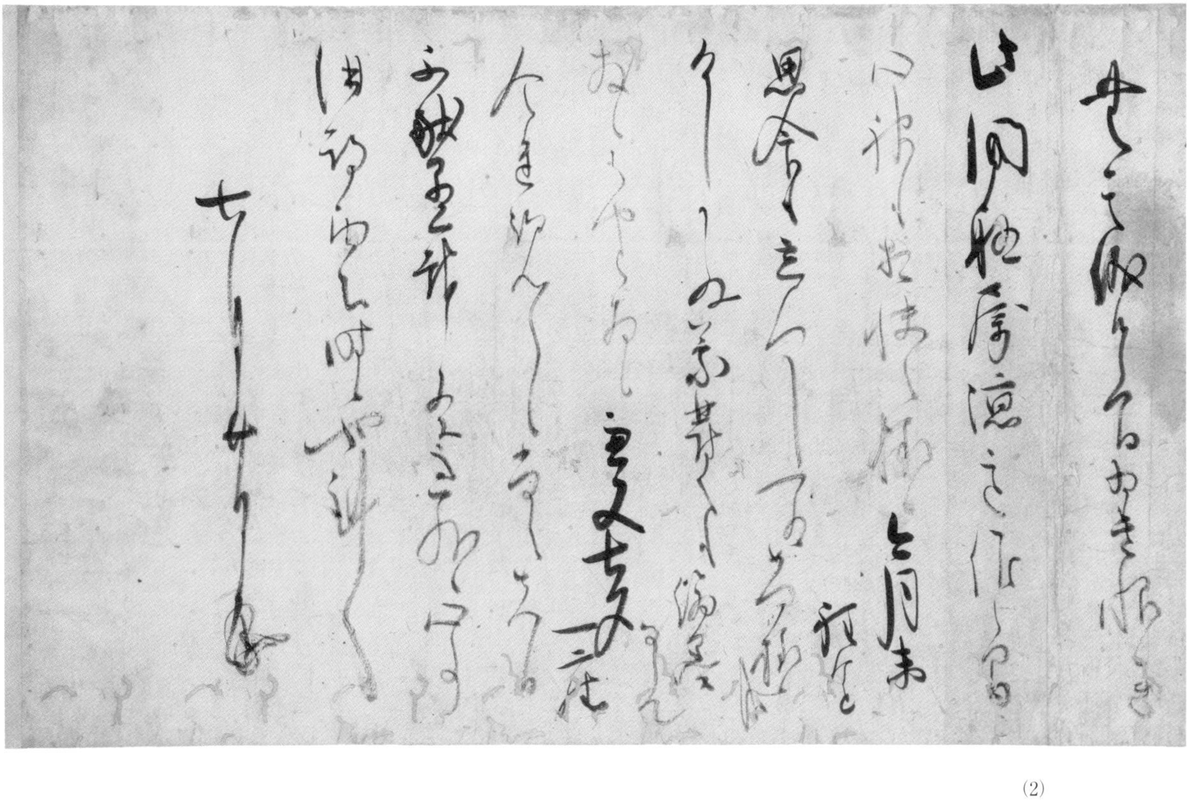

(2)

32 未詳(伝花園天皇)宸翰消息 ① 文和4年8月13日 〔31.4 × 95.5/第1紙 31.4 × 48.5〕

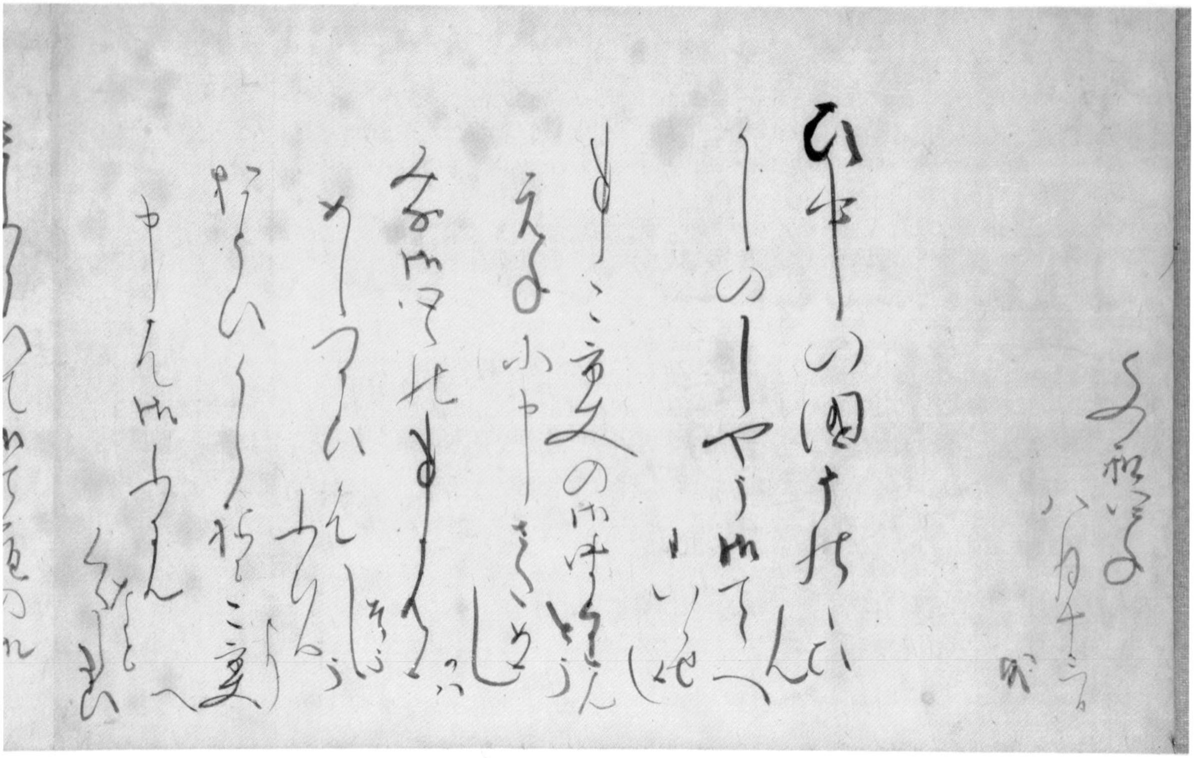

(2) (1)

32 未詳(伝花園天皇)宸翰消息 ② 〔第2紙 31.4 × 47.0〕

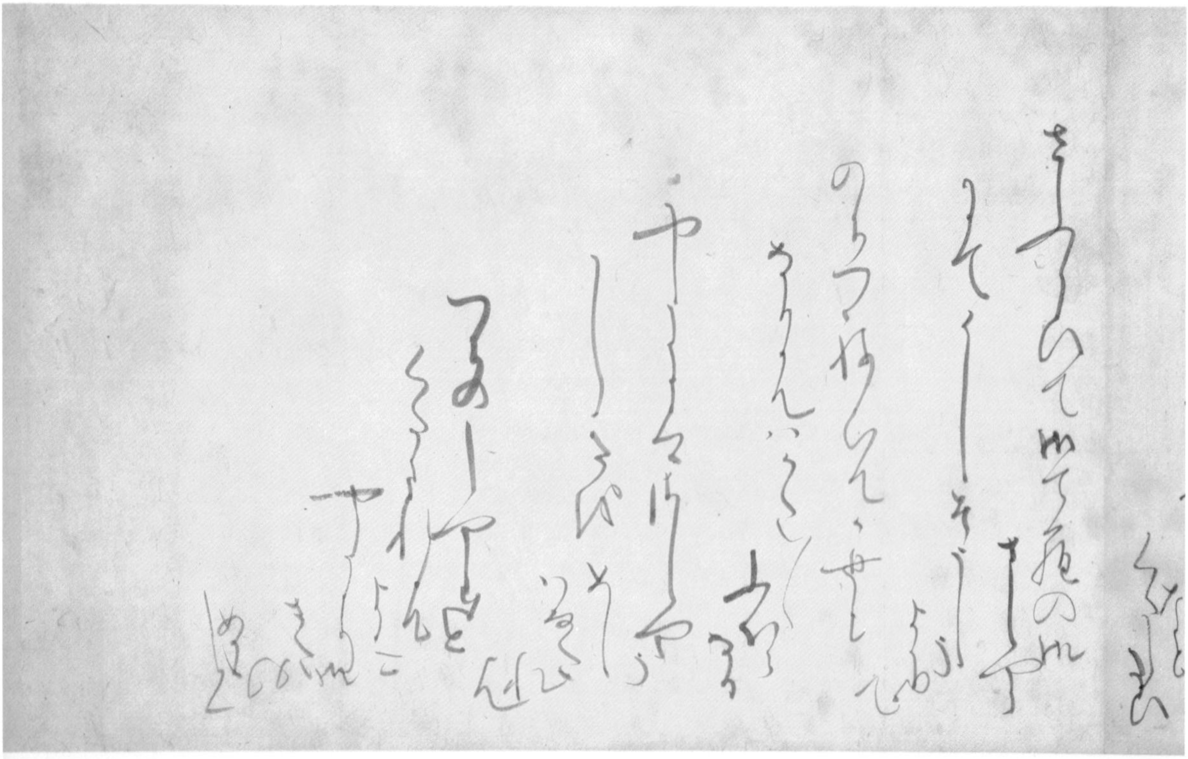

(2)

33 後陽成天皇宸翰消息（前闕）（年月日未詳）〔28.4 × 46.1〕

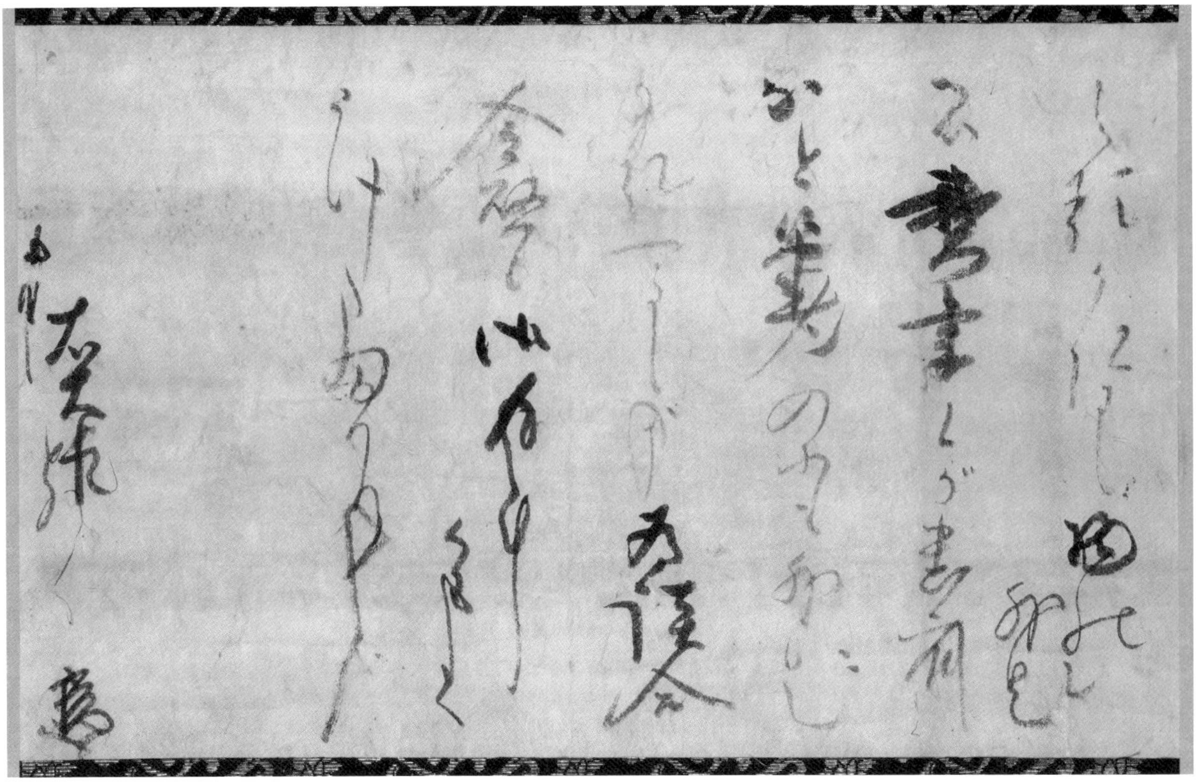

34 足利尊氏寄進状　建武 5 年 6 月 7 日 〔42.8 × 58.9〕

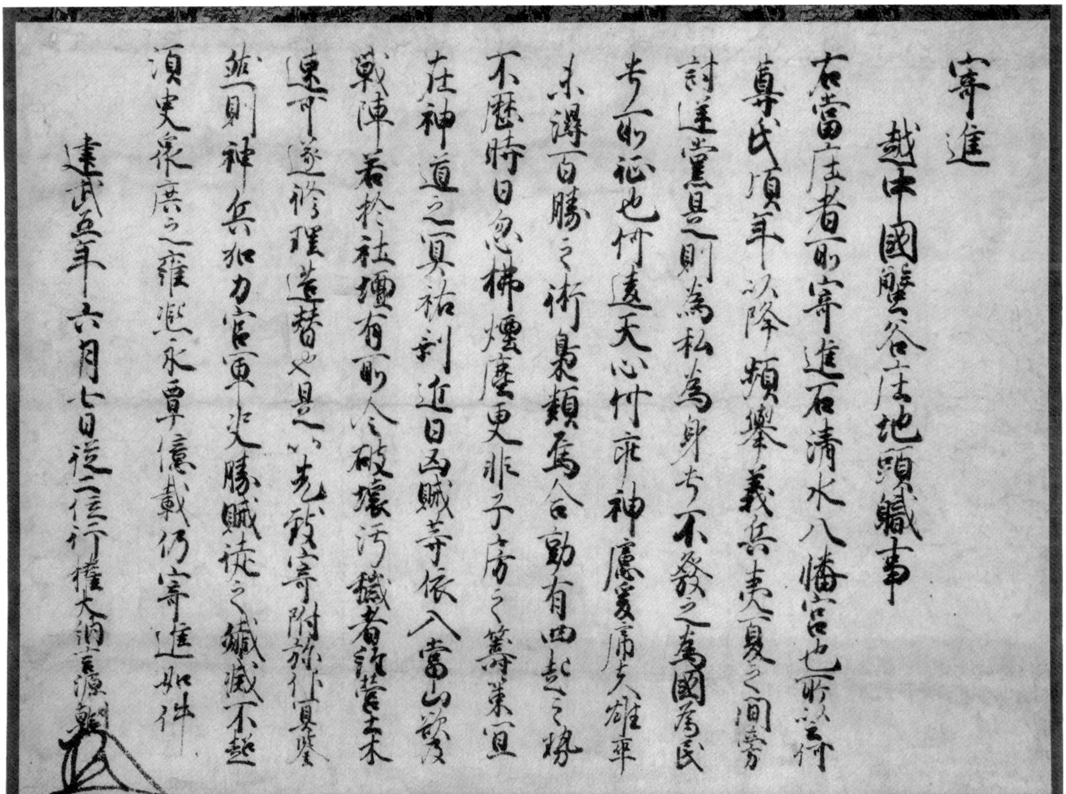

35 楠木正成証判和田助康軍忠状　延元元年 3 月日〔32.8 × 45.7〕

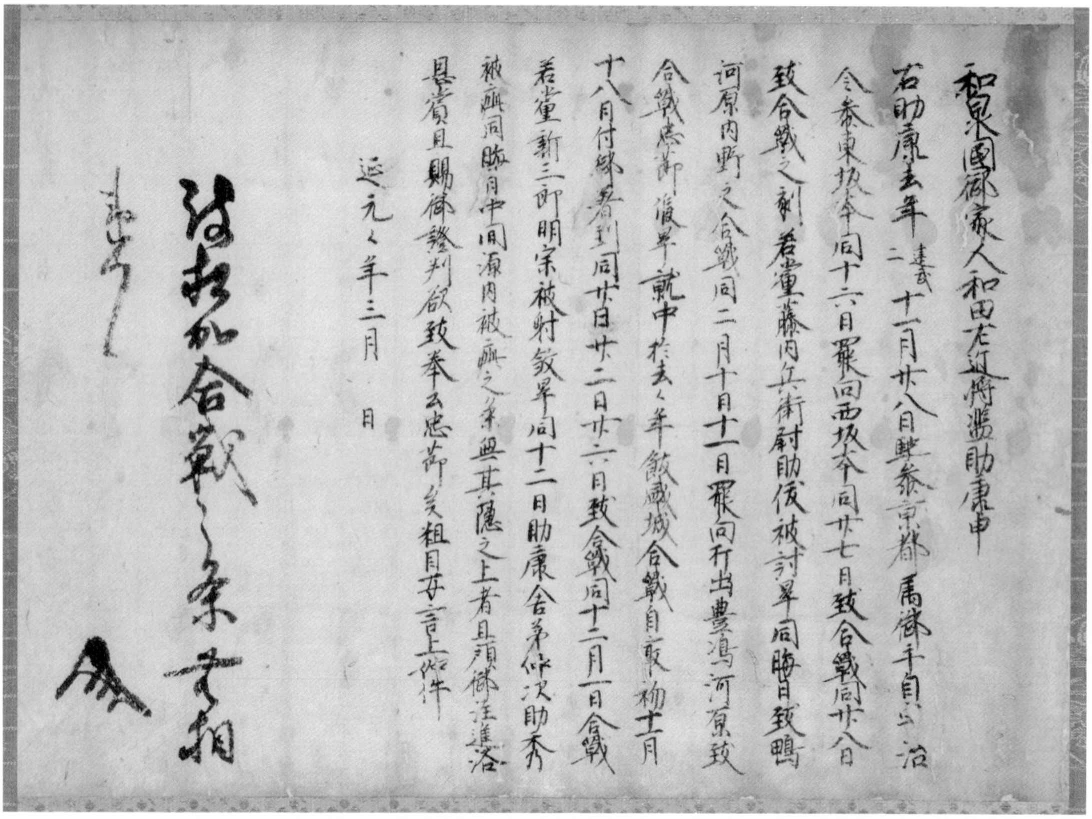

36 後村上天皇綸旨（楠木正行奉書）（年未詳）2 月 25 日〔30.2 × 41.4〕

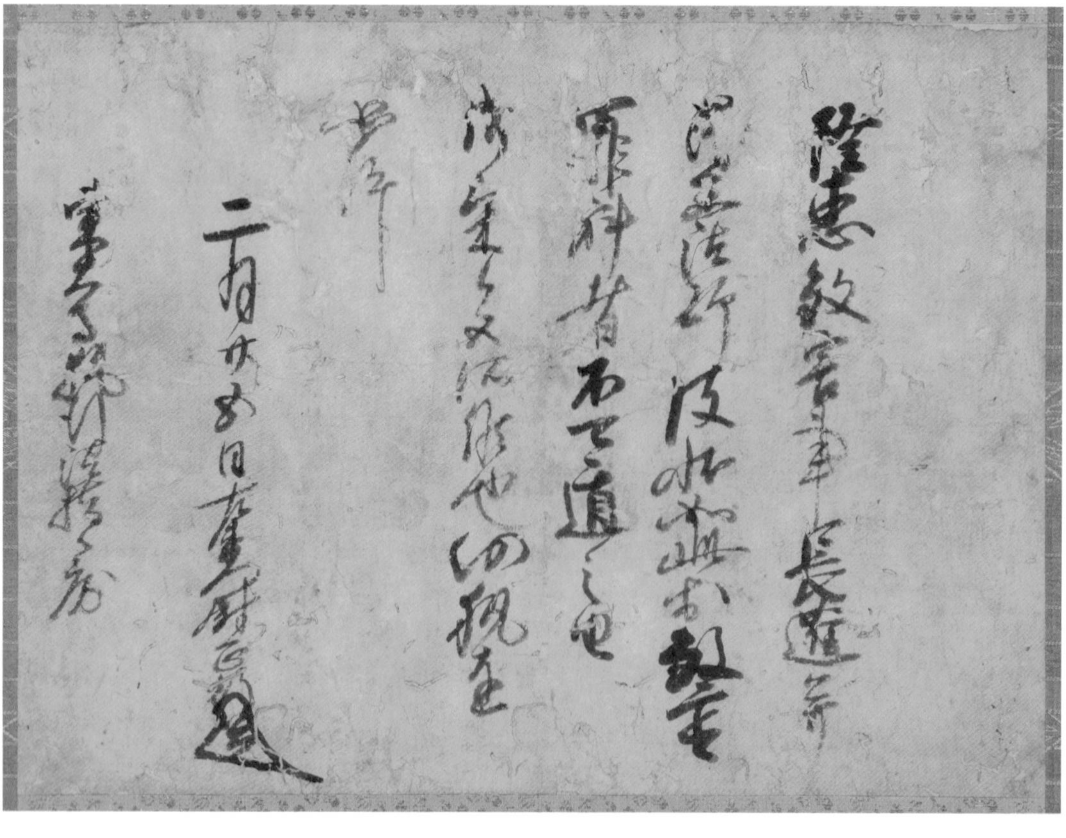

37 織田信長朱印状 ① （天正９年）10月２日 〔15.5 × 99.1／第１紙 15.5 × 49.5〕

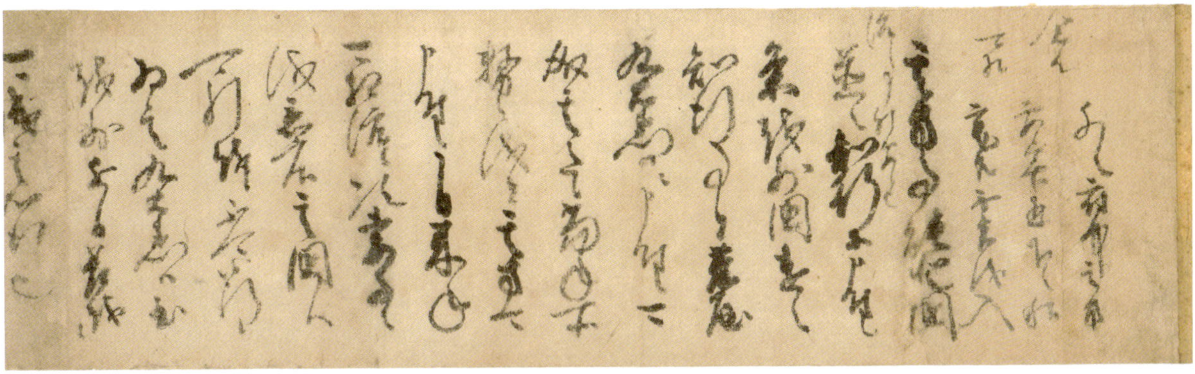

(2)　(1)

37 織田信長朱印状 ② 〔第２紙 15.5 × 49.6〕

(2)

38 羽柴秀吉書状 （天正 12 年）9 月 8 日 〔31.0 × 49.7〕

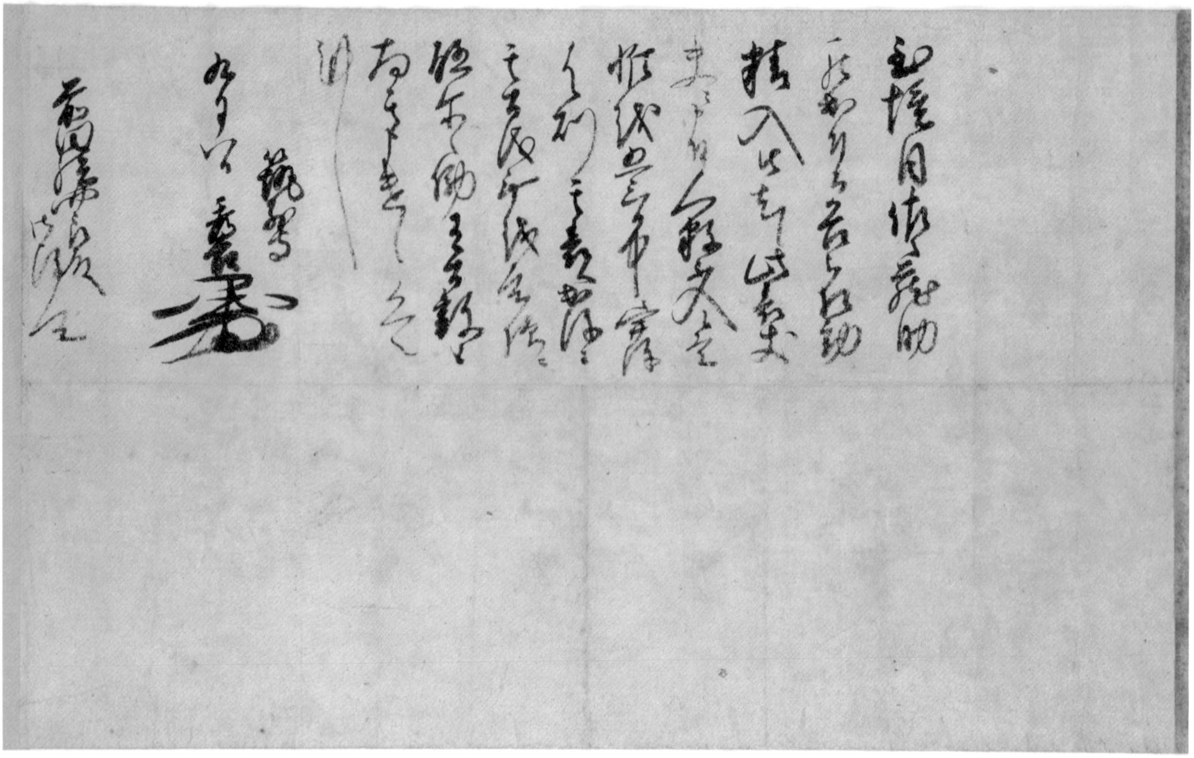

39 伝豊臣秀吉御内書 （年未詳）4 月 8 日 〔17.7 × 52.8〕

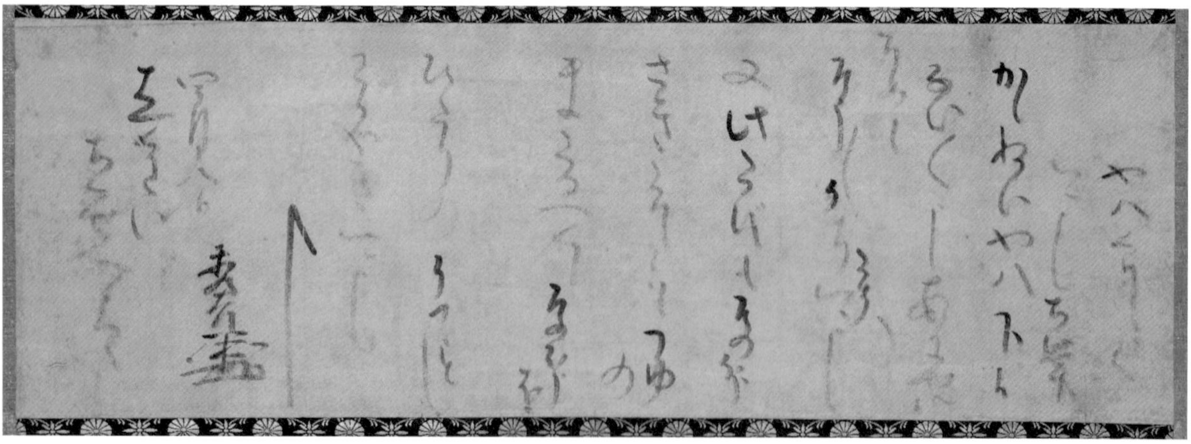

40 羽柴秀吉紀州雑賀陣立書 ① （天正 13 年）〔97.6 × 30.7 ／第 1 紙 49.3 × 30.7〕

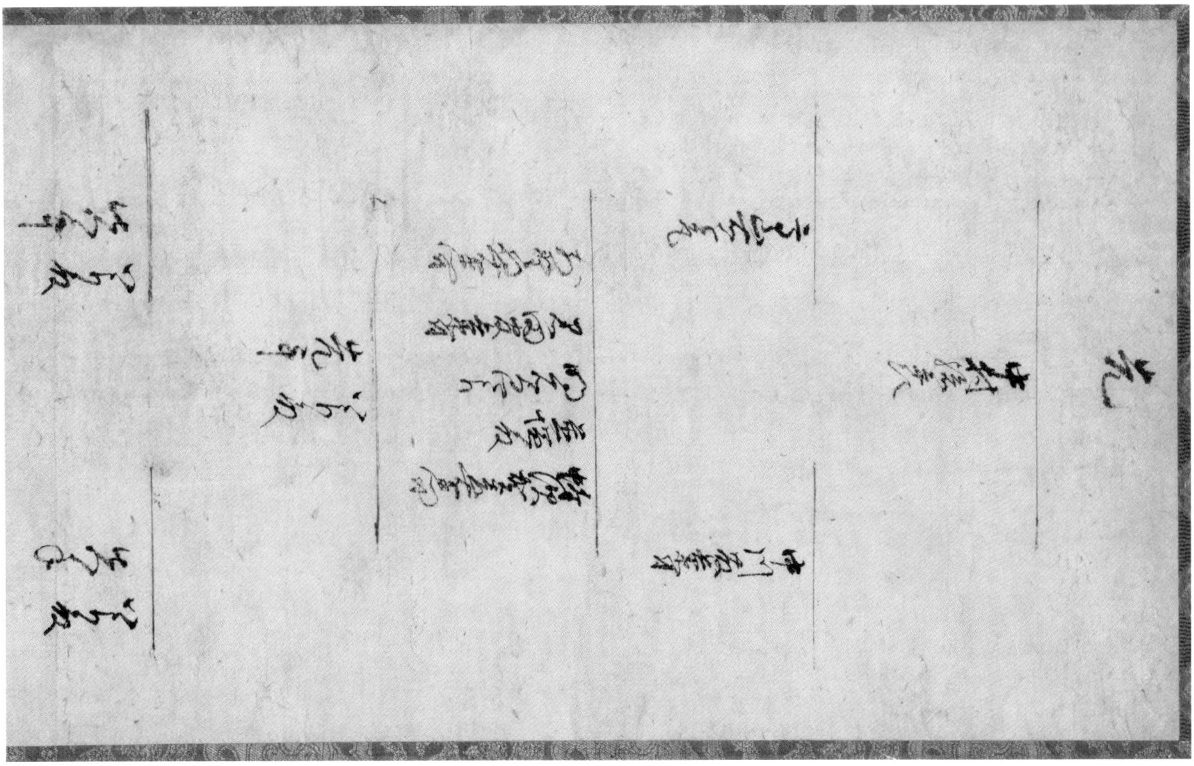

(2) (1)

40 羽柴秀吉紀州雑賀陣立書 ② 〔第 2 紙 48.3 × 30.7〕

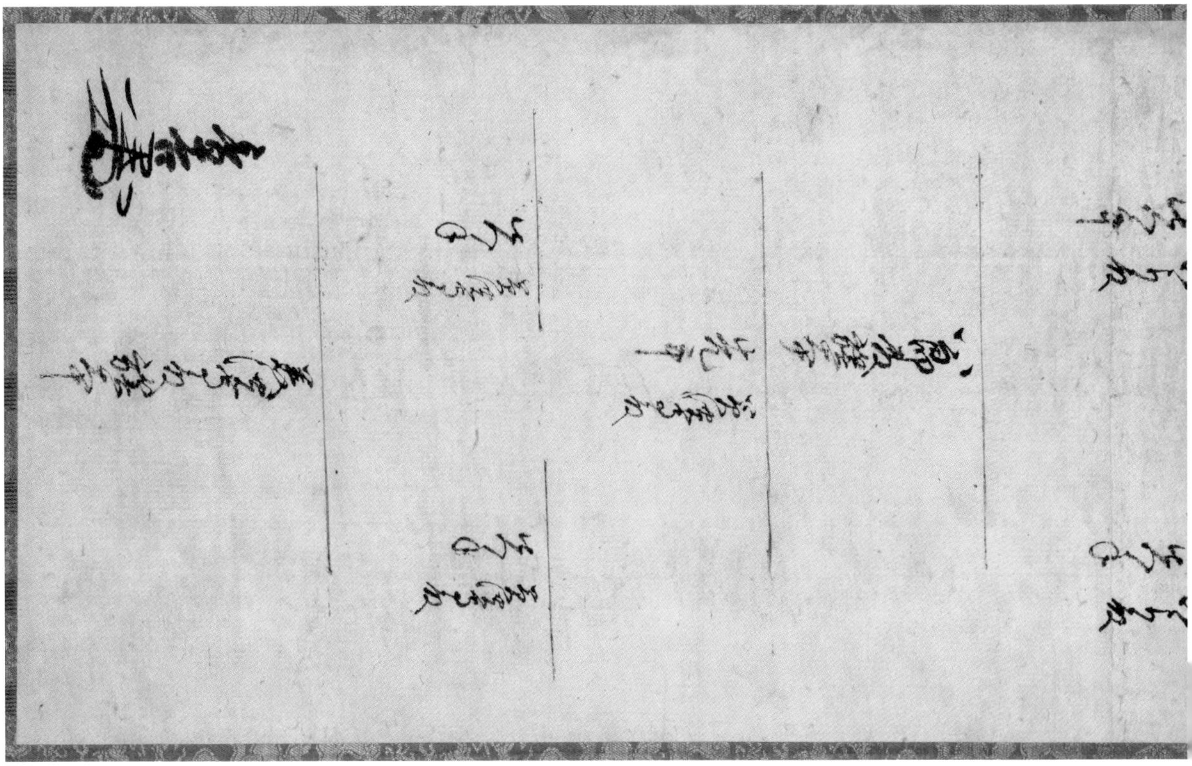

(2)

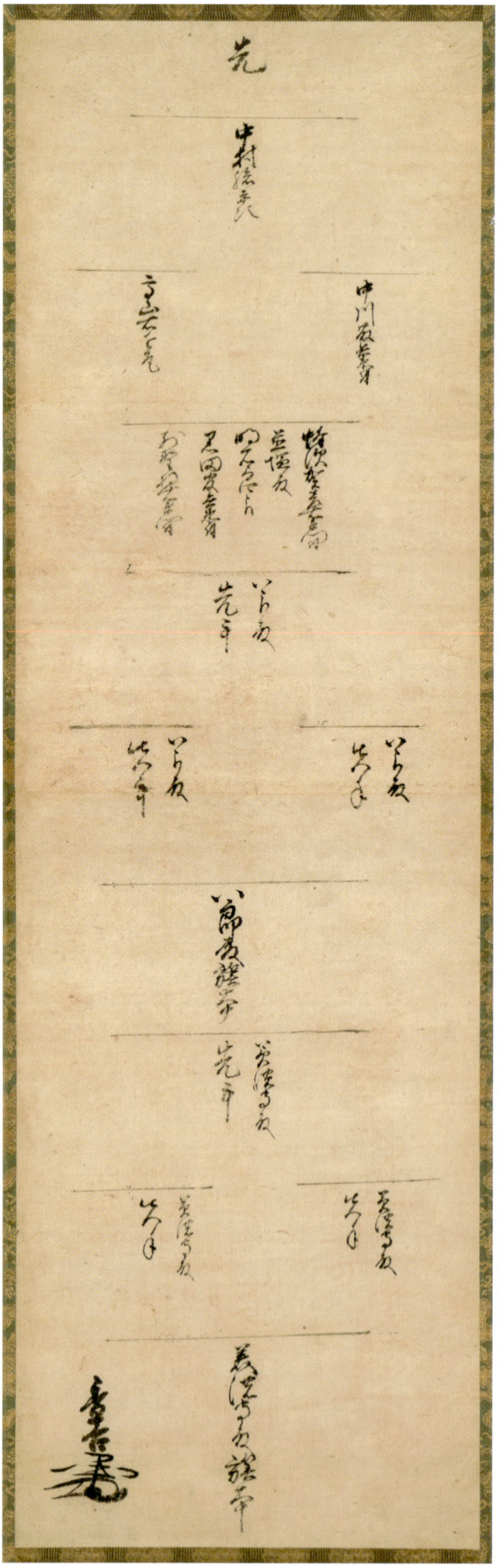

(1)

(2)

40 全姿

41 羽柴秀吉小牧長久手陣立書 ①（天正 12 年）〔137.6 × 30.8／第 1 紙 48.0 × 30.8〕

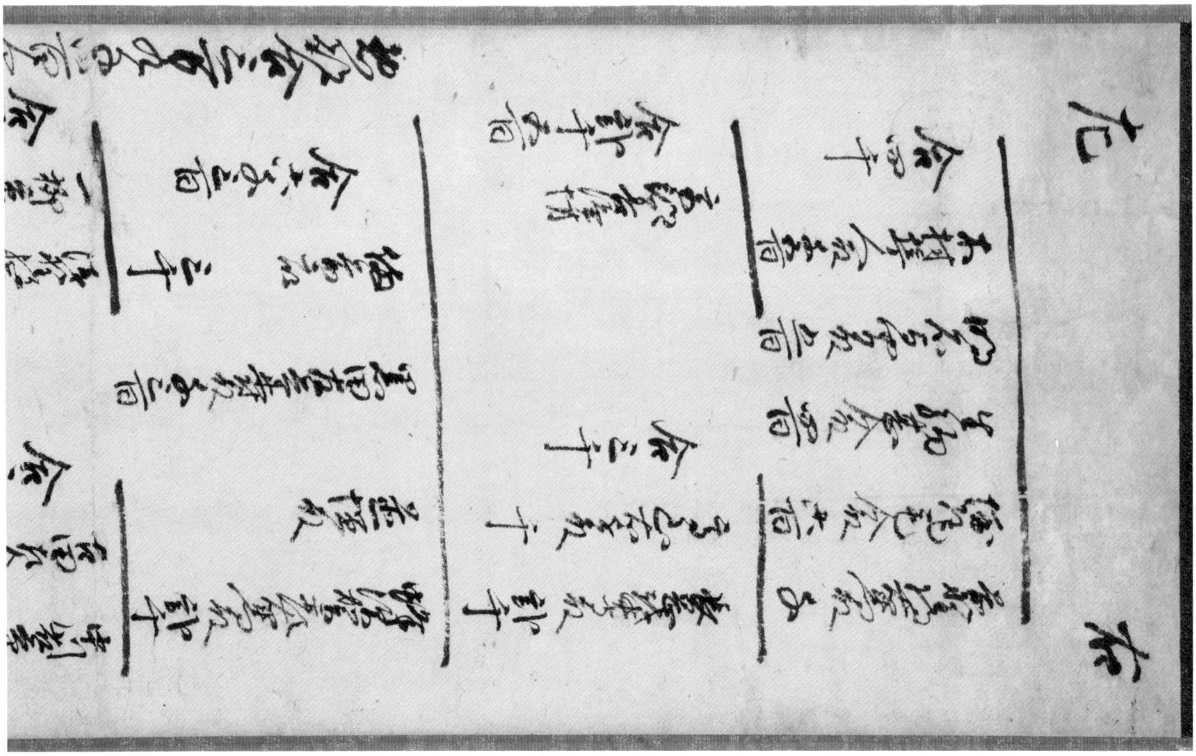

(2) (1)

41 羽柴秀吉小牧長久手陣立書 ②〔第 2 紙 49.1 × 30.8〕

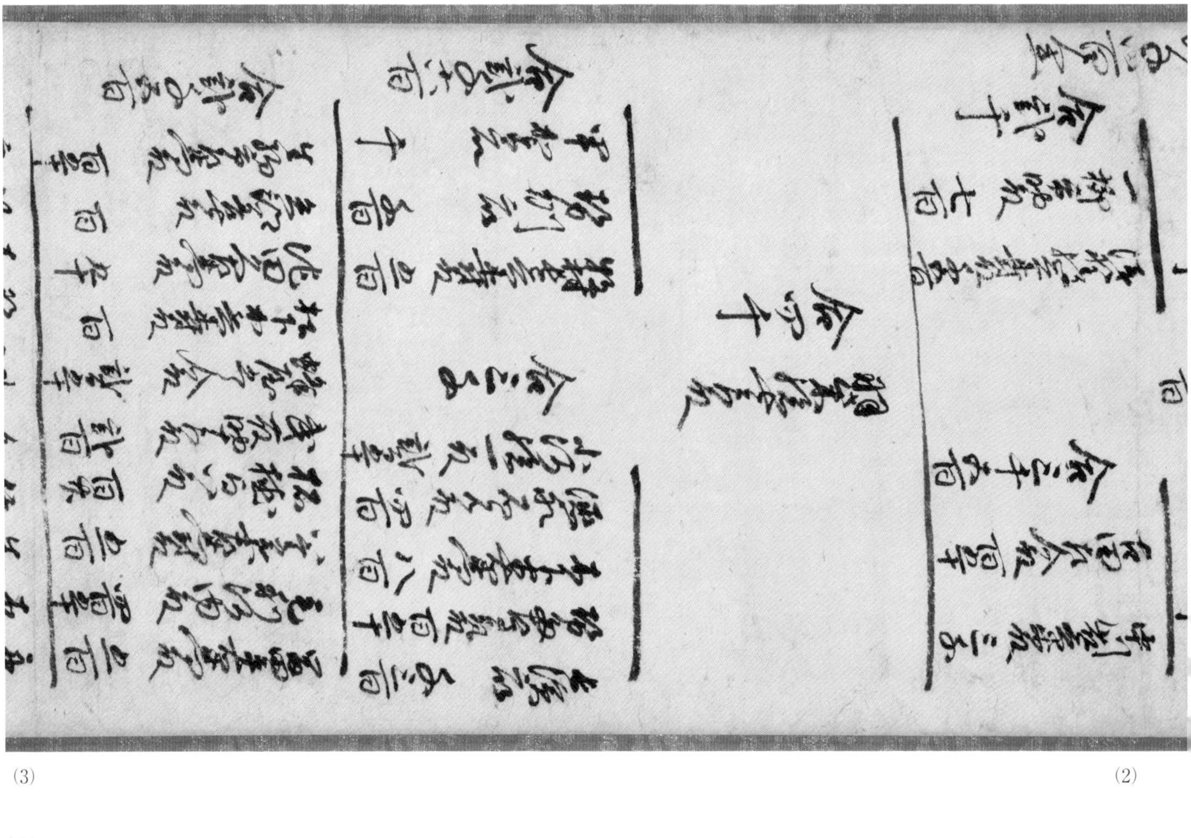

(3) (2)

41 羽柴秀吉小牧長久手陣立書 ③ 〔第 3 紙 40.5 × 30.8〕

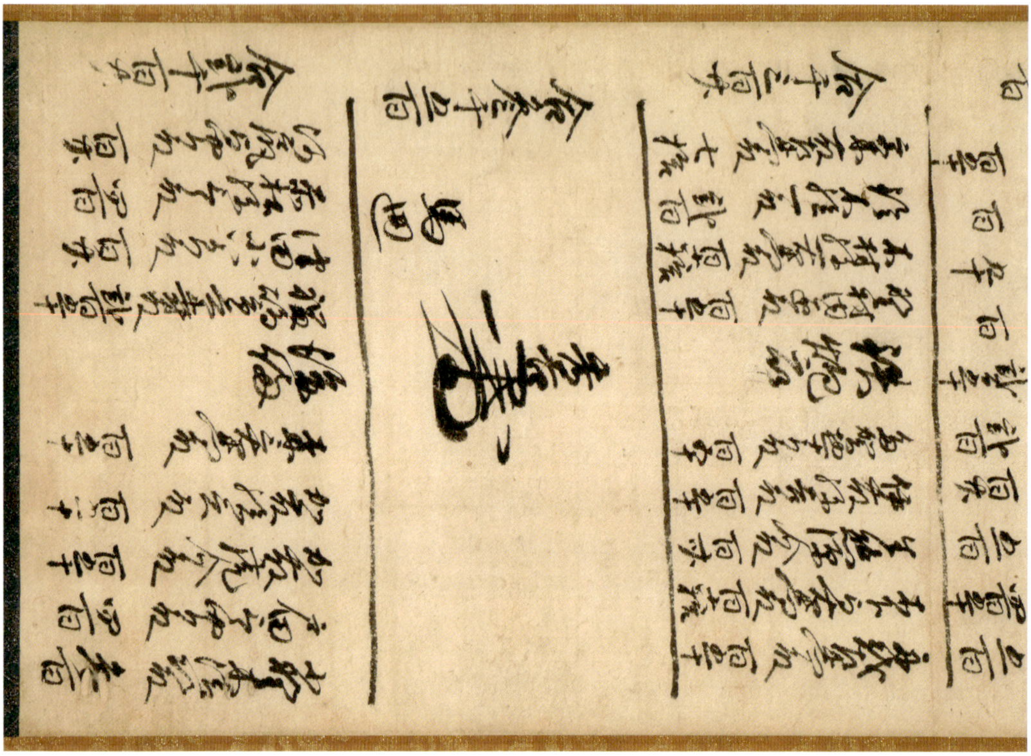

(3)

(1)

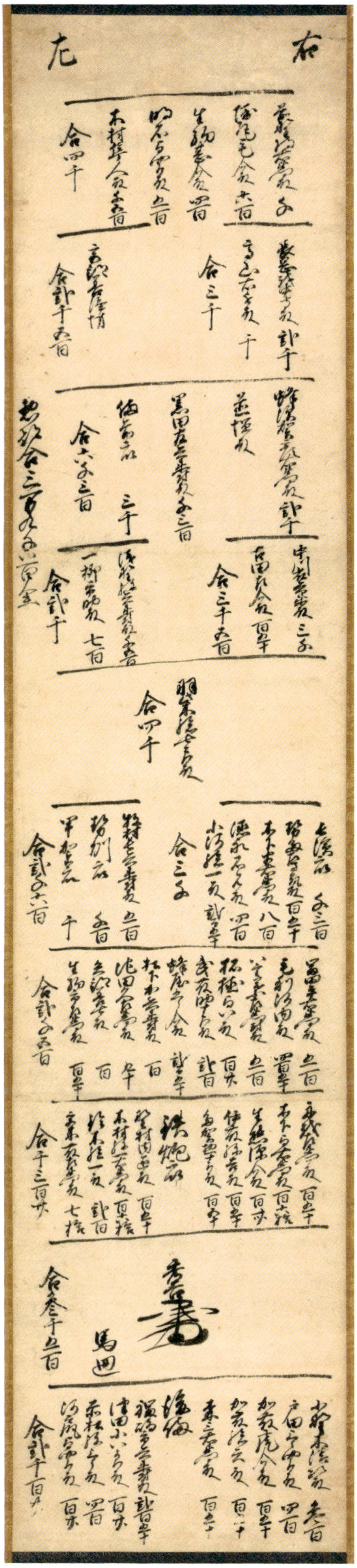

(2)

(3)

41 全姿

42 牡丹花肖柏書状 （年未詳）2月20日 〔24.6 × 41.3〕

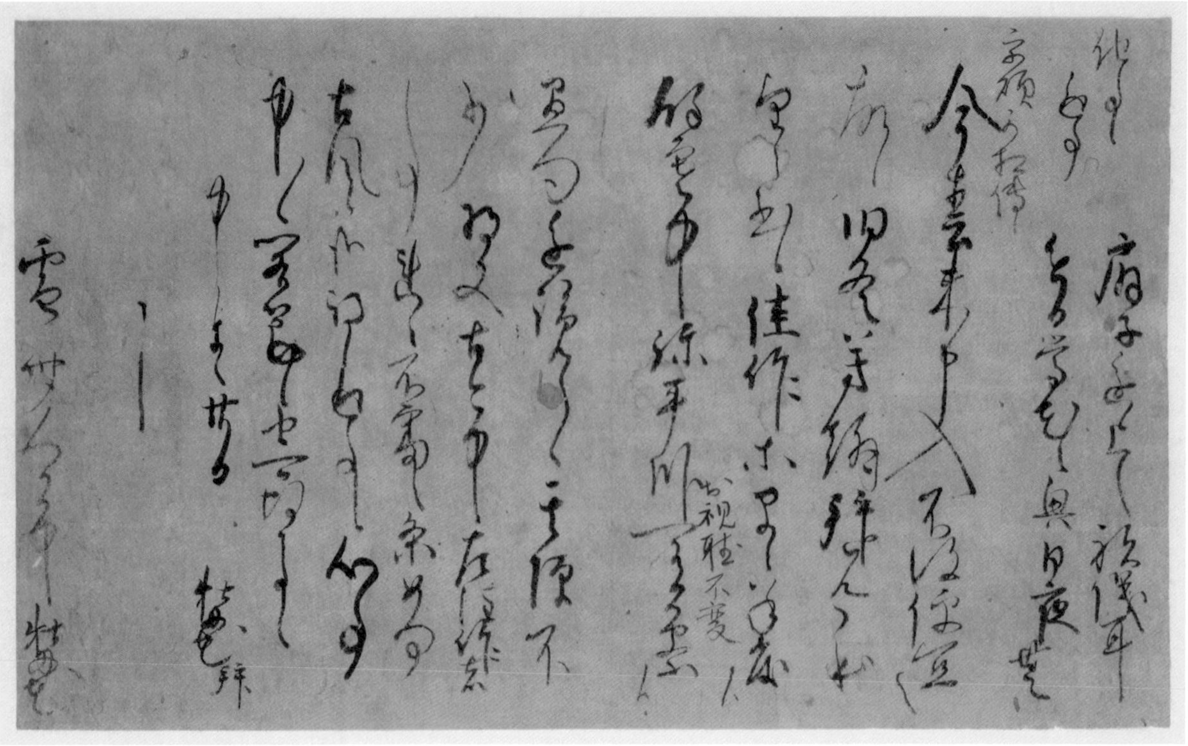

43 千利休書状 （年未詳）9月26日 〔28.2 × 41.0〕

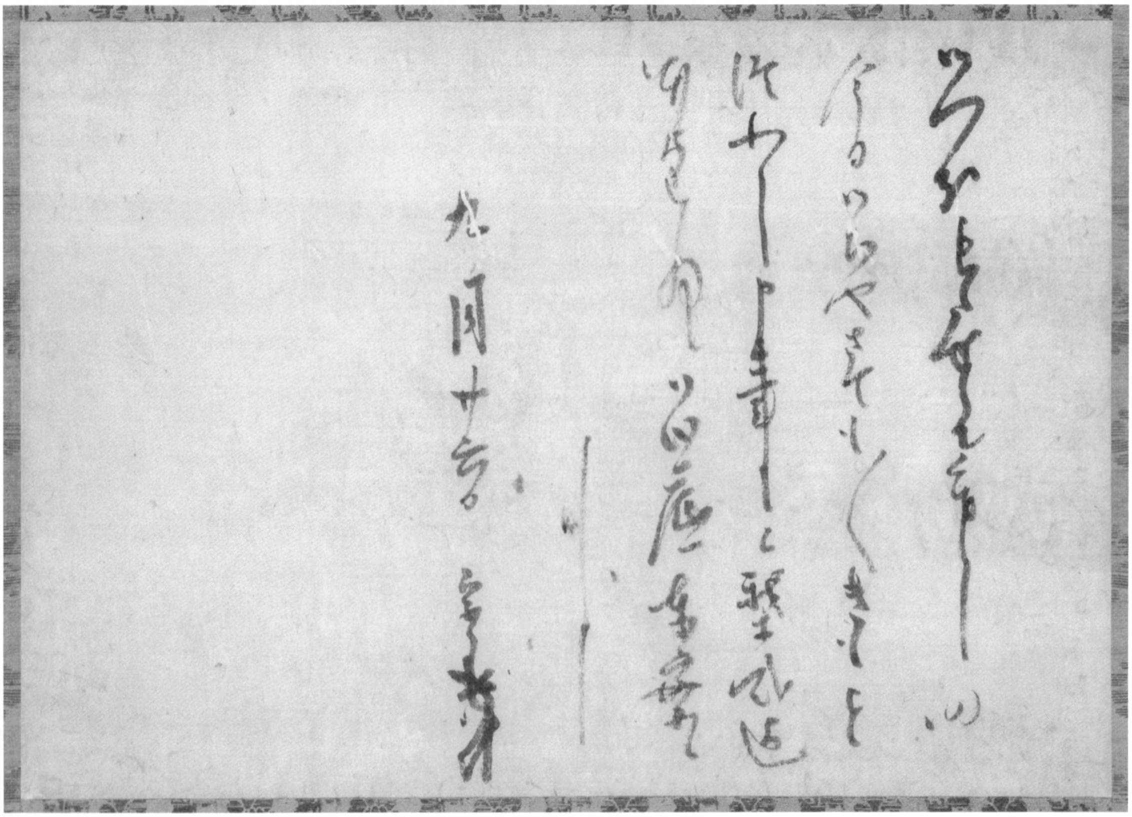

44 古田重然(織部)書状 (年未詳) 10月20日 〔31.4 × 45.2〕

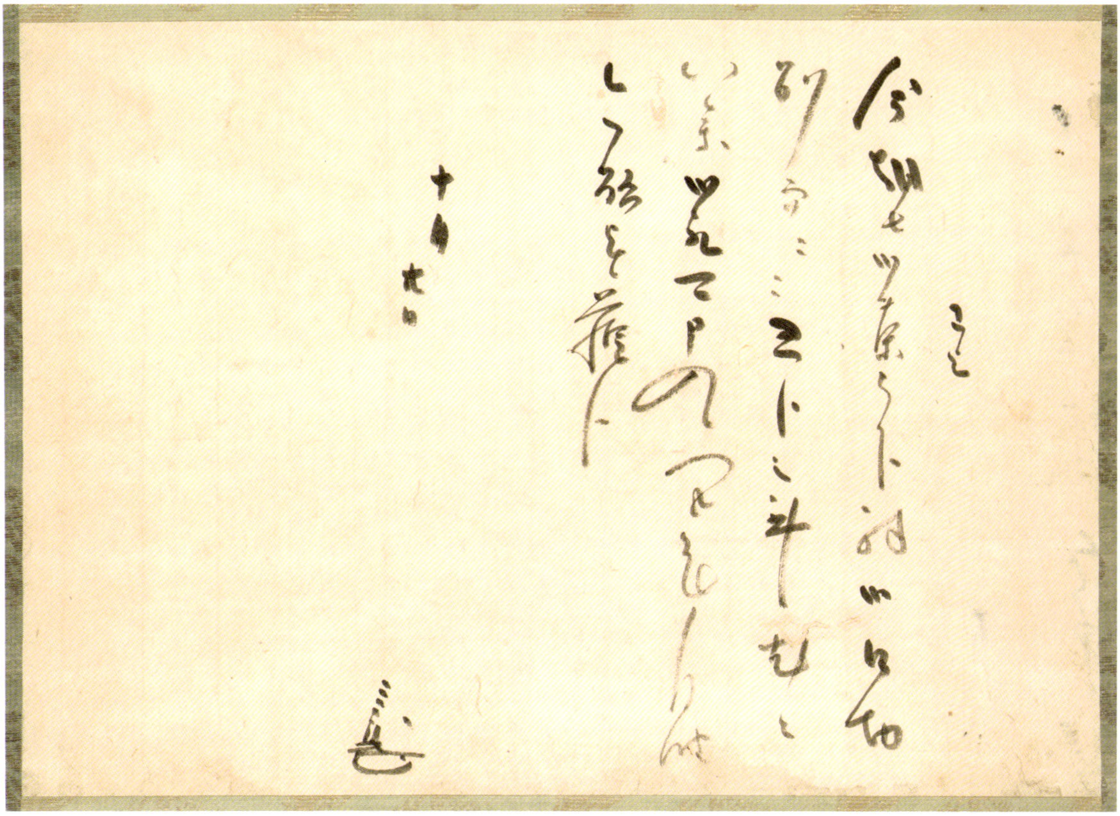

附録

―武家手鑑・尊経閣古文書纂・宸翰文書類　押印一覧―

凡例

一、本表は、『尊経閣善本影印集成』第十輯に収録された文書に捺された押印を整理したものである。

一、朱印状の朱印など差出に相当する押印については、本文図版・書誌一覧で示しているため、本表では除外した。

一、押印の印影と、その印が捺された文書番号を掲出した。なお、各文書群の名称については、紙幅の都合により次のように省略した。

武家手鑑→武家　旧武家手鑑→旧武家

〔尊経閣古文書纂　諸家文書〕飯尾文書→飯尾　蜷川文書→蜷川　加藤文書→加藤　駒井文書→駒井

日置文書→日置　野上文書→野上　中原文書→中原

〔尊経閣古文書纂　社寺文書〕石清水八幡宮文書→石清水　仁和寺心蓮院文書→心蓮院　宝菩提院文書→宝菩提院

東福寺文書→東福寺　蓮養坊文書→蓮養坊　南禅寺慈聖院文書→慈聖院　天龍寺真乗院文書→真乗院

天龍寺周悦関係文書→周悦　実相院文書→実相院　神護寺文書→神護寺　西興寺文書→西興寺

青蓮院文書→青蓮院

〔尊経閣古文書纂　編年雑纂文書〕編年文書→編年　朝鮮文書→朝鮮　外国文書→外国　俳人等文書→俳人

未定文書　止→未定止　未定文書　知→未定知　未定文書　後鑑類→後鑑類　宗教関係文書→宗教

宸翰文書類→宸翰

一、押印文書が複数点ある場合、印影の画像はもっとも鮮明なものを掲出し、その典拠については押印文書欄で**ゴシック体**にて示した。また、印文の判読に資するため、印影の色調を適宜補正した。

一、押印の縦×横（㎝）を寸法欄に示した。ただし、割印など印形が不完全な事例については残存部の最大値を採用し、（　）で示した。また、押印文書が複数点ある場合、印影に採用した事例の数値を表記した。

一、紙背や極札など本文図版で掲出されていない箇所に捺された押印については、押印の位置がわかるよう適宜注記した。なお、押印の位置については、書誌一覧も参照。

No.	1	2
印影		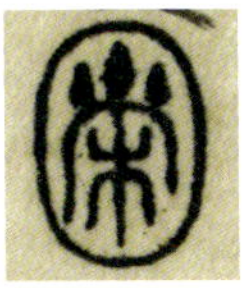
印文	琴山	栄
寸法（cm）	1.4×1.3	1.2×0.8
押印文書	武家上9・14・15・22～25・28・29・43・44・46・47・50（いずれも極札）／旧武家1・2・11～13・18・19・21・23・25・28・29・33・35・41・45・47・51・52・54～57・60・66・68～70・73～76・79・82・86・89・92～96・98・102・104・108（いずれも極札）、14・103（いずれも紙背）／日置1～5（いずれも極札）／東福寺91・97・172（いずれも極札）／蓮養坊8・11・21・23～26（いずれも極札）／慈聖院1・3・4・15（いずれも極札）／**実相院21極札**／青蓮院3極札／編年42・50・51・57・71・85・98-1・100・110・126-4・126-5・128・129-2・129-3・149・151・197・200・203・236・238～240・249・250・258・270・272・279-1・280・296・378・379・405・406・432・444・445・509・510・514・515・517・520・523・532・540（いずれも極札）、280・300・373（いずれも紙背）／俳人8・9（いずれも極札）／後鑑類1・8（いずれも極札）／宸翰27・30・39（いずれも極札）、30軸付紙	武家上14・15・22～25・28・43・44・46・47・50（いずれも極札裏）／旧武家1・12・19・21・23・25・28・29・35・41・47・51・52・54～57・60・66・68～70・73・74・76・79・82・86・89・92～96・98・104・108（いずれも極札裏）／東福寺172極札裏／蓮養坊8・11・21・23～26（いずれも極札裏）／慈聖院3・4・15（いずれも極札裏）／実相院21極札裏／青蓮院3極札裏／編年42・98-1・100・149・240・296・510・517・520・532（いずれも極札裏）／**後鑑類8極札裏**／宸翰39極札
備考		

No.	3	4	5	6	7
印影					
印文	了佐	増	高山寺	重	草
寸法（cm）	2.0×(0.5)	0.5×0.5	4.3×1.8	1.4×1.3	0.9×0.7
押印文書	武家上14・22（いずれも極札裏）／旧武家35・**47**・52・56・73・76・82・89・98（いずれも極札裏）／東福寺172極札裏／蓮養坊21・23～26（いずれも極札裏）／慈聖院3・4・15（いずれも極札裏）／実相院21極札裏／青蓮院3極札裏／編年42・279-1・510・520（いずれも極札裏）／後鑑類8極札裏	武家上16～19・34・36・45・48（いずれも別置札）／旧武家5・6・**9**・15・17・20・22・34・44・61・83・99・100・103（いずれも付箋）、62・78（いずれも貼紙）／飯尾27貼紙	武家上19／**武家中6**／編年111	武家上37極札／旧武家30・43・48・64・65・77・105（いずれも極札）／**神護寺1極札**／編年113・145・359・399・433（いずれも極札）／宗教14～16（いずれも極札）／宸翰43・44（いずれも極札）	武家上38奥裏／武家中13端裏／宝菩提院1・16・20・21・23・24・30・31・84（いずれも端裏）、3・85（いずれも紙継目裏）、4・5・7・9・12・15・19・25・26・28・29・34・37・38・40・42・44・47・48・57・59・61・66～70・72・74～78・80・83（いずれも本紙奥裏）、6・**10**・11・13・14・17・27・32・33・35・39・41・43・45・46・49～51・53～56・60・62～64・71・73・81（いずれも奥裏）、52奥、58本紙端裏
備考			擦消し		

No.	印影	印文	寸法（cm）	押印文書	備考
8		了□（佐）	（1.0）×0.7	武家上43極札裏	
9		高□（利カ）	1.3×1.3	**武家上49**／編年136	
10			（1.8×0.9）	**武家下28端下**・奥下	
11			2.4×1.5	旧武家9本紙端裏	
12			（0.7×1.6）	旧武家9紙背	
13		高山寺	4.4×1.8	**旧武家20**／石清水22／編年192・195	擦消し
14	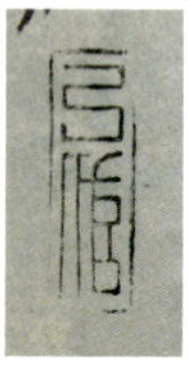	了佐	2.0×0.6	旧武家24極札	
15		長延	1.2×0.7	**旧武家40**・42・72（いずれも極札）	

No.	印影	印文	寸法（cm）	押印文書	備考
16		忠	1.4×1.4	旧武家41端裏	
17		経徳	1.6×0.8	旧武家44紙背	
18			0.8×0.8	旧武家52紙背	
19			（1.9）×1.0	旧武家52紙背	
20		季	0.9×0.9	旧武家52紙背	
21			1.3×1.3	旧武家79本紙奥裏	
22		諸カ	1.0×1.0	旧武家81紙背	
23		正	0.5×0.5	旧武家83付箋	

No.	24	25	26	27	28	29
印影						
印文		正誠	大雲	敬	仁和寺 心蓮院	仁和寺 心蓮院
寸法（cm）	（1.4×0.7）	1.8×1.8	2.1×2.1	3.3×3.5	4.6×3.0	4.8×3.6
押印文書	旧武家90本紙紙背	加藤附属	野上1～9・11～**18**（いずれも本紙端裏）	**石清水13（表紙・軸付紙）**、20（表紙・軸付紙）	**心蓮院1**～8・10	心蓮院9・11・**12**～17
備考				石清水13は、書誌一覧では裏打紙に押印としたが、軸付紙に訂正	心蓮院3～5・8は擦消し	

No.	30	31	32	33	34	35
印影						
印文	[illegible]	寺□（真カ）	拝	茂入道順	安次	校了
寸法（cm）	3.4×3.3	2.0×1.9	1.2×1.3		1.6×1.1	1.5×1.0
押印文書	東福寺1・173・174、4・9・10・12・15・20・23・24・34・37・39・43～45・49・73（いずれも奥裏）、5・16・25～29・38・42・48・50・101・103（いずれも端裏）、18・19-1・41・54・62・72（いずれも本紙端裏）、19-2・40・46・47・53・55・66・81（いずれも本紙奥裏）、29礼紙端裏、101・103（いずれも懸紙）	東福寺1・18・**19**（いずれも紙継裏目）	東福寺84極札／**慈聖院32極札**／編年48・126-4・144・178・231・259・361・400・404・409・410・514（いずれも極札）	東福寺84極札裏／編年400・409・410（いずれも極札裏）	**東福寺138-1奥裏**／編年500	慈聖院2付箋
備考				極札の上下両端を糊付けするため撮影・計測不能		

No.	印影	印文	寸法（cm）	押印文書	備考
36		近	1.6×1.6	慈聖院12・16・17・20～24・26・27・29・30・34・35・37～39・41～47・慈聖院附属文書	
37		長ヵ	1.9×1.9	慈聖院12・22・26・27・29・30・34・35・37～39・41～47（いずれも奥裏）、20端裏、28本紙奥裏	
38			1.2×1.2	慈聖院14・18（いずれも奥裏）	
39		牛庵	1.9×1.2	慈聖院15極札／真乗院6・8（いずれも極札）／青蓮院3極札／後鑑類8極札	
40			1.1×1.1	慈聖院18・19（いずれも奥裏）	
41			（1.4）×1.6	真乗院4・7（いずれも紙背）	横長は輪郭を確認できるため全長を測る、No.42・43と同印か
42			1.6×（0.9）	真乗院5紙背	No.41・43と同印か
43			（1.6）×1.6	真乗院8紙背	No.41・42と同印か
44		当安	1.0×0.6	神護寺附属包紙	
45	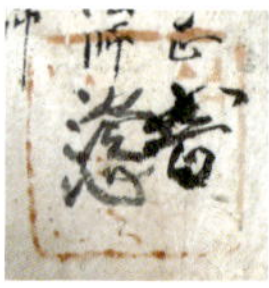	（東大寺印ヵ）	4.7×4.6	編年8～10	
46		東大寺印	5.9×5.8	編年11～15・16	
47			1.2×0.8	編年36	No.59と同印か
48		前田氏尊経閣図書記	4.6×4.7	編年40-1	
49	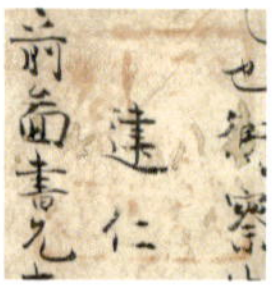		6.3×6.2	編年43	
50			1.4×（0.9）	編年54端裏	

No.	印影	印文	寸法(cm)	押印文書	備考
51			1.2×1.7	編年63	輪郭を確認できるため全長を測る
52		閑極	1.1×0.7	編年**79**・102・220（いずれも紙背）、216	編年79・102は書誌一覧で「栄極」としたが訂正
53		了佐	2.0×0.7	編年100附属文書（極月八日古筆了祐書状）	
54			1.1×1.1	編年126－4奥裏	輪郭を確認できるため全長を測る
55		（元歴カ）	2.7×（1.5）	編年129－1奥裏	
56		元歴	2.0×1.5	編年132端裏	
57		福カ	2.2×2.2	編年198・451、198・276－1・317・371・408・**451**・460・491（いずれも紙背）	
58		姚黄軒	4.4×4.4	編年198・276－1・317・371・408・**451**・460・491（いずれも紙背）	
59		□波	1.2×0.8	編年202（端下・奥下）	No.47と同印か
60			1.1×1.1	編年260端裏	
61				編年268本紙紙背	印文不鮮明のため撮影・計測不能
62	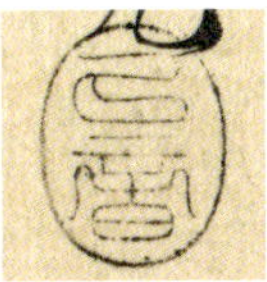	了音	1.1×0.9	編年279－1極札	
63		了佐	2.0×（0.3）	編年296極札裏	原本は天地逆
64			1.7×1.7	編年400・**409**（いずれも本紙紙背）	

No.	印影	印文	寸法（cm）	押印文書	備考
65			1.7×1.7	編年410紙背	
66			0.8×0.6	編年416紙背	
67			1.6×1.1	編年437本紙奥裏	
68		真□	(1.3)×0.7	編年549端裏	
69			(0.7)×0.8	編年549端裏	
70		顕莫	1.5×1.5	編年554・569附属善徳寺書状	
71		晴寛	3.0×3.0	編年554・569附属瑞泉寺常照書状	

No.	印影	印文	寸法（cm）	押印文書	備考
72			（1.6×0.6）	朝鮮1（軸付紙）	印No.75と同か
73			（1.5×0.9）	朝鮮1（軸付紙）	印No.74と同か
74			（0.9×1.0）	朝鮮1（紙背）	印No.73と同か
75			（1.7×0.7）	朝鮮1（紙背）	印No.72と同か
76			1.8×0.9	朝鮮4（本紙・表紙・**軸付**の紙継目裏）	
77			1.1×1.1	未定止1本紙紙背	印No.78と同か
78			（1.1×0.6）	未定知2	印No.77と同か

No.	印影	印文	寸法（cm）	押印文書	備考
79			1.8×1.8	宗教2本紙紙背	
80		高山寺	3.9×1.8	宗教6・8・30	
81		高山寺	4.8×1.6	宗教7本紙紙背	
82		[illegible]	3.3×3.2	宗教14・16	
83		[illegible]	3.3×3.2	宗教15	
84		塩穴寺	4.7×1.8	宗教25	
85			1.1×1.6	宸翰1～24・附-1・附-2・軸付紙（いずれも紙継目裏）	
86			1.2×(2.0)	宸翰30紙継目裏	

解説

前田育徳会尊経閣文庫

本冊では、「尊経閣古文書纂　編年雑纂文書」のうち、未定文書止・知・利・後鑑類、宗教関係文書、記録断片、および宸翰文書類を収載した。
　また、前田育徳会尊経閣文庫編『尊経閣善本影印集成86　尊経閣古文書纂　編年雑纂文書四』（八木書店、二〇二四年）と同様に、文末に旧整理番号と原蔵者についてまとめた【附表1】「未定文書　止〜利／後鑑類／宗教関係文書／記録断片　旧整理番号・原蔵者一覧」を掲載した。

未定文書　止〜利

未定文書　止〜利について

未定文書　止には、現在は徳川代文書並41に編入されている未定文書　止10を除き、計九通の文書が収録されている。旧整理番号は、いずれも七号二十六番である。すべて書状（書札様文書）で占められており、旧七号二十六番の「雑文書」のうち、社寺・編年文書に編成されなかった「以下年代判明セザルモノ」が収められている。
未定文書　知には、計十六通の文書が収録されている。旧整理番号は、未定文書　止と同じく七号二十六番であるが、「尊経庫蔵古文書纂」に「古文書断簡」とあるように、断簡類がまとめられた文書群である。
未定文書　利には、計八通の文書が収録されている。旧整理番号は、未定文書　利8のみ七号二十四番乙で、他はすべて七号二十七番である。

原蔵者について—東大寺旧蔵文書—

未定文書　利1〜5は、その内容から東大寺旧蔵の文書であったと考えられる。また、前田家によって付された旧整理番号から、もとは未定文書　伊18・20・21とともに、七号二十七番としてまとめられていたことがわかる。
　同じく東大寺文書である編年文書8〜16については、前田育徳会尊経閣文庫編『尊経閣善本影印集成84　尊経閣古文書纂　編年雑纂文書一』（八木書店、二〇二三年）で解説を加えたが、こちらが東南院文書に類する文書群であるのに対し、未定文書　伊18・20・21、同　利1〜5は未成巻文書[1]と共通する固有名詞や内容を有していることが留意される。未定文書　伊・利（旧整理番号七号二十七番）の東大寺旧蔵文書がどのような経緯で前田家へ伝来したのかは不詳だが、編年文書に編入された東大寺文書とは異なるルートで伝来した可能性がある。

未定文書　後鑑類

未定文書　後鑑類には、現在は石清水八幡宮文書104に編入されている未定文書　後鑑類2を除き、計七通の文書が収録されている。
収納形態は、全文書を一括して畳紙に収める。畳紙の法量は、縦六三・三糎、横九九・一糎。畳紙の表には、「未定文書」と墨書した貼紙。裏には「四号　二十一番」「有判文状　四号　第百壱番ヨリ同百五番マテ」と朱書。
「後鑑」とは「のちのちの手本」[2]の意であり、名筆家の手になる文書群のごとくであるが、すでにある「武家手鑑」等とは別置されていることから、ここでは「真跡であれば後鑑となるべき文書」または「筆者不詳だが後鑑とすべき名筆の文書」という趣旨かと考えられる。例えば、未定文書　後鑑類1には附属の包紙があり、「『古切三号一番　西園寺公

衡消息　可考モノ』　西園寺公衡消息ヵ　未定　一番」と書き込まれている。この包紙は近代の罫線紙を流用したものであり、おそらくは「尊経閣古文書纂」が編纂された明治末年ごろの記述と考えられる。本文書は、記載内容や花押からみて公衡直筆の書状に相違なく、本来は編年文書に入れられてよい古筆であるが、「尊経閣古文書纂」成立の時点では真跡と断ずることができず、後鑑類という分類を設けて編入したのであろう。

逆に、真跡と判ぜられながら後鑑類に入れられたのが、未定文書　後鑑類8である。当該文書には、附属文書として古筆家の畠山牛庵・古筆了祐による極札と、それを取り次いだ前田家家臣西坂猪之助の添状がある。それぞれの釈文は左の通りである。

①畠山牛庵極札

判形　武田勝頼 其已後之行如何　（朱印「牛庵」）

②（年未詳）正月八日西坂猪之助書状（畠山牛庵極札取り次ぎ）

勝頼書翰之判形之札、畠山牛庵ゟ指越申候間、上之申候、了祐札申遣、指越次第指上可申候、以上、

正月八日　西坂猪之助

③古筆了祐極札

（表）武田殿勝頼　御判形 其已後之行如何　消息　（黒印「琴山」）

（裏）八月十五日 山県三郎右兵衛尉殿　（朱割印「了佐」）　文　壬戌正（黒印「栄」）

④（年未詳）二月十七日西坂猪之助書状（古筆了祐極札取り次ぎ）

勝頼書翰之判形極札、古筆了祐方ゟ指越申候間、上之申候、以上、

二月十七日　西坂猪之助

畠山牛庵（二代）・古筆了祐は、いずれも十七世紀後半に活動した古筆家である。また西坂猪之助は、前田家第五代綱紀の下で書物奉行を務めたことから、未定文書　後鑑類8は綱紀のころに前田家へ伝来したものと考えられる。牛庵・了祐とも、本文書を武田勝頼判物と極めているが、明治四十三年（一九一〇）春作成の「尊経庫蔵古文書纂」には、「山県昌景、天正三年五月長篠役ニ戦死ス、此文書長篠役ノモノ、如クナレドモ、月日合ハズ、姑存疑」と朱筆の書き込みがあり、内容に不審点があったために「武家手鑑」や「編年文書」には編入されなかったようである。しかし、本文書にみえる「長篠」とは天正三年（一五七五）の長篠合戦ではなく、天正元年（一五七三）の徳川家康による長篠城攻めを指すと考えられる。この時の長篠城主菅沼正貞は山県昌景の指揮下にあり、内容的にも当時の情勢に合致するため、真正の文書としてよいであろう(3)。

他の文書についても、一見して古筆・名筆でありながら「武家手鑑」や編年文書等への編入を保留された文書が、便宜的に後鑑類に収められたと考えられる。

宗教関係文書

宗教関係文書は、法会の次第や宗義の注釈書など計六十六点からなる

文書群である。近代の分類によって「宗教関係」と称するが、旧整理番号の注記や文書の紙背貼紙に「仏事」「仏教」などとあるように、実態は仏教関連の文書群である。

収納形態は、全文書を一括して畳紙に収める。畳紙の法量は、縦六二・二糎、横一三九・二糎。畳紙の表には、「四号　四十四番」と朱書、「完結ス　宗教関係文書　三十二通」と墨書。裏には「包共三拾四枚　外ニ書状一通」と貼紙。

旧整理番号は、古切三号十番および七号十九・二十二・二十三・二十六番であるが、おおむね年代順に並べ替えられている。

これらの文書が伝来した経緯は不明だが、前田家が法会次第書や宗義書を積極的に収集したとは考えがたく、著名な武家の文書を収集する過程で、副次的に入手したのであろう。

なお、宗教関係文書のなかには、その内容から原蔵者が判明する文書が認められる。ここでは、特に伝来の事情を推察し得る高山寺と東福寺栗棘庵の旧蔵文書についてふれておく。

高山寺旧蔵文書

高山寺は、山城国葛野郡（京都市右京区梅ヶ畑）栂尾に所在する真言寺院である。平安時代には神護寺十無尽院と称する神護寺別所であったが、後鳥羽上皇によって明恵に与えられ、高山寺として中興開山された。[4]

前田家伝来の文書や典籍には、高山寺の旧蔵であったことを示す「高山寺」の朱印が捺されたものが散見するが、印文が残るものと、印文を擦り消したものの二種類が確認できる。このことは、文書の内容や伝来経緯に関わると考えられるため、それぞれに検討を加えたい。

まず、「高山寺」朱印の印文が擦り消されている文書についてふれる。この事例に該当するのは、武家手鑑上帖19、同中帖6、旧武家手鑑20、石清水八幡宮文書22、編年文書111・192の六通である。うち、前田家に伝来した経緯が判明しているのは石清水八幡宮文書22のみであるため、同文書を手がかりとして、印文擦り消しの背景と伝来事情について述べる。

石清水八幡宮文書22は、擦り消されていて不鮮明ではあるが、事書の左下に「高山寺」朱印が認められ、高山寺旧蔵であったことがわかる。その内容から、厳密には高山寺子院であった方便智院（東坊）の旧蔵品であろう。同文書の端裏には「耳箱」と貼紙があって、眼・耳・鼻・舌・身・意の六箱からなる高山寺経蔵の箙《えびら》入子六合の耳箱に収められていたことを示している。この箙入子六合の作成時期は、およそ寛永年間（一六二四～四四）の高山寺経蔵整備のころとされている。[5]

石清水八幡宮文書22は、石清水八幡宮文書に附属の貞享五年（一六八八）三月十二日「東竹書翰古目録」に記載されており、貞享五年に石清水八幡宮祠官家から前田家へ伝来したことが判明している。[6]

以上のことから、石清水八幡宮文書22は、寛永年間ごろまでは高山寺の所蔵であったものが、貞享五年以前に石清水八幡宮祠官家の手へ渡り、貞享五年に前田家へ伝来したことになる。

高山寺や前田家が蔵印を擦り消す積極的理由はないため、[7] 石清水八幡宮文書22の「高山寺」朱印の擦り消しは、同文書が高山寺から流出して前田家に伝来する貞享五年までの間に行われたと考えられる。

石清水八幡宮文書22以外の文書で擦り消しが行われた理由は不明だが、いずれも前田家に伝来する以前に擦り消されたものと推測される。換言すれば、「高山寺」朱印が擦り消されている文書は、高山寺から直接伝来したものではなく、第三者を経由して前田家の所有となったのである。
これに対して、「高山寺」朱印の印文が残る文書は、宗教関係文書6～8、30の四通である。前田育徳会が所蔵する高山寺旧蔵の文書や典籍について、石川県立美術館編『―加賀文化の華―前田綱紀展』（石川県立美術館、一九八八年）の解説では、明確な記録はないものの、諸般の事情や包紙等から推して綱紀治政下に高山寺より伝来したとみている。右の推論を補強するために、前田育徳会蔵「秘密勧進帳」（『尊経閣文庫国書分類目録』三〇四頁五行目）の包紙に記された識語に注目したい。

元本栂尾書籍之内
　秘密勧進帳
一於京都御屋敷書写仕候、
　自丑十二月九日書写初、同十日書写相済　筆耕 金岩七右衛門
　丑十二月十四日一日ニ校合相済　同 磯野祐謙
　寅正月廿六日一日ニ再校相済　同 堀田三説
（中略）
一元本筆者栂尾居住一音坊ゟ申隠者調申候由、新写ニ而御座候、
一音坊実名顕証ト申候而、拾ヶ年以前迄在世之由ニ御座候、
（前田綱紀筆）「此元本内寅三十二一覧、近代之中古ノ写本也、但筆跡ハ上也、
　僧家之能書也、上代の筆勢とミユル者也、」

原本の筆者とされる一音坊顕証は、江戸時代前期に活動した仁和寺心蓮院の僧である。顕証はまた高山寺にも住し、仁和寺・高山寺の蔵書数千巻を修補したほか、高山寺法鼓台の聖教を借覧して書写したとされ、延宝六年（一六七八）に没した。(8) 右の識語では、前田家による書写の時期は「丑十二月」とされ、また綱紀自ら「此元本内寅三十二一覧」（貞享三年）としていることから、「秘密勧進帳」は乙丑＝貞享二年（一六八五）に書写されたと考えられる。
右の事例から、綱紀の代に、前田家と高山寺との間で直接的な交流のあったことがうかがわれる。「高山寺」朱印の残る文書・典籍のすべてが高山寺から直接伝来したと確言することはできないが、綱紀治政には高山寺と関係の深い神護寺の文書も伝来していること(9)から、有力な伝来ルートとみてよいであろう。(10)

東福寺栗棘庵文書

宗教関係文書14～16は、東福寺開山である円爾（高弁、聖一国師）が、法嗣の白雲恵暁に与えた印信である。恵暁はのちに東福寺塔頭となる栗棘庵を創建するが、この栗棘庵には、円爾が臨終に際して恵暁に授けた約五十通におよぶ印信群（「栗棘庵印信群」）が伝存している。(11) 宗教関係文書14～16の内容は、この「栗棘庵印信群」と軌を一にするもので、東福寺栗棘庵の旧蔵文書であったことは明らかである。
「栗棘庵印信群」は、もとは一点ごとに折りたたまれて保管されていたと考えられるが、江戸時代の仏照禅師（恵暁）の遠忌記念事業によって、元禄九年（一六九六）・延享三年（一七四六）の二度の修復を経て、現在は巻子装となっている。(12) このことから、宗教関係文書14～16は遅くとも元禄九年以前に栗棘庵から流出したものと考えられるが、それがいつごろ前田家へ伝来したのかは不詳である。前田家には東福寺文書も伝来しているが、栗棘庵関係の文書は含まれていない。

右に関連して、前田育徳会尊経閣文庫編『尊経閣善本影印集成81　尊経閣古文書纂　社寺文書二』（八木書店、二〇二二年）の東福寺文書解説において、現在京都大学文学部の所蔵する東福寺栗棘庵文書が、延宝八年（一六八〇）に栗棘庵から加賀藩へ贈呈されたものであったことを述べておいた。前田家と栗棘庵との直接的なやりとりがうかがわれる事例ではあるが、京都大学所蔵の文書群には印信類は含まれておらず、異なるルートで伝来したのであろう。

宗教関係文書14～16の紙背には、いずれも古筆了雪の極札が貼られている。了雪は延宝三年（一六七五）に没するため、この極札が前田家伝来にともなうものであるならば、綱紀の代に前田家へ入ったことになる。宗教関係文書15には売買価格の鑑定書とみられる「金五両宛」の朱筆貼紙も認められることから、巷間に流出した文書が前田家に持ち込まれ、綱紀の眼鏡にかなって買い上げられたとも考えられる。

記録断片

記録断片は、種々の先例や書籍の断簡など計十三点がまとめられた文書群である。

収納形態は、未定文書　伊～利を収めた畳紙に同封。

旧整理番号は、記録断片9のみ七号二十二番、他はいずれも七号二十一番である。

記録断片の伝来については、関連する記録がなく不詳である。ただし、その内容によって伝来の背景を推測することができる文書があるため、以下で詳述したい。

記録断片8は、その内容から「康富記」嘉吉三年（一四四三）七月某日条の逸文で、自筆原本と考えられる。「康富記」は、室町時代中期の外記局官人であった中原康富の日記で、国立国会図書館に自筆原本九十三巻が現存する。この国立国会図書館蔵本は、前田綱紀が編成した書籍群「秘閣群籍」の目録に載せられており、もとは前田家の所蔵であったことが、吉岡眞之氏により明らかにされている。国立国会図書館蔵本には天和二年（一六八二）十一月付の譲状が附属しており、ある人物の懇望を受けて、中原（押小路）師庸が家伝の「康富記」九十三巻を進上したという。吉岡氏は、この「康富記」を懇望した人物を綱紀とみているが、前田育徳会蔵の「古筆極札目録等」には、綱紀治政下の天和～貞享年間に前田家が中原師庸から「師守記」等の典籍を買い上げた記録が残されており、首肯すべき指摘といえよう。このことから、「康富記」の自筆原本は、江戸時代初期までには康富の子孫から中原氏宗家の押小路家へ、次いで前田家へ移っていたことがわかる。ただし、国立国会図書館蔵本が天和二年時点で巻子装・九十三巻構成であったのに対し、記録断片8はまくりの状態で伝存していることから、後者は元和二年より前にもとの日記から分離していたと考えられる。

ところで、記録断片1－1の第三紙紙背には、大外記押小路（中原）師象の書状（案文か）が認められる。おそらくは押小路家で保管されていた反古紙を用いたと考えられるが、記録断片1は継紙であることから、他の紙背文書も押小路家に関わる文書の可能性がある。加えて押小路家は、近世には前田家から俸禄を受けていたともされ、前田家とは浅からぬ関係にあった。史料的裏付けはないものの、記録断片1・8は、綱紀の代に押小路家から伝来した可能性が高いであろう。

なお、記録断片3－2は、薄紙の両面に墨書があり、判読が非常に困難であるため、利用の便を考慮して注に全文の釈文案を掲げておく。[18]

宸翰文書類

宸翰文書類には、これまで紹介した「武家手鑑」「旧武家手鑑」「尊経閣古文書纂」に含まれない、古代・中世の文書四十四点を収載した。[19]

1～24「三朝宸翰」

「三朝宸翰」は、伏見・花園・後醍醐三代の自筆消息二十四通を二巻に装幀したものである。一巻に花園天皇（上皇）の消息十二通、もう一巻に後醍醐天皇の消息十通および伏見天皇の消息二通を、それぞれ継いで巻子装にしている。[20]現在の出納番号は、古筆類宸翰書部貴十八号である。

収納形態は、二巻を三重の収納箱に収める。外木箱の法量は、幅一八・八糎、奥行き三九・八糎、高さ一四・九糎。外箱の上面に墨書「伏見　花園　後醍醐　三朝宸翰　尊円奥書龍山跋語　二巻」、外箱側面に貼紙「宸翰類（朱印「貴」）　第拾八号」「宸一八」「国宝（朱印）」。中木箱の法量は、幅一六・〇糎、奥行き三七・二糎、高さ一〇・八糎。中箱の上面に墨書「花園　後醍醐　伏見　三朝宸翰　尊円奥書龍山跋語　二巻」と貼紙「卅九番」「御箱御上書　松雲院様御宸筆」、中箱底に貼紙「拾五号」。内金梨子地漆箱の法量は幅一四・二糎、奥行き三五・〇糎、高さ八・三糎。

二十四通すべて宛所を欠いているが、内容および各代消息群の末尾に記されている追筆（「已上廿四枚　花園院御筆也」など）から、伏見・花園の消息は、伏見天皇の子で花園天皇の異母弟である青蓮院尊円親王（一二九八～一三五六）に宛てたもの、後醍醐の消息は、同天皇の叔父である青蓮院慈道親王（一二八二～一三四一）に宛てられたものである。また、紙背の一部に版経の痕跡が見られ、後醍醐・伏見巻の奥書に「以之配当品、非無深意耳」とあることから、三天皇の追善供養のために、尊円親王が宸翰の裏に法華経を摺写したとされている。[21]

二巻とも奥に「准三宮」、すなわち近衛前久（龍山、一五三六～一六一二）の跋文を記した一紙が継がれていることから、尊円・尊道親王の没後、青蓮院にあった二十四通は、遅くとも十六世紀末には近衛家に収蔵され、現在の形に成巻されたものと推定される。[22]

さらに、二巻を収納する中箱に「御箱御上書　松雲院様御宸筆」の貼紙があることから、松雲院＝前田綱紀の代に前田家に入った可能性が高い。

「三朝宸翰」は、その後前田家に伝存されたが、近代に入っても外部の研究者や研究機関の調査はほとんど行われず、一般にあまり知られない状態が続いたようである。昭和十年代に前田家での調査の機会を得た歴史学者の赤松俊秀氏が内容を紹介し、[23]さらに昭和十九年（一九四四）刊行の帝国学士院編『宸翰英華』（紀元二千六百年奉祝会）に、「三朝宸翰」所収の消息の多くが翻刻・紹介されることで、学界に存在が周知されるようになった。

昭和十六年七月三日、旧国宝に指定、昭和三十年二月二日には、文化財保護法に基づき、改めて国宝（文第一五号）に指定されている。

翻刻は、前掲『宸翰英華』第一冊に、伏見天皇消息二通（九二・九三号）、花園天皇（上皇）消息全十二通（一六七～一七八号）、後醍醐天皇消

息のうち14・18～22の六通（一八二～一八七号）の釈文が、「東京都　侯爵　前田利建蔵」として収載されている。

25「後醍醐天皇宸翰感状」

足助重治に宛てた後醍醐天皇自筆の感状を掛幅装に仕立てたものである。現在の出納番号は、書画類宸翰幅部貴二号。

収納形態は、一幅を二重の収納箱に納める。外木箱の法量は、幅一一・七糎、奥行き七四・三糎、高さ一二・二糎。外箱を覆う厚紙の側面に貼紙「宸翰幅（朱印「貴」）第二号　後醍醐天皇宸翰　御感状　一幅」。内黒塗漆箱の法量は、幅八・五糎、奥行き七一・〇糎、高さ九・〇糎。内箱の上面に金字「後醍醐天皇宸翰」、同箱蓋裏に金字「昭和十五年一月　利為謹題」。

同文書の旧蔵者や前田家に入った経緯などについては不明である。同文書を紹介した相田二郎氏によると、同文書は前田家に伝来した古文書手鑑に、大塔宮護良親王の筆として収められていて、昭和に入ってから、黒板勝美氏によって後醍醐天皇の宸翰とされた、としている(24)。

前田家では、当時の南朝顕彰の流行に従って、昭和十五年（一九四〇）、後掲の35「楠木正成証判和田助康軍忠状」および36「後村上天皇綸旨（楠木正行奉書）」とともに、同文書を掛幅装に仕立て、黒漆塗箱を新調して、これに収納した(25)。

昭和十五年五月三日に旧国宝に指定され、昭和二十五年八月二十九日には、改めて重要文化財（文第二七七号）に指定された。前掲『宸翰英華』第一冊二〇一号に釈文が掲載されている。

26「伝後醍醐天皇宸翰消息」

後醍醐天皇が青蓮院の院家尊勝院主某に宛てたとされる消息である。現在の出納番号は、古筆類宸翰書部貴二十五号。

収納形態は、一通を二重の収納箱に納める。外木箱の法量は、幅一〇・七糎、奥行き四〇・〇糎、高さ一〇・八糎。外箱の上面に墨書「後醍醐天皇宸翰　賜尊勝院禅師　一軸」、外箱の側面に貼紙「宸翰類（朱印「貴」）第二十五号」「宸二五」。内木箱の法量は、幅八・四糎、奥行き三七・八糎、高さ六・五糎。内箱の上面に墨書「後醍醐天皇勅書 賜尊勝院禅師 十二月廿日　一軸　世上変化之式言詞更難覃」、内箱の側面に貼紙「四拾四号」。

旧蔵者については不明である。内箱上面の墨書が前田綱紀の筆であるため、綱紀の代に入手した可能性がある。

27～29「伝後醍醐天皇宸翰消息」・「同消息断簡」・「同補任状」

後醍醐天皇真筆とされる文書三点を、一つの木箱に納めている。木箱の法量は、幅九・六糎、奥行き三七・六糎、高さ五・五糎。木箱の側面に貼紙「宸翰類（朱印「貴」）第廿六号」「宸二六」。出納番号は、古筆類宸翰書部貴二十六号である。

三点のうち、29「後醍醐天皇宸翰補任状」については、内包紙の墨書「取次人建部新衛門」および朱筆「五両ノ由一両と申遣」から、包紙に同筆の朱書きのある編年文書121「光厳天皇宣旨」と同時期に、前田家家臣と推定される建部氏の仲介で入手したことがわかる(26)。

30「伝後光厳天皇宸翰消息」

後光厳天皇の真筆とされる三紙を継ぎ立てて巻子装にしたものである。三紙はそれぞれ別文書の可能性が高い。現在の出納番号は、古筆類宸翰書部貴三十一号。

収納形態は、一巻を木箱に納める。木箱の法量は、幅五・五糎、奥行き三五・七糎、高さ六・二糎。木箱の上面に墨書「後光厳院宸翰消息一巻」、側面に貼紙「宸三二」、木箱の底に貼紙「宸翰類（朱印「貴」）第三十一号」「『宸巻』四十六番」。

軸付紙に、寛永十一年（一六三四）の古筆了佐による極書がある。前田家に入る際に了佐の鑑定を受けたならば、前田利常の時代に入手したことになるが定かではない。

なお同文書には、明治二十六年（一八九三）四月十一日の臨時全国宝物取調掛の監査状（第七四七八号）が出ている。

31「後小松天皇宸翰消息」

後小松天皇の消息二紙を継ぎ立てて、巻子に装幀したものである。現在の出納番号は、古筆類宸翰書部貴四十号。

収納形態は、一巻を木箱に納める。木箱の法量は、幅四・九糎、奥行き三四・一糎、高さ五・二七糎。木箱の側面に貼紙「宸翰類（朱印「貴」）　第四十号　後小松天皇御消息」「宸　四〇」。

伝来等については、次の32「未詳（伝花園天皇）宸翰消息」を参照のこと。前掲『宸翰英華』第一冊に釈文と解説が掲載されている（一二三一号）。

32「未詳（伝花園天皇）宸翰消息」

継ぎ立てた仮名消息二紙を巻子装にしたもので、花園天皇の真筆とされて伝来してきた。その後、本文記載の年号から花園天皇筆ではないことが判明し、現在は筆者未詳とされている(27)。出納番号は、古筆類宸翰書部貴七十九号。

一巻を木箱に納める。木箱の法量は、幅八・九糎、奥行き三六・三糎、高さ八・〇糎。木箱の上面に貼紙「花園院宸翰仮字消息花園院ニ非スコト御筆未詳　一巻　後小松院宸翰消息　一巻」、側面に貼紙「宸翰類（朱印「貴」）　第七十九号　筆者未詳御消息」「宸三二ノ二」。

木箱上面の貼紙および木箱の中に別置している旧外包紙の墨書「古跡文徴『八』癸巳新納一二　花園院　かなの御せうそこ　一巻　後小松院　御消息　一巻」から、もとは後小松天皇宸翰消息一巻と一緒に収蔵されていたことがわかる。過去の目録などから前田家に伝来した後小松天皇の消息は前掲31「後小松天皇宸翰消息」一点しか確認できないことから、同文書である可能性が高い。

また、別置包紙の「古跡文徴『八』癸巳新納一二」の記載から、31・32の二点が、前田綱紀時代の癸巳＝正徳三年（一七一三）に前田家に入り、「古蹟文徴」に分類されて保管されていたことが判明する。

33「後陽成天皇宸翰消息」

前闕の後陽成天皇宸翰消息一紙を掛幅装に仕立てたもの。現在の出納番号は、書画類宸翰幅部貴第八号である。

収納形態は、一幅を木箱に納める。木箱の法量は、幅八・〇糎、奥行き五八・〇糎、高さ六・九糎。木箱の上面に墨書「当院様御筆」、木箱の側面に貼紙「宸翰幅（朱印「貴」）　第八号　後陽成天皇御消息」、別の側面に貼紙「二十一番　当院様御□（筆）　末ニ右大臣とのへト有之」、木箱蓋裏に貼紙「『百九拾三番　弐拾八号』」「百四十四番」。

木箱の墨書「当院様御筆」から、後陽成天皇（一五七一～一六一七）が上皇として存命中の十七世紀初めには、現状の掛幅に装幀されて木箱に収められたと考えられる。前田家への入手過程などの詳細については、関係資料がないため、不明である。

34「足利尊氏寄進状」

建武五年（一三三八）、足利尊氏が石清水八幡宮に越中国蟹谷荘地頭職を寄進した文書で、掛幅に装幀されている。現在の出納番号は、書画部朝紳侯部貴六号。

収納形態は一幅を木箱に納める。木箱の法量は、幅六・四糎、奥行き六七・七糎、高さ六・九糎。木箱の側面に貼紙「朝紳諸侯幅（朱印「貴」）　第六号　足利尊氏寄進状」、別の側面に貼紙「有位有封　七十七番　頼朝『尊氏』公寄進状」。

石清水八幡宮に宛てた文書のため、同文書群が前田家に入った十七世紀後半に入手した可能性があるが、関係資料がなく、判然としない(28)。収納箱側面の貼紙や掛紐の紙片「頼朝公在判寄進状」から、前田家では源頼朝の寄進状として伝来されてきたことが分かる。

菊池紳一・川島孝一・徳永健太郎・北爪寛之校訂『史料纂集古文書編　尊経閣文庫所蔵石清水文書』（八木書店、二〇一五年）一三五号に、釈文が掲載されている。

35「楠木正成証判和田助康軍忠状」

和泉国御家人和田助康の軍忠状に、楠木正成が証判を加えたもので、掛幅装になっている。もと「尊経閣古文書纂」天龍寺真乗院文書6で、現在の出納番号は、書画類書幅部貴三号である。

収納形態は、一幅を二重の収納箱に納める。外木箱の法量は、幅一一・七糎、奥行き七一・六糎、高さ一二・〇糎。外箱を覆う厚紙の側面に貼紙「書画幅（朱印「貴」）　第三号　楠木正成証判軍忠状　横物一幅」。内黒塗漆箱の法量は、幅八・五糎、奥行き六八・五糎、高さ九・〇糎。内箱の上面に金字「楠公自筆証判軍忠状」、同箱蓋裏に金字「昭和十五年一月　利為拝題」。

前述したように、同文書はもと天龍寺真乗院文書の一点であり、同文書群の附属資料により、延宝九年（一六八一）に津田光吉の仲介で真乗院より献上され、翌天和二年に正式に前田家に入ったことがわかる(29)。また、同文書と天龍寺真乗院文書8「楠木正儀書状」には、包紙「外題弐枚」に貼付されている畠山牛庵（二代）の極札二枚「楠河内守正成奥ニ行之条幷之端書相加判形　（朱印「牛庵」）」「楠左馬頭正儀端書明日卯刻幷判形　（朱印「牛庵」）」と、次の史料三点（A～C）が付属する。

A一消息
　奥ニ行・判形ともニ、正成正筆直判ニ而御座候、口ノ文言者、代
　筆之由ニ覚申候、今一度拝見仕度候、
一消息
　文言・判形共ニ、正儀正筆と覚申候、
一消息

三通ノ判形、委曲考申候ハヽ、知不申候、此等之趣、被　仰上可
有候、以上、
七月十六日　畠山牛庵

B畠山牛庵方へ楠書翰二通持参仕候処ニ、弥正筆之旨、牛庵覚書幷極札
二枚相調上之申付、右御古筆二枚、最前牛庵覚書一通相添上之申候、
御古筆御印封指上ケ申候、以上、
七月十八日　前田庄左衛門

（紙継）

一消息二通
遂再見申候、正成奥二行・判形共ニ正筆ニ而御座候、正儀文言・
判形共ニ正筆ニ而御座候、正成ノ消息、口より拾一行者、代筆ニ
而筆知不申候、此趣者、外題せはく御座候故、難書延御座候、加
様之儀者、添状ニ相認申候間、能御座候、此等之旨、可被得御意
候、以上、
七月十八日　畠山牛庵

C一楠正成之消息
代金拾枚程可仕候、
一楠正儀之消息
代金弐枚程可仕候、
右之趣、宜様被仰上可被下候、以上、
七月十八日　畠山牛庵
前田庄左衛門様

以上から、ある年の七月十六日に前田家から所蔵消息五通の鑑定依頼を受けた畠山牛庵は、うち二通を楠木正成・同正儀の真筆と判断し（A）、さらに正確を期すため、翌々日に二通の再鑑定を行った上で、極札と極状を認め（B）、正成消息は金十枚、正儀消息は金二枚であると評価している（C）[30]。

その後、同文書は天龍寺真乗院文書の一通として伝存したが、昭和十五年（一九四〇）、前述の25「後醍醐天皇宸翰感状」および次の36「後村上天皇綸旨（楠木正行奉書）」とともに、南朝顕彰のため、掛幅に改装されて別置された。

36「後村上天皇綸旨（楠木正行奉書）」

楠木正行が後村上天皇の意を奉じて、東大寺執行に発給した綸旨を掛け幅に仕立ててある。天保十二年（一八四一）に前田斉泰によって増補がなされた「武家手鑑」に編入された文書であり[31]、現在の出納番号は、書画類書幅部貴四号。

収納形態は、一幅を二重の収納箱に納める。外木箱の法量は、幅一一・七糎、奥行き七一・五糎、高さ一一・三糎。外箱を覆う厚紙の側面に貼紙「書画幅（朱印「貴」）　第四号　執達状　楠木正行筆　横物一幅」。内黒塗漆箱の法量は、幅八・八糎、奥行き六四・四糎、高さ八・八糎。内箱の上面に金字「小楠公自筆執達状」、同箱蓋裏に金字「昭和十五年一月　利為拝題」。

宛所から、もとは東大寺に伝来した文書であると推測できるが、前田家に入った経緯については、関係資料がないため不明である。前述し

たように、天保十二年に「増補武家手鑑」に編入されたが、昭和十四年（一九三九）から前田利為によって着手された「武家手鑑」の再編に際して外され、翌十五年に、25「後醍醐天皇宸翰感状」・35「楠木正成証判和田助康軍忠状」とともに、当時流行した南朝顕彰のため、掛幅装に仕立てられ、別置された。

37「織田信長朱印状」・38「羽柴秀吉書状」

37は、天正九年（一五八一）織田信長が前田利家に能登国の知行を宛行ったもの、38は、天正十二年（一五八四）の佐々成政との末森合戦の際に羽柴秀吉が前田利長に送った書状である。それぞれ巻子に装幀されている。現在の出納番号は、古筆類口宣案部貴一号である。

収納形態は、二巻を二重の収納箱に納める。外木箱の法量は、幅一三・四糎、奥行き三八・一糎、高さ九・三糎。外箱上面に墨書「信長公 秀吉公 書翰」、外箱の側面に貼紙「口宣案部（朱印「貴」） 第壱号」、別の側面に貼紙「『巻』 壱番 『信長公 秀吉公 書翰』」。内黒塗漆箱の法量は、幅九・七糎、奥行き三四・七糎、高さ五・四糎。内箱蓋裏に螺鈿「信長公 秀吉公 書翰」。

この二通は、利家が信長から、利長が秀吉から、それぞれ直接与えられたものであり、前田家の歴史において、最重要文書として、丁重に保存管理された文書と推測される。関係資料がないため、詳細は不明であるが、おそらく前田綱紀の時代に現在の形態に改装したものと考えられる。

翻刻について、37は、奥野高広『増訂織田信長文書の研究　下巻』（吉川弘文館、一九八八年）に九五四号として、38は、名古屋市博物館編『豊臣秀吉文書集　二』（吉川弘文館、二〇一六年）に一一九八号として、それぞれ釈文が掲載されている。

39「伝豊臣秀吉御内書」

豊臣秀吉が前田利家に宛てた御内書を掛幅装に仕立てたもの。現在の出納番号は、書画類朝紳侯幅部貴一号である。

収納形態は、一幅を二重の収納箱に納める。外木箱の法量は、幅一四・三糎、奥行き七六・五糎、高さ一一・〇糎。外箱側面に貼紙「朝紳諸侯幅（朱印「貴」） 第壱号　豊太閤書状」、別の側面に貼紙「有位壱番　秀吉公書」。内春慶塗木箱の法量は、幅一〇・四糎、奥行き七四・一糎、高さ八・五糎。

前田利家が秀吉から直接与えられた文書として、前田家において大切に保管したと推測されるが、伝来についての詳細は不明である。

翻刻は、名古屋市博物館編『豊臣秀吉文書集　八』（吉川弘文館、二〇二三年）に六三八八号として、釈文が掲載されている。

また、明治四十四年（一九一一）前田侯爵家によって、外国文書1「豊太閤与高山国書」とともに、同文書の複製三百点が作製・頒布され、その解説に同文書の釈文が掲載されている。

40「羽柴秀吉紀州雑賀陣立書」

天正十三年（一五八五）三月から四月にかけて行われた、羽柴秀吉による紀伊雑賀攻めの際の陣立書で、二紙を縦に継いで、掛幅に仕立てたものである。現在の出納番号は、書画類朝紳侯幅部貴二号甲。

収納形態は、一幅を木箱に納める。木箱の法量は、幅七・四糎、奥行き三九・四糎、高さ六・八糎。木箱の上面に貼紙「言第十三番［　　］」「秀吉公直判備之［　　］」、木箱の側面に貼紙「朝紳諸侯幅（朱印「貴」）第弐号甲　豊太閤直判備図」、別の側面に貼紙「有位有封　『チ四上』六十八番　秀吉公直判備之図」。

次の41と一緒に伝来したと考えられるが、入手過程などの詳細は不明である。

同文書の翻刻は、前掲『豊臣秀吉文書集　二』の一七七六号に、東京大学史料編纂所架蔵謄写本「別本前田家所蔵文書」を典拠にして掲載されている。

41「羽柴秀吉小牧長久手陣立書」

天正十二年三月から十一月にかけて行われた、小牧長久手の戦いにおける羽柴秀吉の陣立書で、三紙を縦に継いで、掛幅に仕立てたもの。現在の出納番号は、書画類朝紳侯幅部貴二号乙である。

収納形態は、一幅を木箱に納める。木箱の法量は、幅七・一糎、奥行き三九・七糎、高さ六・三糎。木箱の上面に貼紙「秀吉公直判備之図［　　］」「『チ四下』」「言第十三番三［　　］」、木箱の側面に貼紙「朝紳諸侯幅（朱印「貴」）第弐号乙　豊太閤直判備図」、別の側面に貼紙「有位有封　『チ四下』　六十七番　秀吉公直判備之図」。

先の40と一緒に伝来したと考えられるが、入手過程などの詳細は不明である。

同文書の翻刻は、前掲『豊臣秀吉文書集　二』の一三〇一号に、東京大学史料編纂所架蔵謄写本「別本前田家所蔵文書」を典拠にして掲載されている。

42「牡丹花肖柏書状」

室町時代に活動した連歌師牡丹花肖柏（一四四三〜一五二七）の筆とされる書状である。

明治末年の「尊経閣古文書纂」編纂に際して俳人等文書2として分類されていたが、昭和十年代の前田家による古筆切編成に際して、「尊経閣古文書纂」から外され、表紙付の台紙に貼られて、台紙貼古筆切の一点として保管された。現在の出納番号は台紙貼古筆切13である。

43「千利休書状」

茶人千利休の書状を掛幅に装幀したものである。もと「尊経閣古文書纂」俳人等文書6、現在の出納番号は、書画類書幅部貴百六号。

収納形態は、一幅を木箱に納める。木箱の法量は、幅七・七糎、奥行き五〇・三糎、高さ七・五糎。木箱の上面に墨書「千宗易居士消息文」、木箱の側面に貼紙「第百六番　書幅　千利休消息文　（朱印「貴」）」、箱蓋裏に墨書「青木竹隠題函（朱印「竹隠」）」。

同文書が前田家に入った経緯などは不明である。前述したように、明治末年の「尊経閣古文書纂」編纂の際、俳人等文書に分類保管された。現在は「尊経閣古文書纂」から外され、表装されているが、その経緯がわかる附属資料を、次に掲げる。

千利休居士消息文は、前田家三百有余年伝来のものにして、年久しく古筆切として保存されしか、会々千宗室二百五十回忌に際し、その記念にもと思ひたち、条幅に改め裱装せしもの、而してその裱装に用ひ

し古裂も、家伝来支那明代のもの、内より撰択せしものなり、依而その次第を記すのミ、

昭和二十三年四月

於成巽閣　青木青外識（朱印「青木」）

すなわち、昭和二十三年（一九四八）四月、金沢成巽閣にて前田家所蔵品の保存管理を担っていた青木外吉（青外・竹隠）のもとで、裏千家初代仙叟宗室の二百五十年忌を記念して、利休の書状を、前田家伝来の名物裂を使用して掛幅に改装したことがわかる。(32)

44「古田重然（織部）書状」

茶人古田織部の書状を掛幅に装幀したものである。もと「尊経閣古文書纂」俳人等文書9、現在の出納番号は、書画類書幅部貴百八号。

一幅を木箱に納める。木箱の法量は、幅八・二糎、奥行き五五・七糎、高さ七・八糎。木箱の上面に墨書「古織部消息文」、木箱の側面に貼紙「書幅　第百八番　古織部消息文（朱印「貴」）」、箱蓋裏に墨書「青木竹隠題函（朱印「竹隠」）」。

同文書も前田家に入った事情などについては、関係資料がなく不明であり、43と同様、「尊経閣古文書纂」編纂時には俳人等文書に分類保管された。付属する青木外吉覚書によって、43と同時期に「尊経閣古文書纂」から外され、掛幅装に仕立てられたことがわかる。

同文書は、昭和五十五年九月に、前田育徳会尊経閣文庫編刊として複製が作製・販売され、太田晶二郎氏による解説に、詳しい内容と釈文が掲載されている。(33)

【注】

（1）東大寺文書の東南院文書・未成巻文書については、遠藤基郎「大日本古文書家わけ第十八　東大寺文書編纂ノート」（東京大学史料編纂所ホームページ、https://www.hi.u-tokyo.ac.jp/personal/endo/todaijinote.html、二〇二〇年三月更新）を参照。

（2）日本国語大辞典第二版編集委員会・小学館国語辞典編集部編『第二版日本国語大辞典　第五巻』（小学館、二〇〇一年）。

（3）未定文書　後鑑類8の翻刻は、芝辻俊六・黒田基樹編『戦国遺文　武田氏編三』（東京堂出版、二〇〇三年）の二一五五号に掲載されている。なお、当該文書とほぼ同内容の文書として、大阪城天守閣蔵の（天正元年）八月二十五日「山県三郎右兵衛尉宛武田勝頼書状」（渡辺武監修『秀吉と桃山文化　大阪城天守閣名品展』毎日新聞大阪本社文化事業部、一九九六年）がある。両文書の関係は不詳だが、参考として掲げておく。

（4）高山寺の沿革については、奥田勲「Ⅱ-1　高山寺草創」（『明恵　遍歴と夢』東京大学出版会、一九七八年）、中山久夫「高山寺」（国史大辞典編集委員会編『国史大辞典　五』吉川弘文館、一九八五年）を参照。

（5）篋入子六合については、奥田勲「Ⅳ-2　高山寺経蔵の形成と継承」（前掲注(4)奥田書）の二三五・二三六頁を参照。なお方便智院は、江戸時代初期（寛永十年か）成立の「方便智院聖教目録」（高山寺典籍文書綜合調査団編『高山寺経蔵古目録　続』東京大学出版会、二〇〇二年）の奥書に「件東之聖教其跡廃絶之間、被移石水院西経蔵」とあって、このころには廃絶しており、その蔵書は石水院へ移されていたらしい。

（6）前田育徳会尊経閣文庫編『尊経閣善本影印集成80　尊経閣古文書纂　社寺文書一』（八木書店、二〇二一年）の一四八・一四九頁を参照。

（7）仁和寺心蓮院文書や東福寺文書等、他の旧蔵印は擦り消されていないことから、「高山寺」朱印の擦り消しについては、前田家に伝来する以前の

事情によるものと考えられる。

（8）顕証の事蹟については、土宜覚了「法住庵顕証上人御伝について」（『密宗学報』一五九、一九二六年）および林晃弘「『一音坊顕証日次記』について」（「日本中近世寺社〈記録〉論の構築」グループ編『東京大学史料編纂所研究成果報告 2022-8　日本中近世寺社〈記録〉論の構築―日本の日記文化の多様性の探求とその研究資源化―』（基盤研究(A)（2018～2022 年度）「日本中近世寺社〈記録〉論の構築―日本の日記文化の多様性の探究とその研究資源化―」〔代表遠藤基郎〕〔課題番号 18H03583〕報告書3、遠藤基郎・東京大学史料編纂所、二〇二三年）を参照。

（9）前田育徳会尊経閣文庫編『尊経閣善本影印集成83　尊経閣古文書纂　社寺文書四』（八木書店、二〇二三年）の神護寺文書解説を参照。

（10）顕証は仁和寺心蓮院に属していたので、その蔵書が仁和寺に保管されており、そこから伝来したとも考えられるが、その場合には「心蓮院書籍之内」「元本仁和寺心蓮院書籍之内」などと記されたはずである（前田育徳会尊経閣文庫編『尊経閣善本影印集成80　尊経閣古文書纂　社寺文書一』前掲注（6）書の一五八頁）。ただし、室町時代末期には、仁和寺心蓮院主は高山寺観海院に住したため（末柄豊「『盲聾記』記主考」『日本歴史』五八二、一九九六年）、仁和寺を介して高山寺に接触した可能性はある。

（11）「栗棘庵印信群」については、菊地大樹ａ「東福寺円爾の印信と法流―台密印信試論―」（『鎌倉遺文研究』二六、二〇一〇年）、同ｂ「東福寺栗棘庵蔵『栗棘庵印信群』翻刻」（中世禅籍叢刊編集委員会編『中世禅への新視角―『中世禅籍叢刊』が開く世界―』臨川書店、二〇一九年）を参照。

（12）前掲注（11）菊地ａ論文の二八・二九頁。

（13）嘉吉三年との比定は、記事中の三合の間隔と、来年の干支が甲子であるとする記載より推定した。また、文書の冒頭に「室町殿御腹御違例」とあるのは、室町将軍足利義勝が赤痢に罹患したことを指していよう。義勝は七月十二日に発病し、同月二十一日には没していることから（榎原雅治「第七代　足利義勝」榎原雅治・清水克行編『室町幕府将軍列伝』戎光祥出版、二〇一七年）、本文書の月付を七月に比定した。また、日付について、文書中に平癒祈念のため五壇法を修すとの記載があるが、『建内記』嘉吉三年七月十六日条に中山定親の談話として、翌十七日に五壇法を行うべき旨を申沙汰したとみえることから、十六日または十七日と推察されるが、確実な日付を比定できないため断定は控えた。

（14）うち、応永八年（一四〇一）の一巻は父英隆または祖父重貞の手によるものと考えられるため、厳密には康富自筆は九十二巻である。なお、国会図書館蔵本には紙背文書が認められ、康富の受発給文書の反古紙を用いているが、そのなかに安倍盛久からの文書が散見する。この安倍盛久は、記録断片８の紙背文書の差出と同一人物と考えられ、同文書が「康富記」の自筆原本であることの証左となる。

（15）吉岡眞之「前田綱紀の典籍収集―「秘閣群籍」目録を中心に―」（科学研究費補助金　基盤研究(C)研究成果報告書『高松宮家蔵書群の形成とその性格に関する総合的研究』二〇〇八年）。なお、前田家旧蔵の「康富記」が国立国会図書館に伝来した経緯については、明治時代初期に前田家の蔵書が石川県を通じて文部省に移管され、そこから帝国図書館の前身である東京書籍館に交付されて今日に至ったと推定されている。

（16）編年文書344～349も中原師象関連の文書であるが、こちらは正文であるため、受給者側から流出した可能性も考慮する必要がある。

（17）近藤磐雄『加賀松雲公　中巻』（羽野知顕、一九〇九年）二一二頁。

（18）記録断片３－２の釈文案は左の通り。

（表）
摂関家被任中納言先例

忠仁公染殿大臣又曰白川大臣殿
承和七　八　廿二　転中納言。卅七。
昭宣公
貞観八　十一　八　叙従三位、任中納言。御年卅一。超位次上臈参議七人、源多卿以下。
貞信公小一条太政大臣殿
延喜九　四　九　叙従三位、任権中納言。左兵衛督如元。
超位次上臈参議六人。左衛門督藤原有実・宮内卿十世王・右衛門督
藤原清経・大宰権帥在原友于・左近中将藤原仲平・右大弁紀長谷雄等也。
五月十一日、為蔵人所別当。九月廿七日、為右中将(大)。
十月廿二日、別当如元。十年正月十二日、転中納言。
清慎公号小野宮関〔白脱カ〕殿
承平元年五　廿七、兼右衛門督。
六月、補検非違使別当。
同四　十二　廿一、叙従三位、任中納言。卅五才。
超位次任日上臈参議四人。
同五　二　廿三、転左衛門督。別当如元。
謙徳公一条摂政殿
康保四　四　廿、叙従三位、任権中納言。四十四。超位次上
臈参議三人。
忠義公堀川関白殿
天禄三　閏二　廿九、任権少(中)納言。超位次任日上臈参議。
廉義公三条関白殿
安和元　二　五、叙従三位、任権中納言。四十五。
(裏)超位次上臈
参議三人。
九月二日、聴東宮昇殿。十月八日、聴昇殿。

二年二月七日、兼左衛門督。
兼家公法興院殿
安和二　二　七　任中納言兼春宮大夫。頭中将如元。
道隆公号中関白
寛和二　七　五　任権中納言兼皇太后宮大夫。中将如元。
道兼公粟田関白
寛和二　十　十五　叙従三位、任権中納言。元従四位下、超任日位次
上臈参議三人。
道長公御堂関白又法成寺殿
永延二　正　廿九　任権中納言。廿三、不歴参議。
永祚元　三　四　兼右衛門督。
頼通公宇治殿
寛弘六　三　四　任権中納言兼左衛門督。
権大夫如元。
〔衍カ〕如元。
教道(通)公大二条殿
長和二　六　廿三　任権中納言兼左衛門督。
権大夫如元。十八。
〔衍カ〕如元十八。
師実公京極大殿又後宇治殿
天喜四　十　廿九　任権中納言。中将如元。十五。超従二位左中将藤能長・参議
左中将源俊〔房脱カ〕・参議右中将藤忠家等卿。

(19)宸翰文書類という名称は、今回の影印本刊行に際して、便宜的に命名したもので、目録上では存在しない資料群である。
(20)各巻の名称については、便宜上花園巻、後醍醐・伏見巻としている。ただし、後述する昭和三十年（一九五五）の国宝指定書の「寸法」の欄で

は、花園巻を第一巻、後醍醐・伏見巻を第二巻としている。

(21)「三朝宸翰」については、赤松俊秀「前田侯爵家蔵後醍醐天皇宸翰御消息に就いて」(『国民精神文化』二‐三、一九三六年)、同「前田侯爵家蔵国宝花園天皇宸翰御消息に就て―後醍醐天皇船上山行幸並に楠木正成の元弘二・三年の再活動に関する新資料―」(『国民精神文化』七‐八、一九四一年)、坂本正典「三朝宸翰について 上・下」(『MUSEUM』一一五・一一六、一九六〇年)、羽田聡「京都国立博物館所蔵「花園天皇宸翰消息」について」(『学叢』三〇、二〇〇八年)を参照した。

(22)羽田聡氏は、前掲注(21)羽田論文において、天文十一年(一五四二)に青蓮院尊鎮親王(一五〇四~五五)が記した、東山御文庫所蔵「青蓮院所蔵宸翰目録」を紹介・分析され、当時の青蓮院には、門主に宛てた亀山天皇から後醍醐天皇までの歴代宸翰消息を用いて作成された八巻本の法華経が伝来していて、うち「三朝宸翰」の花園巻(第一巻)が巻第三、後醍醐・花園巻(第二巻)が巻第六であったと推定されている。また羽田氏は、紙背の版経はその後まもなく相剝ぎされて、各所に散逸したとされるが、これが事実であれば、法華経巻第三・六の二巻から相剝ぎされた消息部分が近衛家に入って、現在の形に装幀されたということになる。

(23)前掲注(21)赤松両論文。

(24)相田二郎「後醍醐天皇の足助重治に賜はった宸翰の御書」(『肇国精神』三‐一二、一九四三年)。相田氏のいう「古文書手鑑」は「武家手鑑」のことと推定されるが、二度再編された「武家手鑑」の中に同文書は確認できない(前田育徳会尊経閣文庫編『尊経閣善本影印集成77 武家手鑑 付旧武家手鑑』八木書店、二〇二一年)。

(25)前田育徳会所蔵「評議会議事録 第四」(近代史料A五三)には、後醍醐天皇宸翰感状など三点の表装・収蔵箱作製代一二五一円について、「書画表装及容函調製費ハ、当家蔵無表装ノ後醍醐天皇宸翰及大楠公・小楠公真蹟ヲ表装シ、容函ヲ作リ鄭重ニ保存スル」ためとの前田家総務中川友次郎の説明を掲載している。

(26)宸翰文書類29について、前田家の調書では、奥判の花押のみが後醍醐天皇のものとするが、花押が同天皇のものかは確定できない。

(27)前田育徳会架蔵の調書には「後光厳院か」との加筆があるが、確証はない。

(28)石清水八幡宮の文書群が前田家に入った経緯については、菊池紳一・川島孝一・徳永健太郎・北爪寛之校訂『史料纂集古文書編 尊経閣文庫所蔵石清水文書』(八木書店、二〇一五年)および前田育徳会尊経閣文庫編『尊経閣善本影印集成80 尊経閣古文書纂 社寺文書一』(前掲注(6)書)所収の石清水八幡宮文書解説を参照のこと。

(29)前田育徳会尊経閣文庫編『尊経閣善本影印集成83 尊経閣古文書纂 社寺文書四』(前掲注(9)書)所収の天龍寺真乗院文書解説を参照。

(30)この際、畠山牛庵と交渉した前田庄左衛門は、加賀藩士前田右馬允系の前田和右と推定され、前田育徳会架蔵「前田家系譜」によると、彼は延宝六年から天和二年にかけて表納戸奉行を務めていたとされる。これが正しければ、畠山牛庵の鑑定は、前田家に入ってすぐに行われたことになる。

(31)『尊経閣善本影印集成77 武家手鑑 付旧武家手鑑』(前掲注(24)書)の解説および附表を参照のこと。

(32)もう一つの附属資料である表装裂解説書(青木外吉筆)を次に掲げる。

千利休居士筆消息文条幅裱装裂解説

前田家ハ、金襴・緞子・広東・錦繍等、名物裂ヲ尤モ多ク蔵スルヲ以テ、其ノ内ヨリ時代ヲ考慮シテ、適良ナルモノヲ撰択セシモノナレハ、中身消息文ト能ク調和シテ、古色掬スベキモノテアル、

一文字・風帯　支那明初期年代ノモノニシテ、五百年ノ古裂ナリ、
　銀欄、白茶地銀糸ニテ小菱地紋ニ重蔓に牡丹唐草紋、
中廻シ　支那明末期年代ノモノニシテ、三百五十年ノ裂ナリ、
　浅黄地ニ小花紋銀糸ニテ菱形向鶴紋、
　銀入紋紗、
天地　支那明末期年代ノモノニシテ、三百年ノ裂ナリ、
　黄樺地横筋ト萌黄地花形紋ニ上紋菱形内向鶴紋、
　紋繻珍、

(33) 太田氏の解説は、『太田晶二郎著作集　第四冊』(吉川弘文館、一九九二年)に採録されている。なお、44にも43と同様に、青木外吉の覚書と表装裂解説書が附属しているが、太田氏解説に釈文が掲載されているため、ここでは省略した。

【附表1】未定文書　止～利／後鑑類／宗教関係文書／記録断片　旧整理番号・原蔵者一覧

文書番号	年月日・名称	旧整理番号（注記）	原蔵者	備考
未定文書　止1	（年未詳）9月7日季量書状	7号26番（「雑纂」「以下年代判明セザルモノ」35）		
未定文書　止2	（年未詳）卯月10日尾景書状	7号26番（「雑纂」「以下年代判明セザルモノ」37）		
未定文書　止3	（年未詳）11月19日歓喜院寿仙書状	7号26番（「雑纂」「以下年代判明セザルモノ」38）		
未定文書　止4	（年未詳）2月4日速水興綱書状	7号26番（「雑纂」「以下年代判明セザルモノ」39）		
未定文書　止5	（年未詳）6月15日竹内吉兵衛書状	7号26番（「雑纂」「以下年代判明セザルモノ」41）		
未定文書　止6	（年未詳）9月19日弓取多摂津守書状	7号26番（「雑纂」「以下年代判明セザルモノ」42）		
未定文書　止7	（年未詳）霜月26日藤兵衛・宗久連署書状	7号26番（「雑纂」「以下年代判明セザルモノ」43）		
未定文書　止8	（年未詳）2月10日玄昭書状	7号26番（「雑纂」「以下年代判明セザルモノ」45）		
未定文書　止9	（年月未詳）5日信房書状	7号26番（「雑纂」「以下年代判明セザルモノ」46）		
未定文書　止10	※大倉金右衛門書状（徳川代文書並41）	7号26番（「雑纂」「以下年代判明セザルモノ」44（「徳川代文書ニ入ル」））		
未定文書　知1	（年月日未詳）弥鶴尼義絶状（断簡）	7号26番（「古文書断簡」1）		
未定文書　知2	（年未詳）5月23日寛真書状（前闕）	7号26番（「古文書断簡」5）		
未定文書　知3	（年未詳）6月11日資兼書状（前闕）	7号26番（「古文書断簡」6）		
未定文書　知4	（年未詳）12月3日俊忠書状（前闕）	7号26番（「古文書断簡」19）		
未定文書　知5	（年未詳）霜月13日宗可書状（前闕）	7号26番（「古文書断簡」18）		
未定文書　知6	（年月日未詳）某書状（後闕）	7号26番（「古文書断簡」16）		
未定文書　知7	（年月日未詳）某書状（後闕）	7号26番（「古文書断簡」17）		
未定文書　知8	（年月日未詳）某荘雑掌申状（後闕）	7号26番（「古文書断簡」8）		
未定文書　知9	（年月日未詳）某裁許状ヵ（後闕）	7号26番（「古文書断簡」9）	長福寺	
未定文書　知10	（年月日未詳）某荘家衆議事書案（前闕）	7号26番（「古文書断簡」10）	長福寺	
未定文書　知11	（年月日未詳）某裁許状ヵ（後闕）	7号26番（「古文書断簡」12）		
未定文書　知12-1	（年月日未詳）某覚書（断簡）	7号26番（「古文書断簡」21）		
未定文書　知12-2	（年月日未詳）某覚書（断簡）	7号26番（「古文書断簡」21）		

未定文書　知13－1	（年月日未詳）木具注文	7号26番（「古文書断簡」22）		
未定文書　知13－2	（年月日未詳）某箋書	7号26番（「古文書断簡」22）		
未定文書　知14	（年月日未詳）美濃国船木荘西方内十八条郷北方領家職相承事書案	7号26番（「古文書断簡」23）	醍醐寺カ	
未定文書　利1	（年未詳）12月23日小野守経申状（前闕）	7号27番（「残闕文書」6）	東大寺	
未定文書　利2	（年月日未詳）某申状（後闕）	7号27番（「残闕文書」5）	東大寺	
未定文書　利3	（年月日未詳）東大寺修二会壇供注文（断簡）	7号27番（「残闕文書」12）	東大寺	川上升・上七日壇供・下七日壇供。
未定文書　利4	（年月日未詳）東大寺領諸荘注文（断簡）	7号27番（「残闕文書」13）	東大寺	河上会米。
未定文書　利5	（年月日未詳）東大寺領諸荘注文（断簡）	7号27番（「残闕文書」14）	東大寺	玉瀧荘・長屋荘。
未定文書　利6	（応永19年7月10日）後小松天皇女房奉書案	7号27番（※後補カ）	長福寺	
未定文書　利7	（慶長3年10月5日カ）広橋兼勝書状カ（後闕）	7号27番（※後補カ）	石清水八幡宮カ	『大日本古文書　家わけ第四　石清水文書之三』八九八号の原本か。
未定文書　利8	（慶安元年8月15日）八月十五夜詠草	7号24番乙号（「断簡類」12）		
未定文書　後鑑類1	（年未詳）3月10日西園寺公衡書状	古切3号1番		
未定文書　後鑑類2	※左中将某奉書（石清水八幡宮文書104）	4号30番		
未定文書　後鑑類3	（年未詳）7月11日祐通書状	7号23番（「土地関係文書等」15）		
未定文書　後鑑類4	（年未詳）10月12日上野介某書状	4号3番		
未定文書　後鑑類5	（年未詳）正月6日土方雄高書状	7号19番（「奉書書状等雑文書」5）		
未定文書　後鑑類6	（年未詳）2月9日普数書状	5号141番	高山寺カ	宛所の定恩は、明恵弟子と同一人物か。
未定文書　後鑑類7	（年未詳）2月29日普数書状	5号141番	高山寺カ	
未定文書　後鑑類8	（天正元年）8月25日武田勝頼書状	6号62番		
宗教関係文書1	（康保2年正月15日）論義書（断簡）	7号22番（「(仏事関係) 以下断簡類」4）		
宗教関係文書2	（康治元年11月9日）法華経授記品第六（前闕）	7号22番（「(仏事関係) 以下断簡類」5）		
宗教関係文書3－1	天承2年4月26日某支度注進状案（前闕）	7号19番（「仏壇作法及宗義記録等」5）		
宗教関係文書3－2	天承2年4月26日両壇供支度注進状案			
宗教関係文書3－3	（年月日未詳）太元修法支度注進状案（後闕）			
宗教関係文書4－1	康治2年4月29日不動修法支度注進状案	7号19番（「仏壇作法及宗義記録等」6）		
宗教関係文書4－2	（年月日未詳）不動護摩供支度注進状案（後闕）			

文書番号	年月日・名称	旧整理番号（注記）	原蔵者	備考
宗教関係文書5	（年月日未詳）孔雀経法勤修補任次第	7号19番（「仏壇作法及宗義記録等」7）		
宗教関係文書6	承安4年12月18日愛染供成就奉供状案	7号19番（「仏壇作法及宗義記録等」3）	高山寺	
宗教関係文書7	建久3年9月5日実杲書梵字	7号26番（「古筆」1）	高山寺	
宗教関係文書8	建保5年3月22日愛染供成就奉供状案	7号19番（「仏壇作法及宗義記録等」4）	高山寺	
宗教関係文書9	寛喜元年12月13日智恵授聖算三部伝法灌頂印信印明	7号23番（「仏事関係ノモノ」1）		
宗教関係文書10	延応元年7月26日智恵授聖算印信	7号23番（「仏事関係ノモノ」2）		
宗教関係文書11	貞永2年2月3日古写経（前闕）	7号22番（「（仏事関係）以下断簡類」6）	法隆寺	隆詮は法隆寺僧。
宗教関係文書12－1	（年月日未詳）曼荼羅及道具次第（断簡）	7号19番（「仏壇作法及宗義記録等」1）	高山寺ヵ	紙背文書にみえる定真・良昭は明恵弟子。
宗教関係文書12－2	（年月日未詳）曼荼羅及道具次第（断簡）	7号19番（「仏壇作法及宗義記録等」1）	高山寺または法隆寺ヵ	識語「高山寺隠士定真記之」の定真は明恵弟子で方便智院開基。紙背の隆詮は宗教関係文書11と同一人物か。
宗教関係文書13	（文永7年6月）論疏（断簡）	7号22番（「（仏事関係）以下断簡類」11）		
宗教関係文書14	弘安3年10月8日円爾授恵暁谷両壇灌頂印信	古切3号10番	東福寺栗棘庵	
宗教関係文書15	弘安3年10月13日円爾授恵暁不動密印伝法許可印信	古切3号10番	東福寺栗棘庵	
宗教関係文書16	弘安3年10月15日円爾授恵暁師資相伝印附属状	古切3号10番	東福寺栗棘庵	
宗教関係文書17	（年月日未詳）法隆寺上宮王院逆修過去帳（後闕）	7号22番（「（仏事関係）以下断簡類」7）	法隆寺	
宗教関係文書18	文保元年10月18日実専授忍操離作業伝法灌頂印信	7号23番（「仏事関係ノモノ」4）	東大寺ヵ	実専は東大寺僧か。
宗教関係文書19	文和2年極月11日乱句伽陀免許状	7号23番（「仏事関係ノモノ」6）		
宗教関係文書20	建武元年9月26日賢智授真円両部伝法灌頂印信印明	7号23番（「仏事関係ノモノ」5）		
宗教関係文書21	貞治4年9月14日授印実印信印明（前闕）	7号23番（「仏事関係ノモノ」7）	法隆寺ヵ	印実は法隆寺宝光院僧か。
宗教関係文書22	（永和2年11月1日）薬師声明伝授証	7号22番（「仏事関係」1）		
宗教関係文書23	応永10年6月14日古写経（前闕）	7号22番（「（仏事関係）以下断簡類」8）		
宗教関係文書24－1	（年月日未詳）真言家義記録（断簡）	7号19番（「仏壇作法及宗義記録等」2）		
宗教関係文書24－2	（年月日未詳）真言家義記録（断簡）	7号19番（「仏壇作法及宗義記録等」2）		
宗教関係文書24－3	（年月日未詳）真言家義記録（断簡）	7号19番（「仏壇作法及宗義記録等」2）		

宗教関係文書24-4	（年月日未詳）真言家義記録（断簡）	7号19番「仏壇作法及宗義記録等」2		
宗教関係文書24-5	（年月日未詳）真言家義記録（断簡）	7号19番「仏壇作法及宗義記録等」2		
宗教関係文書24-6	（年月日未詳）真言家義記録（断簡）	7号19番「仏壇作法及宗義記録等」2		
宗教関係文書24-7	（年月日未詳）真言家義記録（断簡）	7号19番「仏壇作法及宗義記録等」2		
宗教関係文書24-8	（年月日未詳）真言家義記録（断簡）	7号19番「仏壇作法及宗義記録等」2		
宗教関係文書24-9	（年月日未詳）真言家義記録（断簡）	7号19番「仏壇作法及宗義記録等」2		
宗教関係文書24-10	（年月日未詳）真言家義記録（断簡）	7号19番「仏壇作法及宗義記録等」2		
宗教関係文書24-11	（年月日未詳）真言家義記録（断簡）	7号19番「仏壇作法及宗義記録等」2		
宗教関係文書25	寛正6年卯月7日結縁灌頂内道場図	7号23番「仏事関係ノモノ」8	塩穴寺カ	
宗教関係文書26	大永4年9月26日内護摩法伝授書	7号22番「仏事関係」2		
宗教関係文書27	（年月日未詳）振鈴作法并閼伽等印	7号22番「仏事関係」3		
宗教関係文書28	（慶長2年3月）古写経（前闕）	7号22番「（仏事関係）以下断簡類」9		
宗教関係文書29-1	（年月日未詳）某供成就奉供状案（前闕）	7号22番「（仏事関係）以下断簡類」10		
宗教関係文書29-2	（年月日未詳）炎魔天供成就奉供状案（後闕）			
宗教関係文書29-3	（年月日未詳）某供成就奉供状案（前闕）			
宗教関係文書29-4	（年月日未詳）水天供成就奉供状案	7号22番「（仏事関係）以下断簡類」10		
宗教関係文書29-5	（年月日未詳）十五童子供成就奉供状案（後闕）			
宗教関係文書30	（年月日未詳）月曜供一七箇日支度注文	7号19番「仏壇作法及宗義記録等」8	高山寺	
宗教関係文書31	（年月日未詳）五智如来鈔（断簡）	7号19番「仏壇作法及宗義記録等」9		
宗教関係文書32-1	（年月日未詳）宗義書（断簡）	7号22番「（仏事関係）以下断簡類」11		
宗教関係文書32-2	（年月日未詳）宗義書（断簡）	7号22番「（仏事関係）以下断簡類」11		
宗教関係文書32-3	（年月日未詳）宗義書（断簡）	7号22番「（仏事関係）以下断簡類」11		
宗教関係文書32-4	（年月日未詳）宗義書（断簡）	7号22番「（仏事関係）以下断簡類」11		
宗教関係文書32-5	（年月日未詳）宗義書（断簡）	7号22番「（仏事関係）以下断簡類」11		
宗教関係文書32-6	（年月日未詳）宗義書（断簡）	7号22番「（仏事関係）以下断簡類」11		
宗教関係文書32-7	（年月日未詳）宗義書（断簡）	7号22番「（仏事関係）以下断簡類」11		
宗教関係文書32-8	（年月日未詳）宗義書（断簡）	7号22番「（仏事関係）以下断簡類」11		

文書番号	年月日・名称	旧整理番号（注記）	原蔵者	備考
宗教関係文書32－9	（年月日未詳）宗義書（断簡）	7号22番（「（仏事関係）以下断簡類」11）		
宗教関係文書32－10	（年月日未詳）宗義書（断簡）	7号22番（「（仏事関係）以下断簡類」11）		
宗教関係文書32－11	（年月日未詳）宗義書（断簡）	7号22番（「（仏事関係）以下断簡類」11）		
宗教関係文書32－12	（年月日未詳）宗義書（断簡）	7号22番（「（仏事関係）以下断簡類」11）		
宗教関係文書32－13	（年月日未詳）宗義書（断簡）	7号22番（「（仏事関係）以下断簡類」11）		
宗教関係文書32－14	（年月日未詳）宗義書（断簡）	7号22番（「（仏事関係）以下断簡類」11）		
宗教関係文書32－15	（年月日未詳）宗義書（断簡）	7号22番（「（仏事関係）以下断簡類」11）		
宗教関係文書32－16	（年月日未詳）宗義書（断簡）	7号22番（「（仏事関係）以下断簡類」11）		
宗教関係文書32－17	（年月日未詳）宗義書（断簡）	7号22番（「（仏事関係）以下断簡類」11）		
記録断片1－1	（年月日未詳）足利将軍家石清水八幡宮参詣先例（後闕）	7号21番（「記録断片」1）		
記録断片1－2	（年月日未詳）足利将軍家石清水八幡宮参詣先例（断簡）	7号21番（「記録断片」1）		
記録断片1－3	（年月日未詳）足利将軍家石清水八幡宮参詣先例（後闕）	7号21番（「記録断片」1）		
記録断片2	（年月日未詳）禁秘抄廃朝段抜書	7号21番（「記録断片」2）		
記録断片3－1	（年月日未詳）摂関家被任中納言先例	7号21番（「記録断片」3）		
記録断片3－2	（年月日未詳）摂関家被任中納言先例	7号21番（「記録断片」3）		
記録断片4	（年月日未詳）御即位年次第	7号21番（「記録断片」4）		
記録断片5	（年月日未詳）天皇略伝	7号21番（「記録断片」5）		
記録断片6	（年月日未詳）日記事（後闕）	7号21番（「記録断片」6）		
記録断片7	（年月日未詳）臨時宣下	7号21番（「記録断片」7）		
記録断片8	（嘉吉3年7月）康富記（断簡）	7号21番（「記録断片」8）		
記録断片9－1	（年月日未詳）某蹴鞠書（断簡）	7号22番（「（仏事関係）付雑録」12）		
記録断片9－2	（年月日未詳）某蹴鞠書（断簡）	7号22番（「（仏事関係）付雑録」12）		

＊注
（1）「旧整理番号（注記）」欄は、前田育徳会蔵「尊経庫蔵古文書纂」（明治43年春）に記載されている旧整理番号および注記を示した。
（2）「原蔵者」欄は、文書の内容等から推定される原蔵者名を示した。なお、特に推定の根拠を示す必要がある場合には、「備考」欄にて説明を加えた。

附論

―近代における前田家所蔵古文書の編成―

前田育徳会尊経閣文庫

はじめに

前田家所蔵古文書の概説を行った太田晶二郎氏は、近世から近代にかけての古文書編成の在り方について、次のように述べた(1)。

　松雲公は、蒐集した文書によって、文書集を編成した。『古蹟文徴』・『事林明証』はそれである。今日、それらの文書集は解体され、古文書の包紙等に「古蹟文徴三之二」・「事林明証之内」など書きつけられてゐるのが其のなごりであるが、文徴・明証の状態に於ける写しに、（い）東京大学の史料編纂所の影写が有り、（ろ）前田家編輯方の謄写が尊経閣に存する。

また、藤井讓治・有坂道子氏は、同時期の前田家所蔵古文書について、次の見解を明らかにしている(2)。

「古蹟文徴」・「事林明証」という名称は、もともと加賀藩五代藩主前田綱紀が、蒐集した古文書群に与えた名称といわれている。しかし、現在、前田家が蒐集してきた古文書を継承所蔵する尊経閣文庫では、「古蹟文徴」「事林明証」「実相院及東寺宝菩提院文書」といった古文書群は解体され、その後蒐集したものを加え、その大半は改めて「尊経閣古文書纂」（『尊経閣文庫国書分類目録』第五門古）に収められた。

このように、先行研究は、前田家五代前田綱紀（松雲公）が収集した古文書は、「古蹟文徴」「事林明証」といった古文書群（古文書集）として伝存され、それが解体されて「尊経閣古文書纂」に編成された、とする。

また、藤井・有坂氏は、太田氏が指摘した、影写本と謄写本の関係について、東京大学史料編纂所架蔵影写本「前田家所蔵文書」の内容を紹介し、前田育徳会所蔵の原本との対応を試みた結果、次のような疑問を呈した。

　太田氏の解説を要約すれば、影写本「古蹟文徴」所収の文書は謄写本「古蹟文徴」に、影写本「事林明証」所収の文書は謄写本「事林明証」に収録され、かつ謄写本には影写本以外の文書も収録されているとされる。ところが影写本と謄写本との関係を少し詳しくみると、太田氏の記述にはいくつかの問題があることが分かる。（略）謄写本「古蹟文徴」には影写本「古蹟文徴」所収の92点と影写本「事林明証」所収の45点が収録され、謄写本「事林明証」には影写本「古蹟文徴」所収の65点が収録されるが影写本「事林明証」所収の文書は1点も収録されていない。（略）このように、謄写本と影写本との対応関係はまったくないといってよい。

藤井・有坂氏が指摘する通り、実際に、影写本所収の古文書と謄写本所収の古文書を比較すると、対応関係がほとんどないことが判明する。

以上の先行研究を踏まえ、ここでは、近代における前田家の古文書編成について、「尊経閣古文書纂」の成立までを見通す形で、論述していきたい。

具体的には、近代初期に行われた前田家による古文書整理について解明し（第一章）、東京大学史料編纂所の前進である修史館・内閣臨時修史局による前田家所蔵文書採訪の事例を検討する（第二章）。最後に「尊経閣古文書纂」編成過程について紹介していきたい（第三章）。

一　明治初期における古文書整理について

近代に入り、前田家では、明治十年代から二十年代にかけて、所蔵品の整理・調査が実施された[3]。その一環として、所蔵古文書の調査が主に金沢で行われ、その成果として「御所蔵書類調理帳」が作成されている。「御所蔵書類調理帳」は全四冊が現存しており、古文書を中心とした前田家所蔵品を、「前印一号」から「前印三十二号」に分類している。その簡単な内容を【附表2】に示した。

前印一号・二号は「事林明証」乾・坤であり、それぞれ十七点・十六点の古文書類を収録し、順に番号を振っている。前印三号以降は、カタカナのイロハと番号が順に振られている。古代・中世の古文書群としては、前印一〜四・十〜十八・二十一・二十八の計十五号分、近世の古文書群が前印七〜九・十九・二十・二十九・三十二号の計七号分となる。

注目すべき点は、古代・中世古文書群全十五号分のうち、十三号分には「事林明証」「古蹟（跡）文徴」の名称が付いていることである。

この「事林明証」「古蹟文徴」といった古文書群がいつ成立したかであるが、次の史料に注目したい。

一事林明証坤入目録
　内
『一』事林明証太閤朱印　一巻　※朝鮮文書1-1〜7
『二』古跡文徴勧修寺経顕筆　箱入二枚　※編年文書131-1・2
『三』加藤清正呈豊太閤書　一巻　※朝鮮文書12
『四』伊達政宗書翰　一通　※当家文書6
『五』賜加賀国佐那武神職綸旨　二通継立　※梅乙77
『六』事林明証之内生駒雅楽守等連判書翰　一通　※朝鮮文書11
『七』古蹟文徴　竪物一通　※編年文書564
　書出条々
　一如右大将――
『八』事林明証　一通　※当家文書11
　書出以上
　為羽柴肥前守殿――
『九』事林明証大仏殿造営事　一通　※金龍公創意1
　書出
　一磯部村　一中山村――
『十』書出シ
　条々　一巻　※編年文書566
一去年四月十二日前右府様――
条々天正廿年正月書出唐入ニ付而　一巻　（※朝鮮文書4）
　『但此分乾ノ箱ニアリ』
事林明証　一括

【附表2】御所蔵書類調理帳一覧

		「御所蔵書類調理帳」記載の名称	番号	備考
1	前印一号	事林明証　乾	1～17	
2	前印二号	事林明証　坤	1～16、無番	旧目録「附属極札類」19
3	前印三号	古跡文徴　従八幡出文書目録	イ1～58	旧目録「石清水八幡宮・南禅寺慈聖院目録」
4	前印四号	言第九番　東寺宝菩提院　実相院殿書翰	ロ1～24	
5	前印五号	論語講聞書至加州能美郡長田村検地帳	ハ1～32、無番	
6	前印六号	武家　百家譜之内二	ニ1～107	
7	前印七号	御先代御状　有事類	ホ1～21	
8	前印八号	霊椿遺芳	ヘ1～26	
9	前印九号	沢存	ト1～21	
10	前印十号	古跡文徴	チ1～61	チ38・42・57欠番、旧目録「古筆極札目録等」7-1（チ1～10欠）
11	前印十一号	古蹟文徴	リ1～47	
12	前印十二号	言第九番　古蹟文徴　新入	ヌ1～59	
13	前印十三号	古跡文徴　後宇多帝宸翰　後崇光院宸翰　一文庫	ル1～92	旧目録「古筆極札目録等」8-3
14	前印十四号	古蹟文徴　公方義詮公　同義満公　一文庫	ヲ1～74	旧目録「古筆極札目録等」8-4
15	前印十五号	古跡文徴	ワ1～76	ワ63～76は旧目録に記載なし
16	前印十六号	筑紫陣注進状等　一文庫	カ1～30	旧目録「古筆極札目録等」9-2
17	前印十七号	古蹟文徴御震筆等入	ヨ1～8	
18	前印十八号	古蹟文徴　東福寺　九拾三通之内	タ1～89	
19	前印十九号	御先代様御等御親筆物	レ1～91	
20	前印二十号	東照神君等筆之物	ソ1～12	
21	前印二十一号	古蹟文徴　陸奥守相模守等　一文庫	ツ1～98	旧目録「附属極札類」21
22	前印二十二号	古筆切	ネ1～78	
23	前印二十三号	古筆冊之物	ナ1～108	
24	前印二十四号	古筆軸之物	ラ1～89	
25	前印二十五号	古筆短冊之部	ム1～137	
26	前印二十六号	御代々様御筆御掛物	ウ1～40	
27	前印二十七号	旧幕府等筆掛物之部	ヰ1～26	
28	前印二十八号	古蹟文徴	ノ1～59	（明治15年御邸御焼失）
29	前印二十九号	旧幕老中奉書類	オ1～24	
30	前印三十号	諸事書類	ク1～36	明治17年6月　金沢御用弁方
31	前印三十一号	懸物并諸図解軸之物等	ヤ1～57	明治17年6月　金沢御用弁方
32	前印三十二号	林大学頭同七三郎同百助紙面并ニ御書案御自筆等	マ1～81	明治17年5月

事林明証之内
『十一』秀吉公御朱印物　一包 一通　※編年文書531
同
『十二』権現様御文賜越後侍従書　一包 一通　※編年文書556
同
『十三』土肥政繁唐人親広寺嶋信鎮云々　一包 一通　※当家文書5
同
『十四』賀州軽海郷代官被　仰付白山長吏　一包 一通　※編年文書407
同
『十五』氏政御判之書翰　一包 一通　※武家手鑑下26
康定御判之書翰　一通　※編年文書476
〆
《右之内、明治十四年二月五日相しらへ候処、
一条々天正廿年正月書出唐入ニ付而　一巻
此分上包迄有之巻物不見当
外ニ
『十六』一事林明証之内
五奉行判物　一巻　※編年文書552
右、有之候事、
しらへ人　横山政和》

右の史料は、「尊経閣古文書纂　附属　極札類」19「事林明証坤入目録」（横帳二丁）である。(4) 注目すべきは、二点目（編年文書131）と七点目（同564）が「古蹟（跡）文徴」とされている点である。「古蹟文徴」とされる文書が「事林明証」に分類されているということは、綱紀時代の分類がその後に再編成された可能性があることを示唆する。(5)

さらに、末尾の横山政和による追記から、明治十四年（一八八一）二月五日に、「事林明証坤」に属する文書群が調査され、この目録と現物を照合した結果、目録十一点目の「条々天正廿年正月書出唐入ニ付而　一巻」（朝鮮文書4）が見当たらず、目録になかった「一事林明証之内　五奉行判物　一巻」（編年文書552）が含まれていたことが判明したことが分かる。ちなみに前者は、朱筆から、後に「事林明証乾」の収納箱の中にあったことが判明する。

この調査を基に、「事林明証坤」所収の文書には一から十六までの番号が新たに振られ、その明細を「御所蔵書類調理帳　前印二号」の欄に記載したと考えられる。

「事林明証坤入目録」と同様の横帳形式の古文書目録は、全部で七点（前印二・三・十・十三・十四・十六・二十一号）の現存が確認できる（【附表2】備考欄参照）。前印三号の目録を除く六点には、いずれも上段もしくは下段に朱筆で番号が順に振られており、前印二・十・十六・二十一の目録には、末尾の「〆」の後に別筆で、明治十三〜十五年の「しらへ人」で金沢在住の横山政和・同隆淑らによる調査結果が記されている。(6)

以上から、前田家では明治十三年から十七年にかけて、既存の目録と照合する方法で、古文書などの所蔵品の現状調査が行われ、その結果として「御所蔵書類調理帳」が作成されたことがわかる。(7)

太田氏が（ろ）として紹介した、前田育徳会所蔵の謄写本「事林明証」「古蹟文徴」全十一冊は、明治十年代の前田家所蔵古文書のうち、

前印一・二・十～十五号の八号分（十二～十四号は上下冊に分ける）を、前田家編輯方が筆写したものであった。

　最後に、既存の目録が作成された時期、すなわち明治十年代以前の所蔵品整理がいつ前田家で行われたのかについてであるが、この点については関係資料がないため不明である。ただし、まったくの憶測になるが、武家手鑑が再編された天保十二年（一八四一）頃、十三代前田斉泰の時代がもっとも蓋然性が高いと考えられる(8)。武家手鑑再編のために、所蔵古文書の調査が行われ、その際にそれまでの古文書分類を見直して再整理したのではないだろうか(9)。

二　影写本「前田家所蔵文書」について

　続いて、藤井・有坂氏が指摘した、影写本「古蹟文徴」「事林明証」と謄写本「古蹟文徴」「事林明証」がほとんど対応しない点について、以下解明していきたい。

　現在東京大学史料編纂所に架蔵されている影写本「前田家所蔵文書」（請求番号3071.43-1）は、「古蹟文徴」全十一冊、「事林明証」全三冊、「実相院及東寺宝菩提院文書」全四冊、「伺事記録裏書文書・古券書」一冊、「雑」一冊などからなり、「明治二十一年十二月侯爵前田利嗣蔵本ヲ写ス」の記述がある。これにより、「古蹟文徴」「事林明証」は、前田家所蔵古文書を採訪して、明治二十一年（一八八八）十二月に影写されたことが分かる。

　文末に掲げた【附表3】は、影写本「古蹟文徴」「事林明証」計十四冊に収載された全三五四点について、藤井・有坂氏の成果を基に、前述した「御所蔵書類調理帳」の内容と現在の出納番号を付加したものである。

　ここから、影写本「古蹟文徴」「事林明証」に収載された古文書のほとんどが、明治十年代に前田家で確認された前印一・二・三・十・十一号の五号分で占められていることが判明する。ちなみに「実相院及東寺宝菩提院文書」全四冊所収の古文書は前印四号（ロ1～24）と対応する。

　すなわち、明治二十一年に影写された古文書は、前印一～四・十・十一号といった、当時前田家が所蔵する古文書の一部だった可能性が高い。

　この点について、採訪・影写の事情が具体的に分かる史料が、東京大学史料編纂所が架蔵する「前田家蔵書閲覧筆記」（請求番号RS4100-9）である。現状は全七冊からなり、当時前田家で史料採訪を行った修史館・内閣臨時修史局によって筆記されたものである。

　同史料は、第一～四冊目が明治十六年（一八八三）十一月二十一日・二十七日・十二月十四日の三回にわけて行われた修史館による採訪時の記録、第五～七冊目が明治二十一年一月二十七日・二月三日・十五日・二十日・二十四日・二十八日・三月五日の七回にわけて行われた内閣臨時修史局による採訪の記録である。

　調査に当たった人員は、明治十六年が修史館編修副長官の重野安繹、館員の藤野正啓・久米邦武・星野恒・菅政友・伊地知貞馨、明治二十一年が重野・星野・菅、写字生の牧野義順であった（明治二十一年は栗田寛・井上頼圀が同行している(10)）。

　調査対象は、当時前田家が所蔵していた古典籍・古文書であり、調査員各人が現物を調査して筆記した所蔵品の情報やその場で謄写・筆写した釈文が筆記されており、最後に調査後に借用を申請する所蔵品の目録が綴られ、借用して筆写したものには「借写了」などの朱筆が追記されている。

問題の「古蹟文徴」「事林明証」の調査は、明治二十一年二月二十八日と三月五日に行われた。

この時の記録は「前田家蔵書閲覧筆記」第七冊に収載されており、それによると、同年二月二十八日には、星野・菅・牧野の三人が来訪し（井上が同行）、前印一〜四・六・七・十〜十三号（七号は高徳公書翰の一点のみ）を調査、三月五日には、同じく星野・菅・牧野の三人（井上・栗田が同行）が、前印十四〜十六・二十一・二十八号の調査を行っている。この二回の調査で、前田家が所蔵する古代・中世文書のほとんどが調査されたことがわかる。

二月二十八日の調査記録の最後に綴られた借用目録を次に掲げる（合点は朱筆）。

前印壱号　乾
『借写了』ヽ事林明証~~壱号~~
一ヨリ八ニ至ル　五十九通
前印弐号　坤
『同』ヽ古跡文徴~~弐号~~
事林明証　一ヨリ十六ニ至ル　二十四通
前印三号　~~無番目録~~
『同』ヽ同《古跡文徴》三号《従八幡出文書目録》
イ壱号　石清水八幡宮社例　一冊
イ二号上下　系図　二巻

イ三号ヨリ　イ拾二号マテ　一括十巻
イ拾三号ヨリ　イ二十三号マテ　一括十一巻
イ廿四号ヨリ　イ三十三号マテ　十一通
イ三十四号ヨリ　イ四十六号マテ　十三包
イ四十七号ヨリ　イ五十八号マテ　四十六通
『借写了』ヽ同　四号《東寺宝菩提院実相院殿書翰》
ロ一号ヨリ　ロ七号マテ　百四通
ロ八号ヨリ　ロ廿四号マテ　八十八通ト十枚
ヽ五号　ハ二十九　『了』報恩寺口上書　一通
ヽハ三十一　賀州能美郡　『了』長田村検地帳　一冊
『了』長田村検地帳　一冊
ヽ同　六号ノ内
『了』青砥康重家譜　一冊
『了』無題号赤松系図　一巻
天正十九年九月廿一日
同七号ノ内
高徳公賜前田安勝書　二通
『了』ヽ同十号
豊相国東征軍令
チ壱号ヨリ　チ五号マテ　秀吉~~公直~~判備之図以下　六巻
チ七号ヨリ　チ九号マテ　薩摩少将忠恒判物已下　三通
チ十一号ヨリ　チ六十一号マテ　東福寺文書七十七通ノ内　六十五通
『了』ヽ同十一号
リ一号ヨリ　リ廿号マテ　二十巻三十二通
リ廿一号ヨリ　リ四十七号マテ　二十七巻三十六通
同十二号
ヌ一号ヨリ　ヌ五十九号マテ　百廿六通　一巻　二冊

同十三号　ル一号ヨリ ル九十二号マテ　百八十七通　一枚　『詩』二篇

これによると、実際に前田家から借用して筆写した史料は、「借写了」「了」[11]といった朱筆の付されている、前印一号（事林明証乾）のうち一～八番、前印二～四号の全点、前印五号のうち「報恩寺口上書」（ハ29）と「賀州能美郡長田村検地帳」（ハ31）の二点、前印六号のうち「青砥康重家譜」（ニ59）「赤松系図」（ニ53）、前印十・十一号の全点であったことがわかる。

この際に借用された史料は、現存する影写本収載の文書とほぼ一致する（文末【附表3】参照）。逆に言えば、このとき調査はしたものの、借用できなかった史料については、影写されなかったことになる。

おそらく内閣臨時修史局では継続して前田家から古文書を借用・筆写する計画であったと思われるが、それが何らかの理由で頓挫し[12]、結果として前田家所蔵古文書の一部が、影写本「前田家所蔵文書」として架蔵され、利用されていったと考えられる。

最後に、影写本「古蹟文徴」「事林明証」の配列順であるが、これまで明らかにした修史館・修史局による調査では、前田家の整理分類のまま、借用・返却されていることから、影写した後で、内閣臨時修史局（もしくは後継組織）にて編年順などに配列し直し、「古蹟文徴」「事林明証」などに分類した蓋然性が高い。ただし、原蔵者である前田家の「古蹟文徴」「事林明証」の分類をあえて解体し、編成し直す理由については不明である。

「はじめに」で触れた、影写本「古蹟文徴」「事林明証」と謄写本「事林明証」「古蹟文徴」がまったく対応しない点は、これまでに明らかにしてきたような、近代初期における前田家の古文書整理と修史局による古文書採訪および影写のあり方に起因すると考えられる。

三　「尊経閣古文書纂」の編成について

現在の「尊経閣古文書纂」所収の古文書を収納する、柿渋引の畳紙や和紙の包紙には、「四号二十八番」（飯尾文書）、「四号三十五番」（堀文書）、などの朱筆が記載されているものが多くあり、しかもそのほとんどは線で抹消され、その紙背を「尊経閣古文書纂」の収納具として再利用している。

この「～号～番」という分類番号は、抹消されていることからわかるように、現在は使用されておらず、「尊経閣古文書纂」編成以前に付けられたものである。第一章で明らかにしたように、明治十年代の前田家所蔵古文書の整理に際して、「前印～号」「イ～」といった出納番号が振られたことを勘案すると、「～号～番」は、その後、おそらく明治二十年代から三十年代にかけて、新たに付けられたものと考えられる。ただし、管見の限り、この間に前田家による古文書整理や編成替えが行われたことを示す関係資料は見当たらないため、その詳細について明らかにすることはできない。

しかし幸いにも、前田育徳会には、後述する「尊経閣古文書纂」編成に際して作成された「尊経庫蔵古文書纂」という冊子が現存し、同書では「～号～番」の分類を基に、古文書が整理されているため、その内容を紹介することにより、「～号～番」による古文書分類について検討していきたい。なお、本冊および前冊に掲載した未定文書の解説では、「～号～番」を「旧整理番号」としているため、以後はそのように表記する。

「尊経庫蔵古文書纂」などの関係資料によると、旧整理番号は二号から八号が確認される。二・三号については、「古切二号ノ六番」（編年文書145）、「古筆切三号ノ七」（編年文書133など）から「古筆切」とされてきた文書が分類されたようであるが、「御所蔵書類調理帳」には記載がないため、明治十年代には別置されていた文書群と推定される。

続く四号から八号のうち、八号は案文を含む写し[13]、四～七号がいわゆる正文とされる文書群で構成されている。四号から七号までの区分は保存形態別に行われたようで、現状から類推すると、五号は巻子状に巻かれているもの（未表装のもの）、六号は折り畳まれて懸紙に包まれているもの、四号はそれ以外のいわゆる一紙物（まくり）が大部分を占める。七号は花押や署名のない、正文かどうか真偽不明の文書や断簡類などが分類されたようである[14]。

以上の分類をした上で、旧整理番号ごとにそれぞれ柿渋の畳紙などに包んで、長櫃や木箱に収納・保管されたものと推定される。

その後、明治三十六年（一九〇三）に設置された臨時家宝調査会の下で、前田家所蔵品の悉皆調査と目録整備が行われ、古文書についても、調査委員の中川忠順が主導して、調査と「尊経閣古文書纂」の編成、目録の作成が行われたとされている[15]。

中川忠順による「尊経閣古文書纂」編成については、残念ながら関係資料が残されておらず、実態は不明である。前述したように、その下調べ用に作成された「尊経庫蔵古文書纂」が現存しているため、その内容を紹介することで、「尊経閣古文書纂」編成の一端を明らかにしていきたい。

「尊経庫蔵古文書纂」は全四冊からなり、第一冊の表紙には、朱筆で「古文書目録ノ下調ノモノナリ　共四冊　四冊並ニ明治四十三年春成」と記されていることから、明治四十三年（一九一〇）春に作成されたものである。

第一冊は「雑纂文書」の外題と、内表紙に「古文書雑纂部『上』」の表題を記す。内容は、旧整理番号の四号一番から百六番、五号一番から百五十三番、六号一番から百三番、七号一番から十八番、その後に「古筆切（古切）」（旧整理番号二・三号）、「古珍書」（買新羅物解七通）、「宸筆」などの順に、年月日・史料名・釈文を掲載している。

第二冊は「雑纂文書」の外題のみで、内容は順に「古文書巻物」「祖縁朝鮮人往復文書[16]」「売券」「奉書書状等雑文書」「仏壇作法及宗義記録等」「書状断片」「雑纂」「文書断片」「記録断片」「古書」「仏事関係」「残簡断片類」「古文書雑纂　法隆寺関係ノモノ」「土地関係文書等」「仏事関係ノモノ」「大覚寺文書」「断簡類」「長福寺文書」「雑文書」「神護寺文書」「長福寺文書」「雑纂文書」「大覚寺文書」「断簡類」「長福寺文書」「雑文書」「長福寺文書」「神護寺文書」「雑纂」「古文書断簡」「土地関係文書」「残闕文書」「古記録断片」と題された文書群で構成されている。「売券」以下は、七号十九番から二十七番までの旧整理番号が付いている[17]。

第三冊は「社寺文書」で、順に「石清水八幡宮文書　付東竹書翰、善法寺文書」「仁和寺心蓮院文書」「宝菩提院文書」「東大寺文書」「東福寺文書」「蓮養坊文書」「南禅寺慈聖院文書」「天龍寺文書　付真乗院文

書」「西興寺文書」「清水寺文書　中原文書」「実相院文書」「神護寺文書」「青蓮院文書」に分類され、それぞれ四号から六号までの旧整理番号順に記載されている。(18)

第四冊は「諸家文書」で、「一条文書」「飯尾文書　付遠州羽鳥庄文書」「蜷川文書」「堀文書」「日置文書」「加藤文書」「野上文書」「駒井文書」「籠手田文書」「天野文書」「得田文書」「得江文書」「吉見文書」「毛利文書」の順に、それぞれ四号から六号までの旧整理番号順に記載されている。

「尊経庫蔵古文書纂」の記載内容から、「尊経閣古文書纂」の編成過程を類推すると、まず旧整理番号の四号から七号までの古文書が精査され、「社寺文書」「諸家文書」への分類が明確な文書は、第三冊「社寺文書」もしくは第四冊「諸家文書」内の文書群に記載し、それ以外の四号一番から七号十八番までの文書を第一冊「雑纂文書」として、七号十九番から二十七番までの文書を第二冊「雑纂文書」に記載している。

次に「雑纂文書」二冊の古文書の内容をさらに検討して、「社寺文書」「諸家文書」に編入すべき文書を、「一、二、三ノ三通ハ南禅寺文書ニ入ルコト」（四号六番、南禅寺慈聖院文書5・13・25）、「得田文書ニ入ル」（四号三十一番、得田文書11）などと朱筆で追記して確定し、さらに「加茂社文書」「長福寺文書」「大覚寺文書」「大光明寺文書」「当家文書（前田文書）」「朝鮮文書（当時は征韓文書）」「外国文書」などの新たな文書群を新設して、それぞれに編入していった。

この結果を基に、「諸家文書」「社寺文書」および「朝鮮文書」「外国文書」「俳人等文書」所収の古文書を確定し、それらに収録できない文書のうち、年号が判明するものは年次順に「編年文書」として、年代未詳のものは旧整理番号ごとに「未定文書　伊〜利」「宗教関係文書」などとして分類し、それぞれ順に番号を付けて、「尊経閣古文書纂」として編成したようである。

おわりに

本稿で論じたことを、以下まとめてみたい。

①明治十年代、既存の目録と照合する形で、所蔵古文書の調査が行われた。その結果、新たに「前印一号」といった古文書群の名称と「乾一」「イ一」といった番号が振られ、その内容を「御所蔵書類調理帳」全四冊にまとめた。また、前田家編輯方により、前印一・二・十〜十五号所収の古文書が謄写され、謄写本「事林明証」「古蹟文徴」全十一冊が編纂された。

②明治二十一年、内閣臨時修史局による、前田家所蔵古文書の調査が行われ、前印一〜四・十・十一号所収の古文書が借用・影写された。その後、前田家の「事林明証」「古蹟文徴」の分類自体も解体し、編年順などに再整理した上で、影写本「古蹟文徴」「事林明証」全十四冊が編纂された。

③前田家ではその後、文書形式（証文か写しか）や収納形態によって、「四号」から「八号」までの旧整理番号による古文書整理が行われ、さらにその旧整理番号を基に、明治四十三年に原蔵者別（社寺・諸家）の分類が試みられた（その過程で「尊経庫蔵古文書纂」全四冊を作成）。そして最終的には「諸家文書」「社寺文書」「編年雑纂文書」に分類する形で、「尊経閣古文書纂」が編成された。(19)

【注】

（1）太田晶二郎「前田育徳会尊経閣文庫所蔵の古文書」（『太田晶二郎著作集 第四冊』吉川弘文館、一九九二年、初出一九七六年）。原文の強調点・フリガナは省略した。

（2）藤井讓治・有坂道子編『影写本『前田家所蔵文書』目録』（二〇〇二年）。

（3）菊池浩幸「前田侯爵家と文化財保存—前田育徳会と収蔵品の紹介を中心に—」（『文化財の保護』五三、二〇二一年）。

（4）「尊経閣古文書纂　附属　極札類」については、前田育徳会尊経閣文庫編『尊経閣善本影印集成87　尊経閣古文書纂　編年雑纂文書四』（八木書店、二〇二四年）所収の解説附表を参照。なお、同史料九点目の「事林明証　大仏殿造営事」は、（天正十四年）十一月六日付前田利家黒印状で、現在の出納番号は「歴世親翰金龍公創意部一番」である。

（5）他にも、例えば、前印十二号「言九号　古蹟文徴　新入」には、所収古文書五十九点のうち、ヌ9・17・18・20・24・25・29・33・35の九点が「古蹟文徴」「古蹟文徴之内」と記載されていて、「古蹟文徴」として伝来されてきた古文書とそうでない古文書をまとめて、「古蹟文徴」といった古文書群が形成されていることが分かる。

（6）このとき調査に当たった人物のうち、横山政和は、人持組横山蔵人家（一万石）の七代当主（一八三四〜九三）で、明治十五年（一八八二）に設置された前田家評議会の家政評議人に選任されている。横山政淑は、人持組頭（八家）横山本家（三万石）当主隆章の義兄弟（妻の兄弟）で、明治三年（一八七〇）に金沢藩知事前田家の家令に就任している。明治前期の前田家および横山家については、松村敏「明治前期における旧加賀藩主前田家の資産と投資意思決定過程—藩政から華族家政へ—」・同「明治前期、旧加賀藩家老横山家の金融業経営と鉱山業への転換—鉱山華族横山家の研究⑴—」（ともに、神奈川大学『商経論叢』五三-一・二、二〇一八年）に詳しい。

（7）ただし、すべての調査が旧目録との照合で行われたわけではなく、例えば、前印二十八号の古蹟文徴は、明治十五年の金沢長町邸延焼で被災した古文書を調査した記録であり、前印三十号から三十二号については、明治十七年（一八八四）に金沢御用弁方が新たに所蔵品調査を行った結果を記録したものである。前印二十八号の調査については、前田育徳会尊経閣文庫編『尊経閣善本影印集成80　尊経閣古文書纂　社寺文書一』（八木書店、二〇二二年）所収の石清水八幡宮文書解説を参照のこと。

（8）前田斉泰による武家手鑑の再編成については、前田育徳会尊経閣文庫編『尊経閣善本影印集成77　武家手鑑　付旧武家手鑑』（八木書店、二〇二一年）所収解説を参照のこと。

（9）さらに、前田綱紀による古文書整理についても、前述したように、これまで言われてきたような「古蹟文徴」「事林明証」といった古文書群としてまとまった編成は行われずに終わった可能性があるが、この点の解明については別の機会に果たしたい。

（10）栗田寛は水戸藩出身の歴史学者（のち帝国大学教授）、井上頼圀は皇典講究所（のちの國學院）所属の国学者であり、両者は侯爵前田家への来訪に際して、いわゆる案内人として同行したものと思われる。明治二十一年の採訪については、前田育徳会所蔵「明治二十一年編輯方日誌」（近代史料A七二二）に簡略ながら記載があり、日時・人員ともに内閣臨時修史局側の記述と一致する。ここから、調査には前田家編輯方が対応したことがわかる。

（11）前印一号（事林明証乾）は十六番まであり、九〜十六番は後水尾天皇などの女房奉書であるが、借用・影写の対象から外されている。これは一月二十七日の第一回採訪の際、「三朝宸翰」一巻の借用を申請したところ、「宸翰ハ門外不出」として断られたことに配慮したものと考えられる（「前田家蔵書閲覧筆記」第五冊）。

(12) 一因として、明治二十一年十月に改組が行われ、帝国大学文科大学臨時編年史編纂掛に移管されたことが挙げられるかもしれない。明治初期の正史編纂については、東京大学史料編纂所編『東京大学史料編纂所史史料集』（東京大学史料編纂所、二〇〇一年）、佐藤大悟「明治太政官期の修史部局における記録管理—『修史局・修史館史料』の分析から—」（『国文学研究資料館紀要　アーカイブズ研究篇』一五、二〇一九年）、華族への史料採訪については、佐藤雄基「明治期の史料採訪と古文書学の成立」（松沢裕作編『近代日本のヒストリオグラフィー』山川出版社、二〇一五年）、寺尾美保「東京帝国大学史料編纂掛からみる明治期の華族—「往復」からの検討—」（『東京大学史料編纂所紀要』三二、二〇二二年）などを参照した。

(13) このとき、写し（案文）として八号に分類された古文書のうち、八号一番（飯尾文書4・5・8・9・11〜17）および八号四十番（飯尾文書1）を除くものは、いわゆる模写本として別途保管された（現在の出納番号は六門－ハ・ニなど）。飯尾文書の内容については、前田育徳会尊経閣文庫編『尊経閣善本影印集成78　尊経閣古文書纂　諸家文書一』（八木書店、二〇二二年）所収飯尾文書解説および附表を参照のこと。

(14) 例えば、石清水八幡宮文書20の包紙には「五号　有判巻物之部　百三十四番」の朱筆があり、旧整理番号「六号九十八番」の当家文書15の端裏には「有判状折物九十八番」の朱筆貼紙がある。また、旧整理番号が「四号九十八番」である当家文書3の端裏には「有判文状九十八番」の朱筆貼紙、また「七号十五番」の編年文書37の外包紙には「七号　無判状拾五番」の朱筆がある。

(15) 臨時家宝調査会については、前掲注(3)菊池論文を参照。なお、太田氏は前掲注(1)論文にて、中川忠順が「尊経閣古文書纂」を編成したとし、「氏は、美術史研究を以て知られるけれども、元来、東京帝国大学文科大学国史科の卒業であって、同科の古文書学も履修されたであろう」とするが、中川が編成に当たったことを示す資料は、管見の限り見つけられなかった。

(16) 「古文書巻物」は、装幀された巻子で木箱に収納されている文書で、「巻十四」（編年文書35）などの番号がついている。「祖縁朝鮮人往復文書」は、相国寺慈照院の僧侶別宗祖縁と朝鮮通信使との往復書簡（外国文書7〜13）であり、「詩文章九十四」の番号が付されていた。

(17) 「売券」以下の文書の詳細については、前掲注(4)書の解説附表「未定文書　伊〜辺　旧整理番号・原蔵者一覧」および本冊解説附表「未定文書止〜利／後鑑類／宗教関係文書／記録断片　旧整理番号・原蔵者一覧」の「旧整理番号（注記）」欄を参照されたい。

(18) この段階で構想されていた「社寺文書」のうち、「東大寺文書」九通は、「此分雑纂ノ中ニ収メタリ」として、最終的には編年文書8〜16に分類され、「東大寺文書」という独立した文書群は形成されなかった。また「清水寺文書」に付属していた「中原文書」一巻（三十八通）は「此分諸家文書ノウチ中原文書ニ入ル」として、「諸家文書」の一つに収載している。

(19) 本来ならば、前掲『尊経閣善本影印集成77　武家手鑑　付旧武家手鑑』の解説で予告したように、総論として、前田家古文書の収集・保存の歴史について、近世から現在の古文書収蔵状況までを通して論述するつもりであったが、紙幅の都合により、附論と題して、対象を近代に限定し、論証もかなり簡略化した記述となった。総論については、他日を期したい。

【附表3】影写本「古蹟文徴」「事林明証」所収古文書対応表

№.	影写本	年月日	史料名	調理帳		現在の出納番号
1	古蹟文徴1	大治4年6月22日	官宣旨	前印3号	イ5	石清水八幡宮文書1
2	古蹟文徴1	文治2年閏7月29日	源頼朝下文写	前印11号	リ31	編年文書176-1・2附属 (原本は武家手鑑上10)
3	古蹟文徴1	建仁2年正月日	従二位家牒	前印10号	チ6	編年文書43
4	古蹟文徴1	建仁4年2月5日	筑前国司庁宣	前印3号	イ9	編年文書45-1
5	古蹟文徴1	建仁4年2月7日	筑前守某副状	前印3号	イ9	編年文書45-2
6	古蹟文徴1	元久元年3月日	中原職景ヵ下文	前印11号	リ3	編年文書46
7	古蹟文徴1	承久3年8月14日	六波羅下知状	前印10号	チ18	東福寺文書2
8	古蹟文徴1	(貞応元年)5月6日	北条義時書状	前印3号	イ23	石清水八幡宮文書2
9	古蹟文徴1	貞応元年5月6日	関東下知状	前印3号	イ23	石清水八幡宮文書3
10	古蹟文徴1	(貞応元年)8月17日	摂政藤原家実御教書	前印3号	イ23	石清水八幡宮文書4
11	古蹟文徴1	貞応元年8月21日	六波羅施行状	前印3号	イ10	石清水八幡宮文書5
12	古蹟文徴1	嘉禄元年12月15日	関東下知状	前印11号	リ16	編年文書57-1
13	古蹟文徴1	天福元年4月26日	後堀河上皇院宣	前印10号	チ20	東福寺文書3
14	古蹟文徴1	(嘉禎2年)8月13日	定良ヵ書状	前印3号	イ43	石清水八幡宮文書6
15	古蹟文徴1	寛元2年12月24日	関東下知状	前印10号	チ6	編年文書67
16	古蹟文徴1	宝治3年2月1日	後嵯峨上皇院宣	前印3号	イ39	石清水八幡宮文書8
17	古蹟文徴1	(建長2年)8月29日	関東御教書	前印3号	イ43	石清水八幡宮文書7
18	古蹟文徴1	(建長5年)3月25日	関東御教書	前印3号	イ33	石清水八幡宮文書11
19	古蹟文徴1	(建長6年)4月17日	後嵯峨上皇院宣	前印3号	イ3	石清水八幡宮文書9-1
20	古蹟文徴1	(建長6年)12月5日	後嵯峨上皇院宣	前印3号	イ3	石清水八幡宮文書9-3
21	古蹟文徴1	(建長2年)9月26日	北条長時書状	前印3号	イ3	石清水八幡宮文書9-2
22	古蹟文徴1	弘長2年12月10日	関東下知状	前印11号	リ24	編年文書72
23	古蹟文徴1	文永2年12月30日	後嵯峨上皇院宣	前印3号	イ35	石清水八幡宮文書12
24	古蹟文徴1	文永6年12月日	西園寺実兼ヵ袖判下文	前印10号	チ59	東福寺文書6
25	古蹟文徴1	(文永8年)12月2日	重氏請文	前印10号	チ35	東福寺文書7
26	古蹟文徴1	文永11年7月12日	西園寺大納言家政所下文	前印10号	チ36	東福寺文書8
27	古蹟文徴1	文永11年12月3日	関東御教書	前印11号	リ10	編年文書78
28	古蹟文徴1	(弘安3年)9月11日	安達泰盛書状	前印10号	チ32	武家手鑑上31(東福寺文書13)
29	古蹟文徴1	(徳治2年)5月4日	信忠請文	前印10号	チ33	東福寺文書21
30	古蹟文徴1	(年月日未詳)	某女房奉書	前印10号	チ48	東福寺文書175
31	古蹟文徴1	弘安4年3月3日	阿波国櫛淵荘預所・地頭和与状	前印3号	イ8	石清水八幡宮文書15
32	古蹟文徴1	(弘安4年)8月14日	亀山上皇院宣	前印3号	イ16	石清水八幡宮文書16
33	古蹟文徴2	弘安5年4月12日	成願借預状	前印10号	チ21	東福寺文書14
34	古蹟文徴2	(弘安9年)9月6日	亀山上皇院宣	前印3号	イ16	石清水八幡宮文書17
35	古蹟文徴2	弘安10年7月19日	亀山上皇院宣	前印10号	チ49	東福寺文書17
36	古蹟文徴2	永仁7年3月22日	伏見上皇院宣	前印3号	イ4	石清水八幡宮文書19-1
37	古蹟文徴2	正安2年6月1日	六波羅御教書	前印11号	リ16	編年文書57-2
38	古蹟文徴2	徳治2年9月14日	六波羅御教書	前印3号	イ55	神護寺文書3
39	古蹟文徴2	徳治3年3月25日	関東御教書	前印11号	リ11	編年文書98-1
40	古蹟文徴2	延慶3年3月20日	関東御教書	前印10号	チ30	東福寺文書22
41	古蹟文徴2	文保元年7月5日	鎮西御教書	前印11号	リ17	編年文書110

No.	影写本	年月日	史料名	調理帳		現在の出納番号
42	古蹟文徴 2	元応元年 10 月 4 日	六波羅御教書	前印 10 号	チ 27	東福寺文書 30
43	古蹟文徴 2	元応 2 年 3 月 12 日	鎮西御教書	前印 10 号	チ 41	東福寺文書 31
44	古蹟文徴 2	元徳 2 年 11 月 9 日	儀俄荘下司職契約状	前印 11 号	リ 7	編年文書 115
45	古蹟文徴 2	元弘 3 年 5 月 9 日	林実広軍忠状	前印 11 号	リ 13	編年文書 123-1
46	古蹟文徴 2	元弘 3 年 7 月 13 日	某袖判補任状	前印 10 号	チ 13	東福寺文書 35
47	古蹟文徴 2	元弘 3 年 7 月 15 日	賜加賀国佐那武神職綸旨写	前印 2 号	坤 12	梅乙 77
48	古蹟文徴 2	元弘 3 年 7 月 20 日	賜加賀国佐那武神職綸旨写	前印 2 号	坤 13	梅乙 77
49	古蹟文徴 2	元弘 3 年 12 月 24 日	雑訴決断所牒	前印 3 号	イ 4	石清水八幡宮文書 19-2
50	古蹟文徴 2	正慶 2 年 2 月 30 日	関東御教書	前印 11 号	リ 11	編年文書 98-2
51	古蹟文徴 2	建武 2 年 5 月 26 日	吉見頼隆下文	前印 3 号	イ 24	石清水八幡宮文書 21
52	古蹟文徴 2	建武 2 年 8 月 14 日	左衛門尉某奉書	前印 10 号	チ 14	東福寺文書 36
53	古蹟文徴 2	建武 3 年 6 月 25 日	足利尊氏御判御教書	前印 11 号	リ 1	編年文書 126-1
54	古蹟文徴 2	建武 3 年 8 月 2 日	足利尊氏御判御教書	前印 11 号	リ 1	編年文書 126-2
55	古蹟文徴 2	建武 3 年 8 月 27 日	林真弘軍忠状	前印 11 号	リ 13	編年文書 123-2
56	古蹟文徴 2	建武 3 年 10 月 1 日	足利直義感状	前印 11 号	リ 33	編年文書 127
57	古蹟文徴 2	建武 4 年 6 月 13 日	足利直義御判御教書	前印 11 号	リ 25	編年文書 129-1
58	古蹟文徴 2	建武 4 年 8 月 16 日	神足信朝着到状	前印 11 号	リ 37	編年文書 130-1
59	古蹟文徴 2	建武 4 年 8 月 29 日	足利尊氏下文写	前印 11 号	リ 31	編年文書 176-1・2 附属 (原本は武家手鑑上 34)
60	古蹟文徴 2	建武 4 年 9 月 13 日	光厳上皇院宣	前印 2 号	坤 2	編年文書 131-1
61	古蹟文徴 2	建武 5 年 6 月 26 日	林真弘軍忠状	前印 11 号	リ 13	編年文書 123-3
62	古蹟文徴 2	建武 5 年閏 7 月 4 日	足利尊氏寄進状	前印 11 号	リ 14	神護寺文書 5
63	古蹟文徴 2	(正平 6 年) 11 月 12 日	足利直義書状	前印 11 号	リ 20	大光明寺文書 1
64	古蹟文徴 3	暦応元年 10 月 23 日	神足信友着到状	前印 11 号	リ 37	編年文書 130-2
65	古蹟文徴 3	暦応元年 11 月 7 日	林宗兼着到状	前印 3 号	イ 53	南禅寺慈聖院文書 6
66	古蹟文徴 3	暦応元年 11 月 7 日	神足信友着到状	前印 3 号	イ 54	南禅寺慈聖院文書 7
67	古蹟文徴 3	暦応 2 年 4 月 23 日	室町幕府御教書	前印 10 号	チ 16	東福寺文書 51
68	古蹟文徴 3	(暦応 2 年) 6 月 12 日	勧修寺経顕書状	前印 2 号	坤 2	編年文書 131-2
69	古蹟文徴 3	暦応 2 年 8 月 19 日	吉良貞家請文	前印 10 号	チ 40	東福寺文書 52
70	古蹟文徴 3	暦応 4 年閏 4 月 17 日	足利直義下知状	前印 10 号	チ 6	編年文書 135
71	古蹟文徴 3	康永 3 年 3 月 27 日	山名時氏挙状	前印 11 号	リ 12	編年文書 146-1
72	古蹟文徴 3	貞和 2 年 2 月 9 日	足利直義御判御教書	前印 11 号	リ 34	編年文書 148
73	古蹟文徴 3	(年未詳) 3 月 28 日	古筆定慶書状	(前印 11 号)	(リ 34)	編年文書 148 附属
74	古蹟文徴 3	(貞和 2 年) 6 月 3 日	検非違使別当宣	前印 11 号	リ 28	編年文書 149
75	古蹟文徴 3	貞和 2 年 7 月 4 日	橘知基請文	前印 11 号	リ 6	編年文書 150
76	古蹟文徴 3	貞和 3 年 8 月 17 日	室町幕府御教書	前印 11 号	リ 6	編年文書 152
77	古蹟文徴 3	観応 2 年 4 月 21 日	足利直義御判御教書	前印 11 号	リ 25	編年文書 129-2
78	古蹟文徴 3	正平 6 年 12 月 23 日	足利義詮寄進状	前印 10 号	チ 44	東福寺文書 56
79	古蹟文徴 3	観応 3 年 8 月 1 日	足利尊氏御判御教書	前印 11 号	リ 1	編年文書 126-3
80	古蹟文徴 3	文和元年 12 月 22 日	足利義詮寄進状	前印 10 号	チ 47 上	東福寺文書 59
81	古蹟文徴 3	文和元年 12 月 27 日	足利義詮御判御教書	前印 11 号	リ 18	編年文書 172-1
82	古蹟文徴 3	文和 2 年正月 18 日	室町幕府引付頭人奉書	前印 10 号	チ 47 下	東福寺文書 60
83	古蹟文徴 3	文和 2 年 6 月 3 日	足利義詮下文	前印 11 号	リ 31	編年文書 176-1
84	古蹟文徴 3	文和 3 年 6 月 23 日	足利義詮御判御教書	前印 11 号	リ 7	編年文書 183

No.	影写本	年月日	史料名	調理帳		現在の出納番号
85	古蹟文徵3	(永徳元年) 7月10日	検非違使別当某奉書	前印10号	チ6	天龍寺周悦関係文書23
86	古蹟文徵3	延文2年3月24日	足利義詮御判御教書	前印10号	チ55	東福寺文書63
87	古蹟文徵3	延文4年11月20日	足利義詮御判御教書	前印11号	リ25	編年文書129-3
88	古蹟文徵3	延文5年9月20日	室町幕府御教書	前印10号	チ39	東福寺文書64
89	古蹟文徵3	康安2年5月22日	足利義詮御判御教書	前印3号	イ32	石清水八幡宮文書24
90	古蹟文徵3	康安2年5月28日	足利義詮御判御教書	前印3号	イ31	石清水八幡宮文書25
91	古蹟文徵3	康安2年8月17日	足利義詮御判御教書	前印11号	リ30	編年文書194
92	古蹟文徵3	正平17年11月22日	後村上天皇綸旨	前印3号	イ34	石清水八幡宮文書26-1
93	古蹟文徵3	貞治3年3月5日	足利義詮御判御教書	前印11号	リ1	編年文書126-4
94	古蹟文徵3	貞治3年5月7日	足利義詮御判御教書	前印11号	リ1	編年文書126-5
95	古蹟文徵3	貞治3年6月19日	足利義詮御判御教書	前印10号	チ54上	東福寺文書65
96	古蹟文徵3	貞治3年9月17日	足利義詮御判御教書	前印10号	チ54下	東福寺文書67
97	古蹟文徵3	(応安元年) 11月10日	後光厳上皇院宣	前印10号	チ26下	東福寺文書70
98	古蹟文徵3	(応安元年) 11月10日	後光厳上皇院宣	前印10号	チ26上	東福寺文書69
99	古蹟文徵3	貞治3年10月14日	室町幕府引付頭人奉書	前印3号	イ34	石清水八幡宮文書26-2
100	古蹟文徵3	貞治5年卯月27日	土岐頼雄(祐康)寺領寄進状	前印3号	イ47	南禅寺慈聖院文書12
101	古蹟文徵4	貞治6年10月14日	室町幕府引付頭人奉書	前印11号	リ21	編年文書202
102	古蹟文徵4	(康永2年ヵ) 8月26日	上野頼兼書状	前印10号	チ25	東福寺文書61
103	古蹟文徵4	貞治3年11月15日	室町幕府引付頭人奉書	前印10号	チ22	東福寺文書68
104	古蹟文徵4	応安2年6月22日	室町幕府御教書	前印10号	チ17	東福寺文書71
105	古蹟文徵4	応安3年10月9日	土岐頼康 (善忠) 挙状	前印11号	リ12	編年文書146-2
106	古蹟文徵4	永和元年8月5日	足利義満下文	前印11号	リ31	編年文書176-2
107	古蹟文徵4	永和元年6月13日	室町幕府御教書	前印10号	チ15下	東福寺文書74
108	古蹟文徵4	永和3年10月22日	足利義満寄進状	前印10号	チ6	南禅寺慈聖院文書19
109	古蹟文徵4	永和3年11月26日	室町幕府御教書	前印10号	チ15上	東福寺文書75
110	古蹟文徵4	永和4年正月16日	布施基連外三名寄進状(前闕)	前印3号	イ47	南禅寺慈聖院文書24
111	古蹟文徵4	永和4年6月8日	室町幕府御教書	前印3号	イ26	石清水八幡宮文書28
112	古蹟文徵4	永徳元年5月14日	大内義弘判物	前印10号	チ34	武家手鑑中3 (東福寺文書76)
113	古蹟文徵4	永徳3年5月13日	九条関白家御教書	前印11号	リ15	編年文書225
114	古蹟文徵4	至徳元年9月2日	室町幕府下知状	前印10号	チ53	東福寺文書77
115	古蹟文徵4	至徳2年9月晦日	室町幕府奉行人下知状	前印10号	チ52	東福寺文書78
116	古蹟文徵4	至徳3年4月11日	足利義満寄進状	前印10号	チ29	東福寺文書79
117	古蹟文徵4	(明徳元年) 7月8日	足利義満請文	前印11号	リ32	編年文書233
118	古蹟文徵4	(年未詳) 9月17日	足利義満 (道義) 御内書	前印11号	リ27	編年文書239
119	古蹟文徵4	明徳2年卯月29日	室町幕府政所頭人奉書	前印10号	チ51	東福寺文書80-1
120	古蹟文徵4	明徳2年6月23日	室町幕府御教書	前印10号	チ51	東福寺文書80-2
121	古蹟文徵4	明徳5年7月1日	長氏寄進状	前印3号	イ47	南禅寺慈聖院文書26
122	古蹟文徵4	応永2年3月6日	室町幕府御教書	前印10号	チ24下	東福寺文書83
123	古蹟文徵4	応永2年3月6日	室町幕府御教書	前印10号	チ24上	東福寺文書82
124	古蹟文徵4	応永2年4月13日	重慶・助行連署注進状 (前闕)	前印3号	イ47	南禅寺慈聖院文書27
125	古蹟文徵4	応永4年8月13日	細川義之 (常長) 遵行状	前印3号	イ21	石清水八幡宮文書29-1
126	古蹟文徵4	応永5年2月27日	足利義満御判御教書	前印11号	リ23	編年文書243
127	古蹟文徵4	応永6年10月7日	室町幕府御教書	前印3号	イ52	東福寺文書84
128	古蹟文徵4	応永7年9月10日	伊勢貞利寄進状	前印10号	チ6	南禅寺慈聖院文書28

No.	影写本	年月日	史料名	調理帳		現在の出納番号
129	古蹟文徴4	応永7年8月19日	室町幕府御教書	前印10号	チ23	東福寺文書85
130	古蹟文徴4	応永7年11月3日	飯尾頼連奉書	前印3号	イ21	石清水八幡宮文書29-3
131	古蹟文徴4	応安7年12月24日	室町幕府引付頭人奉書	前印3号	イ17	石清水八幡宮文書27
132	古蹟文徴4	応永12年6月24日	室町幕府御教書	前印3号	イ18	石清水八幡宮文書31
133	古蹟文徴4	応永13年9月14日	室町幕府御教書	前印3号	イ13	石清水八幡宮文書32
134	古蹟文徴4	応永15年2月24日	足利義満御判御教書	前印10号	チ6	南禅寺慈聖院文書31
135	古蹟文徴4	応永15年9月11日	斯波満種（道源）寄進状	前印3号	イ47	南禅寺慈聖院文書16
136	古蹟文徴4	応永15年11月25日	室町幕府御教書	前印3号	イ13	石清水八幡宮文書33
137	古蹟文徴4	応永16年11月2日	足利義持御判御教書	前印10号	チ6	編年文書260
138	古蹟文徴5	応永19年10月13日	細川満俊遵行状	前印3号	イ28	石清水八幡宮文書34
139	古蹟文徴5	応永21年5月18日	毛利光房寄進状	前印3号	イ56	南禅寺慈聖院文書32
140	古蹟文徴5	応永30年5月12日	足利義持御判御教書	前印10号	チ56	東福寺文書86
141	古蹟文徴5	応永30年9月18日	足利義持御判御教書	前印11号	リ18	編年文書172-2
142	古蹟文徴5	応永34年5月13日	山内上杉氏奉行人連署奉書	前印10号	チ46	東福寺文書87
143	古蹟文徴5	文安2年8月15日	室町幕府御教書	前印3号	イ25	石清水八幡宮文書36
144	古蹟文徴5	享徳3年2月24日	藤原久嘉遵行状	前印3号	イ47	南禅寺慈聖院文書29
145	古蹟文徴5	康正元年12月2日	常恩外三名連署意見状	前印3号	イ47	南禅寺慈聖院文書17
146	古蹟文徴5	長禄3年12月20日	細川氏久遵行状	前印3号	イ6	石清水八幡宮文書37-1
147	古蹟文徴5	寛正2年4月11日	室町幕府奉行人連署奉書	前印3号	イ47	南禅寺慈聖院文書30
148	古蹟文徴5	寛正4年7月10日	室町幕府御教書	前印3号	イ6	石清水八幡宮文書37-2
149	古蹟文徴5	寛正4年9月15日	西園寺家寄進状	前印3号	イ47	南禅寺慈聖院文書34
150	古蹟文徴5	寛正4年12月18日	神保長誠判物	前印3号	イ47	南禅寺慈聖院文書35
151	古蹟文徴5	寛正7年2月22日	室町幕府御教書	前印3号	イ38	武家手鑑中19 （石清水八幡宮文書38-1）
152	古蹟文徴5	（年未詳）11月24日	一色義直書状	前印3号	イ38	石清水八幡宮文書38-2
153	古蹟文徴5	応仁元年12月26日	室町幕府奉行人連署禁制	前印3号	イ47	南禅寺慈聖院文書20
154	古蹟文徴5	応仁2年10月17日	室町幕府奉行人連署奉書	前印3号	イ22	石清水八幡宮文書39
155	古蹟文徴5	（文明元年）6月28日	細川勝元書状	前印3号	イ37	石清水八幡宮文書40
156	古蹟文徴5	（長享3年）6月19日	中院通秀（妙益）書状	前印3号	イ19	石清水八幡宮文書41
157	古蹟文徴5	明応3年8月21日	足利義材奉行人連署奉書	前印3号	イ30	吉見文書4
158	古蹟文徴5	明応4年12月29日	室町幕府奉行人連署奉書	前印3号	イ47	南禅寺慈聖院文書37
159	古蹟文徴5	文亀元年9月17日	室町幕府奉行人連署奉書	前印3号	イ47	南禅寺慈聖院文書39
160	古蹟文徴5	文亀元年9月17日	室町幕府奉行人連署奉書	前印3号	イ47	南禅寺慈聖院文書38
161	古蹟文徴5	永正4年5月23日	室町幕府奉行人連署奉書	（前印3号）	（イ47）	南禅寺慈聖院文書40
162	古蹟文徴5	永正4年9月2日	室町幕府奉行人連署奉書	前印3号	イ47	南禅寺慈聖院文書41
163	古蹟文徴5	永正4年9月2日	室町幕府奉行人連署奉書	前印3号	イ47	南禅寺慈聖院文書21
164	古蹟文徴5	永正4年9月9日	室町幕府奉行人連署奉書	前印3号	イ47	南禅寺慈聖院文書42
165	古蹟文徴5	（永正5年）10月15日	大内義興書状	前印3号	イ42	武家手鑑中26 （石清水八幡宮文書43）
166	古蹟文徴5	永正15年11月28日	室町幕府奉行人連署奉書	前印3号	イ47	南禅寺慈聖院文書22
167	古蹟文徴5	永正16年8月11日	室町幕府奉行人連署奉書	前印3号	イ47	南禅寺慈聖院文書43
168	古蹟文徴5	享禄4年12月28日	細川京兆家奉行人奉書	前印3号	イ47	南禅寺慈聖院文書44
169	古蹟文徴5	享禄4年12月28日	細川京兆家奉行人奉書	前印3号	イ47	南禅寺慈聖院文書45
170	古蹟文徴5	永禄12年4月25日	室町幕府奉行人連署奉書	前印3号	イ47	南禅寺慈聖院文書23

No.	影写本	年月日	史料名	調理帳		現在の出納番号
171	古蹟文徴5	永禄12年10月13日	室町幕府奉行人連署奉書	前印3号	イ47	南禅寺慈聖院文書47
172	古蹟文徴6	天文4年12月14日	室町幕府奉行人連署奉書	前印3号	イ47	南禅寺慈聖院文書46
173	古蹟文徴6	(天文13年)11月3日	下間光頼書状	前印2号	坤14	編年文書407
174	古蹟文徴6	天文13年10月7日	茨城長隆奉書写	前印3号	イ50	蜷川文書6紙背
175	古蹟文徴6	(年月日未詳)	西公談抄写	前印3号	イ50	蜷川文書9紙背
176	古蹟文徴6	天文14年8月26日	細川京兆家奉行人奉書	前印3号	イ36	石清水八幡宮文書52
177	古蹟文徴6	(天文17年)8月6日	三好長慶書状写(前闕)	前印1号	乾6	編年文書411
178	古蹟文徴6	(元亀元年)8月12日	北条氏政書状	前印2号	坤15	武家手鑑下26(編年文書475)
179	古蹟文徴6	(年未詳)8月12日	山角康定書状	前印2号	坤15	編年文書476
180	古蹟文徴6	(天正13年)閏8月22日	羽柴秀吉知行宛行状	前印1号	乾8	編年文書519
181	古蹟文徴6	(天正14年)11月6日	前田利家黒印状	前印2号	坤9	歴世親翰金龍公創意部1
182	古蹟文徴6	(天正12年)9月18日	神保昌国外四名連署書状	前印2号	坤13	当家文書5
183	古蹟文徴6	天正17年9月28日	豊臣秀吉朱印状写	前印3号	イ49	6門-ハ-50
184	古蹟文徴6	天正18年8月日	豊臣秀吉朱印状	前印2号	坤11	編年文書531
185	古蹟文徴6	(天正19年)閏正月23日	伊達政宗書状	前印2号	坤4	当家文書6
186	古蹟文徴6	天正19年6月20日	豊臣秀吉奥州仕置手配次第写	前印1号	乾5	6門-ハ-50
187	古蹟文徴6	天正19年6月20日	豊臣秀吉朱印状	前印2号	坤1	朝鮮文書1-1
188	古蹟文徴6	天正19年6月20日	豊臣秀吉朱印状	前印1号	乾1	編年文書535
189	古蹟文徴7	(年未詳)11月9日	蒲生氏郷書状	前印1号	乾8	武家手鑑下30(編年文書534)
190	古蹟文徴7	天正20年正月日	豊臣秀吉朱印状	前印1号	乾2	朝鮮文書4
191	古蹟文徴7	天正20年正月日	朝鮮陣条々写	前印2号	坤1	朝鮮文書1-3
192	古蹟文徴7	(天正20年)3月12日	広橋兼勝書状	前印3号	イ15	石清水八幡宮文書84
193	古蹟文徴7	天正20年6月日	豊臣秀次軍法条々写	前印1号	乾4	朝鮮文書7
194	古蹟文徴7	天正20年6月日	豊臣秀次人数備之次第写	前印1号	乾1	朝鮮文書6
195	古蹟文徴7	天正20年6月日	豊臣秀次軍法条々写	前印1号	乾5	朝鮮文書7附属
196	古蹟文徴7	天正20年8月日	豊臣秀次朱印状	前印2号	坤1	朝鮮文書1-2
197	古蹟文徴7	天正20年8月日	継馬継飛脚等条々写	前印2号	坤1	朝鮮文書1-5
198	古蹟文徴8	文禄2年正月日	豊臣秀次朱印状	前印2号	坤1	朝鮮文書1-4
199	古蹟文徴8	(年未詳)正月9日	前田玄以書状	前印1号	乾7	駒井文書6
200	古蹟文徴8	(年未詳)2月9日	木下吉隆書状	前印1号	乾7	駒井文書8
201	古蹟文徴8	文禄2年3月23日	浅野長政(長吉)等十一名連署覚書写	前印1号	乾7	朝鮮文書9
202	古蹟文徴8	(文禄2年)卯月14日	豊臣秀吉朱印状	前印1号	乾5	朝鮮文書10-1
203	古蹟文徴8	(文禄2年)卯月15日	豊臣秀吉朱印状	前印1号	乾5	朝鮮文書10-2
204	古蹟文徴8	(年未詳)5月3日	豊臣秀吉朱印状写	前印1号	乾5	6門-ハ-50
205	古蹟文徴8	(文禄2年)5月14日	生駒近規等六名連署書状	前印2号	坤6	朝鮮文書11
206	古蹟文徴8	(年未詳)6月朔日	藤堂高虎書状写	前印1号	乾6	6門-ハ-48
207	古蹟文徴8	(天正20年ヵ)6月18日	豊臣秀吉朱印状	前印1号	乾5	朝鮮文書10-3
208	古蹟文徴8	(文禄2年)6月朔日	藤堂高虎書状	前印1号	乾5	武家手鑑下48(駒井文書1)
209	古蹟文徴8	(文禄2年)9月20日	加藤清正書状	前印2号	坤3	朝鮮文書12
210	古蹟文徴8	(年未詳)12月21日	長束正家書状写	前印1号	乾6	6門-ハ-48
211	古蹟文徴8	(文禄元年)12月25日	木下吉隆・寺沢高政・長束正家連署書状	前印1号	乾7	駒井文書4
212	古蹟文徴8	(文禄元年)12月25日	木下吉隆・寺沢高政・長束正家連署書状写	前印1号	乾6	6門-ハ-48

No.	影写本	年月日	史料名	調理帳		現在の出納番号
213	古蹟文徴 8	（天正 19 年ヵ）	木下吉隆書状	前印 1 号	乾 7	駒井文書 3
214	古蹟文徴 8	（文禄 3 年）5 月 17 日	豊臣秀吉朱印状	前印 2 号	坤 1	朝鮮文書 1-6
215	古蹟文徴 8	文禄 3 年 10 月 21 日	豊臣秀次進物目録写	前印 2 号	坤 1	朝鮮文書 1-7
216	古蹟文徴 8	（年月日未詳）	豊臣秀吉詠歌写	前印 1 号	乾 5	6 門－ハ -50
217	古蹟文徴 8	（年月日未詳）	某消息	前印 1 号	乾 8	駒井文書 16
218	古蹟文徴 8	（年月未詳）12 日	孝蔵主書状	前印 1 号	乾 6	駒井文書 17
219	古蹟文徴 8	（年月日未詳）	孝蔵主書状	前印 1 号	乾 8	駒井文書 18
220	古蹟文徴 8	（年未詳）正月 23 日	前田玄以・増田長盛・長束正家連署書状	前印 1 号	乾 7	駒井文書 11
221	古蹟文徴 8	（年未詳）10 月 11 日	前田玄以・増田長盛・長束正家連署書状	前印 1 号	乾 7	駒井文書 10
222	古蹟文徴 8	（天正 13 年）11 月 9 日	羽柴秀吉朱印状	前印 1 号	乾 8	編年文書 539
223	古蹟文徴 9	文禄 4 年 8 月 8 日	豊臣秀吉朱印状写	前印 1 号	乾 5	6 門－ハ -50
224	古蹟文徴 9	慶長 2 年 3 月 7 日	豊臣氏五奉行連署掟書	前印 2 号	坤 16	編年文書 552
225	古蹟文徴 9	（慶長 3 年）5 月 14 日	広橋兼勝書状	前印 3 号	イ 15	石清水八幡宮文書 87
226	古蹟文徴 9	（慶長 3 年）10 月 15 日	広橋兼勝書状	前印 3 号	イ 15	石清水八幡宮文書 91
227	古蹟文徴 9	（慶長 3 年）5 月 20 日	広橋兼勝書状	前印 3 号	イ 15	石清水八幡宮文書 86
228	古蹟文徴 9	（天正 20 年ヵ）6 月 19 日	広橋兼勝書状	前印 3 号	イ 15	石清水八幡宮文書 85
229	古蹟文徴 9	（天文 18 年）7 月 28 日	庭田重保書状	前印 3 号	イ 20	石清水八幡宮文書 50
230	古蹟文徴 9	（年未詳）9 月 9 日	広橋兼勝書状	前印 3 号	イ 15	石清水八幡宮文書 97
231	古蹟文徴 9	（慶長 3 年）9 月 23 日	広橋兼勝書状	前印 3 号	イ 15	石清水八幡宮文書 88
232	古蹟文徴 9	（慶長 3 年）9 月 29 日	広橋兼勝書状	前印 3 号	イ 15	石清水八幡宮文書 89
233	古蹟文徴 9	（慶長 3 年）10 月 5 日	広橋兼勝書状（前闕）	前印 3 号	イ 15	石清水八幡宮文書 90
234	古蹟文徴 9	（慶長 4 年）11 月 15 日	広橋兼勝書状	前印 3 号	イ 15	石清水八幡宮文書 92
235	古蹟文徴 9	（慶長 5 年）8 月 29 日	徳川家康書状	前印 1 号	乾 5	武家手鑑下 15（編年文書 555）
236	古蹟文徴 9	（年未詳）6 月 24 日	広橋兼勝書状	前印 3 号	イ 15	石清水八幡宮文書 98
237	古蹟文徴 9	（慶長 6 年）6 月 27 日	広橋兼勝書状	前印 3 号	イ 15	石清水八幡宮文書 93
238	古蹟文徴 9	（慶長 6 年）7 月 3 日	広橋兼勝書状	前印 3 号	イ 15	石清水八幡宮文書 94
239	古蹟文徴 9	（慶長 7 年）7 月 24 日	広橋兼勝書状	前印 3 号	イ 15	石清水八幡宮文書 95
240	古蹟文徴 9	（慶長 7 年）8 月 2 日	広橋兼勝書状	前印 3 号	イ 15	石清水八幡宮文書 96
241	古蹟文徴 9	慶長 16 年 4 月 12 日	細川忠興等二十二名連署誓約状	前印 2 号	坤 7	編年文書 564
242	古蹟文徴 9	慶長 17 年正月 5 日	佐久間安正等五十名連署誓約状	前印 2 号	坤 10	編年文書 566
243	古蹟文徴 9	慶長 17 年 9 月 28 日	豊臣秀頼黒印状写	前印 3 号	イ 48	6 門－ハ -50
244	古蹟文徴 10	慶長 19 年 5 月日	書出「慶長十九年五月大坂表」	前印 3 号	イ 58	
245	古蹟文徴 10	（慶長 5 年）9 月 14 日	徳川秀忠書状	前印 1 号	乾 5	武家手鑑下 44（編年文書 537）
246	古蹟文徴 10	（慶長 5 年ヵ）9 月 22 日	徳川家康書状写	前印 1 号	乾 5	6 門－ハ -54
247	古蹟文徴 10	貞享元年 3 月 25 日	東老田村忠兵衛添書	前印 1 号	乾 5	6 門－ハ -54
248	古蹟文徴 10	（慶長 6 年ヵ）4 月 2 日	徳川家康書状	前印 2 号	坤 12	編年文書 556
249	古蹟文徴 10	（年未詳）正月 6 日	飯尾清藤書状	前印 3 号	イ 11	石清水八幡宮文書 35-1
250	古蹟文徴 10	（年未詳）正月 8 日	飯尾清藤書状	前印 3 号	イ 11	石清水八幡宮文書 35-2
251	古蹟文徴 10	（年未詳）正月 8 日	赤松持貞書状	前印 3 号	イ 11	石清水八幡宮文書 35-3
252	古蹟文徴 10	（年未詳）正月 10 日	下間光頼書状	前印 3 号	イ 50	蜷川文書 8
253	古蹟文徴 10	（年未詳）正月 19 日	政宗書状	前印 3 号	イ 50	蜷川文書 5

№.	影写本	年月日	史料名	調理帳		現在の出納番号
254	古蹟文徴 10	(年未詳) 正月 26 日	足利義昭 (昌山) 書状	前印 1 号	乾 6	駒井文書 21
255	古蹟文徴 10	(年未詳) 正月 28 日	小笠原稙盛書状	前印 3 号	イ 57	編年文書 429
256	古蹟文徴 10	(享禄 2 年ヵ) 2 月 2 日	大内義隆書状	前印 3 号	イ 44	石清水八幡宮文書 45-1
257	古蹟文徴 10	(年未詳) 2 月 3 日	某書状			
258	古蹟文徴 10	(享禄 2 年ヵ) 2 月 4 日	杉興重書状	前印 3 号	イ 44	石清水八幡宮文書 45-3
259	古蹟文徴 10	(慶長 6 年) 2 月 24 日	任斎一用書状	前印 1 号	乾 8	駒井文書 20
260	古蹟文徴 10	(慶長 6 年) 2 月 23 日	片桐且元書状	前印 1 号	乾 8	武家手鑑下 47 (駒井文書 19)
261	古蹟文徴 10	(天正 20 年) 2 月 8 日	長束正家・木下吉隆連署書状	前印 1 号	乾 7	駒井文書 7
262	古蹟文徴 10	(文禄 5 年) 3 月 6 日	増田長盛書状	前印 1 号	乾 8	駒井文書 13
263	古蹟文徴 10	(年未詳) 3 月 18 日	相良正任外連署書状 (後闕)	前印 3 号	イ 50	蜷川文書 12
264	古蹟文徴 10	(天文 21 年ヵ) 3 月 20 日	大内晴英書状	前印 3 号	イ 44	石清水八幡宮文書 45-2
265	古蹟文徴 10	(年未詳) 卯月 13 日	吉益匡弼書状	前印 3 号	イ 29	石清水八幡宮文書 57
266	古蹟文徴 10	(年未詳) 4 月 27 日	土佐林禅棟書状	前印 3 号	イ 50	蜷川文書 2
267	古蹟文徴 11	(年未詳) 5 月 2 日	三好長逸書状	前印 3 号	イ 41	石清水八幡宮文書 62
268	古蹟文徴 11	(年未詳) 5 月 3 日	岡本啓迪書状	前印 1 号	乾 6	当家文書 14
269	古蹟文徴 11	(永禄 6 年ヵ) 5 月 9 日	牧矣斎文牛書状	前印 3 号	イ 50	蜷川文書 10
270	古蹟文徴 11	(年未詳) 5 月 9 日	某書状	前印 1 号	乾 6	当家文書 13
271	古蹟文徴 11	(永禄 6 年ヵ) 5 月 11 日	土佐林禅棟書状	前印 3 号	イ 50	蜷川文書 11
272	古蹟文徴 11	(慶長 5 年) 5 月 13 日	前田玄以・増田長盛・長束正家連署書状	前印 1 号	乾 8	当家文書 11
273	古蹟文徴 11	(延宝 4 年) 5 月 14 日	広橋貞光奉書	前印 3 号	イ 27 上	石清水八幡宮文書 101
274	古蹟文徴 11	(延宝 4 年) 12 月 21 日	広橋貞光奉書	前印 3 号	イ 27 下	石清水八幡宮文書 102
275	古蹟文徴 11	(元亀 3 年) 5 月 23 日	塙直政書状	前印 3 号	イ 46	石清水八幡宮文書 76
276	古蹟文徴 11	(年未詳) 6 月 5 日	慈視院光玖書状	前印 3 号	イ 50	蜷川文書 3
277	古蹟文徴 11	(年未詳) 6 月 7 日	宇喜多秀家書状	前印 1 号	乾 8	駒井文書 2
278	古蹟文徴 11	(年未詳) 7 月 17 日	池田利隆 (松平輝直) 書状	前印 3 号	イ 51	南禅寺慈聖院文書 48
279	古蹟文徴 11	(文明 14 年)閏 7 月 6 日	朝倉氏景書状	前印 3 号	イ 50	蜷川文書 9
280	古蹟文徴 11	(天正 3 年) 8 月 14 日	松井友閑書状	前印 3 号	イ 46	石清水八幡宮文書 83
281	古蹟文徴 11	(年未詳) 8 月 25 日	南部晴政書状	前印 3 号	イ 50	蜷川文書 7
282	古蹟文徴 11	(天正 18 年) 8 月 26 日	雀部重政・丸毛不心斎・益庵宗甫連署書状	前印 1 号	乾 7	駒井文書 9
283	古蹟文徴 11	(年未詳) 8 月 29 日	伊勢貞孝書状	前印 3 号	イ 50	蜷川文書 1
284	古蹟文徴 11	(年未詳) 9 月 20 日	後光厳天皇綸旨	前印 3 号	イ 45	石清水八幡宮文書 23
285	古蹟文徴 11	(年未詳) 10 月朔日	木下勝俊書状	前印 1 号	乾 6	駒井文書 5
286	古蹟文徴 11	(寛永 9 年) 10 月 16 日	広橋兼賢書状	前印 3 号	イ 14	石清水八幡宮文書 99
287	古蹟文徴 11	(年未詳) 10 月 16 日	波多野秀忠書状	前印 3 号	イ 46	石清水八幡宮文書 47
288	古蹟文徴 11	(文明 14 年) 10 月 20 日	慈視院光玖書状	前印 3 号	イ 50	蜷川文書 4
289	古蹟文徴 11	(年未詳) □月 2 日	豊臣秀次朱印状	前印 1 号	乾 5	駒井文書 14
290	古蹟文徴 11	(年未詳) 11 月 8 日	元堅書状	前印 3 号	イ 50	蜷川文書 6
291	古蹟文徴 11	(天正 13 年) 11 日 13 日	浅野長政 (長吉) 書状	前印 3 号	イ 46	石清水八幡宮文書 79
292	古蹟文徴 11	(天正 13 年) 11 月朔日	浅野長政 (長吉) 書状	前印 3 号	イ 46	石清水八幡宮文書 78
293	古蹟文徴 11	(弘安 8 年ヵ) 11 月 30 日	亀山上皇院宣	前印 3 号	イ 7	石清水八幡宮文書 18
294	古蹟文徴 11	(年未詳) 12 月 7 日	佐久間信盛書状	前印 3 号	イ 46	石清水八幡宮文書 67
295	古蹟文徴 11	(寛文 4 年) 12 月 27 日	広橋兼賢書状	前印 3 号	イ 40	石清水八幡宮文書 100

No.	影写本	年月日	史料名	調理帳		現在の出納番号
296	古蹟文徴 11	(天正 13 年) 12 月 28 日	一柳直末書状	前印 3 号	イ 46	石清水八幡宮文書 77
297	古蹟文徴 11	(年月日未詳)	某書状			
298	古蹟文徴 11	申 5 月朔日	慈聖院書状			南禅寺慈聖院文書附属
299	事林明証 1	永享 7 年 7 月 17 日	足利義教御判御教書	前印 10 号	チ 28	武家手鑑中 10 (東福寺文書 88)
300	事林明証 1	嘉吉元年 3 月 12 日	細川持之判物	前印 10 号	チ 50	東福寺文書 89
301	事林明証 1	嘉吉元年 3 月 12 日	室町幕府御教書	前印 10 号	チ 11	東福寺文書 90
302	事林明証 1	(年未詳) 6 月 25 日	細川持之書状	前印 11 号	リ 2	編年文書 288
303	事林明証 1	宝徳 2 年 3 月 23 日	室町幕府下知状	前印 11 号	リ 4	編年文書 294
304	事林明証 1	康正元年 12 月 26 日	室町幕府御教書	前印 10 号	チ 6	南禅寺慈聖院文書 18
305	事林明証 1	長禄 3 年 4 月 14 日	室町幕府御教書	前印 10 号	チ 12	東福寺文書 92
306	事林明証 1	長禄 3 年 7 月 16 日	足利義政御判御教書	前印 10 号	チ 19	東福寺文書 93
307	事林明証 1	文明 9 年閏正月 23 日	室町幕府奉行人連署奉書	前印 11 号	リ 29	蓮養坊文書 6
308	事林明証 1	文明 10 年 3 月 15 日	足利義政御判御教書	前印 10 号	チ 43	東福寺文書 95
309	事林明証 1	文明 10 年 6 月 24 日	室町幕府奉行人連署奉書	前印 10 号	チ 60	東福寺文書 97
310	事林明証 1	文明 10 年 12 月 30 日	伊勢貞宗奉書	前印 11 号	リ 6	飯尾文書 7
311	事林明証 1	明応 5 年 12 月 30 日	室町幕府奉行人連署奉書	前印 11 号	リ 9	編年文書 353
312	事林明証 1	永正 2 年 9 月 3 日	室町幕府奉行人連署奉書	前印 11 号	リ 38	編年文書 363
313	事林明証 1	永正 5 年 9 月 21 日	室町幕府奉行人連署奉書	前印 10 号	チ 61	東福寺文書 99
314	事林明証 1	(年未詳) 12 月 17 日	足利義稙 (義尹) 御内書	前印 10 号	チ 45	東福寺文書 100
315	事林明証 1	(明応 4 年) 6 月 19 日	大内義興書状	前印 10 号	チ 37	東福寺文書 102
316	事林明証 1	(年未詳) 2 月 13 日	細川高国書状	前印 11 号	リ 41	編年文書 379-1
317	事林明証 1	天文 21 年 11 月 15 日	足利義輝御判御教書	前印 11 号	リ 18	編年文書 172-3
318	事林明証 1	(永禄元年) 9 月 20 日	足利義輝御内書	前印 11 号	リ 46	編年文書 449
319	事林明証 1	(年未詳) 2 月 29 日	畠山牛庵書状	前印 11 号	リ 46	編年文書 449 附属
320	事林明証 1	(年未詳 2 月) 29 日	平田清左衛門覚書	前印 11 号	リ 46	編年文書 449 附属
321	事林明証 1	(天文 10 年ヵ) 3 月 21 日	細川晴元書状	前印 11 号	リ 41	編年文書 379-2
322	事林明証 1	(年未詳) 3 月朔日	細川晴元書状	前印 11 号	リ 44	編年文書 432
323	事林明証 1	(天文 13 年ヵ) 6 月 9 日	細川晴元書状	前印 11 号	リ 45	編年文書 406
324	事林明証 1	(天正 8 年) 閏 3 月 12 日	北条氏直書状	前印 11 号	リ 40	石清水八幡宮文書 54-1
325	事林明証 1	(天正 19 年) 8 月 28 日	北条氏直書状	前印 11 号	リ 26	編年文書 532
326	事林明証 1	(年未詳) 9 月 2 日	杉原家次書状	前印 11 号	リ 5	編年文書 511
327	事林明証 1	(天正 13 年) 閏 8 月 26 日	羽柴秀吉書状	前印 11 号	リ 47	編年文書 520
328	事林明証 1	天正 18 年正月日	豊臣秀吉朱印状	前印 10 号	チ 1	編年文書 528
329	事林明証 2	天正 20 年正月日	豊臣秀次朱印状	前印 11 号	リ 39	朝鮮文書 4
330	事林明証 2	天正 20 年 5 月 18 日	豊臣秀吉朱印状	前印 10 号	チ 2	朝鮮文書 5
331	事林明証 2	(天正 12 年) 卯月 11 日	羽柴秀吉書状	前印 10 号	チ 8	編年文書 510
332	事林明証 2	文禄 2 年 3 月 10 日	豊臣秀吉朱印状	前印 10 号	チ 3	朝鮮文書 8
333	事林明証 2	(天正 19 年) 6 月 27 日	前田玄以書状	前印 10 号	チ 9	武家手鑑下 36 (編年文書 525)
334	事林明証 2	(慶長 3 年) 正月 17 日	豊臣秀吉朱印状	前印 10 号	チ 5	朝鮮文書 13
335	事林明証 2	(年未詳) 9 月 28 日	報恩寺主温書状	前印 5 号	ハ 29	侯家関係文書上 35-2
336	事林明証 2	(年未詳) 9 月 28 日	笠間又六郎書状	前印 5 号	ハ 29	侯家関係文書上 35-1
337	事林明証 2	元禄 5 年 9 月 28 日	某書状			
338	事林明証 2	(年月日未詳)	某書状			
339	事林明証 2	(年未詳) 8 月 22 日	六角義賢書状	前印 11 号	リ 40	石清水八幡宮文書 54-2

№.	影写本	年月日	史料名	調理帳		現在の出納番号
340	事林明証 2	(慶長 8 年) 8 月 20 日	島津家久 (忠恒) 書状	前印 10 号	チ 7	武家手鑑下 41 (編年文書 560)
341	事林明証 2	(年未詳) 9 月 19 日	九条忠家書状 (前闕)	前印 11 号	リ 19	編年文書 38
342	事林明証 2	(年未詳) 8 月 3 日	葉室頼教奉書	前印 10 号	チ 31	東福寺文書 33
343	事林明証 2	(年未詳) 11 月 10 日	足利義政御内書	前印 10 号	チ 58	東福寺文書 94
344	事林明証 3	(年未詳) 6 月 3 日	土岐頼康 (善忠) 書状	前印 11 号	リ 35	武家手鑑上 49 (編年文書 138)
345	事林明証 3	(年未詳) 2 月 25 日	三沢為虎書状	前印 11 号	リ 40	石清水八幡宮文書 54-3
346	事林明証 3	(天正 18 年ヵ) 卯月 28 日	三沢為虎書状	前印 11 号	リ 40	石清水八幡宮文書 54-4
347	事林明証 3	(年未詳) 6 月 5 日	大舘尚氏 (常興) 書状	前印 11 号	リ 22	武家手鑑中 31 (編年文書 374)
348	事林明証 3	(年未詳) 6 月 11 日	伊勢貞孝書状	前印 11 号	リ 43	編年文書 445
349	事林明証 3	(天文 14 年ヵ) 10 月 13 日	伊勢貞孝書状	前印 11 号	リ 42	編年文書 424
350	事林明証 3	(年未詳) 8 月 7 日	伊勢貞宗書状	前印 11 号	リ 36	編年文書 336
351	事林明証 3	(年未詳) 12 月 28 日	細川藤孝書状	前印 11 号	リ 40	石清水八幡宮文書 54-5
352	事林明証 3		青砥康重家譜	前印 6 号	二 59	摸甲 3 (武家百家譜 21)
353	事林明証 3		赤松系図 (赤松殿系図)	前印 6 号	二 53	摸甲 24 (武家百家譜 53)
354	事林明証 3	天正 19 年 9 月 21 日	加賀国能美郡長田村検地帳	前印 5 号	ハ 31	政書 60

＊注

№は、藤井譲治・有坂道子編『影写本『前田家所蔵文書』目録』(2002 年) の「表 1 原目録」の番号、調理帳は、前田育徳会所蔵『御所蔵書類調理帳』記載の整理番号、年月日と史料名は、『尊経閣善本影印集成 78 ～ 89』に収載されたものは書誌一覧の年月日・史料名を掲げた。ただし、№179・189 は年次比定を修正した。

尊経閣善本影印集成 88

尊《そん》経《けい》閣《かく》古《こ》文《もん》書《じょ》纂《さん》 編《へん》年《ねん》雑《ざっ》纂《さん》文書 五
付宸翰文書類

発行 令和六年九月二十日

定価 （本体二九、〇〇〇円＋税）

編集 公益財団法人 前田育徳会尊経閣文庫
東京都目黒区駒場四－三－五五

発行所 株式会社 八木書店出版部
代表 八木乾二
東京都千代田区神田小川町三－八
電話 〇三－三二九一－二九六九〔編集〕
－六三〇〇〔FAX〕

発売元 株式会社 八木書店
東京都千代田区神田小川町三－八
電話 〇三－三二九一－二九六一〔営業〕
－六三〇〇〔FAX〕

製版・印刷 天理時報社

製本 博勝堂

ISBN978-4-8406-2388-9 第十輯 第12回配本

Web https://catalogue.books-yagi.co.jp/

E-mail pub@books-yagi.co.jp

書誌一覧

凡　例

年月日：年月日を比定したものは（　）で示した。

名称：正式名の他に通称がある場合は（　）で示した。

差出・宛所：自署、または本文に記載がなく、端裏書・礼紙書・懸紙上書から引用した場合は「　」、それ以外を根拠に推定した場合は（　）で示した。名称の根拠となる人名比定を〔　〕で示した。

法量：縦（袖）×横（地）、単位は㎝。原則として本紙の法量を示した。ただし、袖･地が欠損の場合は、残存部分の最大値を示した。継紙等は冒頭に全体の法量、（　）内で詳細を示した。

懸紙・包紙：本紙と同時代のものは懸紙、後代のものは包紙とし、現在本紙を包んでいない懸紙・包紙は「別置～」とした。判読可能な記載内容を「　」に記し、記載内容のうち、貼紙は「　」、朱書は『　』、細字・割書は〈　〉、異筆・追筆は《　》、表裏は／で示した（記載内容は「貼紙・付箋」「備考」も同じ）。

その他：欠損等で判読できない文字は、字数に応じて、□又は［　］で示した。

未定文書　止

番号	年月日	名称	差出	宛所	形状	裏打
1	（年未詳）9月7日	季量書状	縫殿権助季量　上	進上　肥後前司殿	竪紙	有
2	（年未詳）卯月10日	尾景書状	尾景（花押）	牧雲軒　足下	切紙	有
3	（年未詳）11月19日	歓喜院寿仙書状	寿仙（花押）	中沢次郎三郎殿	折紙	無
4	（年未詳）2月4日	速水興綱書状	速水又六　興綱（花押）	舫公知蔵禅師　侍司	折紙	無
5	（年未詳）6月15日	竹内吉兵衛書状	竹内吉兵衛　□（花押）	永蔵主様　人々中	折紙	有
6	（年未詳）9月19日	弓取多摂津守書状	弓取多摂津守　政□ （花押）	北主氷様人々御中	折紙	無
7	（年未詳）霜月26日	藤兵衛・宗久連署書状	宗久（花押）、藤兵へ	大慈院様、瑞主院様 御報	折紙	無
8	（年未詳）2月10日	玄昭書状	玄昭（花押）	「承蔵主様　人々御中」	竪紙	無
9	（年月未詳）5日	信房書状	信房	三門様にて　御小姓衆 御中	折紙	無
10		※大倉金右衛門書状 （徳川代文書並41）				

未定文書　知

番号	年月日	名称	差出	宛所	形状	裏打
1	（年月日未詳）	弥鶴尼義絶状（断簡）	比丘尼観仁（花押）、高橋氏女（花押）、高橋阿古女（花押）、僧房基（花押）、沙弥戒法（花押）、在地人々　次第不同 沙弥蓮智（花押）、沙弥覚智（花押）、見性（花押）、沙弥妙阿（花押）、僧隆厳（花押）、左衛門大尉尾張権介中原朝臣（花押）、左衛門少尉中原朝臣（花押）、大判事兼明法博士左衛門大尉紀伊介中原朝臣（花押）、防鴨河判官大蔵権少輔兼左衛門権少尉中原朝臣（花押）、左衛門権少尉中原朝臣（花押）、防鴨河主典少判事兼左衛門大志中原（花押）、左衛門権少尉中原朝臣（花押）、左衛門少尉中原（花押）		継紙 （2紙）	有
2	（年未詳）5月23日	寛真書状（前闕）	寛真	大納言僧都御房	竪紙	有

法量	懸紙・包紙	貼紙・付箋	備考
31.8 × 50.8		端裏に貼紙「止一」	本紙端裏書「細川堺事」「季量」、本紙端裏に円形黒印
11.9 × 41.5		端裏に貼紙「止二」	袖に切封帯（裏打に貼付）、本紙端裏に切封墨引
27.0 × 44.1		端裏に貼紙「止三」	袖に切封帯跡、折紙裏奥に切封墨引
24.9 × 43.3		端裏に貼紙「止四」	
30.1 × 45.9		端裏に貼紙「止五」	
34.8 × 51.6		端裏に貼紙「止六」	紙背文書、袖に綴じ穴が 4 つあり、紙背を表に横帳にしたか
34.1 × 48.6		端裏に貼紙「止七」	紙背文書
32.6 × 45.6		端裏に貼紙「止八」	端裏に捻封墨引、端裏書「承蔵主様　人々御中　玄昭　〻」
33.9 × 51.0		端裏に貼紙「止九」	紙背文書、袖に綴じ穴が 4 つあり、紙背を表に横帳にしたか

法量	懸紙・包紙	貼紙・付箋	備考
33.4 × 105.5（第 1 紙 33.4 × 52.9、第 2 紙 33.1 × 52.6）		第 1 紙端裏に貼紙「知一」	本紙第 1 紙端裏に右半分の花押、本紙紙継目裏に花押
31.3 × 50.8		端裏に貼紙「知二」	奥に右半分の円形黒印、編年文書 276 の附属文書

番号	年月日	名称	差出	宛所	形状	裏打
3	（年未詳）6月11日	資兼書状（前闕）	資兼	定重御房	竪紙	有
4	（年未詳）12月3日	俊忠書状（前闕）	俊忠（花押）		竪紙	有
5	（年未詳）霜月13日	宗可書状（前闕）	宗可（花押）	勢多右近大夫殿	竪紙	無
6	（年月日未詳）	某書状（後闕）			竪紙	有
7	（年月日未詳）	某書状（後闕）			竪紙	有
8	（年月日未詳）	某荘雑掌申状（後闕）			竪紙	有
9	（年月日未詳）	某裁許状ヵ（後闕）			竪紙	有
10	（年月日未詳）	某荘家衆議事書案（前闕）			竪紙	有
11	（年月日未詳）	某裁許状ヵ（後闕）			竪紙	無
12-1	（年月日未詳）	某覚書（断簡）			（切紙）	有
12-2	（年月日未詳）	某覚書（断簡）			（切紙）	有
13-1	（年月日未詳）	木具注文			継紙（2紙）	有
13-2	（年月日未詳）	某筮書			竪紙	有
14	（年月日未詳）	美濃国船木荘西方内十八条郷北方領家職相承事書案			継紙（2紙）	有

未定文書　利

番号	年月日	名称	差出	宛所	形状	裏打
1	（年未詳）12月23日	小野守経申状（前闕）	伊賀守小野（花押）	進上　東大寺別当僧都御房政所	竪紙	有
2	（年月日未詳）	某申状（後闕）			竪紙	有
3	（年月日未詳）	東大寺修二会壇供注文（断簡）			竪紙	有
4	（年月日未詳）	東大寺領諸荘注文（断簡）			竪紙	有
5	（年月日未詳）	東大寺領諸荘注文（断簡）			竪紙	有
6	（応永19年7月10日）	後小松天皇女房奉書案		「大くら卿の殿へ」	竪紙	有
7	（慶長3年10月5日ヵ）	広橋兼勝書状ヵ（後闕）			竪紙	無
8	（慶安元年8月15日）	八月十五夜詠草			竪紙	有

法量	懸紙・包紙	貼紙・付箋	備考
29.0 × 52.0		端裏に貼紙「知三」	奥に切封墨引、礼紙か
26.1 × 39.2		端裏に貼紙「知四」、本紙端裏に貼紙「『十九』」	
26.8 × 43.7		端裏に貼紙「知五」	奥に切封墨引、礼紙か
24.9 × 39.1		端裏に貼紙「知六」	袖に切封帯跡か
26.8 × 42.7		端裏に貼紙「知七」	袖に切封帯跡
32.6 × 52.2		端裏に貼紙「知八」	本紙端裏書「雑掌　未進之事　先度［　　］」
33.5 × 53.8		端裏に貼紙「知九」	
28.9 × 41.4		端裏に貼紙「知十」	
31.6 × 49.6		端裏に貼紙「知十一」	
24.1 × 24.3		第 1 紙端裏に貼紙「知十二」	未定文書　知 12-1・2 を継立、中央に縦折り目と綴じ穴 4 つあり、元綴葉装か
23.9 × 28.5			本紙紙背に墨書、継紙の第 2 紙、中央に縦折り目と綴じ穴 4 つあり、元綴葉装か ※宗教関係文書 12-1 備考欄参照
27.9 × 35.8 （第 1 紙 27.9 × 15.5、第 2 紙 27.7 × 20.3）		第 1 紙端裏に貼紙「知十三」	各紙破損、未定文書　知 13-1 の第 2 紙奥に知 13-2 を天地逆に貼り継ぐ
27.4 × 38.6			袖破損、継紙の第 3 紙 ※宗教関係文書 12-1 備考欄参照
25.0 × 81.9 （第 1 紙 25.0 × 40.6、第 2 紙 24.5 × 41.3）		第 1 紙端裏に貼紙「知十四」	

法量	懸紙・包紙	貼紙・付箋	備考
27.5 × 47.5		端裏に貼紙「利一」	
25.4 × 36.5		端裏に貼紙「利二」	
29.9 × 46.1		端裏に貼紙「利三」	本紙端裏・奥裏にそれぞれ花押 2 顆
27.8 × 48.0		端裏に貼紙「利四」	
27.9 × 46.8		端裏に貼紙「利五」	
25.6 × 41.5		端裏に貼紙「利六」	本紙端裏書「大くら卿の殿へ」
31.5 × 48.8		端裏に貼紙「利七」	袖に切封帯跡、『大日本古文書　家わけ第四　石清水文書之三』八九八号の原本か
34.5 × 45.1		端裏に貼紙「利八」	

未定文書　後鑑類

番号	年月日	名称	差出	宛所	形状	裏打
1	（年未詳）3月10日	西園寺公衡書状	（花押）		継紙（2紙）	無
2		※左中将某奉書（石清水八幡宮文書104）				
3	（年未詳）7月11日	祐通書状	祐通（花押）	公文代御房	竪紙	無
4	（年未詳）10月12日	上野介某書状	上野介　□資（花押）	西蓮寺　回報	切紙	有
5	（年未詳）正月6日	土方雄高書状	雄高（花押）	「堀直庵老　御宿所」	竪紙	無
6	（年未詳）2月9日	普数書状	普数（花押）	定恩御房	継紙（2紙）	有
7	（年未詳）2月29日	普数書状	普数（花押）	定恩御房	継紙（2紙）	有
8	（天正元年）8月25日	武田勝頼書状	勝頼（花押）	山県三郎右兵衛尉殿	竪紙	有

宗教関係文書

番号	年月日	名称	差出	宛所	形状	裏打
1	（康保2年正月15日）	論義書（断簡）			（継紙）	有
2	（康治元年11月9日）	法華経授記品第六（前闕）			（継紙）	有

法量	懸紙・包紙	貼紙・付箋	備考
33.8 × 103.1（第 1 紙 33.8 × 51.1、第 2 紙 33.7 × 52.0）	包紙「『古切三号一番　西園寺公衡消息　可考モノ』　西園寺公衡消息ヵ　未定　一番」（罫線紙、33.1 × 24.4）	第 1 紙袖上に貼紙・極札「西園寺殿公衡公　（黒印「琴山」）」、第 1 紙端裏に貼紙「『一　十五枚ノ内』」「未定一」	
26.2 × 44.3		端裏に貼紙「『七』」「未定三」	袖に切封跡
13.9 × 44.6		端裏に貼紙「未定四」	
31.5 × 43.7		端裏に貼紙「『壱』」「『明治二十九年二ノ十七書ヨリ　五十八枚ノ内』」「未定五」	端裏書「（封）　堀直庵老　御宿所　土方杢之助　〻」
30.3 × 97.6（第 1 紙 30.3 × 48.3、第 2 紙 30.4 × 49.3）	包紙「普数主人書翰二通継立　一巻　未定　六番　七番　『五号百四十一番』」（39.8 × 27.8）	表紙に貼紙「未定六」、第 1 紙紙背に貼紙「『明治二十九年　二ノ十七書ヨリ』」	第 1 紙袖に切封跡、第 2 紙奥に切封墨引、未定文書　後鑑類 6・7 を継立、巻子装、表紙 30.3 × 27.8、軸付紙 30.3 × 9.4、木軸・長 32.6・径 2.0、巻姿に紙片「五号　有判巻物　百四十一番」を結びつける、巻子の第 1・2 紙
30.3 × 84.5（第 1 紙 30.3 × 42.0、第 2 紙 30.3 × 42.5）	※包紙・未定文書　後鑑類 6 と同包		第 2 紙奥に切封墨引、巻子の第 3・4 紙 ※未定文書　後鑑類 6 備考欄参照
27.0 × 43.5	包紙「『古跡文徴』　西坂猪之助取次　古筆了祐畠山牛庵札取寄可申旨申渡　武田勝頼与山県三郎兵衛書　「未定八」」（45.9 × 31.7）	端裏に貼紙「武田勝頼書翰」「未定八」	附属①・極札「判形〈武田勝頼　其已後之行如何〉（朱印「牛庵」）」（包紙「外題　壱枚　「付未定八ノ二」」、28.1 × 40.7）、附属②・正月 8 日西坂猪之助書状（17.7 × 11.5、包紙・附属①と同包）、附属③・極札「武田殿勝頼〈御判形　其已後之行如何〉消息（黒印「琴山」）／〈八月十五日　山県三郎右兵衛尉殿〉（朱割印）文　壬戌正（黒印「栄」）」（包紙「極札　了祐　「付未定八ノ一」」、30.4 × 13.7）、附属④・2 月 17 日西坂猪之助書状（17.7 × 10.0、端裏に貼紙「付未定八ノ一」）

法量	懸紙・包紙	貼紙・付箋	備考
29.8 × 48.6（第 1 紙 29.8 × 24.6、第 2 紙 24.7 × 24.0）		第 2 紙奥下に貼紙「『十一』」、第 1 紙端裏に貼紙「仏教一」	本紙裏書、第 2 紙本紙紙背に奥書「康保二年正月十五日巳時書之已了　天台僧□空之本」
25.0 × 49.3（第 1 紙 25.0 × 5.0、第 2 紙 25.1 × 27.7、第 3 紙 25.0 × 16.6）		第 1 紙紙背に貼紙「仏教二」「『四』」	第 3 紙本紙紙背に朱印 2 課

番号	年月日	名称	差出	宛所	形状	裏打
3-1	天承2年4月26日	某支度注進状案（前闕）	阿闍梨大法師賢覚		（冊子）	無
3-2	天承2年4月26日	両壇供支度注進状案	阿闍梨大法師賢覚		※同上	※同上
3-3	（年月日未詳）	太元修法支度注進状案（後闕）			※同上	※同上
4-1	康治2年4月29日	不動修法支度注進状案	阿闍梨法眼和尚位賢覚	皇后宮　美福門院也	（冊子）	無
4-2	（年月日未詳）	不動護摩供支度注進状案（後闕）			※同上	※同上
5	（年月日未詳）	孔雀経法勤修補任次第			（冊子）	有
6	承安4年12月18日	愛染供成就奉供状案	大法師		竪紙	無
7	建久3年9月5日	実杲書梵字			竪紙	有
8	建保5年3月22日	愛染供成就奉供状案	法印大和尚位権大僧都ー		竪紙	有
9	寛喜元年12月13日	智恵授聖算三部伝法灌頂印信印明			竪紙	有
10	延応元年7月26日	智恵授聖算印信			竪紙	有
11	貞永2年2月3日	古写経（前闕）			（巻子）	有
12-1	（年月日未詳）	曼荼羅及道具次第（断簡）			継紙（3紙）	有
12-2	（年月日未詳）	曼荼羅及道具次第（断簡）			継紙（2紙）	第1紙のみ有
13	（文永7年6月）	論疏（断簡）			（冊子）	有
14	弘安3年10月8日	円爾授恵暁谷両壇灌頂印信			竪紙	無
15	弘安3年10月13日	円爾授恵暁不動密印伝法許可印信			竪紙	有

法量	懸紙・包紙	貼紙・付箋	備考
28.9 × 51.0		奥下に貼紙「『五十七』」、端裏に貼紙「仏教三」	紙背に年未詳2月26日能弁書状、宗教関係文書3-1 ~ 3は竪紙1紙に連続して書写、中央に縦折り目あり、元袋綴じ本か、袖と奥に白紙を貼付
※同上		※同上	※宗教関係文書3-1備考欄参照
※同上		※同上	※宗教関係文書3-1備考欄参照
28.8 × 50.0		端裏に貼紙「仏教四」「『三十一』」	奥に切封跡ヵ、紙背に年未詳2月27日覚能書状、宗教関係文書4-1・2は竪紙1紙に連続して書写、中央に縦折り目あり、元袋綴じ本か
※同上		※同上	※宗教関係文書4-1備考欄参照
28.1 × 48.6		本紙端裏に貼紙「『四十一』」、端裏に貼紙「仏教五」	本紙紙背に年未詳10月9日某書状、中央に縦折り目あり、元袋綴じ本か
31.3 × 49.5		奥下に朱色貼紙「五十四」、端裏に貼紙「仏教六」「『十』」	紙背に年月日未詳愛染供成就奉供状案・年未詳正月28日一字金輪供成就奉供状案、紙背に朱印「高山寺」
28.5 × 37.7		天中央に付箋「古筆蹟　一通」、端裏上に付箋「『高山寺朱印』」、端裏に貼紙「仏教七」「『六十六』」	本紙端裏書「建久三年九月五日令書給者也　□本也」、本紙紙背に朱印「高山寺」
31.4 × 54.2		端裏に朱色貼紙（墨書あるも判読不能）、端裏に貼紙「仏教八」「『四十八』」	本文1行目下に朱印「高山寺」
30.7 × 52.8		端裏に貼紙「仏教九」「『十四』」	本紙端裏書「許可印　聖算」
34.0 × 56.5		端裏に貼紙「仏教一〇」「『二十二』」	本紙端裏書「[　　　] 惣許可印信　聖算　七三」
24.3 × 21.9		端裏に貼紙「仏教一一」「『六十六』」	台紙（34.3 × 49.4）に四隅を紙で留めて収める、台紙右下に鉛筆書「仏教十一」
28.0 × 135.3（第1紙28.0 × 44.6、第2紙28.1 × 45.4、第3紙28.0 × 45.3）		第1紙紙背に貼紙「仏教一二」「『五十八』」、第2紙紙背に貼紙「『十二』」、第3紙紙背に貼紙「『五十六』」	第2紙の奥から2行目と3行目の間に裁断跡、第1紙紙背に嘉禎元年12月29日定真請諷誦文、第2紙紙背に嘉禎2年2月12日定真請諷誦文、第3紙紙背に嘉禎2年2月12日良昭請諷誦文 ※目録に「寛元四年十月鈔本二通」とあり
28.1 × 92.0（第1紙28.1 × 45.2、第2紙28.5 × 46.8）		第1紙紙背に貼紙「仏教一二ノ一」「『四十九』」	第1紙紙背に年未詳8月3日隆詮書状、第2紙紙背に年未詳7月□2日某書状
29.1 × 39.0		紙背に貼紙「仏教一三」「『五十』」	裏書 ※裏打は表右側および紙背右側の一部にあり、目録に「文永七年六月鈔本一枚」とあり
31.6 × 49.8		奥裏に貼紙「聖一国師　御名印（黒印「重」）」「『十〈二十一枚内　聖一三枚ノ内〉』」、奥裏下に付箋、端裏に貼紙「仏教一四」	表に[illegible]朱印5顆、端裏書「谷両部惣府」、宗教関係文書14 ~ 16は帯紐「白雲恵暁筆　円爾ノ二字聖一国師筆」でまとめる
31.1 × 49.0		奥裏に貼紙「聖一国師　御名印（黒印「重」）」「『金五両宛　聖一』」「『十〈二十一枚ノ内　聖一三枚ノ内〉』」、端裏に貼紙「仏教一五」	表に[illegible]朱印7顆 ※宗教関係文書14備考欄参照

番号	年月日	名称	差出	宛所	形状	裏打
16	弘安3年10月15日	円爾授恵暁師資相伝印附属状			竪紙	無
17	(年月日未詳)	法隆寺上宮王院逆修過去帳(後闕)			(巻子)	有
18	文保元年10月18日	実専授忍操離作業伝法灌頂印信			竪紙	有
19	文和2年極月11日	乱句伽陀免許状	沙門至道(花押)		竪紙	有
20	建武元年9月26日	賢智授真円両部伝法灌頂印信印明			竪紙	有
21	貞治4年9月14日	授印実印信印明(前闕)			竪紙	有
22	(永和2年11月1日)	薬師声明伝授証			折紙	有
23	応永10年6月14日	古写経(前闕)			(巻子)	有
24-1	(年月日未詳)	真言家義記録(断簡)			(継紙)・2紙	有
24-2	(年月日未詳)	真言家義記録(断簡)			(継紙)	有
24-3	(年月日未詳)	真言家義記録(断簡)			(継紙)	有
24-4	(年月日未詳)	真言家義記録(断簡)			(継紙)	有
24-5	(年月日未詳)	真言家義記録(断簡)			(継紙)	有
24-6	(年月日未詳)	真言家義記録(断簡)			(継紙)	有
24-7	(年月日未詳)	真言家義記録(断簡)			(継紙)	有
24-8	(年月日未詳)	真言家義記録(断簡)			(継紙)・2紙	有
24-9	(年月日未詳)	真言家義記録(断簡)			(継紙)・2紙	有
24-10	(年月日未詳)	真言家義記録(断簡)			(継紙)・2紙	有

法量	懸紙・包紙	貼紙・付箋	備考
31.5 × 49.6		奥裏に貼紙「聖一国師　御名印（黒印「重」）」「『十〈二十一枚ノ内　聖一三枚ノ内〉』」、奥裏下に付箋、端裏に貼紙「仏教一六」	表に[梵字]朱印 4 顆、端裏書「［　　　］瑜祇経［　　　］仁流」 ※宗教関係文書 14 備考欄参照
29.3 × 38.1		端裏に貼紙「仏教一七」「『五十五』」	2 行目と 3 行目の間に朱筆「延慶三年度成分」
32.9 × 50.9		端裏に貼紙「仏教一八」「『九』」	
33.4 × 50.1		端裏に貼紙「仏教一九」「『四』」	本紙端裏書「□蔵乱句伽陀奥書」「［　　　］」
30.8 × 43.4		端裏に貼紙「仏教二〇」「『十一』」	
24.1 × 36.5 （裏打 24.4 × 36.5）		端裏に貼紙「仏教二一」「『二十』」	
31.3 × 49.0		端裏に貼紙「仏教二二」「『五十九』」	
31.2 × 11.8		端裏に貼紙「仏教二三」「『六十九』」	台紙（34.3 × 49.4）に四隅を紙で留めて収める、台紙右下に鉛筆書「仏教廿三」
27.7 × 71.5 （第 1 紙 27.7 × 36.0、第 2 紙 27.6 × 35.5）		第 1 紙紙背に貼紙「仏教二四」「『五十四』」、第 2 紙紙背に貼紙「『五十三』」	第 1 紙本紙紙背に年月未詳 26 日某書状（断簡）、第 2 紙本紙紙背に年未詳 8 月 18 日某書状、宗教関係文書 24-1 ～ 11 は紙紐でまとめる ※目録に「応永比」とあり
27.7 × 36.0		端裏に貼紙「仏教二四ノ一」「『五十二』」	本紙紙背に某書状 ※宗教関係文書 24-1 備考欄参照
27.0 × 35.9		端裏に貼紙「仏教　二四ノ二」	本紙紙背に年未詳 11 月晦日某勘返状 ※宗教関係文書 24-1 備考欄参照
27.8 × 33.1		端裏に貼紙「仏教二四ノ三」「『二十三』」	本紙紙背に年未詳 7 月 22 日某勘返状 ※宗教関係文書 24-1 備考欄参照
27.3 × 36.4		端裏に貼紙「仏教二四ノ四」「『五十』」	本紙紙背に年未詳 2 月 5 日某書状 ※宗教関係文書 24-1 備考欄参照
27.6 × 39.7		端裏に貼紙「仏教二四ノ五」「『三十四』」	本紙紙背に明徳 4 年 3 月 21 日某料足給付状 ※宗教関係文書 24-1 備考欄参照
27.8 × 35.8		端裏に貼紙「仏教二四ノ六」「『二十八』」	本紙紙背に某書状 ※宗教関係文書 24-1 備考欄参照
27.6 × 69.7 （第 1 紙 27.6 × 36.4、第 2 紙 27.6 × 33.3）		第 1 紙紙背に貼紙「仏教二四ノ七」「『三十』」	第 1 紙本紙紙背に年未詳卯月 15 日某書状、第 2 紙本紙紙背に某勘返状 ※宗教関係文書 24-1 備考欄参照
27.8 × 70.2 （第 1 紙 27.8 × 36.1、第 2 紙 27.7 × 34.1）		第 1 紙紙背に貼紙「仏教二四ノ八」「『三十五』」、第 2 紙紙背に貼紙「『五十一』」	第 1 紙本紙紙背に年未詳 6 月 25 日尊□書状、第 2 紙本紙紙背に年未詳 9 月 14 日□証勘返状 ※宗教関係文書 24-1 備考欄参照
27.6 × 74.9 （第 1 紙 27.6 × 38.0、第 2 紙 27.5 × 36.9）		第 1 紙紙背に貼紙「仏教二四ノ九」「『三十二』」、第 2 紙紙背に貼紙「『五十五』」	第 1・2 紙本紙紙背に年未詳 9 月 9 日森行書状 ※宗教関係文書 24-1 備考欄参照

番号	年月日	名称	差出	宛所	形状	裏打
24-11	(年月日未詳)	真言家義記録（断簡）			(継紙)・2紙	有
25	寛正6年卯月7日	結縁灌頂内道場図			竪紙	無
26	大永4年9月26日	内護摩法伝授書			竪紙	有
27	(年月日未詳)	振鈴作法幷閼伽等印			折紙	有
28	(慶長2年3月)	古写経（前闕）			(巻子)	有
29-1	(年月日未詳)	某供成就奉供状案（前闕）	阿闍梨、、、、、		(継紙)	有
29-2	(年月日未詳)	炎魔天供成就奉供状案(後闕)			※同上	※同上
29-3	(年月日未詳)	某供成就奉供状案（前闕）			(継紙)	有
29-4	(年月日未詳)	水天供成就奉供状案			※同上	※同上
29-5	(年月日未詳)	十五童子供成就奉供状案(後闕)			※同上	※同上
30	(年月日未詳)	月曜供一七箇日支度注文			竪紙	有
31	(年月日未詳)	五智如来鈔（断簡）			(冊子)	有
32-1	(年月日未詳)	宗義書（断簡）			(冊子)	有
32-2	(年月日未詳)	宗義書（断簡）			(冊子)	有
32-3	(年月日未詳)	宗義書（断簡）			(冊子)	有
32-4	(年月日未詳)	宗義書（断簡）			(冊子)	有
32-5	(年月日未詳)	宗義書（断簡）			(冊子)	有
32-6	(年月日未詳)	宗義書（断簡）			(冊子)	有
32-7	(年月日未詳)	宗義書（断簡）			(冊子)	有

法量	懸紙・包紙	貼紙・付箋	備考
27.4 × 72.1 (第1紙27.4 × 36.3、第2紙27.3 × 35.8)		第1紙紙背に貼紙「仏教二四ノ一〇」「『二十九』」	第1・2紙本紙紙背に年未詳卯月4日房□書状 ※宗教関係文書 24-1 備考欄参照
34.4 × 50.2	包紙「結縁灌頂内道場図」(39.3 × 53.0)	端裏に貼紙「仏教二五」「『八』」	袖下に朱印「塩穴寺」、端裏書「結縁灌頂内道場図」
34.3 × 50.4		端裏に貼紙「仏教二六」「『二十二番　七十二』」「『明治二十九年二ノ十七書ヨリ　七十五枚ノ内』」	本紙端裏書「内護摩」
32.5 × 51.7	包紙「振鈴作法　并闕伽等印」(39.3 × 53.1)	紙背に貼紙「仏教二七」「『二十七』」	
14.9 × 50.0		端裏に貼紙「仏教二八」「『三十二』」	
29.9 × 39.1		端裏に貼紙「仏教二九」「『三十一』」	宗教関係文書 29-1・2 は竪紙1紙に連続して書写
※同上		※同上	※同上
29.9 × 39.3		端裏に貼紙「仏教二九ノ一」「『三十』」	宗教関係文書 29-3 ～ 5 は竪紙1紙に連続して書写
※同上		※同上	※同上
※同上		※同上	※同上
31.8 × 44.8		端裏に貼紙「仏教三〇」「『四十二』」	1行目と2行目の間に朱印「高山寺」
29.4 × 49.6		奥下に貼紙「『四十七』」、端裏に貼紙「仏教三一」	本紙紙背に某書状案、中央に縦折り目あり、元袋綴じ本か
28.0 × 37.8		端裏に貼紙「仏教三二」	本紙紙背に嘉禎4年正月7日祐□請諷誦文、中央に縦折り目あり、元袋綴じ本か
26.8 × 43.2		紙背に貼紙「仏教三二ノ一」「『十三』」	宗教関係文書 32-2 ～ 7 は冊子状に紙紐で綴じる、綴じ紐の端に墨書「此分同種類ノモノ散乱ヲ防ク為ニ仮ニ綴リ置クモノ也　其接続ノ如何ヲ知ラズ」
26.8 × 43.1		紙背に貼紙「仏教三二ノ二」「『十五』」	※宗教関係文書 32-2 備考欄参照
26.6 × 43.1		裏に貼紙「『十二』」、紙背に貼紙「仏教三二ノ三」	本紙紙背文書 ※宗教関係文書 32-2 備考欄参照
26.8 × 43.4		紙背に貼紙「仏教三二ノ四」「『十四』」	※宗教関係文書 32 - 2 備考欄参照
26.8 × 43.2		紙背に貼紙「仏教三二ノ五」「『十六』」	※宗教関係文書 32-2 備考欄参照
26.7 × 43.7		紙背に貼紙「仏教三二ノ六」「『十七』」	本紙紙背に年未詳4月10日某書状(前闕) ※宗教関係文書 32-2 備考欄参照

番号	年月日	名称	差出	宛所	形状	裏打
32-8	(年月日未詳)	宗義書（断簡）			(冊子)	有
32-9	(年月日未詳)	宗義書（断簡）			(冊子)	無
32-10	(年月日未詳)	宗義書（断簡）			(冊子)	有
32-11	(年月日未詳)	宗義書（断簡）			(冊子)	有
32-12	(年月日未詳)	宗義書（断簡）			(冊子)	有
32-13	(年月日未詳)	宗義書（断簡）			(冊子)	有
32-14	(年月日未詳)	宗義書（断簡）			(冊子)	有
32-15	(年月日未詳)	宗義書（断簡）			(冊子)	無
32-16	(年月日未詳)	宗義書（断簡）			(冊子)	有
32-17	(年月日未詳)	宗義書（断簡）			(冊子)	有

記録断片

番号	年月日	名称	差出	宛所	形状	裏打
1-1	(年月日未詳)	足利将軍家石清水八幡宮参詣先例（後闕）			(継紙)・5紙	有※
1-2	(年月日未詳)	足利将軍家石清水八幡宮参詣先例（断簡）			(継紙)	無
1-3	(年月日未詳)	足利将軍家石清水八幡宮参詣先例（後闕）			(継紙)	無
2	(年月日未詳)	禁秘抄廃朝段抜書			切紙	有
3-1	(年月日未詳)	摂関家被任中納言先例			継紙	有
3-2	(年月日未詳)	摂関家被任中納言先例			竪紙	無
4	(年月日未詳)	御即位年次第			折紙	無

法量	懸紙・包紙	貼紙・付箋	備考
25.2 × 39.9		端裏に貼紙「仏教三二ノ七」	本紙紙背に年未詳閏2月26日理阿弥書状、中央に縦折り目あり、元袋綴じ本か
26.7 × 49.4		奥下に「『十』」、端裏に貼紙「仏教三二ノ八」	紙背に宗義書、中央に縦折り目・綴じ穴あり、元綴葉装か
30.4 × 52.6		奥下に「『七』」、端裏に貼紙「仏教三二ノ九」	本紙紙背に宗義書、中央に縦折り目・綴じ穴あり、元綴葉装か
28.7 × 47.3		端裏に貼紙「仏教三二ノ一〇」	本紙紙背に年未詳2月12日某書状、中央に縦折り目、袖・奥に綴じ穴あり、元袋綴じ本か
27.8 × 46.5 （第1紙 27.8 × 29.0、第2紙 28.1 × 17.5）		第2紙奥下に貼紙「仏教三二ノ一一」「『六十七』」	第1・2紙本紙紙背に某覚書、中央に縦折り目、袖・奥に綴じ穴あり、元袋綴じ本か
28.7 × 46.8		奥下に「仏教三二ノ一二」「『五十六』」	本紙紙背に某注文、中央に縦折り目、袖・奥に綴じ穴あり、元袋綴じ本か
27.8 × 47.0		奥下に「『九』」、端裏に貼紙「仏教三二ノ一三」	本紙紙背に某書状（後闕）、中央に縦折り目、袖・奥に綴じ穴あり、元袋綴じ本か
28.5 × 43.4		端裏に貼紙「仏教三二ノ一四」「『四十五』」	
29.0 × 47.4		端裏に貼紙「仏教三二ノ一五」「『八』」	本紙紙背に某書状案
29.8 × 44.4		端裏に貼紙「仏教三二ノ一六」「『二十二番ノ壱』」	

法量	懸紙・包紙	貼紙・付箋	備考
27.5 × 135.0 （第1紙 27.5 × 1.3、第2紙 27.6 × 13.4、第3紙 26.5 × 41.4、第4紙 26.2 × 43.9、第5紙 26.3 × 35.0）		第1紙紙背に貼紙「記録一　三通」、第5紙端裏に貼紙「『二十六』」	記録断片1-2の続きか、第1紙本紙紙背に墨書「大永第四秋七月中旬」云々、第2紙本紙紙背に某書状（後闕）、第3紙紙背に年未詳12月12日中原師象書状案、第4紙紙背に某覚書案、第5紙紙背に某消息（断簡） ※裏打は第1・2紙、第3紙表、第4紙奥裏にあり
27.4 × 17.0		端裏に貼紙「記録一ノ一」	奥裏に墨書「大［　　］」（横書）
26.5 × 23.0		端裏に貼紙「記録一ノ二」	記録断片1-1の続きか、紙背に墨書「千疋」
26.2 × 26.8		端裏に貼紙「記録二」	「禁秘御抄」の「廃朝」末文を抜書
25.6 × 77.0 （第1紙 25.6 × 38.1、第2紙 25.5 × 38.9）		第1紙端裏に貼紙「記録三　二通」	記録断片3-2の続きか
25.6 × 39.2		端裏に貼紙「記録三ノ一」「『二十四』」	裏書あるも薄紙のため判読困難、解説に釈文案を掲出
23.4 × 40.2		端裏に貼紙「記録四」	紙背に某消息案

番号	年月日	名称	差出	宛所	形状	裏打
5	(年月日未詳)	天皇略伝			竪紙	無
6	(年月日未詳)	日記事（後闕）			竪紙	有
7	(年月日未詳)	臨時宣下			折紙	有
8	(嘉吉3年7月)	康富記（断簡）			竪紙	有
9-1	(年月日未詳)	某蹴鞠書（断簡）			(冊子)	有
9-2	(年月日未詳)	某蹴鞠書（断簡）			(冊子)	有

宸翰文書類

番号	年月日	名称	差出	宛所	形状	裏打
1	(正慶元年) 11月21日	花園上皇宸翰消息（前闕）	(花押)		継紙(2紙)	有
2	(正慶2年) 6月3日	花園上皇宸翰消息	(花押)		継紙(2紙)	有
3	(正慶元年) 正月8日	花園上皇宸翰消息	(花押)		継紙(2紙)	有
4	(正慶元年) 8月8日	花園上皇宸翰消息	(花押)		継紙(2紙)	有
5	(正慶2年) 正月13日	花園上皇宸翰消息	(花押)		継紙(2紙)	有
6	(正慶元年) 4月13日	花園上皇宸翰消息	(花押)		継紙(2紙)	有
7	(正慶元年) 11月15日	花園上皇宸翰消息	(花押)		継紙(2紙)	有
8	(元弘元年) 11月21日	花園上皇宸翰消息	(花押)		継紙(2紙)	有

法量	懸紙・包紙	貼紙・付箋	備考
34.2 × 44.3		端裏に貼紙「記録五」	端裏書「覚　寛永六年十一月九日号東福門院」
30.3 × 42.8		端裏に貼紙「記録六」	本紙端裏書「日記事　付目録等」
28.6 × 41.9		端裏に貼紙「記録七」	
27.3 × 44.2		端裏に貼紙「記録八」	本紙端裏書「タイリセウマウニツイテ［　　］」、本紙紙背に年未詳6月26日安倍盛久書状
30.2 × 41.7		端裏に貼紙「記録九　二通」	記録断片9-2の続きか、本紙紙背も某蹴鞠書、中央に縦折り目あり、元綴葉装か
30.1 × 41.2		端裏に貼紙「記録九ノ一」	本紙紙背も某蹴鞠書、中央に縦折り目あり、元綴葉装か

法量	包紙	貼紙	備考	出納番号
28.6 × 59.1 （第1紙 28.6 × 11.1、第2紙 28.6 × 48.0、裏打 31.4 × 59.1）			宸翰文書類1～12・附-1を継立、巻子装、表紙 31.5 × 30.4、軸付紙 31.5 × 14.7、牙軸・長 32.8・径 1.9、巻紐に紙片「花園天皇御宸翰」、各紙の紙継目裏に黒印、巻子の第1・2紙	宸翰書部貴 18-1-1
28.6 × 96.6 （第1紙 28.6 × 47.9、第2紙 28.6 × 48.7、裏打 31.5 × 96.6）			第2紙奥に切封墨引、巻子の第3・4紙 ※宸翰文書類1備考欄参照	宸翰書部貴 18-1-2
28.7 × 96.7 （第1紙 28.7 × 50.0、第2紙 28.7 × 49.7、裏打 31.5 × 99.7）			巻子の第5・6紙 ※宸翰文書類1備考欄参照	宸翰書部貴 18-1-3
28.6 × 98.8 （第1紙 28.6 × 49.0、第2紙 28.6 × 49.8、裏打 31.5 × 98.8）			巻子の第7・8紙 ※宸翰文書類1備考欄参照	宸翰書部貴 18-1-4
28.7 × 98.3 （第1紙 28.7 × 48.8、第2紙 28.7 × 49.5、裏打 31.5 × 98.3）			第2紙奥に切封墨引、巻子の第9・10紙 ※宸翰文書類1備考欄参照	宸翰書部貴 18-1-5
28.6 × 99.0 （第1紙 28.6 × 49.0、第2紙 28.7 × 50.0、裏打 31.5 × 99.0）			第2紙奥に切封墨引、巻子の第11・12紙 ※宸翰文書類1備考欄参照	宸翰書部貴 18-1-6
28.7 × 97.2 （第1紙 28.7 × 48.5、第2紙 28.6 × 48.7、裏打 31.5 × 97.2）			第2紙奥に切封墨引、巻子の第13・14紙 ※宸翰文書類1備考欄参照	宸翰書部貴 18-1-7
28.7 × 98.8 （第1紙 28.7 × 49.3、第2紙 28.7 × 49.5、裏打 31.5 × 98.8）			第2紙奥に切封墨引、巻子の第15・16紙 ※宸翰文書類1備考欄参照	宸翰書部貴 18-1-8

番号	年月日	名称	差出	宛所	形状	裏打
9	(建武2年) 3月24日	花園上皇宸翰消息	(花押)		継紙(2紙)	有
10	(建武3年) 4月21日	花園上皇宸翰消息	(花押)		継紙(2紙)	有
11	(正慶2年) 閏2月14日	花園上皇宸翰消息	(花押)		継紙(2紙)	有
12	(正慶2年) 3月9日	花園上皇宸翰消息	(花押)		継紙(2紙)	有
附-1	(年月日未詳)	近衛前久奥書	准三宮 (花押)		竪紙	有
13	(年月日未詳)	後醍醐天皇宸翰消息			継紙(2紙)	有
14	(年未詳) 5月30日	後醍醐天皇宸翰消息	尊治		継紙(2紙)	有
15	(年月日未詳)	後醍醐天皇宸翰消息 (後闕)			(継紙)	有
16	(年月日未詳)	後醍醐天皇宸翰消息 (前闕)			(継紙)	有
17	(年月日未詳)	後醍醐天皇宸翰消息			継紙(2紙)	有
18	(年月日未詳)	後醍醐天皇宸翰消息			継紙(2紙)	有
19	(年月未詳) 29日	後醍醐天皇宸翰消息	尊治		継紙(2紙)	有
20	(元応2年12月)	後醍醐天皇宸翰消息			継紙(2紙)	有
21	(年月日未詳)	後醍醐天皇宸翰消息			継紙(2紙)	有

法量	包紙	貼紙	備考	出納番号
28.6 × 99.6 （第 1 紙 28.6 × 49.8、第 2 紙 28.6 × 49.8、裏打 31.5 × 99.6）			第 2 紙奥に切封墨引、巻子の第 17・18 紙 ※宸翰文書類 1 備考欄参照	宸翰書部貴 18-1-9
28.7 × 99.2 （第 1 紙 28.7 × 49.6、第 2 紙 28.6 × 49.6、裏打 31.4 × 99.2）			第 2 紙奥に切封墨引、紙背に版経の痕跡、巻子の第 19・20 紙 ※宸翰文書類 1 備考欄参照	宸翰書部貴 18-1-10
28.7 × 98.0 （第 1 紙 28.7 × 49.0、第 2 紙 28.6 × 49.0、裏打 31.5 × 98.0）			第 2 紙奥に切封墨引、巻子の第 21・22 紙 ※宸翰文書類 1 備考欄参照	宸翰書部貴 18-1-11
28.6 × 95.8 （第 1 紙 28.6 × 49.1、第 2 紙 28.6 × 46.7、裏打 31.5 × 95.8）			第 2 紙奥書「已上廿四枚　花園院御筆也」、巻子の第 23・24 紙 ※宸翰文書類 1 備考欄参照	宸翰書部貴 18-1-12
28.7 × 49.1 （裏打 31.5 × 49.1）			巻子の第 25 紙 ※宸翰文書類 1 備考欄参照	宸翰書部貴 18-1- 附
28.5 × 96.3 （第 1 紙 28.5 × 45.8、第 2 紙 28.5 × 50.5、裏打 31.5 × 96.3）			第 2 紙奥に切封墨引、紙背に版経の痕跡、宸翰文書類 13 ～ 24・附-2 を継立、巻子装、表紙 31.5 × 30.4、軸付紙 31.5 × 15.8、牙軸・長 32.8・径 1.9、巻紐に紙片「後醍醐天皇　伏見天皇　御宸翰」、各紙の紙継目裏に黒印、巻子の第 1・2 紙	宸翰書部貴 18-2-1
28.6 × 99.2 （第 1 紙 28.6 × 49.7、第 2 紙 28.6 × 46.5、裏打 31.5 × 99.2）			巻子の第 3・4 紙、2 紙はそれぞれ別文書の可能性あり ※宸翰文書類 13 備考欄参照	宸翰書部貴 18-2-2
28.6 × 50.0 （裏打 31.5 × 50.0）			巻子の第 5 紙 ※宸翰文書類 13 備考欄参照	宸翰書部貴 18-2-3
28.5 × 50.3 （裏打 31.5 × 50.3）			奥に切封墨引、巻子の第 6 紙 ※宸翰文書類 13 備考欄参照	宸翰書部貴 18-2-4
28.6 × 101.7 （第 1 紙 28.6 × 51.2、第 2 紙 28.6 × 50.5、裏打 31.5 × 101.7）			巻子の第 7・8 紙 ※宸翰文書類 13 備考欄参照	宸翰書部貴 18-2-5
28.6 × 100.6 （第 1 紙 28.6 × 50.2、第 2 紙 28.5 × 50.4、裏打 31.5 × 100.6）			巻子の第 9・10 紙 ※宸翰文書類 13 備考欄参照	宸翰書部貴 18-2-6
28.6 × 100.1 （第 1 紙 28.6 × 50.0、第 2 紙 28.5 × 50.1、裏打 31.5 × 100.1）			第 2 紙奥に切封墨引、紙背に版経の痕跡、巻子の第 11・12 紙、2 紙はそれぞれ別文書の可能性あり ※宸翰文書類 13 備考欄参照	宸翰書部貴 18-2-7
28.6 × 101.1 （第 1 紙 28.6 × 50.8、第 2 紙 28.7 × 50.3、裏打 31.4 × 101.1）			紙背に版経の痕跡、巻子の第 13・14 紙 ※宸翰文書類 13 備考欄参照	宸翰書部貴 18-2-8
28.6 × 101.5 （第 1 紙 28.6 × 50.8、第 2 紙 28.5 × 50.7、裏打 31.5 × 101.5）			巻子の第 15・16 紙 ※宸翰文書類 13 備考欄参照	宸翰書部貴 18-2-9

番号	年月日	名称	差出	宛所	形状	裏打
22	（年月日未詳）	後醍醐天皇宸翰消息			継紙（2紙）	有
23	（正和3年）12月20日	伏見天皇宸翰消息	（花押）		竪紙	有
24	（正和4年）正月14日	伏見天皇宸翰消息	（花押）		継紙（2紙）	有
附-2	（年月日未詳）	近衛前久奥書	准三宮（花押）		竪紙	有
25	（年月日未詳）	後醍醐天皇宸翰感状			竪紙	有
26	（年未詳）12月20日	伝後醍醐天皇宸翰消息	（花押）	尊勝院禅師御房	継紙（2紙）	有
27	（年月日未詳）	伝後醍醐天皇宸翰消息			竪紙・2紙	有
28	（年月日未詳）	伝後醍醐天皇宸翰消息（断簡）			（竪紙）	有
29	元亨4年8月26日	伝後醍醐天皇宸翰補任状	（花押）	藤原資貞	竪紙	有
30	（年月日未詳）	伝後光厳天皇宸翰消息			継紙（3紙）	有
31	（年未詳）7月20日	伝後小松天皇宸翰消息	（花押）		継紙（2紙）	有

法量	包紙	貼紙	備考	出納番号
28.5 × 99.0（第 1 紙 28.5 × 49.3、第 2 紙 28.6 × 49.7、裏打 31.5 × 99.0）			第 2 紙奥書「以上十九枚　後醍醐院御筆也」、巻子の第 17・18 紙 ※宸翰文書類 13 備考欄参照	宸翰書部貴 18-2-10
28.6 × 49.2（裏打 31.4 × 49.2）			巻子の第 19 紙 ※宸翰文書類 13 備考欄参照	宸翰書部貴 18-2-11
28.6 × 80.0（第 1 紙 28.6 × 50.5、第 2 紙 28.6 × 29.5、裏打 31.5 × 80.0、補紙 28.7 × 20.2）			第 2 紙奥書「以上三紙　伏見院御筆也　以之配当品　非無深意耳」、巻子の第 20・21 紙 ※宸翰文書類 13 備考欄参照	宸翰書部貴 18-2-12
28.5 × 49.0（裏打 31.3 × 49.0）			巻子の第 23 紙 ※宸翰文書類 13 備考欄参照	宸翰書部貴 18-2- 附
34.1 × 49.7			掛幅装、全長 129.5、全幅 62.7、牙軸・長 68. 9・径 2. 9	宸翰幅部貴 2
31.3 × 76.8（第 1 紙 31.3 × 40.3、第 2 紙 31.5 × 36.5、裏打 31.9 × 76.8）	包紙（白紙、33.8 × 50.6）		木芯に巻く	宸翰書部貴 25
本紙 32.9 × 50.5、礼紙 32.9 × 49.9	包紙「後醍醐帝宸翰三枚 「宸翰類　貴　第二十六号」」（49.0 × 34.8）	本紙端裏に貼紙「古筆了佐極」「『宸五十七番』」	本紙端裏書「後醍醐」、礼紙奥に極書「後醍醐天皇御真筆（黒印「琴山」）」	宸翰書部貴 26-1
30.5 × 18.5	※包紙・宸翰文書類 26 と同包	奥裏に貼紙「後醍醐天皇宸翰」	端裏書「後醍醐」「『宸七十五番』」	宸翰書部貴 26-2
32.4 × 46.4	内包紙「後醍醐天皇御補任 『五両ノ由一両と申遣』　一通 「『ヌ四』」取次人建部然衛門」（44.7 × 31.1）、外包紙「宸筆百十二番　後醍醐天皇御補任 『ヌ四』」（47.8 × 33.8）	端裏に貼紙「『ヌ四』」		宸翰書部貴 26-3
31.3 × 140.0（第 1 紙 31.3 × 45.1、第 2 紙 31.3 × 47.7、第 3 紙 31.3 × 47.2）	別置包紙「『四十六番』 後光厳院宸翰消息 『四十六号　第五』」（39.6 × 26.7）		第 1 紙端裏に極書「後光厳院（黒印「琴山」） 消息」、第 1 紙奥裏・第 3 紙端裏に極書「後光厳院（黒印「琴山」）」、第 2 紙奥裏に極書の抹消跡、第 1 紙と第 2 紙、第 2 紙と第 3 紙の本紙継目裏に方形黒印、第 1 紙と第 2 紙の継目裏に花押らしきもの、巻子装、表紙 31.3 × 22.5、軸付紙 31.3 × 10.6、木軸・長 32.3・径 1.8、軸付紙に墨書「右御一巻　後光厳院御宸筆也　寛永十一暦　霜月上旬　古筆　了佐（花押）（黒印「琴山」）」、3 紙はそれぞれ別文書の可能性あり	宸翰書部貴 31
30.3 × 89.4（第 1 紙 30.3 × 46.3、第 2 紙 30.3 × 43.1）			巻子装、表紙 30.3 × 21.0、軸付紙 30.3 × 41.4、木軸・長 31.9・径 1.4、表紙に貼紙「後小松院御消息」	宸翰書部貴 40

番号	年月日	名称	差出	宛所	形状	裏打
32	文和4年8月13日	未詳（伝花園天皇）宸翰消息	「（花押）」		継紙（2紙）	有
33	（年月日未詳）	後陽成天皇宸翰消息（前闕）	（花押）	右大臣とのへ	竪紙	有
34	建武5年6月7日	足利尊氏寄進状	従二位行権大納言源朝臣（花押）		竪紙	有
35	延元元年3月日	楠木正成証判和田助康軍忠状			竪紙	有
36	（年未詳）2月25日	後村上天皇綸旨（楠木正行奉書）	左衛門尉正行（花押）	東大寺執行法橋御房	竪紙	有
37	（天正9年）10月2日	織田信長朱印状	信長（朱印）	前田又左衛門尉とのへ	継紙（2紙）	有
38	（天正12年）9月8日	羽柴秀吉書状	筑前守　秀吉（花押）	前田孫四郎殿　御陣所	折紙	有
39	（年未詳）4月8日	伝豊臣秀吉御内書	秀吉（花押）	はんくわい　ちくせん殿	切紙	有
40	（天正13年）	羽柴秀吉紀州雑賀陣立書	秀吉（花押）		継紙（2紙）	有
41	（天正12年）	羽柴秀吉小牧長久手陣立書	秀吉（花押）		継紙（3紙）	有
42	（年未詳）2月20日	牡丹花肖柏書状	牡丹花　拝	「雪斎　人々御中」	竪紙	有
43	（年未詳）9月26日	千利休書状	宗易（花押）		竪紙	有
44	（年未詳）10月20日	古田重然（織部）書状	（花押）	「丹左平太様　人々中」	竪紙	有

法量	包紙	貼紙	備考	出納番号
31.4 × 95.5（第 1 紙 31.4 × 48.5、第 2 紙 31.4 × 47.0）	別置内包紙「花園院　かなの御せいうそこ　一巻」（39.8 × 26.7）、別置外包紙「古跡文徵『ハ』癸巳新納一二　花園院　かなの御せうそこ　一巻　後小松院　御消息　一巻／「〈花園院　後小松院〉　御消息　一包　後陽成院宸翰等表題　十二包」」（57.2 × 20.2）		巻子装、表紙 31.4 × 22.7、軸付紙 31.5 × 37.3、木軸・長 32.4・径 1.8、表紙に貼紙「花園院　かなノ御せうそこ」、巻紐に紙片「本文文和四年ハ花園帝ノ崩ニ後ル、八年此レ花園帝ニ非サルナリ」	宸翰書部貴 79
28.4 × 46.1			奥に切封墨引か、掛幅装、全長 95.3、全幅 40.0、木軸・長 53.9・径 2.7	宸翰幅部貴 8
42.8 × 58.9			掛幅装、全長 114.5、全幅 60.4、木軸・長 65.7・径 2.3、掛紐に紙片「頼朝公在判寄進状」「『ヤ四』『明治二十九年　二ノ十九書　ヨリ』」「『有位七十七番』」	朝紳諸侯幅部貴 6
32.8 × 45.7			奥に楠木正成の証判、掛幅装、全長 128.7、全幅 59.9、牙軸・長 66.0・径 2.9	書幅部貴 3、もと天龍寺真乗院文書 6
30.2 × 41.4			掛幅装、全長 127.9、全幅 55.6、牙軸・長 61.5・径 2.9	書幅部貴 4、もと増補武家手鑑 52
15.5 × 99.1（第 1 紙 15.5 × 49.5、第 2 紙 15.5 × 49.6）			巻子装、表紙 15.5 × 20.5、木軸・長 16.9・径 1.8	口宣案部貴 1－1
31.0 × 49.7			巻子装、表紙 31.0 × 22.3、軸付紙 31.1 × 34.2、木軸・長 32.4・径 1.8	口宣案部貴 1－2
17.7 × 52.8	別置包紙「秀吉公御筆之物」（93.8 × 24.9）		掛幅装、全長 107.7、全幅 65.8、牙軸・長 70.8・径 2.4、別置極札「太閤様秀吉公　かゝぬいや八下候　半切之御書（黒印「琴山」）／端書　かゝぬいや八下候　四月八日　御名判有　半切文　辰四（黒印「栄」）」	朝紳諸侯幅部貴 1
97.6 × 30.7（第 1 紙 49.3 × 30.7、第 2 紙 48.3 × 30.7）			掛幅装、全長 174.7、全幅 32.5、牙軸・長 37.2・径 2.3	朝紳諸侯幅部貴 2 甲
137.6 × 30.8（第 1 紙 48.0 × 30.8、第 2 紙 49.1 × 30.8、第 3 紙 40.5 × 30.8）	別置包紙「書出シ　中村弥平次等」（34.8 × 48.1）		掛幅装、全長 207.2、全幅 32.5、牙軸・長 36.7・径 2.3	朝紳諸侯幅部貴 2 乙
24.6 × 41.3			奥に切封墨引、表紙付台紙（42.3 × 60.7）に貼付、表紙墨書「第百号　上　牡丹花肖柏筆　消息文」	台紙貼古筆切 13、もと俳人等文書 2
28.2 × 41.0			掛幅装、全長 103.3、全幅 43.5、木軸・長 48.2・径 2.4、別置極札「利休居士（黒印「重」）」、附属①・昭和 23 年 4 月青木外吉覚書、附属②・表装裂解説書	書幅部貴 106、もと俳人等文書 6
31.4 × 45.2			端裏書「（切封墨引）丹左平太様　人々中　古織［　　］」、掛幅装、全長 114.9、全幅 47.5、木軸・長 53.4・径 2.9、別置極札「古田織部（黒印「重」）」、附属①・昭和 23 年 4 月青木外吉覚書、附属②・表装裂解説書	書幅部貴 108、もと俳人等文書 9